Das Buch

Flugblätter haben in der Revolution von 1848/49 eine wichtige Rolle gespielt. Sie waren zu einer Zeit, als es Rundfunk, Fernsehen und Massenpresse noch nicht gab, die wirksamsten Mittel zur Aufklärung und Beeinflussung des Volkes. Die Aufrufe, Erklärungen und Manifeste vermitteln nicht nur ein getreues Bild der politischen Ideen, der Ehrlichkeit und Begeisterung der Revolutionäre, sie zeigen auch, welche Illusionen und Fehleinschätzungen der Lage schließlich zum Scheitern des Aufstandes führten. Während die Radikalen für eine demokratische Republik kämpften, begnügte sich das liberale Bürgertum mit maßvollen Petitionen und war nur allzu leicht bereit, mit der wiedererstarkten Reaktion gemeinsame Sache zu machen. Die vorliegende Auswahl von Flugschriften stellt den Anteil der Arbeiterschaft und des Kleinbürgertums an dieser nationalen und demokratischen Revolution stärker als bisher in den Vordergrund.

Der Herausgeber

Prof. Dr. Karl Obermann, 1905 in Köln geboren, gehört zu den bekanntesten Historikern der DDR. Sein Hauptarbeitsgebiet ist die Frühgeschichte der Arbeiterbewegung in Deutschland und die Geschichte der deutschen Revolution 1848/49, über die er zahlreiche Einzeluntersuchungen veröffentlichte.

Veröffentlichungen u. a.: ›Die deutschen Arbeiter in der ersten deutschen Revolution‹ (1950); ›Joseph Weydemeyer‹ (1968); ›Die ungarische Revolution von 1848/49 und die demokratische Bewegung in Deutschland‹ (1971).

Flugblätter der Revolution
Eine Flugblattsammlung zur Geschichte der Revolution von 1848/49 in Deutschland

Herausgegeben von
Karl Obermann

Deutscher
Taschenbuch
Verlag

dtv

April 1972
Deutscher Taschenbuch Verlag GmbH & Co. KG,
München
Vom Herausgeber durchgesehene und gekürzte Fassung der
1970 im VEB Deutscher Verlag der Wissenschaften,
Berlin, erschienenen Originalausgabe
Umschlaggestaltung: Celestino Piatti
Gesamtherstellung: C. H. Beck'sche Buchdruckerei,
Nördlingen
Printed in Germany · ISBN 3-423-04111-0

Inhalt

Vorwort

Flugblätter spielten 1848/49 eine wichtige Rolle, so daß sie als eine unentbehrliche Quelle der Revolutionsgeschichte gewertet werden müssen. Die vorliegende Sammlung konnte jedoch nur einen ganz geringen Teil aus der Menge der in zahlreichen Archiven und Bibliotheken befindlichen Flugblätter erfassen. Vor allem sind die Flugblätter aufgenommen worden, die den wirklichen Geist der Revolution atmen und die ehrliche Überzeugung der Revolutionäre zum Ausdruck bringen. In diesen Blättern, die die revolutionären Forderungen verkündeten und erläuterten, die konsequent für eine demokratische Umgestaltung eintraten und sich gegen die Feinde des Volkes wandten, ihre Verleumdungen kennzeichneten und ihre Machenschaften entlarvten, zeigt sich das wahre Gesicht der Revolution. Hier spiegelt sich der Kampf der Volksmassen gegen die Reaktion wider. Aus Raumgründen konnten aber auch nicht alle Vorgänge und alle deutschen Staaten in gleicher Weise berücksichtigt werden.

Das vorliegende Taschenbuch ist eine gekürzte Ausgabe des unter dem gleichen Titel 1970 im VEB Deutscher Verlag der Wissenschaften, Berlin, erschienenen Buches.

Berlin, im Herbst 1971 — Karl Obermann

Einleitung
Zur Genesis der Revolution von 1848/49 in Deutschland

Die Revolution von 1848/49 bildet den Höhepunkt der politischen und sozialen Auseinandersetzungen in der ersten Hälfte des 19. Jahrhunderts. Friedrich Engels bezeichnete diese Revolution als den »ersten Akt des revolutionären Dramas auf dem europäischen Kontinent«[1], den ersten Akt im Kampf der Völker gegen soziale und nationale Unterdrückung.

Deutschland, in der Mitte Europas, spielte in dieser Revolution eine bedeutende Rolle. Hier galt es, die halbfeudalen Zustände zu überwinden und die staatliche Zersplitterung zu beseitigen, die die Entwicklung behinderte.

Der seit dem 8. Juni 1815 bestehende »Deutsche Bund« war ein Staatenbund, der die sogenannten deutschen Erbstaaten des Kaiserreichs Österreich, die fünf Königreiche Preußen, Bayern, Sachsen, Hannover und Württemberg, das Kurfürstentum Hessen, sieben Großherzogtümer, zehn Herzogtümer, zwölf Fürstentümer, ein Landgrafentum und vier Freie Städte, d. h. 37 erbliche Fürstentümer und vier Stadtrepubliken umfaßte. Da in den zwanziger Jahren ein Herzogtum und zwei Fürstentümer durch Erb- oder Staatsverträge an andere Herzogtümer fielen, verringerte sich die Zahl der Staaten auf 38. Der »Deutsche Bund« kannte keine deutsche Staatsangehörigkeit. Der Württemberger galt in Preußen oder in Sachsen als »Ausländer«. Die oberste Bundesbehörde, der sogenannte Bundestag, war eine Fürsten-Vertretung, die ihre Aufgabe darin sah, die Unabhängigkeit und Souveränität der Fürsten und ihrer Staaten zu garantieren und Maßnahmen zur Unterdrückung der antifeudalen, auf die Einheit Deutschlands gerichteten Volksbewegung zu ergreifen.

Österreich und Preußen stellten annähernd zwei Drittel der Einwohner des Deutschen Bundes, deren Zahl 1815 nach offiziellen Angaben 30157683 betrug.[2] Der drittgrößte Staat des

[1] F. Engels, *Revolution und Konterrevolution in Deutschland*, in: Marx/Engels, Werke, Bd. 8, Berlin 1960, S. 5.

[2] Vgl. G. Fr. Kolb, *Handbuch der vergleichenden Statistik der Völkerzustands- und Staatenkunde*. 5., umgearbeitete Auflage, Leipzig 1868, S. 35. – G. von Viebahn, *Statistik des zollvereinten und nördlichen Deutschlands*, 2. Bd., Berlin 1862, S. 40, 43. – Vgl. G. Hassel, *Statistischer Umriß der sämtlichen Europäischen und der vornehmsten außereuropäischen Staaten in Hinsicht ihrer Entwicklung, Größe, Volksmenge, Finanz- und Militärverfassung tabellarisch dargestellt*, Heft 1, welches die beiden großen Mächte Österreich und Preußen und den Deutschen Staatenbund darstellt, Weimar 1823, S. 8, 58.

Deutschen Bundes, das Königreich Bayern, zählte 1843 insgesamt 4440327 Einwohner.[3] Das Großherzogtum Baden hatte am Vorabend der Revolution von 1848 nur wenig mehr als 1 Million Einwohner.[4] Alle übrigen Großherzog-, Herzog- und Fürstentümer blieben weit unter 1 Million Einwohner. Zwölf erreichten noch eine Einwohnerzahl von 100000 und darüber. Doch die Hälfte aller zum Deutschen Bund gehörenden Staaten zählten noch nicht einmal 100000 Einwohner.[5]

Die norddeutschen Freien Städte, die Hafen- und Handelsstädte Hamburg, Bremen und Lübeck erfreuten sich einer schnellen Bevölkerungszunahme. Im Hamburgischen Stadtstaat stieg die Bevölkerung von 155828 Einwohnern im Jahre 1817 auf 218004 Einwohner im Jahre 1846.[6] In der Periode von 1834 bis 1852 stand die preußische Hauptstadt Berlin mit einer durchschnittlichen jährlichen Bevölkerungszunahme von 2,73% an der Spitze aller deutschen Städte.[7]

Diese staatliche Zersplitterung begünstigte die feudale Reaktion, ihre politische Herrschaft aufrechtzuerhalten und hemmte erheblich den wirtschaftlichen und gesellschaftlichen Fortschritt. Doch die Französische Revolution hatte dem Kapitalismus und liberalen bürgerlichen Auffassungen auch in Deutschland den Weg gebahnt. Unter den Bedingungen der Unterdrükkung und Verfolgung aller bürgerlichen Bestrebungen, die auf soziale und politische Veränderungen gerichtet waren, konnte sich aber die kapitalistische Produktionsweise nur langsam durchsetzen. Es herrschte in jeder Hinsicht eine bedrückende Enge, die Bürger, Arbeiter und Bauern nur wenig Spielraum ließ und ihr Leben erschwerte. Die bürgerlichen Reformen, die die Auflösung der feudalen Produktionsweise sowohl auf dem Lande wie in der Stadt einleiteten, bestimmten in den zwanziger Jahren das Tempo der kapitalistischen Entwicklung.

[3] Zeitschrift des Vereins für deutsche Statistik, 1. Jg., Berlin 1847, S. 40.

[4] Zeitschrift des Vereins für deutsche Statistik, 1. Jg., 1847, S. 800f.; vgl. ferner: G. Hassel, *Statistischer Umriß der sämtlichen Europäischen und der vornehmsten außereuropäischen Staaten*... Heft 1, S. 84.

[5] G. Hassel, *Statistischer Umriß der sämtlichen Europäischen und der vornehmsten außereuropäischen Staaten*..., Heft 1, S. 88, 116, 120; *Statistische Mitteilungen über die volkswirtschaftlichen Zustände Kurhessens. Nach amtlichen Quellen von Bruno Hildebrand*, Berlin 1853, S. 58, 99, 103, 119. – A. F. W. Crome, *Handbuch der Statistik des Großherzogtums Hessen in staatswirtschaftlicher Hinsicht, nach den besten, meist handschriftlichen Quellen bearbeitet*, 1. Teil, Darmstadt 1822, Tabelle Nr. 1; L. Ewald, *Geheimsekretär beim großherzoglichen Finanzministerium in Darmstadt. Beiträge zur Statistik des Großherzogtums Hessens*, in: Zeitschrift des Vereins für deutsche Statistik, 2. Jg., Berlin 1848, S. 995. – G. von Viebahn, *Statistik des zollvereinten und nördlichen Deutschlands*, Bd. 2, S. 40; *Statistisches Jahrbuch für 1847*, S. 270.

[6] Die Volkszahl der deutschen Staaten nach den Zählungen seit 1816, in: Monatshefte zur Statistik des Deutschen Reichs für das Jahr 1878, hrsg. vom Kaiserlichen Statistischen Amt, Bd. XXXVII, Heft 7, S. 37.

[7] Ebenda, S. 64.

Der langsame Umwandlungsprozeß der Eigentumsverhältnisse, der Herausbildung und Formierung der bürgerlichen Klasse auf der einen Seite und der Arbeiterklasse auf der anderen Seite, begleitet von einer Differenzierung unter der Landbevölkerung und einer Zersetzung des Kleinbürgertums bzw. der Masse der gewerblichen Kleinproduzenten, kennzeichnet die gesellschaftliche Entwicklung in Deutschland von den ersten Reformen 1807/08 bis zur Revolution von 1848/49.

Der beschleunigte Aufschwung der industriellen Entwicklung begann mit der Gründung des Deutschen Zollvereins 1834 und dem zur gleichen Zeit einsetzenden Bau von Eisenbahnen. Sie bildeten die Grundlage der industriellen Revolution. Nach einer Aufzählung der sechzehn projektierten und bereits zum Teil im Bau begriffenen Eisenbahnlinien mit Angaben über das Kapital, das in kurzer Zeit zusammengebracht wurde, bemerkte das im Dezember 1834 in Köln gegründete ›Allgemeine Organ für Handel und Gewerbe‹ am 2. Juli 1835: »Kurz, alles ist voller Mut und Unternehmungsgeist, und Deutschland scheint entschlossen, nicht zurückbleiben zu wollen in der Anwendung eines Kommunikationsmittels, welches mit Recht als einer der größten Hebel für die Beförderung des Handels und der Gewerbe in unserer Zeit betrachtet werden muß.«[8] In der ständig wachsenden Zahl der Gründungen von Eisenbahn-Aktiengesellschaften zeigte sich nicht nur die zunehmende Kapitalkonzentration, sondern auch die Zusammenarbeit führender Kaufleute und Industrieller mit den Privatbankiers, die Konsolidierung der Bourgeoisie als kapitalistische Klasse unter der Führung der Bankiers, Kaufleute und Fabrikanten, die im Besitz der Produktionsmittel waren und sich mehr und mehr über die Masse der Arbeiter, Handwerker und Kleinbürger stellten. Die rheinischen Industriellen wie Camphausen, Hansemann, v. Beckerath repräsentierten wirklich die aufsteigende Bourgeoisie; ihr Auftreten und ihr Verhalten ist charakteristisch für die sich konsolidierende kapitalistische Klasse; mit ihrem Namen sind nicht nur die ökonomischen Bestrebungen der Bourgeoisie, die Gründung von Eisenbahngesellschaften und anderen Unternehmen verbunden, sondern auch die politischen Bestrebungen. Die Eisenbahnkomitees, die sich für den Bau der verschiedenen Bahnlinien einsetzten, wurden zu den wichtigsten Vereinigungszentren der großen Kaufleute, Bankiers und Industriellen im Interesse ihrer wirtschaftlichen, aber auch ihrer poli-

[8] Allgemeines Organ für Handel und Gewerbe, Köln, den 2. Juli 1835, Extrabeilage zu Nr. 61.

tischen Forderungen. Aus den Anteilen am Gewerbesteuer-Aufkommen läßt sich deutlich erkennen, welches ökonomische Übergewicht die kapitalbesitzende Klasse, vor allem im industriell entwickelten Rheinland, bereits 1845 gewonnen hatte. Am preußischen Gewerbesteueraufkommen 1845 von 2664373 Talern (gegenüber 1839 betrug die Steigerung 13,86%) war das Handelsgewerbe, zu dem damals alle Großkaufleute, Inhaber von Fabriken und Manufakturen, Bankiers usw. gerechnet wurden, mit mehr als 46% beteiligt. 41% brachten die für die Ernährung arbeitenden Gewerbe, d. h. Bäcker, Fleischer, aber auch Zuckerfabriken, Branntweinbrennereien, Bierbrauereien, Gasthöfe usw. auf. Nur etwa 12% entfielen auf das gesamte übrige zahlenmäßig noch starke Handwerk. Nach dem Anteil am Gewerbesteueraufkommen stand das Rheinland mit 21,94% an erster Stelle, es folgten die ebenfalls in der industriellen Entwicklung hervortretenden Provinzen Brandenburg mit 18%, Schlesien mit 17,54%, Sachsen mit 12,90%. Der Anteil der vorwiegend landwirtschaftlichen Provinzen, zu denen damals auch noch Westfalen gehörte, sank unter 10%, und zwar entfielen auf die Provinzen Ost- und Westpreußen nur 9,64%, auf Westfalen 7,95%, auf Posen 6,25% und auf Pommern 5,75%.[9]

Das Anwachsen der Zahl der Tagelöhner auf dem Lande wie in der Stadt, die Verarmung breiter Massen von Kleinproduzenten (d. h. Handwerker) sind die hervorragenden Merkmale des Prozesses der Proletarisierung in Deutschland. Die Masse der Proletarier nahm schneller zu als der Arbeitskräftebedarf stieg, so daß die Verarmung ungeheure Ausmaße annahm. Die Zunahme betraf vor allen Dingen die Tagelöhner, die in der Statistik als »Handarbeiter« bezeichnet werden. In Preußen, dem in der industriellen Entwicklung führenden Staat des Deutschen Bundes, zählte man:

	1816	1846
Fabrikarbeiter	186612	553542
Handwerksgehülfen (ohne die Meister)	179020	379312
Handarbeiter, d. h. Tagelöhner	840401	1470091
Gesinde	1081598	1271608
	2287631	3674553

[9] Ebenda, 13. Jg., Nr. 80, Köln, den 6. Juli 1847, S. 366.

Die Zahl der Proletarier hatte sich also in 30 Jahren um 1386922 erhöht, davon fallen allein 819700 in die Kategorie der Tagelöhner und des Gesindes. Die ›Statistische Übersicht der Fabrikations- und gewerblichen Zustände in den verschiedenen Staaten des deutschen Zollvereins im Jahre 1846‹ gibt für Preußen die Zahl der Handwerker aller Art, der sogenannten mechanischen Künstler, der Beschäftigten im literarischen, Handels-, Schifffahrts-, Fuhr-, Gast- und Schankwirtschaftsgewerbe mit 1124306 Beschäftigten an. Das bedeutete, auf vierzehn preußische Einwohner entfiel ein Beschäftiger dieser Gruppe. Dagegen ergab die Zahl von 2741699 Tagelöhnern und Gesinde auf sechs Einwohner einen Beschäftigten dieser Gruppe.[10] Diese Zahlen wie andere Angaben über die soziale Zusammensetzung der Bevölkerung, die in den Bevölkerungsstatistiken enthalten sind, sprechen eine deutliche Sprache. Die Masse der Bevölkerung lebte in ärmlichen oder in sehr bescheidenen Verhältnissen. Die 3674553 Fabrikarbeiter, Handwerksgehülfen, Tagelöhner und Gesinde in Preußen im Jahre 1846 stellten etwa 22% der gesamten Bevölkerung von 16112938 Einwohnern. Mit den dazugehörigen Familien, d. h. mit Frauen und Kindern, erhöht sich der Anteil dieser Gruppe an der Gesamtbevölkerung auf mindestens 40%. Doch auch das Existenzniveau zahlreicher Angehöriger des Kleinbürgertums, der Handwerksmeister, Krämer usw., entsprach dem eines Arbeiters. In seiner statistischen Zusammenstellung der Zahl der Urwähler in Preußen 1848 stellte der Direktor des statistischen Bureaus fest, daß von den nach der Gewerbetabelle vorhandenen 452545 als Meister für eigene Rechnung arbeitenden Handwerkern und mechanischen Künstlern (mit Ausschluß der Weber) sehr viele keine »400 oder 500 Taler jährliche Einnahme haben«. Die Armut der Weber bezeichnete er als »notorisch«. Er sagte: »Viele der Weber im ganzen Staat möchten in ihrem Existenzmittel wohl nur dem Tagelöhner und der gewöhnlichen Arbeiterklasse gleich zu stellen sein.« Seiner Berechnung zufolge betrug die Zahl der Webermeister 108327, von denen etwa 70000 das Existenzniveau der übrigen Handwerksmeister erreichen würden, aber 38327 zur Arbeiterklasse gerechnet werden müßten. Von den 93765 Krämern verschiedener Art, Lebensmittelhändler und Lumpensammler, heißt es, daß etwa 30000 »zu dem mittleren Bürger-

[10] *Mitteilungen des statistischen Bureaus in Berlin*, hrsg. von F. W. C. Dieterici, Direktor des statistischen Bureaus, 4. Jg., Berlin 1851, S. 266ff., 302. Vgl. auch: *Stenographischer Bericht über die Verhandlungen der deutschen konstituierenden Nationalversammlung zu Frankfurt a. M.*, Bd. 7, Leipzig 1849, S. 5101.

stande«, aber 63765 »zu der eigentlichen Arbeiterklasse« zu rechnen seien. Selbst von den 83594 Personen, die die Gewerbetabelle unter der Überschrift ›Gast- und Schankwirtschaft‹ zusammenfaßte, heißt es: »Von diesen gehören offenbar die Musikanten in die Klasse der gewöhnlicheren Arbeiter, aber auch unter den übrigen sind gewiß viele von denen, die auf dem Lande und in den kleineren Städten kleinere Krüge, Ausspannungen, Schankwirtschaft halten, nur in die Klasse der Arbeiter zu rechnen, so daß wir von den 83594 glauben, 50000 zu der Klasse des mittleren Bürgerstandes, 33594 zu der eigentlichen Arbeiterklasse rechnen zu dürfen.« Aber auch von den ländlichen Grundbesitzern werden in dieser Urwähler-Zusammenstellung nur die 12352 Eigentümer von Rittergütern und größeren Besitzungen zur Klasse der Fabrikherren, Staatsdiener, Offiziere gehörig gerechnet, während die 257347 Mittelbauern, »die in der Regel mit vier, wenigstens aber mit zwei Pferden ihre Ackerwirtschaft betreiben und von 240 Morgen bis 50 Morgen« Besitz haben, in »die Kategorie des Handwerkerstandes« einzureihen seien und die 314533 Kleinbauern, »die mit ein bis zwei Pferden auf einer Besitzung unter 50 Morgen wirtschaften«, zur Arbeiterklasse gerechnet werden müßten, was natürlich erst recht für die Hunderttausende von Häuslern, Büdnern, Instleuten und anderen Landarbeitern ohne eigenen Grundbesitz zutrifft. Die Zahl der Fabrikherren, der »wohlhabenderen Besitzer« von Maschinenspinnereien und anderen Fabriken betrug nur 40807. Von der Gruppe der Kaufleute en gros, der Kaufleute mit offenen Läden und der Buch- und Kunsthändler, der Schriftgießer, Buch-, Noten- und Kupferdrucker, die 97824 Personen umfaßte, werden nur etwa 40000 »zu den Wohlhabenderen oder doch zu denen, die ein anständiges Einkommen haben«, gerechnet, da von den 35978 Kaufleuten mit offenen Läden ebenfalls viele »mit Not kämpfen« müßten. Insgesamt betrug also nach dieser Zusammenstellung die Zahl derjenigen, die »zu den wohlhabenderen Einwohner-Klassen« gerechnet werden mußten, nur 80000 bis 90000, d. h. etwa 2% der Urwähler bzw. Wahlberechtigten von 1848.[11]

Die Formierung des zahlreichen Proletariats als Klasse wurde durch die Zersplitterung erheblich erschwert. So schrieb Friedrich Engels Anfang 1847: »Diese Zersplitterung in Ackerknechte, Tagelöhner, Handwerksgesellen, Fabrikarbeiter und Lumpenproletariat, verbunden mit ihrer Zerstreuung über eine große

[11] *Mitteilungen des statistischen Bureaus in Berlin*, 2. Jg., Berlin 1849, S. 21ff.

dünnbevölkerte Landfläche mit wenigen und schwachen Zentralpunkten, macht es ihnen schon unmöglich, sich gegenseitig über die Gemeinschaftlichkeit ihrer Interessen klarzuwerden, sich zu verständigen, sich zu *einer* Klasse zu konstituieren. Diese Zersplitterung und Zerstreuung läßt ihnen nichts anderes übrig, als die Beschränkung auf ihre nächsten, alltäglichen Interessen, auf den Wunsch nach gutem Lohn für gute Arbeit.«[12] Aber so schwach auch noch die Konzentration des Proletariats in den Städten und auf den Eisenbahnbaustellen war, so zeigte es sich doch schon durch seine Zahl als eine gewaltige Kraft, als eine Masse, in der die Zahl derjenigen, die zum Bewußtsein ihrer Lage gelangten und Forderungen stellten, zusehends größer wurde.

Die wachsende Bedeutung der Industrie und der kapitalistischen Produktionsweise stärkte im Bürgertum das Bewußtsein, der eigentliche Kern der Nation zu sein, der Schöpfer des Nationalvermögens, der unbedingt berechtigt sei, Anerkennung seiner Interessen als Nationalinteresse und politisches Mitbestimmungsrecht zu verlangen. In seiner geschichtlichen Betrachtung über die Entwicklung Deutschlands im 19. Jahrhundert wies Friedrich Engels darauf hin: »Mit der Entwicklung des Handels, des Ackerbaus, der Industrie und damit der sozialen Machtstellung der Bourgeoisie hob sich überall das Nationalgefühl, verlangten die zersplitterten und unterdrückten Nationen Einheit und Selbständigkeit.«[13] Aber die kapitalistische Entwicklung verlief in den einzelnen deutschen Staaten und Provinzen auf Grund der unterschiedlichen Bedingungen sehr ungleichmäßig, so daß sich auch die bürgerliche Klasse in Deutschland durchaus nicht einheitlich entwickelte und sich sehr verschiedene politische Meinungen und Vorstellungen zeigten. Aber der entscheidende und führende Teil der Bourgeoisie, die Fabrikanten und Bankiers, namentlich in Preußen, stellten ihre Bedürfnisse in den Vordergrund als diejenigen der gesamten Bourgeoisie und der von ihr abhängigen Klassen. Um die politischen Verhältnisse zu verändern, das reaktionäre Regime zu beseitigen, war, wie Friedrich Engels in seinem Artikel ›Der Status quo in Deutschland‹ Anfang 1847 betonte, »nur *ein* Weg möglich. *Eine* Klasse muß stark genug werden, um von *ihrem* Emporkommen das der ganzen Nation, von dem Fortschritt und der Entwicklung ihrer Interessen den Fortschritt der Interessen aller andern Klassen abhängig zu machen. Das Interesse dieser *einen* Klasse muß für den

[12] F. Engels, *Der Status quo in Deutschland*, in: Marx/Engels, *Werke*, Bd. 4, Berlin 1959, S. 49.
[13] F. Engels, *Die Rolle der Gewalt in der Geschichte*, in: Marx/Engels, *Werke*, Bd. 21, Berlin 1962, S. 407.

Augenblick Nationalinteresse, diese Klasse selbst für den Augenblick Repräsentantin der Nation werden.«[14]

Tatsächlich stellte die Bourgeoisie ihre Forderungen im Namen des ganzen Volkes. Gerade die starke rheinische Bourgeoisie war es, die immer wieder vom Rheinischen Provinziallandtag forderte, den König zu mahnen, endlich die Versprechungen vom 22. Mai 1815 zu erfüllen, d. h., wie es in der Kölner Petition vom 16. Januar 1845 heißt, »durch eine zweckmäßig eingerichtete Repräsentation dem Staatsleben Ihres Volkes eine neue Grundlage zu gewähren«.[15] Ihre materiellen Interessen nötigten die Bourgeoisie, sich für eine bürgerliche Umwälzung und für eine nationalstaatliche Einigung Deutschlands einzusetzen, aber gleichzeitig war sie als Ausbeuterklasse, die sich im Gegensatz zum Proletatirat befand, bestrebt, diese Umwälzung durch Reformen, durch Verständigung und Vereinbarung mit der Krone in die Wege zu leiten. »Die deutsche Bourgeoisie befindet sich also schon im Gegensatz zum Proletariat, ehe sie noch als Klasse sich politisch konstituiert hat.« Mit diesem Satz kennzeichnete Karl Marx am 18. November 1847 in der ›Deutschen Brüsseler Zeitung‹ sehr treffend die soziale und politische Lage in Deutschland.[16] So vertrat diese sich formierende Bourgeoisie einen Liberalismus, der an die Stelle der revolutionären Freiheits-, Gleichheits- und Brüderlichkeitslosung der Französischen Revolution die Idee des verantwortungsbewußten Staatsbürgers setzte und nach einem Ausgleich seiner Interessen mit denjenigen eines starken Staates, nämlich mit Preußen, strebte. Es ging dieser liberalen Bourgeoisie darum, den Staat, der sich bisher auf den grundbesitzenden Adel stützte, mit dem Bürger zu verbinden, der mit Hilfe der Industrie den Wohlstand des Landes schaffe. »Konstitutionelle Monarchie« wurde die Losung. Die Denkschrift, die der Industrielle Hansemann am 31. Dezember 1830 an die preußische Monarchie richtete, enthält bereits alle Auffassungen und Forderungen, von denen sich die liberale Bourgeoisie in den vierziger Jahren bei ihren Bestrebungen leiten ließ. Hansemann erörterte in seiner Denkschrift zunächst die Gefahr, die von den unteren Volksklassen, vom »Pöbel«, drohe. Er gab zu bedenken, daß »die Pöbelherrschaft die schauderhafteste aller Gewalten« sei und mithin im »Aufstand der geringeren Volksklassen« die erste Gefahr für den Staat liege. Die Regierung müs-

[14] Marx/Engels, *Werke*, Bd. 4, S. 51 f.
[15] Historisches Archiv der Stadt Köln, Camphausen-Nachlaß, Abt. 1023/C 20.
[16] Marx/Engels, *Werke*, Bd. 4, S. 351.

se sich daher auf »die eigentliche Kraft der Nation« stützen, auf die »Majorität«, die, wie Hansemann betonte, in denjenigen Bürgern vorhanden sei, die »durch größere Bildung mehr Einsicht und durch Vermögen größeres Interesse für das Bestehen einer festen, kräftigen und guten Staatsregierung« haben.[17] Diesem Anspruch der industriellen Bourgeoisie, dem kapitalistisches Eigentum besitzenden Bürger politische Rechte zu gewähren, in ihm die eigentliche Kraft des Staates anzuerkennen, traten Vertreter des konservativen preußischen Junkertums mit der Erklärung entgegen, daß nur »die Besitzer des Grundes und Bodens als das eigentliche stimmfähige Volk betrachtet« werden können, nur ihnen stände »die Befugnis zu, gemeinschaftlich mit ihrem Herrscher die großen Angelegenheiten des Landes zu ordnen«. Alle übrigen »Elemente der Bevölkerung« könnten »auf eine Teilnahme an der Landesvertretung keine begründeten Ansprüche haben«.[18]

Die antifeudalen Bestrebungen, die Forderungen nach bürgerlicher Gleichberechtigung und politischem Mitbestimmungsrecht, lagen also im Interesse des ganzen deutschen Volkes. Mehr und mehr beteiligten sich alle Klassen der Bevölkerung am Kampf gegen das feudalabsolutistische Regime für die bürgerliche Umwälzung. Doch konnte nicht von einer einheitlichen im gesamtnationalen Rahmen handelnden fortschrittlichen antifeudalen Bewegung die Rede sein. Die Meinungsverschiedenheiten, die unterschiedlichen Auffassungen über Zweck und Ziel der Bewegung, zeichneten das Bild derselben. Der gemäßigte Liberalismus der sich formierenden Klasse der Bourgeoisie, der sich außerordentlich weit von seinem Ausgangspunkt, der Aufklärungsphilosophie und den Ideen der Französischen Revolution von 1789, entfernt hatte, der die Volkssouveränität ablehnte und nur Staatsbürgerrechte für die Besitzenden forderte, mußte in dieser breiten antifeudalen Volksbewegung auf Widerspruch und Kritik stoßen. Die Volksmassen, deren Lage infolge der Unterdrückung und Ausbeutung immer unerträglicher wurde, konnten und wollten sich nicht mit einigen Konzessionen von oben zufriedengeben. Die auf den entschiedenen Kampf des ganzen Volkes orientierte demokratische Bewegung erlangte immer größere Bedeutung als eine vorantreibende revo-

[17] *Rheinische Briefe und Akten zur Geschichte der politischen Bewegung 1830 bis 1850*, hrsg. von J. Hansen, Bd. 1, Essen 1919, S. 12, 21.

[18] Bülow-Cummerow, *Preußen, seine Verfassung, seine Verwaltung, sein Verhältnis zu Deutschland*, Berlin 1842, S. 37.

lutionäre Kraft. Die Notlage der Arbeiter und der Masse der Kleinbürger prägte das Gesicht dieser demokratischen Bewegung und bestimmte ihre sozialen und politischen Forderungen. An dem Vormarsch dieser Bewegung hatten die Arbeiter einen bedeutenden Anteil. Einige Worte aus dem Flugblatt einer der namhaften führenden Persönlichkeiten der demokratischen Bewegung, Johannes Ronge, mit dem er sich am 18. Mai 1848 ›An Stadt- und Landbewohner‹ wandte, um sie aufzufordern, erneuten Versuchen, sie wieder zu knechten, energischen Widerstand zu leisten, kennzeichnen die Zustände, die die demokratische Bewegung veranlaßten, den revolutionären Weg zu gehen. Ronge schreibt u. a.: »Um das Maß der Knechtschaft voll zu machen, wurde ein vollständiges Netz von Polizeien, Landräten, Gendarmen usw. über Stadt und Land gezogen, welche die persönliche Freiheit überall bedrohten und das Land zu einem Sträflings- oder Zuchthaus machten; denn der Unschuldigste konnte, wenn er falsch angeklagt ward, sofort der Familie entrissen und ins Gefängnis gebracht werden. Die Steuern wurden immer mehr erhöht und lagen vorzugsweise auf dem arbeitenden Bürger- und Bauernstande; die höheren Stände zahlten verhältnismäßig wenig, und manche Klassen nichts. Und die Steuern mußten sich erhöhen, weil die tyrannische Staatsform sich nur künstlich und besonders durch hohe Besoldung der höheren Beamten halten konnte; (in Preußen kommen auf das Militär und die Beamten gegen 40 Millionen) weil die fürstlichen Familiengelder zunahmen. (In Deutschland sind an 450 fürstliche Glieder, welche nach mäßiger Berechnung gegen 60 Millionen erhalten. Ein Weber verdient wöchentlich oft nur zwei Sgr.) Die Zahl der Armen wuchs mit jedem Jahr ungeheuer und der Mittelstand ward immer mehr geschwächt. Die Gesetze, welche zugunsten des Volkes sprachen, wurden mit Füßen getreten, und die Willkür der Großen und Bevorrechteten herrschte...«[19]

Die Krise von 1846/1847 spielte eine wichtige Rolle im Umwandlungsprozeß der Eigentumsverhältnisse, sie beschleunigte die Formierung der bürgerlichen Klasse auf der einen und der Arbeiterklasse auf der anderen Seite und erlangte entscheidende Bedeutung für die revolutionäre Entwicklung.

Selten ist die Masse der Arbeiter und Handwerker so brutal von den Besitzenden ausgebeutet und ausgeplündert worden wie in der Krise von 1846/47. Der Bürgermeister von Hain be-

[19] J. Ronge, *An Stadt- und Landbewohner. Männer und Brüder!*, in: Museum für Geschichte der Stadt Leipzig, Abt. Arbeiterbewegung.

richtete am 27. April 1847 an den sächsischen Innenminister: »Unverkennbar drückt die Teuerung einen großen Teil der hiesigen Einwohner mit den bittersten Nahrungssorgen, namentlich den untern fleißigen, aber nur von Fabrik- oder anderer Tagearbeit lebenden Mittelstand.« In seinem Bericht vom 30. April 1847 an den sächsischen Innenminister stellte der Bürgermeister von Auerbach fest, daß »die unentbehrlichsten Lebensmittel mit den Arbeitslöhnen in dem größten Mißverhältnis stehen« und es keinem Arbeiter oder Handwerker mehr möglich sei, mit Fleiß durchzukommen, ihm bleibe nichts übrig, als »seine Habe zuzusetzen«. Es gibt eine Fülle solcher Berichte aus allen Teilen Deutschlands.[20] Die Krise bedeutete den finanziellen Ruin vieler kleiner Handwerker und Geschäftsleute, da ihr Verdienst nicht mehr ausreichte, um die erheblich verteuerten unentbehrlichen Nahrungsmittel zu erschwingen. Die Summen, die die Masse der Kleinbürger aus ihren Ersparnissen zusetzen mußte, gingen an die Großhändler und Kaufleute, die ihre Lagervorräte an Getreide und anderen Lebensmitteln zu erhöhten Preisen absetzten.

Die hungernden Proletarier nahmen Not und Elend jedoch nicht mehr geduldig hin. In einer ganzen Anzahl Städte, wie z. B. in Berlin, kam es im Frühjahr und im Sommer 1847 zu Unruhen und Krawallen, die nicht nur die Regierungsbehörden, sondern auch die Bourgeoisie in Angst und Schrecken versetzten. Die Arbeiter meldeten laut und vernehmlich an, daß sie nicht länger gewillt waren, Elend und Ausbeutung ruhig zu ertragen. Die Hungerunruhen waren ein Fanal; sie kündigten eine Revolution an, in der auch die Arbeiterklasse ein ernstes Wort mitreden wollte. Wilhelm Wolff, Freund und Mitarbeiter von Marx und Engels in Brüssel, schrieb in der ›Deutschen Brüsseler Zeitung‹, daß die Ereignisse lehrten, »wie leicht es dem Volke fallen muß, die ganze bisherige Sauerei, Ungerechtigkeit, Bevormundung, Spitzbüberei und Ausbeutung über den Haufen zu werfen, sobald die Masse organisiert, mit einem bestimmten Plan, mit selbstgewählten Anführern, mit Entschlossenheit und Bewußtsein auf den Kampfplatz tritt, um eine neue Ordnung der gesellschaftlichen Verhältnisse zu begründen.[21]

Die Ereignisse des Jahres 1847, das öffentliche Auftreten der

[20] Staatsarchiv Dresden, Ministerium des Innern Nr. 1189a, betr. Notstand des Jahres 1847, fol. 7f., fol. 97f.

[21] Deutsche Brüsseler Zeitung, 9. Mai 1847, zitiert nach Neuabdruck, in: *Beiträge zur Geschichte der deutschen Arbeiterbewegung*, 3. Jg., 1961, Heft 2, S. 341 f.; vgl. auch: W. Schmidt, *Zur Mitarbeit von Wilhelm Wolff an der Deutschen Brüsseler Zeitung*, in: ebenda, S. 318f.

Arbeiter, der kleinbürgerlichen Demokraten und der liberalen Bourgeoisie mit ihren Forderungen (Vereinigter Preußischer Landtag, Offenburger und Heppenheimer Tagung)[22] veranlaßten Friedrich Engels zu der Einschätzung: »Das Jahr 1847 entschied nichts, aber es stellte überall die Parteien einander scharf und klar gegenüber, es löste keine Frage definitiv, aber es stellte alle Fragen so, daß sie jetzt gelöst werden müssen.« Engels war, als er diesen Artikel über ›Die Bewegungen von 1847‹ am 23. Januar 1848 in der ›Deutschen Brüsseler Zeitung‹ veröffentlichte, davon überzeugt, daß die Januar-Ereignisse 1848 »die letzten Vorbereitungen zur *Bourgeois*-Revolution in Preußen vollenden werden«.[23]

Die führenden Liberalen, namentlich der rheinischen Bourgeoisie, waren sich auch dessen bewußt, daß sie das Jahr 1848 vor Entscheidungen stellen würde, da selbst im Bürgertum infolge der Weigerung der preußischen Krone, den liberalen Verfassungswünschen entgegenzukommen, eine große Mißstimmung vorhanden war. Das Blatt der rheinischen Industriellen, die ›Kölnische Zeitung‹, erklärte am 2. Januar 1848, rückblickend auf das Jahr 1847 und vorausschauend auf das Jahr 1848: »Politische, finanzielle und religiöse Kämpfe bewegen und verstimmen unstreitig die Gegenwart. Was zunächst unsere politischen Zustände betrifft, so ist ein allgemeines und nachhaltiges Streben nach öffentlichen und zweckmäßigen Formen unverkennbar und um so intensiver, als es von mancher Seite lebhaft bekämpft wird. Aber gerade dadurch wird das Verlangen immer und so lange sich steigern, bis es seine vollständige Befriedigung erreicht hat.«[24]

In Anbetracht der Lage, angesichts der Stimmung im Volke und der Aktivität der Arbeiter und kleinbürgerlichen Demokraten, konnte die liberale Bourgeoisie nicht mehr im Kampf um konstitutionelle Reformen zurückweichen, wenn sie nicht ihre eigenen Interessen preisgeben wollte. So gingen von führenden Liberalen einige wichtige Vorstöße aus. Der rheinische Industrielle Camphausen benutzte die Sitzung der Vereinigten Ausschüsse in Berlin, um im Namen des gesamten Volkes an den König zu appellieren, schnellstens auf Verfassungswünsche einzugehen sowie eine Reform des Deutschen Bundes einzuleiten. Des liberalen Abgeordneten Bassermanns Antrag in der badi-

[22] Vgl. K. Obermann, *Deutschland 1815–1849, Lehrbuch der deutschen Geschichte* (Beiträge), 3., überarbeitete Auflage, Berlin 1967, S. 183 f., vgl. nachfolgenden Abschnitt I und das Flugblatt ›Die Forderungen des Volkes‹.

[23] F. Engels, *Die Bewegungen von 1847*, in: Marx/Engels, *Werke*, Bd. 4, S. 495 f.

[24] Kölnische Zeitung, Nr. 2, v. 2. Januar 1848.

schen Kammer vom 12. Februar, an den Großherzog die Bitte zu richten, »auf geeignete Weise dahin wirken zu wollen, daß durch Vertretung der deutschen (Nation) Ständekammern am Bundestage ein sicheres Mittel zur Erzielung gemeinsamer Gesetzgebung und einheitlicher National-Einrichtungen geschaffen werde«, bezweckte, die Fürsten zu Verhandlungen zu gewinnen und möglichst auf dem Wege über die Ständekammern und nicht durch allgemeine Wahlen zu einer Nationalversammlung zu kommen.[25]

Aber die Fürsten zeigten auch jetzt keine Neigung, auf diese Appelle einzugehen, so daß schließlich die Bourgeoisie ihre gemäßigten Forderungen nicht ohne Hilfe der Volksmassen, nicht ohne Demokraten und Arbeiter durchzusetzen vermochte.

Die Nachrichten von der Februarrevolution in Paris und der Proklamierung der Republik lösten eine große Begeisterung bei den Volksmassen aus und leiteten die revolutionäre Erhebung in Deutschland ein. Am Verhalten der verschiedenen Klassen und Schichten zur Februarrevolution läßt sich ihre Einstellung zur revolutionären Erhebung in Deutschland beurteilen. »Betroffen, Lots Salzsäule gleich, standen die sonst sichersten und erhabensten Leute, die Kaufleute, die Bankiers, die Besitzenden, die Personen von feiner Bildung.« Das schrieb der zeitgenössische Historiker Wilhelm Zimmermann über die Wirkung der Nachricht von der Februarrevolution auf die rheinische Bourgeoisie.[26] Während Demokraten und Arbeiter, während die führenden Männer der Volksbewegung zu Aktionen aufriefen, bestürmten namhafte Liberale die Fürsten, namentlich den preußischen König, Konzessionen zuzustimmen, um auf diese Weise die Revolution aufzuhalten. Sie wiesen, wie Wilhelm Zimmermann schreibt, vor allem darauf hin, »daß die neueste Revolution zu Paris stärker als irgend etwas predige, wie gefährlich es sei, Zugeständnisse zu verspäten«.[27] Bei der zunehmenden Ausbreitung der revolutionären Erhebung in Süddeutschland kam es der liberalen Bourgeoisie darauf an, Herr der Lage zu bleiben und auf dem Wege der Zugeständnisse von oben ihre Forderungen durchzusetzen. Am 1. März unterbreitete der rheinische Industrielle Hansemann dem preußischen Innenminister v. Bodelschwingh das liberale Programm, das von dem Leitgedanken

[25] *Quellensammlung zum deutschen öffentlichen Recht seit 1848*, hrsg. von Paul Roth und Heinrich Merck, Erlangen 1850, Bd. 1, S. 55. Das Wort »Nation« steht hier in Klammern, die Betonung lag also auf Ständekammern.

[26] W. Zimmermann, *Die Deutsche Revolution*, Karlsruhe 1848, S. 20.

[27] Ebenda.

ausging: »eine einige deutsche Nation mit deutschem Parlamente in der Form eines Bundesstaates, der jedem einzelnen Staate eine gewisse Freiheit der Entwicklung gewährt; bürgerliche, politische und religiöse Freiheit, gesichert durch lebenskräftige Institutionen; eine größere Einwirkung und Berücksichtigung der handarbeitenden Volksklassen bei der allgemeinen und insbesondere der Finanzgesetzgebung der Staaten.« Der preußische König sollte die Führung übernehmen und nicht nur sofort den Vereinigten Landtag einberufen, um entsprechende Gesetze beraten zu lassen, sondern auch beim Bundestag beantragen, »unverzüglich aus allen deutschen Staaten nach Verhältnis ihrer Bevölkerung Deputierte in Frankfurt zu vereinigen, um in Übereinstimmung mit den deutschen Fürsten die zu Deutschlands Freiheit und Unabhängigkeit notwendige Reform des Bundesvertrags zu beschließen«.[28] Für dieses Programm trat auch die Petition der 29 rheinischen liberalen Abgeordneten an den preußischen König vom 11. März ein.[29] Das war das Programm der sogenannten Bourgeois-Revolution. Der liberale Statistiker Friedrich Wilhelm Otto Ludwig Freiherr von Reden, Gründer des Vereins für deutsche Statistik, seit 1844 Regierungsrat im preußischen Ministerium des Äußeren, legte am 12. März seinem Außenminister in einem Bericht nahe, dieses Programm zu erfüllen, bevor die Volksrevolution überall gesiegt habe. Er gab zu bedenken: »Die größte Gefahr für die bestehende staatliche und gesellschaftliche Ordnung dürfte aus der Möglichkeit drohen, daß der *Radikalismus* und *Kommunismus* in Deutschland die Oberhand gewönne. Hinreichende Erfahrungen möchten bewiesen haben, daß keine Macht irgend einer Regierung dieser Krankheit gewachsen ist, – wenn sie nicht auf den unbedingten kräftigen Beistand der *Besitzenden* zählen kann. Dieser Beistand aber wird in *jetziger* Zeit nur unter *Bedingungen* gewährt und das *Maaß* der Bedingungen wächst, bis *zu deren Erfüllung*, mit jedem Tage. Sollte es daher nicht im *eigenen* Interesse der Regierungen liegen ungezwungen *Geringeres* zu gewähren, um nicht durch spätere Ereignisse zu *größeren* Bewilligungen genötigt zu werden, oder gar die öffentliche Ordnung auf ein gefährliches Spiel zu setzen?«[30] Angesichts der vorwärtsschreitenden Volksrevolution, die die alten Regierungen zu stürzen droh-

[28] A. Bergengrün, *David Hansemann*, Berlin 1901, S. 412 f.

[29] S. Text, S. 54.

[30] DZA Merseburg, A. A. III. Rep. 14, Nr. 110, betr. die Zeitungs- und anderen Berichte des Freiherrn von Reden, Dezember 1847 bis März 1848 (unfoliiert).

te, hoffte die Bourgeoisie, sich endlich auf der Grundlage ihrer konstitutionellen Forderungen mit den Regierungen und den Fürsten gegen die Volksrevolution, gegen »Radikalismus« und »Kommunismus« verständigen zu können. Gleichzeitig machten die Liberalen große Anstrengungen, mäßigend auf die Volksbewegung einzuwirken. Die liberale Propaganda warb für die konstitutionelle Monarchie als die sicherste Grundlage für eine bessere Zukunft in Wohlstand und Glück. Diese Propaganda fand geneigte Ohren bei breiten Massen der Bürger und Kleinbürger, denn im Bürgertum herrschte die Vorstellung, daß eine völlige Umwälzung, die Errichtung einer Republik, eine Gefahr für den bürgerlichen Besitz bedeute. Die bürgerliche bzw. »Bourgeois-Revolution« strebte vor allem danach, die feudalen Hemmnisse und die staatliche Zersplitterung zu beseitigen, die die kapitalistische Entwicklung behinderten. Die Sorge um den Besitz zeugte im Bürgertum die Furcht vor den Demokraten, dem »Radikalismus«, und den Arbeitern, dem »Kommunismus«. Die von ihnen geforderte demokratische Umwälzung war für das Bürgertum gleichbedeutend mit sozialen Veränderungen, die der Arbeiterklasse die Rechte einräumten, die die Bourgeoisie zunächst für sich beanspruchte.

Die von der Bourgeoisie angestrebte Verständigung mit dem preußischen König kam nicht zustande, da die Monarchie und die hinter ihr stehenden feudalen und militaristischen Kräfte, gestützt auf die Armee und auf zaristische Hilfsangebote, nicht bereit waren, die absolute Fürstenherrschaft aufzugeben und der Bourgeoisie einen Anteil an der politischen Macht zu gewähren. So mußte das revolutionäre Volk im Barrikadenkampf am 18./19. März in Berlin die preußischen Truppen besiegen und den König zum Nachgeben zwingen.

Der Sieg der Volksrevolution in Wien am 13./14. März und in Berlin am 18./19. März war von großer nationaler und internationaler Bedeutung. Diese Siege des Volkes über Feudalabsolutismus und Militarismus sicherten der Bourgeoisie in ganz Deutschland die geforderten konstitutionellen Rechte und Anteil an der politischen Macht, diese Siege hatten alle Voraussetzungen für die Konstituierung eines liberalen monarchischen Regimes und für die Herstellung der nationalstaatlichen Einigung Deutschlands geschaffen. Aber auch das Volk war sich seiner Kraft bewußt geworden, Arbeiter, Bauern, Bürger und Kleinbürger forderten ihren Anteil an den Märzerrungenschaften. Überall traten Arbeiter und Kleinbürger auf großen Volksversammlungen dafür ein, schnellstens allgemeine Wahlen durchzuführen und eine Volksbewaffnung zu bewilligen. Der Dichter Georg Weerth, der von Brüssel nach Köln übersiedelte, schrieb am 25. März an Karl Marx: »Alles ist bewaffnet, man traut den Berliner Versprechungen nicht – man wird nur mit allgemeiner Wahl, unbedingter Pressefreiheit und Assoziationsrecht zufrieden sein. – Der alte Landtag ist in den Augen des Volkes tot und alle früheren Mitglieder, die sich sehen lassen und nicht total demokratisch sind, werden von den Tribünen gejagt; – heute gehen fünf Abgeordnete von hier nach Berlin, um alles dies dem Könige zu erklären. Nur mit einem neuen, aus allgemeiner Wahl hervorgegangenen Landtag ist man einverstanden.«[31] Für diejenigen, die den Sieg erkämpft hatten, für Demokraten und Arbeiter, war die Märzrevolution erst der Anfang der demokratischen Umwälzung.

Doch die Bourgeoisie war am Ziel ihrer Wünsche. Sie stellte sich schützend vor die Monarchie, sie wollte die Monarchie ungeschwächt erhalten, sich mit ihr verständigen und die neue Verfassung »vereinbaren«. Die Regierung Camphausen/Hansemann, die die führende Fraktion der liberalen Bourgeoisie repräsentierte, erfand die Vereinbarungstheorie. Sie war nicht bereit, die vom Volk in der Revolution erkämpfte Souveränität anzuerkennen und dem Volk das Recht zuzubilligen, selbständig, durch eine demokratisch gewählte konstituierende Versammlung, die neue Verfassung zu beraten und in Kraft zu setzen. Die Souveränität lag für sie allein in der Krone und sollte nicht angetastet werden; des Königs Wille war weiterhin oberstes Gesetz. Die liberale Bourgeoisie setzte alles daran, die durch den Sieg des Volkes »erschütterten Grundlagen der Autorität« wieder zu festigen. Die Krone stellte ihr bereitwillig die Machtmittel des alten Regimes, die Bürokratie und das Heer, zur Verfügung, um der demokratischen Bewegung, der Volksrevolution, entgegentreten zu können. Camphausen erklärte am 30. Mai 1848 der »zur Vereinbarung der Preußischen Staats-Verfassung« einberufenen Versammlung offen: »Keineswegs aber haben wir die Lage so aufgefaßt, als sei durch diese Begebenheit (gemeint ist der Barrikadenkampf in Berlin am 18./19. März – K. O.) eine vollständige Umwälzung eingetreten, als sei die ganze Verfassung unseres Staates umgeworfen worden, als habe alles Vorhandene aufgehört, rechtlich zu bestehen, als müßten alle Zustände rechtlich neu begründet werden. Im Gegenteil. Im Augenblicke

[31] Institut für Marxismus-Leninismus, Moskau, Archiv, Fonds 1, op. 5, Nr. 167.

seines Zusammentretens hat das Ministerium sich darüber geeinigt, dies als eine Frage seiner Existenz anzusehen, daß der damals zusammenberufene Vereinigte Landtag wirklich und ungeachtet der dagegen eingegangenen Petitionen zusammentrete, daß aus der bestehenden Verfassung heraus mit den gesetzlichen Mitteln, die sie darbot, in die neue Verfassung übergegangen werde, ohne das Band abzuschneiden, welches das Alte an das Neue knüpft.«[32] In dieser Haltung äußert sich der offene Verrat an der Revolution. In seiner eingehenden Analyse des Verhaltens der Bourgeoisie schrieb Karl Marx: »Die *Revolution* war der *Rechtstitel* des Volkes; auf die Revolution gründete es seine ungestümen Ansprüche. Die Revolution war der Wechsel, den es auf die Bourgeoisie gezogen hatte. Durch die Revolution war die Bourgeoisie zur Herrschaft gelangt. Mit dem Tage ihrer Herrschaft war der Verfalltag dieses Wechsels angebrochen. Die Bourgeoisie mußte gegen den Wechsel *Protest* einlegen.«[33]

Die einander entgegengesetzten Positionen, die die Bourgeoisie bzw. die »Bourgeois-Revolution« einerseits und die Volksrevolution andererseits nach dem 18./19. März einnahmen, bestimmten den weiteren Verlauf, die Kämpfe und Auseinandersetzungen der Revolution. Die Bourgeoisie bewegte sich wieder nach rückwärts und wandte sich entschieden gegen die vorwärtsschreitende Volksrevolution und ihre Forderung nach demokratischer Umwälzung. Die Maßnahmen der liberalen Minister gegen die demokratische und die Arbeiterbewegung trugen den Charakter einer ministeriellen bzw. bourgeoisen antidemokratischen Konterrevolution. Je stärker sich die Bourgeoisie im Interesse der »Ruhe und Ordnung« und der Sicherung der »konstitutionellen Monarchie« gegen die Volksbewegung wandte, desto mehr war sie genötigt, sich auf den Monarchen und die hinter ihm stehenden feudalreaktionären Kreise zu stützen und ihnen nachzugeben. Diese konterrevolutionäre antidemokratische bourgeoise Politik der weitgehenden Verständigung mit der Monarchie, die sich gegen das Volk und seine berechtigten Forderungen richtete, ermutigte die feudale Reaktion, wieder offen hervorzutreten und gefährdete die gesamten Errungenschaften der Revolution. Indem die bourgeoise Konterrevolution mit der feudaljunkerlichen Konterrevolution paktierte, ermöglichte sie schließlich den Sieg der feudaljunkerlichen Reaktion.

[32] *Stenographische Berichte über die Verhandlungen der zur Vereinbarung der preußischen Staats-Verfassung berufenen Versammlung*, Berlin 1848, Bd. 1, S. 57.

[33] K. Marx, *Die Bourgeoisie und die Konterrevolution*, in: Marx/Engels, *Werke*, Bd. 6, Berlin 1959, S. 111.

Die Volksrevolution schritt nach dem 18./19. März vorwärts; Arbeiter und kleinbürgerliche Demokraten machten gewaltige Anstrengungen, um im ständigen Kampf mit der Konterrevolution die Märzerrungenschaften zu sichern. Der Kampf des Volkes gegen den Verrat an der Revolution und gegen die Konterrevolution ist die eigentliche Geschichte der Jahre 1848/49. Was erreicht wurde, ist diesem Kampf zu verdanken. Ohne die Volksrevolution und ihre mutigen Aktionen im Sommer, Herbst, Winter 1848/49 und Frühjahr 1849 wäre niemals eine neue Reichsverfassung zustande gekommen, die von den liberalen Verfassern in der Nationalversammlung preisgegeben, zur Fahne des letzten Aufstandes gegen die bereits übermächtige Konterrevolution wurde. Die Revolution hat gezeigt, was in den Volksmassen steckte, welcher Kraft und welcher ungeheuren Opfer sie fähig waren. Das Volk war allerdings keine homogene Masse, sondern bestand aus Klassen und Schichten mit unterschiedlichen Vorstellungen und Auffassungen. Namentlich im Kleinbürgertum zeigten sich erhebliche Schwankungen und Illusionen. Die monarchische Gesinnung, die große Anhänglichkeit an den Fürsten, die im Bürger- und Kleinbürgertum und in der Bauernschaft herrschte, bestimmte eine versöhnliche und nachsichtige Haltung. Auf dem Boden einer solchen Gesinnung, die sich ein gutes Verhältnis zwischen Fürst und Volk als Garantie einer besseren Zukunft wünschte, gedieh Vertrauensseligkeit und Verständigungsbereitschaft. Eine solche Einstellung führte zur Unfähigkeit, die Vorgänge richtig einzuschätzen.

Die Arbeiterklasse erwies sich als die zuverlässigste Stütze, als die Kerntruppe der Volksrevolution. In der Arbeiterklasse reifte in dieser Zeit mehr und mehr das Bewußtsein und die Überzeugung heran, daß ihr die Aufgabe zufalle, sich, wie der Arbeiterverein Bremen am 18. Oktober 1848 schrieb, »durch reges Aneinanderschließen und beharrliche Ausdauer von den Ketten der herkömmlichen Mißbräuche und Angewohnheiten loszuringen, um den gesamten Arbeiterstand auf die Stufe zu bringen, welche ihm mit Fug und Recht gebührt«.[34] So zeigte sich die Arbeiterklasse als der linke, konsequenteste und kampfentschlossenste Flügel der Volksrevolution.

Der Verrat der Bourgeoisie an der Revolution, ihre antidemokratische konterrevolutionäre Haltung und der Mangel an Entschlossenheit im kleinbürgerlichen Lager erlaubten schließlich

[34] Staatsarchiv Dresden, Ministerium des Innern Nr. 11026a, Bd. 1, Lage 13, Bl. 15.

der feudaljunkerlichen Konterrevolution, den Sieg zu erringen. Wenn auch die Einigung und Demokratisierung Deutschlands gescheitert war, so leitete doch die Revolution die zweite Phase der industriellen Revolution ein, die Deutschland zu einem mächtigen Industrieland machte. Die revolutionären Kämpfe der Jahre 1848/49 erschütterten die feudalabsolutistische Ordnung und bahnten wirtschaftlichen und sozialen Veränderungen den Weg. Zu den wichtigsten Erscheinungen der Revolution gehört auch, daß die deutsche Arbeiterbewegung zum ersten Male Massencharakter erlangte. Das Erlebnis der Revolution trug mit dazu bei, die deutsche Arbeiterbewegung zu befähigen, sich in der zweiten Hälfte des 19. Jahrhunderts zur entscheidenden gesellschaftlichen Kraft zu entwickeln.

Der Marxismus hatte in der Revolution seine historische Bewährungsprobe bestanden. Die Erfahrungen der Revolution waren für die weitere wissenschaftliche und politische Arbeit von Marx und Engels von großer Bedeutung. Wie Lenin betonte, werteten Marx und Engels revolutionäre Perioden wie die, die sie in den Jahren 1848/49 miterlebten, »als die lebendigsten, wichtigsten, wesentlichsten, entscheidendsten Momente in der Geschichte der menschlichen Gesellschaften«.[35] Die Periode der Revolution und ihre Lehren haben in den Arbeiten von Marx und Engels Gestalt gewonnen.

[35] W. J. Lenin, *Gegen den Boykott*, in: *Werke*, Bd. 13, Berlin 1963, S. 24.

I.
Die Stimme der Revolution in Aufrufen und Forderungen vom Krisenjahr 1847 bis zum Berliner Barrikadensieg am 18./19. März 1848

Im Krisenjahr 1847 hatte die wirtschaftliche Notlage die sozialen und politischen Gegensätze bis zum äußersten verschärft. In dieser Situation tauchten zahlreiche handgeschriebene, aber auch gedruckte Flugblätter auf, aus denen die ganze Unmut und Empörung des Volkes über die herrschenden Zustände sprachen und die deutlich die revolutionäre Kampfbereitschaft der Notleidenden und Ausgebeuteten ausdrückten. Von diesen Flugblättern, die auf den Kundgebungen der Turner in Frankfurt a. M., in Bingen am Rhein und an anderen Orten des südlichen und südwestlichen Deutschlands, in Arbeiterbildungsvereinen und an anderen Stätten, wo sich Arbeiter versammelten, verbreitet wurden, ging eine mobilisierende Wirkung aus. Vergeblich bemühten sich die Behörden, Verfasser und Verteiler der Flugblätter aufzuspüren.

Im Bericht des preußischen Legationsrats Balan in Frankfurt a. M. an den preußischen Außenminister vom 14. Juni 1847 ist von »aufrührerischen Liedern, Proklamationen und Broschüren« die Rede, die auf dem Turnfest in Bingen verteilt wurden. Zum beigefügten handgeschriebenen Flugblatt: ›Proletarier! Brot oder Revolution!‹ heißt es, daß es »an Schamlosigkeit nicht leicht« übertroffen werden könne.[1] Aus Frankfurt a. M. stammt auch das Flugblatt ›Männer aus dem Proletariat, Handwerksburschen, die ihr am Bettelstabe Deutschland durchzieht...‹. Am 26. September 1847 sandte der preußische Legationsrat eine Abschrift nach Berlin.[2]

Nach der ersten großen Tagung der süddeutschen Demokraten in Offenburg am 12. September 1847 tauchte das Flugblatt ›Die Forderungen des Volkes‹ mit den Beschlüssen dieser Tagung selbst in Berlin auf. Der Berliner Polizeipräseident sandte am 15. November 1847 ein Exemplar an den Innenminister und berichtete, daß es in Berlin »ganz unter der Hand verbreitet werde« und nach den Beteiligten gefahndet würde.[3]

[1] Deutsches Zentralarchiv (DZA) Merseburg, Rep. 77, Tit. 509, Nr. 30, vol. 4, fol. 228/229.
[2] DZA Merseburg, A. A. I., Rep. 4, Nr. 2265, fol. 37–39.
[3] DZA Merseburg, Rep. 77, Tit. 341, Nr. 37, fol. 1/2.

Das von dem Staatskanzler Metternich als Informations- und Agentenzentrale eingerichtete »Mainzer Informations-Büro« berichtete am 3. Dezember 1847 nach Wien über eine massenhafte Verbreitung »incendiarischer Flugblätter« in den süddeutschen Städten, namentlich in Mannheim und Mainz.[4]

Besondere Aufregung verursachte das zu Beginn des Jahres 1848 überall in Süddeutschland auftauchende Flugblatt: ›Gruß zum neuen Jahr! An unsere Brüder, die deutschen Proletarier‹. Das »Mainzer Informations-Büro« berichtete am 24. Februar 1848 nach Wien, daß die württembergischen und badischen Handwerker mit Hilfe solcher Schriften von der Schweiz aus »die Revolution in ihr Land tragen«.[5] Das Flugblatt nannte als Druckort: »Deutschland. Gedruckt bei Schlagdrauf und Hilfdirselbst. 1848«.[6]

Die ersten Nachrichten von der siegreichen Februarrevolution in Paris lösten im deutschen Volk eine Begeisterung aus, die in Süd- und Südwestdeutschland sofort zu revolutionären Taten anspornte. Vom 27. Februar an war hier die Stimme der Revolution mehr oder weniger laut und deutlich zu vernehmen. In wenigen Tagen verbreiteten zahlreiche Flugblätter die revolutionären Losungen und Forderungen im Land. Diese Flugblätter aus Mannheim, aus Frankfurt a. M., aus Hanau, aus Worms vermitteln ein eindrucksvolles Bild der revolutionären Stimmung. Nicht die gemäßigten Liberalen, sondern radikale Demokraten, Arbeiter, Mitglieder des Bundes der Kommunisten waren, wie schon 1847, die Verfasser dieser ersten Flugblätter der Revolution. Eines der wirkungsvollsten Flugblätter der ersten Märztage, das klar und scharf die bürgerlich-demokratischen Forderungen darlegte, war das Blatt ›Das deutsche Volk an die sogenannte deutsche Bundesversammlung‹, von dem bisher bereits vier verschiedene Ausgaben nachgewiesen werden konnten.[7] Das »Mainzer Informations-Büro«, das sich vor seiner Auflösung noch eingehend mit diesem Flugblatt beschäftigte, schrieb in seinem Bericht vom 17. März 1848 dieses Flugblatt

[4] Vgl. Haus-, Hof- und Staatsarchiv (HHStA) Wien, Mainzer-Informations-Büro (MIB) Nr. 1118; vgl. ferner: K. Obermann, *Zum Anteil des deutschen Proletariats und des Bundes der Kommunisten an der Vorbereitung der Revolution von 1848*, in: Zeitschrift für Geschichtswissenschaft (ZfG), Heft 8, 1969, S. 1025.

[5] HHStA Wien, MIB, Nr. 1142.

[6] Ermittlungen haben ergeben, daß der Verleger Schläpfer in Herisau/Schweiz nach Verbot seiner Druckerzeugnisse in den Staaten des Deutschen Bundes zur Tarnung u. a. eine solche Firmenbezeichnung benutzte; vgl. B. Andréas/W. Mönke, *Neue Daten zur »Deutschen Ideologie«*, in: *Archiv für Sozialgeschichte*, Hannover, Bd. VIII, 1968, S. 104. Siehe Text, S. 37ff.

[7] Vgl. K. Obermann, *Zum Anteil des deutschen Proletariats und des Bundes der Kommunisten an der Vorbereitung der Revolution von 1848*, a. a. O., S. 1028.

»dem Kreis der Radikalen in Frankfurt a. M., Heidelberg usw.« zu, der »in letzter Zeit« mit Brüssel in Verbindung gestanden habe und nun »innigen Verkehr« mit den aus Belgien Ausgewiesenen, namentlich mit Marx und Freiligrath in Paris unterhalte. Das Blatt sei zudem »in Tausenden von Exemplaren in Worms, Mannheim, Mainz und anderen Städten gedruckt« und offen in den Straßen verbreitet worden.[8]

Die revolutionäre Welle hatte sich in wenigen Tagen weiter ausgedehnt und auch die preußische Rheinprovinz erfaßt. Die Kölner Arbeiter unter der Führung der Kölner Gemeinde des »Bundes der Kommunisten« unterbreiteten dem Gemeinderat am 3. März ihre sechs Forderungen. Wie aus den Akten des Oberpräsidenten in Koblenz zu entnehmen ist, sind aber diese sechs Forderungen nicht nur in der Kundgebung vor dem Rathaus vorgetragen, sondern auch durch ein Flugblatt ›Forderungen des Volkes‹ im Rheinland und in Westfalen verbreitet worden. Am 17. März wurde dem Oberpräsidenten das Flugblatt aus Arnsberg in Westfalen vom Regierungspräsidenten zugeschickt, mit dem Hinweis, »das Blatt haben Bürger von Iserlohn, Dortmund und Hagen am 13. März durch die Stadtpost« erhalten.[9]

Von Anfang März an, als die revolutionäre Welle weiter nach Osten vordrang und nach und nach ganz Deutschland erfaßte, übernahmen Flugblätter die Aufgabe, als Sprachrohr der allgemeinen Bewegung die Forderungen und Wünsche in die Massen zu tragen. Schon eine kleine Auswahl aus der Vielzahl der Flugblätter, die in der ersten Märzhälfte erschienen, läßt erkennen, daß es überall in Deutschland darum ging, eine neue gesellschaftliche und politische Ordnung zu schaffen. Ton und Sprache der Flugblätter sind allerdings recht unterschiedlich. Aus vielen Flugblättern spricht die ehrliche Begeisterung der Demokraten, aber auch eine überschwengliche Vorstellung von der Revolution und eine unbegrenzte Siegeszuversicht. Andere Blätter beschränken sich darauf, die liberalen Forderungen bekanntzumachen, sie zu erläutern, ihre Notwendigkeit darzulegen und an die Einsicht der Fürsten zu appellieren. Doch auch die in diesen Flugblättern erhobenen Forderungen stellten ein Programm dar, das eine Verbesserung und Veränderung der politischen und gesellschaftlichen Verhältnisse zum Ziel hatte. Doch steckte hinter dem Ausdruck der Ergebenheit und des Vertrauens ge-

[8] HHStA Wien, MIB, Nr. 1152, fol. 85 f.

[9] Staatsarchiv Koblenz, Abt. 403, Nr. 2550, fol. 233/234. Siehe Text, S. 46 ff.

genüber den Fürsten, von denen Konzessionen erwartet wurden, mitunter auch das Bestreben, die Volksbewegung in gemäßigte Bahnen zu lenken und von revolutionären Aktionen abzuhalten.

In der Bauernbewegung auf dem Lande hat das Flugblatt eine geringere Rolle gespielt. Petitionen, in denen Bauern und Landarbeiter ihre Forderungen niederlegten, sind in einigen Fällen als Flugblätter erschienen.

Als eine bemerkenswerte Erscheinung dieser Märztage müssen auch die Flugblätter und Plakate betrachtet werden, die Fürsten und Regierungen dazu benutzten, ihre Zugeständnisse bekanntzugeben.

Die revolutionären Kämpfe in den beiden größten deutschen Staaten, am 13. März in Wien und am 18. März in Berlin, bilden den ersten Höhepunkt der Revolution. Das Flugblatt mit der Rede des ungarischen Volkstribunen Lajos Kossuth, die am 13. März die Kampfbegeisterung der Wiener entfachte, ist allem Anschein nach in mehreren Ausgaben erschienen. Freude und Jubel über den Sieg, Hoffnungen auf den Beginn einer neuen Zeit sprechen aus den Flugblättern, die über die Ereignisse vom 13. bis 15. März in Wien berichten und die Kämpfer ehren. Sie enthüllen aber auch eine große Anhänglichkeit an den Kaiser Ferdinand. Eine unermeßliche Begeisterung ergriff alle Völker des Habsburger Staates, was besonders aus den zahlreichen Grußadressen an die Wiener Studenten hervorgeht. Polen und Ungarn traten als erste mit eigenen Forderungen auf. Die Begeisterung dieser Tage war nicht nur von Hoffnungen, sondern auch von manchen Idealvorstellungen und Illusionen erfüllt. Einige Flugblätter beweisen, wie sehr sich die Masse des Volkes der Freude und Begeisterung hingab, ohne an Rückschläge zu denken.

Das bornierte und unnachgiebige Verhalten des preußischen Königs, Friedrich Wilhelm IV., des Prinzen von Preußen, des Hofadels und der Junkeroffiziere führte zu den blutigen Berliner Barrikadenkämpfen am 18./19. März. Arbeiter, Studenten und revolutionär gesinnte Bürger kämpften erbittert gegen eine preußische Soldateska, die von ihren Offizieren zu äußerster Brutalität aufgestachelt worden war. Die revolutionären Kämpfer haben in Flugblättern klargemacht, wie die Ereignisse des 18./19. März eingeschätzt werden müssen und was sie bedeuten. Aus den Flugblättern der Märztage spricht aber auch der Wille, sich nicht mit Versprechungen zufriedenzugeben, sondern auf

Maßnahmen und Einrichtungen zu bestehen, die die Lage der Arbeiter und Bauern verbessern und politische Gleichberechtigung gewähren. Konstitutionelle Monarchie auf breitester demokratischer Grundlage wurde selbst von den liberalen Bürgern rheinischer Städte gefordert. Die Behörden mahnten in Flugblättern zu Geduld, aber Arbeiter und Demokraten gaben zu verstehen, daß Mißtrauen gegenüber Fürsten, Behörden und den Märzministerien allzu berechtigt sei und es darauf ankomme, im Kampf nicht nachzulassen, bis alle Forderungen der Völker und auch die sozialen Forderungen der Arbeiterklasse erfüllt seien.

[1] Proletarier!

Brot oder Revolution! Das sei Eure Losung, es ist Eure letzte Hoffnung, das einzige worauf Ihr bauen könnt. Was bleibt Euch denn anders übrig? Seid Ihr es nicht, die säen und arbeiten im Schweiße des Angesichts, damit andere, die nichts tun, ernten und schwelgen, während Euch der Hunger die Knochen zerfetzt; Ihr baut Paläste, damit der Lotterbube darin seiner schweinischen Geilheit frönt, Ihr macht Schlösser für seine Goldkisten, damit er sein Wuchergeld darin verschließen kann; Ihr macht glänzende Bettstellen und weiche Betten, damit Eure Töchter seinem Hurengelüst darauf zum Opfer fallen, alles für ihn, nichts für Euch als der Hunger und der Gerichtsdiener, der Euch aus Euren verfaulten Strohlagern wirft und Euch ins Schuldgefängnis wirft. Proletarier! schüttelt Eure schmutzigen, aber ehrlichen Lumpen, damit sie zittern, aus jedem Loch Eurer zerrissenen Kleider blicke ein Dolch, aus jedem ungesättigten Munde zerschmettere sie ein Fluch, die Elenden, die zu schwelgen wagen, während das arme Volk kaum zusammenarbeiten kann, um trockenes Brot zu kauen. –

Erhebt Euch Ihr Armen überall, haltet zusammen, Einigkeit macht stark – stellt Euch in Reih und Glied, der Stock ist Eure Waffe, die Verzweiflung gibt Mut. Habt Ihr denn nur Zähne, um zu heulen und sie zusammenzuschlagen vor Hunger? – Beißt – beißt damit ins Genick Eurer Feinde! – Aus Euren Lumpen macht Fahnen, ihre zerschmetterten, schlottrigen Glieder sind Eure Siegeszeichen. Euer Feldherr ist der Hunger. Euer Kommandowort, Brot! – Man wird sie im Triumph empfangen Eure Armee, die Armee des Elends, der Verzweiflung, die Armee des Bluts und des Sieges! Proletarier, was bleibt Euch übrig, was habt Ihr zu verlieren? Ist es nicht besser, seinen Feind zu zerdrücken und auf seinem zuckenden Leichnam singend zu sterben, als vor Hunger und Elend zu krepieren wie ein Vieh; die Stunde der Entscheidung naht, denkt an Roms Proletarier, die ihre Tyrannen zerfleischten und den Völkern einst Gesetze vorschrieben, denkt an die deutschen Bauern, die einst jene Raubnester zerschmissen, wo der erbärmliche Schurke gewohnt, der sie geknechtet. Die Raubritter haben sich wieder erhoben, es sind die reichen Filze, die Euch den Bettelpfennig vor die Tür werfen und Euch verachten, es sind die Kornwucherer, die Euch den Brotkorb so hoch hängen, damit Eure Hände ihn nicht erreichen können, es sind die elenden verfluchten Wollüstlinge, die in reichen Kleidern einhergehen, während Ihr kein Hemd habt, Eure Blöße zu decken, die mit Gütern schwelgen, an die Ihr ein heilges Recht habt, denn die Natur hat alle Menschen gleichgeschaffen, sie weiß nichts von reich und arm und jeder hat gleiches Recht an alles was da ist. Helft Euch selbst, wenn Euch niemand helfen will, und wenn die ernste Stunde schlägt, zeigt, daß Ihr wert seid, Euch zu retten und dem Hungertode zu entreißen, Proletarier! Brot – oder Revolution, drum seid Männer, bald schlägt die Stunde der Erlösung, denn kein Erbarmen, keine Furcht, vorwärts, das Recht, die Natur, Gott selbst ist mit Euch! –

[2] Männer aus dem Proletariat!*

Männer aus dem Proletariat! Handwerksburschen, die ihr am Bettelstabe Deutschland durchzieht, geschunden von den jammervollsten Polizeischergen, geprügelt und geplagt von den erbärmlichsten Gendarmentröpfen, laßt Euch doch nicht länger mehr als Hunde behandeln, steht auf, fletscht die Zähne, bringt jede Schmach, jede Schikane, mit denen man euren armen schweißgetrieften Buckel beladen will, an die Öffentlichkeit, wendet Euch an die Männer des Volks, die ja jetzt in jeder Stadt zu treffen sind, und klagt ihnen Euer Leid, sagt ihnen den Namen jener Polizeibluthunde, die Euch martern und quälen, und Ihr werdet bald sehen, daß es anders in Deutschland wird. Nur im Dunkel ihrer Polizeistuben sind die Kerle frech, zieht ihre jammerhaften Spitzbubenstreiche an die grelle Sonne der deutschen Presse, und sie ducken sich und sie fürchten sich und sie kriechen zu Kreuz.

Deutsche Handwerksburschen, Ihr seid der Kern des Volks, zeigt Euch dessen wert, erhebt Eurer Haupt stolz. Es ist jetzt eine Ehre, Lumpen zu tragen. Es ist eine Ehre, Proletarier zu heißen. Macht Euch dieser Ehre wert, zeigt, daß Ihr nicht geboren seid, um als Wild von jedem hündischen Gendarmen gehetzt zu werden. Zeigt, daß Ihr Männer seid, und wenn die Zeit des Kampfes kommt, schlagt zu.

[3] Die Forderungen des Volkes.

Unsere Versammlung von entschiedenen Freunden der Verfassung hat stattgefunden. Niemand kann derselben beigewohnt haben, ohne auf das tiefste ergriffen und angeregt worden zu sein. Es war ein Fest männlicher Entschlossenheit, eine Versammlung, welche zu Resultaten führen muß. Jedes Wort, was gesprochen wurde, enthält den Vorsatz und die Aufforderung zu tatkräftigem Handeln. Wir nennen keine Namen und keine Zahlen. Diese tun wenig zur Sache. Genug, die Versammlung, welche den weiten Festsaal füllte, eignete sich einstimmig die in folgenden Worten zusammengefaßten Besprechungen des Tages an:

Die Forderungen des Volkes in Baden:

I. Wiederherstellung unserer verletzten Verfassung.

Art. 1. Wir verlangen, daß sich unsere Staatsregierung lossage von den Karlsbader Beschlüssen vom Jahr 1819, von den Frankfurter Beschlüssen von 1831 und 1832 und von den Wiener Beschlüssen von 1834. Diese Beschlüsse verletzen gleichmäßig unsere unveräußerlichen Men-

Die mit einem * versehenen Flugblattüberschriften weisen im Original keine Anrede bzw. Überschrift aus und sind deshalb von K. Obermann mit einer solchen nachträglich versehen worden.

schenrechte wie die deutsche Bundesakte und unsere Landesverfassung.

Art. 2. Wir verlangen Preßfreiheit; das unveräußerliche Recht des menschlichen Geistes, seine Gedanken unverstümmelt mitzuteilen, darf uns nicht länger vorenthalten werden.

Art. 3. Wir verlangen Gewissens- und Lehrfreiheit. Die Beziehungen des Menschen zu seinem Gotte gehören seinem innersten Wesen an, und keine äußere Gewalt darf sich anmaßen, sie nach ihrem Gutdünken zu bestimmen. Jedes Glaubensbekenntnis hat daher Anspruch auf gleiche Berechtigung im Staate.

Keine Gewalt dränge sich mehr zwischen Lehrer und Lernende. Den Unterricht scheide keine Konfession.

Art. 4. Wir verlangen Beeidigung des Militärs auf die Verfassung.

Der Bürger, welchem der Staat die Waffen in die Hand gibt, bekräftige gleich den übrigen Bürgern durch einen Eid seine Verfassungstreue.

Art. 5. Wir verlangen persönliche Freiheit.

Die Polizei höre auf, den Bürger zu bevormunden und zu quälen. Das Vereinsrecht, ein frisches Gemeindeleben, das Recht des Volkes, sich zu versammeln und zu reden, das Recht des Einzelnen, sich zu ernähren, sich zu bewegen und auf dem Boden des deutschen Vaterlandes frei zu verkehren – seien hinfüro ungestört.

II. Entwicklung unserer Verfassung.

Art. 6. Wir verlangen Vertretung des Volks beim deutschen Bund.

Dem Deutschen werde ein Vaterland und eine Stimme in dessen Angelegenheiten. Gerechtigkeit und Freiheit im Innern, eine feste Stellung dem Auslande gegenüber gebühren uns als Nation.

Art. 7. Wir verlangen eine volkstümliche Wehrverfassung. Der waffengeübte und bewaffnete Bürger kann allein den Staat schützen.

Man gebe dem Volke Waffen und nehme von ihm die unerschwingliche Last, welche die stehenden Heere ihm auferlegen.

Art. 8. Wir verlangen eine gerechte Besteuerung.

Jeder trage zu den Lasten des Staates nach Kräften bei. An die Stelle der bisherigen Besteuerung trete eine progressive Einkommensteuer.

Art. 9. Wir verlangen, daß die Bildung durch Unterricht allen gleich zugänglich werde.

Die Mittel dazu hat die Gesamtheit in gerechter Verteilung aufzubringen.

Art. 10. Wir verlangen Ausgleichung des Mißverhältnisses zwischen Arbeit und Kapital.

Die Gesellschaft ist schuldig, die Arbeit zu heben und zu schützen.

Art. 11. Wir verlangen Gesetze, welche freier Bürger würdig sind und deren Anwendung durch Geschworenengerichte.

Der Bürger werde von dem Bürger gerichtet. Die Gerechtigkeitspflege sei Sache des Volkes.

Art. 12. Wir verlangen eine volkstümliche Staatsverwaltung.

Das frische Leben eines Volkes bedarf freier Organe. Nicht aus der Schreibstube lassen sich seine Kräfte regeln und bestimmen. An die Stelle der Vielregierung der Beamten trete die Selbstregierung des Volkes.

Art. 13. Wir verlangen Abschaffung aller Vorrechte.

Jedem sei die Achtung freier Mitbürger einziger Vorzug und Lohn.

Offenburg, 12. September 1847.
(Buchdruckerei von Heinrich Hoff in Mannheim)

[4] Gruß zum neuen Jahr!

An unsere Brüder, die deutschen Proletarier.
Geschrieben in der ersten Stunde des Jahres.

Ihr Männer der Arbeit!

Die letzten Glockenschläge des alten Jahres sind verhallt. Es war wieder ein Jahr vergeblicher Hoffnung. Der Ruf des Wächters trifft unser Ohr:

> »Zwölf Stund' hat ein jeder Tag;
> Mensch bedenk', daß sterben magst!« ...

Ja, es ist wahr: schnell verfliegt die Zeit; und wir sollen schon sterben, die wir noch nicht gelebt. – Im Jahre 1525, wo das arme Volk der Bauern gegen die Aristokratie auf den Schlössern und in den Städten aufstand, da hat einer der Tyrannen, deren heillose Brut noch jetzt von unserem Werke lebt, unter vielen andern Opfern einen jungen Bauern hinrichten lassen. Der hat laut geschrien, daß sich die Steine von Würzburg hätten erbarmen mögen: »Ich soll schon sterben, und hab mich noch nicht ein einzigmal an Brot satt gegessen!« So können auch wir nach 300 Jahren rufen: soll mancher von uns schon sterben, und hat noch nicht gelebt!

Oder ist das ein Leben, was Millionen unserer Brüder führen? Heißt Kummer, Hunger, Mißhandlung, Unterdrückung – Leben? Freilich, freilich. Es heißt auch Leben! »Leben im Jammertale«, wie die Pfaffen uns sagen, auf das ein herrliches ewiges Leben folgen soll. O, hinweg mit dem höhnischen Troste, womit diese Pfaffen uns um den Genuß des Lebens bisher betrogen! Verflucht sei jene christliche Ergebung, mit der wir die lachenden Tyrannen auf uns treten ließen. Vermaledeit der Glaube, der dieses Höllenregiment für ein göttliches erklärt!

Mitternacht ist vorüber. Ein wilder Jubel dringt in unsre Gasse. Das ist der »rohe Pöbel«! bemerkt lauschend der reiche Herr Gesandte hinter den seidenen Vorhängen. Es ist die »Canaille!« lispelt beschämt das Fräulein. Und in dem sanft erleuchteten Gemach, auf den sammtnen elastischen Stühlen und Betten wird so still und anständig gefressen, gesoffen und gehurt, daß sich die Canaille draußen billig ein wenig genieren sollte.

Und dieser »rohe Pöbel«? – Das sind unsere Brüder, die in wildem Lärm von einem Jahr der Not und Sklaverei ins andere hineintaumeln wollen; die glauben, es sei besser, wenn sie nur ihre Schande und Knechtschaft auf eine Stunde vergessen. Ja, es sind unsre gedankenlosen Brüder, die nicht bedenken, daß Sittenrohheit und Unbildung der beste Kappzaum sind, an dem uns der lächelnde Diplomat gängelt und leitet. Doch selbst unter den Lärmenden ist mancher Denkende; viele sitzen auch zu Hause im einsamen Stübchen bei der bleichen kummervollen Frau, und sehen mit beklemmter Brust dem neuen Jahre entgegen.

Was hoffen sie vom neuen Jahre?

Die Volksbedrücker in ihrer Verblendung geben uns selbst das nächste Ziel an, nach dem wir arbeiten müssen. Jede freie Regung des Volksgeistes unterdrücken sie mit russischer Barbarei, jede Gesellschaft von freier Haltung jagen sie auseinander; jede Zeitung, die fürs Volk spricht, verbieten sie; den gemäßigsten Menschen weisen sie aus, kerkern sie ein; ein selbständiges Wort betrachten sie als Aufruhr, sie, die Hochverräter an der Verfassung, peinigen die gutmütigsten, verfassungsbewußten Männer als Hochverräter mit allen erdenklichen Qualen – sie brechen ihr eigenes, beschworenes Gesetz und üben Gewalt; sie geben dem Volke statt des Rechtes den Hohn der Willkür; statt Brot – Steine!

Der gesetzliche Kampf ist unmöglich!

Es ist also der heimliche, verdeckte Kampf das letzte Mittel, das uns geblieben . . . In diesen heimlichen, verdeckten Kampf werfen wir uns mit aller Macht; seine Einrichtung und Verbreitung ist die Aufgabe dieses Jahres. Das ist nicht eine Verschwörung wie die polnische, wo etliche Häupter festgenommen und die ganze Vereinigung zersprengt werden könnte. Das ist vielmehr eine Verschwörung des ganzen Volkes, zu der selbst die gemäßigsten Naturen getrieben werden müssen, weil uns allen der Rechtsboden unter den Füßen hinweggenommen ist. Denn heutigen Tags hat nur Recht, wer Gewalt und Besitz hat! Wo daher zwei von uns zusammensitzen, sie sprechen von Revolution. Wo fünfundzwanzig sich treffen, sie reden über Revolution. Jede Fabrik ist ein Herd der Revolution. Jeder wandernde Proletarier ist ein Emissär der Revolution. Ja, in die Kasernen ist schon der Geist der Revolution gedrungen; und die Herren werden sich wundern, wenn nicht manches wackere Regiment statt Feuer zu geben, »Gewehr bei Fuß« macht oder gar noch etwas Besseres. Der Kurfürst von Hessen, so roh und dumm er ist, weiß doch, wenn's heute einen Aufruhr zu dämpfen gäbe, daß er unter seinen Regimentern wählen müßte. Umsonst setzt er seine bravsten und tüchtigsten Offiziere nicht ab; und in einem Jahre soll ihm die Wahl unter seinen Regimentern noch schwerer werden. So muß durchs ganze Volk diese großartige Verständigung verbreitet werden! Die Häupter der Verschwörung sind die Tyrannen selbst; sie treiben den Gemäßigsten wie den Heißesten dazu; und wollten sie diese Vereinigung zersprengen, so müßten sie wenigsten zwei Drittel des Volkes in die Gefängnisse stecken. Das hätte doch seine Schwierigkeit!

Überall nun für diesen großen Volksbund zu werben, überall die Notwendigkeit der Revolution zu predigen, auf allen Landstraßen, auf der Eisenbahn, in den Schenken, in den Kasernen: Das ist die Hauptaufgabe für dieses Jahr, ihr Proletarier, ihr Brüder! Wir sind so viele, wir können es so leicht; wir dürfen nur zusammenhalten. Die Flugschriften sind uns dabei von dem größten Wert; sie werden geschrieben und gedruckt, wohin die Arme der Tyrannen nicht wohl reichen, und daß ihr sie verbreitet, das kann kein Gott und kein Teufel wehren. Gegen Ende dieses Jahres muß ein Feuer im Volke glühn; und kommt eine schlimme Ernte hinzu, so soll es auflodern, daß es einen lustigen Brand gibt, an dem wir uns wärmen können. – Doch übereilen wir nichts. Wir haben uns so lange wie Hunde treten lassen; wir wollen nun den Tiger machen. Man wird uns noch einige Zeit mit Ruten hauen, das Maul aufreißen, das Fleisch aus den Zähnen zerren, man wird uns auf den Takt unserer Peiniger im Käfig tanzen, an den eisernen Stäben hinaufspringen lassen; und wir werden diese Schmach mit funkelndem Auge dulden. Wenn es aber allüberall im Volke glüht und glimmt, wenn der zündende Funke fällt: – dann heraus ihr wilden Schmiedegesellen, ihr rußigen Gießer, ihr bleichen Weber! Dann reckt Brust und Arme, ihr gequälten Fabrikarbeiter! Dann ihr Setzer, gießt die Lettern in Kugeln!

Doch nicht umsonst hat unser neues Jahr eine doppelt geschlungene doppelte Acht:

1848

Doppelt schlingt vorher den Bund, doppelt habt acht! O, pocht nur noch ein Jahr, ihr Brüder in der Eisenhütte, und füllt noch mehr die Säcke eurer reichen Treiber! Webt noch ein Jährlein an dem Leichentuch Alt-Deutschlands, ihr armen Weber! Stehlt, treibt alles – nur daß ihr bis dahin nicht verhungert! Flechtet, ihr Seiler, flechtet und dreht! Eure ersten Stricke gelten dem Otterngezücht der Diplomaten, besonders den Schuften am Bundestage. Sie sollen an dem Tore in der Eschenheimer Gasse aufgehängt werden, ohne daß sich was »wegplaudern« läßt. Für ihre Herren, die etliche und dreißig Landesväter, arbeiten unsere Brüder, die Grobschmiede; die machen solide Arbeit, gleich gut für kurze und lange Hälse.

Das ist doch eine erbarmungslose Sprache, nicht wahr? Aber muß nicht die sanfteste Natur durch fortgesetzte Quälereien zur Wut gereizt werden?

»In Gift und Drachenblut habt ihr die Milch der frommen Denkart uns verwandelt.«

Ihr verfluchten Tyrannen, ihr Henker des Rechts, ihr schonungslosen Volksschinder, ihr Fürsten, Aristokraten, Pfaffen und Geldsäcke! Das Gericht komme über euch! – Die mißhandelten Männer des Volkes werden schwere Klage wider euch richten; die halbverhungerten Weber strenge Rechenschaft über ihre niedergeschossenen Brüder verlangen; die eingekerkerten Söhne Deutschlands mit heißen Worten ihr gestohlenes Leben, ihre vernichtete Gesundheit zurückfordern!

So voran nun, du doppeltverschlungenes, doppelachtiges Jahr! Vielleicht zerhaut ein Ereignis in diesem Jahre die Fesseln, die uns ins Fleisch schneiden.

»Zwölf Stund' hat ein jeder Tag;
Mensch bedenk', daß sterben magst!«

Und wir haben noch gar nicht gelebt! ...

Deutschland.
Gedruckt bei Schlagdrauf und Hilfdirselbst. 1848

[5] Vorwärts ist der Ruf der Zeit!*

Mannheim, den 27. Februar 1848.

P. P.

Das französische Volk hat Ludwig Philipp abgesetzt, hat das Joch der Tyrannei gebrochen. Die Schweizer haben das Jesuiten-Regiment gestürzt und den Sonderbund gesprengt. Die Italiener haben freie Verfassungen kräftig sich errungen. Sollen wir Deutsche allein unter dem Joche der Knechtschaft verbleiben? Der entscheidende Augenblick ist gekommen. Der Tag der Freiheit ist angebrochen. Vorwärts! ist der Ruf der Zeit. Die Not des Volkes muß ein Ende nehmen. Unser Wahlspruch sei:

Wohlstand, Bildung und Freiheit für alle Klassen des Volkes!

Überall in Deutschlands Gauen, in Stadt und Land mögen die Männer der Tat zusammentreten, beschließen und vollziehen was dem Volke Not tut, die ewigen Rechte des Volkes sollen und müssen jetzt zur Wahrheit werden.

In diesem Geiste haben viele Bürger und Einwohner Mannheims die beifolgende Petition beschlossen und unterzeichnet, welche sie in großer Anzahl Mittwoch den 1. März der Zweiten Kammer der Landstände überbringen werden.

Wir hoffen und erwarten, daß ähnliche Schritte in allen Teilen des Vaterlandes vorbereitet und sogleich ausgeführt werden.

Es gilt jetzt, den Augenblick zu ergreifen. Zweiunddreißig Jahre lang haben wir fruchtlos gehofft. Jetzt gilt es zu fordern und unsern Forderungen Nachdruck zu geben.

Wo drei deutsche Männer im Geist der Freiheit beisammen sind, mögen sie einen Stützpunkt der Zukunft Deutschlands bilden!

Das Comité

Verbreiten Sie diesen Aufruf und die Petition unverzüglich in Ihren Nachbarorten!

[6] Hohe zweite Kammer!

Petition vieler Bürger und Einwohner der Stadt Mannheim, betreffend die endliche Erfüllung der gerechten Forderungen des Volkes.

Eine ungeheure Revolution hat Frankreich umgestaltet. Vielleicht in wenigen Tagen stehen französische Heere an unseren Grenzmarken, während Rußland die seinigen im Norden zusammenzieht. Ein Gedanke durchzuckt Europa. Das alte System wankt und zerfällt in Trümmer. Aller Orten haben die Völker mit kräftiger Hand die Rechte sich selbst genommen, welche ihre Machthaber ihnen vorenthielten. Deutschland darf nicht länger geduldig zusehen, wie es mit Füßen getreten wird. Das deutsche Volk hat das Recht zu verlangen:

> Wohlstand, Bildung und Freiheit für alle Klassen der Gesellschaft, ohne Unterschied der Geburt und des Standes.

Die Zeit ist vorüber, die Mittel zu diesen Zwecken lange zu beraten. Was das Volk will, hat es durch seine gesetzlichen Vertreter, durch die Presse und durch Petitionen deutlich genug ausgesprochen. Aus der großen Zahl von Maßregeln, durch deren Ergreifen allein das deutsche Volk gerettet werden kann, heben wir hervor:

1. Volksbewaffnung mit freien Wahlen der Offiziere.
2. Unbedingte Preßfreiheit.
3. Schwurgerichte nach dem Vorbilde Englands.
4. Sofortige Herstellung eines deutschen Parlamentes.

Diese vier Forderungen sind so dringend, daß mit deren Erfüllung nicht länger gezögert werden kann und darf.

Vertreter des Volks! Wir verlangen von Euch, daß Ihr diese Forderungen zu ungesäumter Erfüllung bringet. Wir stehen für dieselben mit Gut und Blut ein und mit uns, davon sind wir durchdrungen, das ganze deutsche Volk.

Mannheim, den 27. Februar 1848

[7] Deutsche Männer!

Frankreich ist eine Republik!
Auch für uns hat die Stunde geschlagen!

Unsere Brüder in Frankreich sind uns heldenmütig vorangeeilt. Sie haben ihr Joch abgeschüttelt und der lange verachteten Freiheit einen herrlichen Altar errichtet.

Dieses selbe Frankreich, was schon zweimal die Tyrannen überwunden, schon zweimal die Fürsten Europas erschreckt und ihre Völker aus dem Schlummer zu einem neuen Leben erweckt hat, dieses selbe Frankreich hat es zum dritten Mal getan.

Doch endlich wird die Wahrheit triumphieren, und weder für einen herrischen Soldatenkaiser noch für einen heuchlerischen König der Geldsäcke sollen die Blusenmänner geblutet haben! Nein! ihr Blut ist die Morgenröte der Befreiungsstunde für alle Völker, der Vorbote eines allgemeinen Siegs.

Die Männer von 1789 sind aus den Gräbern gestiegen, um ihr Vaterland zu verjüngen. Möchten sie erfahren, daß ein halbes Jahrhundert nicht vergeblich verfloß, seit die Barbarei verbündeter Tyrannen in jener französischen Nation die Freiheit der Welt zu vernichten glaubte! – Möchten sie es erfahren, daß es heute keine Völker mehr gibt, die, wie einst wir Deutschen es schmachvoll getan, ihren Drängern in's Feld gegen die Freiheit folgen! – Möchten sie uns alle bereit finden, das Schwert zu fassen, das unsre Brüder in Paris so glücklich und so kühn geschwungen haben!

Alle Völker haben ein Leiden, eine Mühsal, eine Schmach – sie haben ein Ziel, eine Hoffnung, eine Rettung: Wenn alle Worte, alle Bittschriften, alle Kammerreden fruchtlos blieben, wenn unsere Fürsten und Fürstendiener alle Versprechungen und Eide brachen, die sie in den Freiheitskriegen uns gelobten, wenn die übermütigen Gewalthaber Hohn sprachen ihren geduldigen Untertanen, dann, ihr Männer, ist diese eine Rettung die entschlossene, mutvolle, männliche Tat!

Sobald nur die Völker einmal Ernst gemacht, sobald die Unterdrückten die Faust geballt, da floh dies feige Herrschervolk aus seinen Residenzen wie ein Gespenst verscheucht. Dann waren alle ihre Rüstungen vergeblich, ihre Söldner ohnmächtig, ihr Untergang gewiß. Beweist uns dies nicht schon zum dritten Mal jetzt unser mutiges Nachbarvolk? Ihrem Beispiel, dem Beispiel der Tat wollen wir folgen!

Wir wollen uns überall unter der Fahne der Freiheit eng verbrüdert aneinanderscharen und unsern Drängern die letzte warnende drohende Forderung entgegenhalten:

Gebt uns was wir wollen, die Freiheit, oder wir werden sie nehmen!

Das Volk ist allmächtig, wenn es will, allmächtig, wenn es einig ist. Es wird siegen über die treulosen Diplomaten, siegen über die üppigen Höflinge, siegen trotz dem Trug scheinheiliger Pfaffen, siegen trotz allem Widerstreben der engherzigen Geldherrn!

So hat jüngst die Schweiz sich freigemacht von der finstern Herrschaft der Jesuiten; so hat sie den frechen Zumutungen der herrschsüchtigen Großmächte getrotzt und folgt jetzt unaufhaltsam dem Rufe der neuen Zeit.

Italien kämpft mit Glück gegen Östreichs Übermacht im Norden, es überwand mit Glück den von Östreich geleiteten Tyrannen im Süden.

Frankreich hat in wenigen Tagen trotz 100000 Mann und 400 Kanonen die Ketten gebrochen; es hat die Ränke seines Betrügers durchschaut. Die Saite, die zu straff gespannt war, ist gerissen! Der Tyrann, der alles erringen, alles aussaugen wollte, hat alles verloren.

Mit Mut und freudiger Hoffnung erheben wir uns daher und reihen wir an dieses freie Frankreich, an diese freie Schweiz, an dieses freie Italien ein freies Deutschland an. Ein Augenblick ist gekommen, wie nie ein günstigerer kommen wird. Laßt uns ihn benutzen! Überall gährts, und die Rechnung der 36 Landsknechte, die auf den deutschen Thronen sitzen und in Frankfurt die Schmach des Volkes beraten, hat nie schlimmer gestanden als grade jetzt. Auf laßt uns dem unglücklichen Polen ein Zeichen zur letzten aber glücklichen Erhebung geben! Seht Ihr nicht die Wunden, die die Tyrannen ihm geschlagen, hört Ihr nicht das Todesröcheln einer unterdrückten Nation, die Seufzer seiner Märtyrer in den Staatsgefängnissen der 3 großen Raubmächte? Sie werden die Fesseln sprengen und zu den Fahnen des Vaterlandes eilen!

Auf laßt uns die hungernden Brüder im unglücklichen Schlesien aufrufen! Laßt uns die Tränen der Armen trocknen und die gedrückte Menschheit aufrichten! – Das Brot und die Freiheit, die die Fürsten uns und unsern Brüdern vorenthielten, wir wollen im Kampf sie erringen!

Treten wir zusammen, zeigen wir uns als Männer! Die Soldaten, die Diener der Gewalt, werden sich als Brüder zeigen; sie werden, wie in Paris, ihre Waffen gegen ihre Herren wenden und die Hand dem Volke reichen!

Fordern wir, angesichts dem flatternden Freiheitsbanner von Paris, das was des Volkes Recht ist. Weigert man es, so greifen wir zu den Waffen, es zu erobern.

[8] Bürgermeister, Gemeinderäte und die unterzeichneten Bürger der Stadt Mainz

erklären hiermit, daß sie sich folgenden, in der von einer großen Anzahl von Mainzer Bürgern unterzeichneten, bereits ihren Abgeordneten unterm 2. März überreichten Adresse gestellten unabweislichen Forderungen anschließen und diese Beitrittserklärung sofort den Deputierten der Stadt Mainz zur Einbringung an die Kammer der Stände überreichen werden:

1. Unbedingt freie Presse.
2. Erhaltung unserer bisherigen rheinischen Gesetzgebung.
3. Zurücknahme des bereits publizierten Polizeistrafgesetzbuches.
4. Möglichste Verminderung des stehenden Heeres.
5. Sofortige Beeidigung des Militärs auf die Verfassung.
6. Allgemeine Volksbewaffnung mit freier Wahl der Offiziere.
7. Volle Gleichstellung aller Religionskulten.
8. Zeitgemäße Revision der Verfassungsurkunde und Gemeindeordnung.
9. Freie Gemeindeverwaltung, ohne die alles beengende Bevormundung durch Beamte.
10. Freie Beratung öffentlicher Interessen in allgemeinen Versammlungen und unverkümmertes Recht, die Wünsche des Volks durch Kollektivpetitionen ihren Vertretern vorzutragen.
11. Ein allgemeines deutsches Parlament.

Mainz, den 3. März 1848

(Folgen die Unterschriften)

[9] Das deutsche Volk an die sogenannte deutsche Bundesversammlung.

Zum ersten Male seit mehr denn 30 Jahren vernimmt mit billigem Erstaunen das deutsche Volk die Stimme der Bundesversammlung, welche zur Eintracht zwischen den Völkern und Regierungen mahnt. Die deutsche Nation hat dieses Machwerk (datiert Frankfurt den 1. März) teils mit Hohngelächter, teils mit gerechter Entrüstung aufgenommen. Jetzt, wo einer der mächtigsten Throne (Louis Philipp) gesunken und die brausende Woge der Völkerfreiheit drohend an die übrigen Throne schlägt, jetzt kommt diese Mahnung, jetzt auf einmal Vertrauen und Preßfreiheit.

Auf dem blutgetränkten Schlachtfelde von Leipzig knieten die Fürsten nach dem durch ihre Völker mutig errungenen Siege und schwuren: Freiheit ihren Völkern. – Sie haben falsch geschworen! –

Ja falsch geschworen, denn keine von allen Versprechungen wurde gehalten, und statt Freiheit wurde namentlich auf die deutsche Nation – Druck, Schmach und Schande gehäuft, und jede deutsche Regierung wurde in ihren schmählichsten Handlungen unterstützt – von der Bundesversammlung, die jederzeit der geistigen Entwicklung der deutschen Nation hemmend im Wege stand.

Hat diese Bundesversammlung je die Fürsten gemahnt, ihre Verpflichtungen den Völkern zu halten? – Nein!

Hat diese Versammlung dem Herzoge von Nassau sein Unrecht bedeutet, als er sich die Domänen anmaßte und die sich diesem widersetzenden, edelsten Abgeordneten des Landes in schmählichen Kerker setzte? – Nein!

Hat der Bundestag auf die Stimme des deutschen Volkes und den Notschrei der Hannoveraner um den Verlust ihrer Verfassung gehört? – Nein!

Hat der Bundestag dem sittenlosen Kurfürsten von Hessen, als er mit seiner Hure die Millionen des verarmten Landes im Auslande verpraßte, die gebührende Zurechtweisung gegeben? – Nein!

Hat dieser Bundestag die deutschen Stämme in Schleswig und Holstein gegen die Anmaßungen eines erbärmlichen dänischen Königs geschützt? – Nein! sondern hat selbst die Sympathien des übrigen Deutschlands mißbilligt! –

Hat dieser Bundestag den König von Preußen gehindert, die hungernden schlesischen Weber mit Kartätschen niederzuschießen, statt sie mit den Millionen zu sättigen, die er durch Festlichkeiten zu Ehren einer fremden Königin vergeudete? – Nein! –

Hat dieser Bundestag dem scheinheiligen, schuldbefleckten Wasserdichter von Bayern in seinem finstern Treiben und schamlosen Wandel, als er selbst eine spanische Hure, zur Schmach des deutschen Volkes, zur Gräfin machte, gehemmt? – Nein! –

Hat dieser Bundestag einen übermütigen Prinzen von Sachsen zur Rechenschaft gezogen, als er die Bürger von Leipzig niederschießen ließ? – Nein! –

Hat dieser Bundestag den dreißigjährigen Prinzipienreiter von Ebersdorf zur Rechenschaft gezogen, als derselbe 1831 hundertundzwanzig Bauern morden ließ? – Nein! –

Hat dieser Bundestag die verblendeten Regierungen von Baden und Hessen gefragt, warum man die Männer des Volkes, v. Gagern, v. Rotteck u.s.w. aus dem Staatsdienste entfernte? – Nein!

Hat dieser Bundestag die Falschmünzer von Koburg, die das deutsche Volk um Hunderttausende betrogen, dafür zur Entschädigung angehalten? Nein! –

Hat dieser Hemmschuh von Bundestag dafür Sorge getragen, daß jedem Deutschen im Auslande der gebührende Schutz zu Teil wurde? – Nein! sondern gab zu, daß man Badens edle Männer v. Itzstein und Hecker in Preußen wie gemeine Verbrecher des Landes verwies.

Das deutsche Volk erkennt daher auch keinen Bundestag und keinen seiner schon gefaßten oder noch zu fassenden Beschlüsse mehr an.

Das deutsche Volk fürchtet sich nicht vor der französischen Nation, sondern erkennt in derselben eine sichere Bürgschaft seiner künftigen Freiheit als in den wortbrüchigen Versprechungen seiner eigenen Fürsten.

Das deutsche Volk will: Preßfreiheit, Glaubensfreiheit, allgemeines Parlament, Aufhebung des Zweikammersystems, Verminderung der Zivil- und Pensionsliste, Aufhebung der stehenden Heere, dieser Zwangsjacke für die Völker und Puppenspiels der Fürsten, und dagegen allgemeine Volksbewaffnung.

Werden dem deutschen Volke diese Forderungen nicht im vollsten Umfange und augenblicklich bewilligt, so wird die Zukunft beweisen, daß es auf anderm Wege noch mehr zu bekommen versteht.

Das deutsche Volk wird einig sein in sich, und ein Ganzes werden mit seinen Söhnen, die jetzt noch als Krieger in die bunten Farben der Fürsten gekleidet, ihm ferne zu stehen scheinen, und dann wird der schöne Tag erscheinen, der uns unter einer, der schwarz-rot-goldnen Fahne vereinigt zu einem – großen Deutschlande!

Es lebe Frankreich! Es lebe das vereinigte Deutschland!

Gedruckt in Deutschland bei Schlagdrauf und Hilfdirselbst.

[10] Ruf des deutschen Volkes.

Auf die Bekanntmachung der »deutschen Bundes-Versammlung« zu Frankfurt vom 1. März entgegnet das deutsche Volk:

1. Das deutsche Volk spricht sich dahin aus, daß der Bundestag bisher alle Rechte Deutschlands mit Füßen getreten, Personen und Eigentum verletzt, jede geistige Entwicklung und jeden Fortschritt gehemmt und dadurch Deutschland andern Völkern gegenüber der Verachtung preisgegeben hat;

2. Das deutsche Volk erkennt den von Fürsten ernannten Diplomaten-Bundestag nicht für einen Repräsentanten an, weder für seine äußeren noch inneren Angelegenheiten;

3. Das deutsche Volk erklärt hiermit den Bundestag für moralisch tot und dessen bisherige und fernere Beschlüsse für null und nichtig;

4. Das deutsche Volk verlangt zur Leitung seiner inneren Angelegenheit eine Nationalität-Repräsentation, aus der freien Wahl der Nationen, ohne Unterschied des Standes, des Vermögens und des Glaubens hervorgehend;

5. Das deutsche Volk erklärt hiermit, wenn seine Fürsten diesen Ruf nicht sofort und unbedingt und vollkommen gutheißen und in Ausführung bringen, sie ihrer Throne verlustig sind. Es werden alsdann die deutschen Provinzen sich zu einer föderativen Republik vereinigen und mit ihren Brüdern, den Franzosen, ein Schutz- und Trutzbündnis abschließen.

[11] Forderungen des Volkes.

Der Staat ist um des Volkes wegen, nicht das Volk des Staates wegen da. Die Regierung, die Behörden sind die Diener des Volkes; der höchste Zweck ihres Strebens muß die Wohlfahrt des Volkes sein. Erfüllen sie solchen nicht, steht dem Volke das unzweifelhafte Recht zu, dieselben zu entfernen, und bessere an ihrer Stelle zu setzen.

Das deutsche Volk hat sich lange damit begnügt, vergeblich um das zu petitionieren, was es zu fordern ein Recht hat. Doch auch ihm ist die Geduld gerissen. Durch den glorreichen Vorgang Frankreichs aufgemuntert, wagt auch das deutsche Volk endlich, seinen Fürsten, von denen es so oft schon um seine Freiheit betrogen ist, männlich gegenüberzutreten. Mit ihren Bajonetten versuchen zwar, wie in Köln, die gekrönten Häupter, den Willen des Volkes zu beugen, seinen Mund zum Schweigen zu bringen; doch wird ihr Bemühen hoffentlich nicht überall gleich gut gelingen. Wie sollten denn die Söhne des Volkes gegen ihr eigenes Fleisch und Blut wüten?

Männer des Volkes, laßt euch nicht schrecken von ihrem machtlosen Beginnen! Ihr, denen es euch wahrhaft ernst ist um das Wohl des ganzen Volkes, versagt weder Eure moralische noch physische Unterstützung jenen Forderungen, welche die Bürger Kölns an die »ungeschwächte Krone« Preußens zu richten beabsichtigen.

Sie wollen:

1. »Gesetzgebung und Verwaltung durch das Volk«, da ein freies Volk, das sich nicht mehr im Interesse Einzelner ausbeuten lassen will, auch solcher Gesetze bedarf, welche nur sein Interesse im Auge haben, nur solcher Verwaltungsbeamte, denen das Wohl des Volkes das höchste Ziel ist; sie verlangen: »Allgemeines Wahlrecht und allgemeine Wählbarkeit in Gemeinde und Staat«, weil nur, wenn jedes einzelne erwachsene Mitglied des Volkes zu wählen hat, und gewählt werden kann, an eine wahrhafte Vertretung des Volkes zu denken ist.

Sie wollen:

2. »Unbedingte Freiheit der Rede und Presse«, als die besten Stützen einer allgemeinen Volksvertretung, die unentbehrlichen Mittel einer allgemeinen Volksbildung.

Sie wollen:

3. »Aufhebung des stehenden Heeres und Einführung einer allgemeinen Volksbewaffnung mit vom Volke gewählten Führern«, weil letzteres zur Verteidigung des Landes vollkommen ausreicht, ohne überflüssige Arbeitskräfte in Anspruch zu nehmen, ersteres aber nur ein Werkzeug des Despotismus und der Unterdrückung bildet, dessen Unterhaltung als eine schwere Last auf alle Bürger fällt.

Sie wollen:

4. »Freies Vereinigungsrecht«, denn nur in unfreien Ländern kann die Vereinigung ihrer Bürger gefährlich werden.

Sie wollen:

5. »Schutz der Arbeit und Sicherstellung der menschlichen Bedürfnisse für alle«; denn es ist ein himmelschreiendes Unrecht, daß viele im fürchterlichsten Elende darben, während andere im Überfluß schwelgen. Nur die schlechte Verteilung der Arbeit und ihre Aus-

beutung im Interesse Einzelner verhindert es, daß genug hervorgebracht wird, um die Bedürfnisse aller Einzelnen zu befriedigen. Es ist daher Sache des Staates, die Produktion dem Interesse der Einzelnen zu entreißen, und sie im Interesse aller zu leiten. Jeder Mensch hat ein Recht auf Arbeit, so wie auf einen seinen Bedürfnissen angemessenen Lohn.

Sie wollen:

6. »Vollständige Erziehung aller Kinder auf öffentliche Kosten«; d. h., es soll einem jeden die Möglichkeit zu seiner vollständigen Ausbildung gegeben werden, ohne ihn deshalb einem neuen Zwange zu unterwerfen, ihn einem allgemeinen Schema unterzuordnen, oder ihn gar gewaltsam dem Schoße seiner Familie zu entreißen. Das Recht des Menschen auf eine der Entwicklung der Gesellschaft entsprechende Erziehung ist unbedingt das erste, was von einem jeden Mitgliede derselben anerkannt werden muß.

[12] Aufruf an sämtliche Zensoren des Königreichs Sachsen.

Die Unterzeichneten appellieren an Ihr Ehrgefühl. Bevor der Staat Sie zum Amte eines Zensors berufen hat, sind Sie Gelehrter, Schriftsteller und Sohn des Vaterlandes gewesen, der, wie wir, tief errötend, unter dem entehrenden Joche dieser verhaßten Geistes-Tyrannei geseufzt. Jetzt, nachdem mehr als dreißig Jahre lang die Völker Deutschlands vergebens auf die Erfüllung des Versprechens Ihrer Fürsten gehofft, jetzt ist die Zeit gekommen, dieses unerträgliche Joch, das uns in den Augen von ganz Europa erniedrigt, mit der ganzen Macht unseres Willens abzuschütteln. Unmöglich kann Ihnen die Stimmung des Volkes entgangen sein. Durch ganz Sachsen, wie durch ganz Deutschland, erschallt der millionenzüngige dringende Ruf, das nicht länger abzuweisende Verlangen: Preßfreiheit! Volkes Stimme, Gottes Stimme! Und darum bitten wir Sie nun im Namen der Ehre und der Liebe zum Vaterlande, ein Amt, das Sie, als Mann von Gewissen, nicht länger bekleiden dürfen, freiwillig niederzulegen und dadurch stillschweigend zu erklären, daß Sie die Rechtmäßigkeit Ihrer ohnedies unhaltbaren Stellung selbst nicht anerkennen. Wir hoffen und erwarten, daß alle Zensoren Sachsens unserm Aufruf großherzig Folge leisten, ihr Amt in Masse niederlegen und auf diese Weise das Fortbestehen der Zensur unmöglich machen werden, fest überzeugt, daß in diesen Tagen der Gefahr sich keiner, der es mit seinem Vaterlande ehrlich meint, auffinden lassen wird, eine verhaßte Mission, die Sie freiwillig niederlegen, zum Trotze des ganzen Volkes weiter fortzuführen.

Leipzig, am 4. März 1848.

E. M. Oettinger.	N. Adler.	Carl Schildbach.
Robert Blum.	Carl Löwe	Carl Schwedler d. J.

Joh. Ernst Weigel.	Ludwig Schreck.	Ernst Bär.
Dr. Wilh. Bertling	Robert Friese.	Pflugradt.
Carl Conrad Hering.	Ernst Roßbach.	Ferdinand Goetz.
Th. Allihn.	G. Böhme.	C. H. Hoßfeld.
Ferd. Vieweg.	Kuhfahl.	H. Semming, Dr. ph.
Ernst Keil.	Hänel.	Carl Eduard Cramer.
Grahl.	Carl Schmidt.	Dr. Arnold Ruge.
		Philipp Reclam jun.

Wir Unterzeichnete sind heute nachmittag 4 Uhr beim Herrn Prof. Dr. Marbach gewesen, um zunächst ihn zur Niederlegung seines Amtes als Zensor zu bewegen. Derselbe erklärte uns, daß er eine augenblickliche Niederlegung seines Amtes in dieser ernsten Zeit nicht mit seinen Pflichten für vereinbar halte, las uns jedoch eine Eingabe der hiesigen Zensoren an das Gesamtministerium vor, in welcher sich dieselben auf das entschiedenste gegen die Zensur und ihre verderblichen Wirkungen aussprachen, und dem Gesamtministerium das Bedenkliche des Fortbestehens der Zensur ernstlich vorgestellt haben.

Leipzig, den 4. März 1848

Robert Blum.
Dr. Heinrich Wuttke, Vorsitzender des Schriftstellervereins.
Dr. Arnold Ruge.
E. M. Oettinger, Redakteur des ›Charivari‹.

[13] Erklärung.[1]

Die drohenden Zeitereignisse machen jedem echten Deutschen die ruhige, aber unverhüllte Kundgebung dessen, was nach seiner Überzeugung die Eintracht des Vaterlandes im Innern und nach Außen erheischt, zur heiligsten Pflicht. Die Zeit der allgemeinen Versprechungen von der einen, der verdeckten Redensarten von der andern Seite ist vorüber, bestimmte Forderungen, tatsächliche Zugeständnisse müssen an deren Stelle treten.

Von dieser Überzeugung beseelt sprechen wir, die unterzeichneten Bürger und Einwohner Dresdens, die Erwartung aus, daß auch von der sächsischen h. Staatsregierung den Forderungen der Zeit, deren Gewährung teils für die Ruhe und das Wohlergehen unseres Sachsenlandes, teils für die einheitliche Entwicklung Deutschlands und »seine Erhebung auf die unter den Nationen Europas ihm gebührende Stufe«, unerläßlich und unabweisbar ist, dieselbe schleunige Erfüllung werde zu Teil werden, welche ihnen in anderen deutschen Staaten teils verheißen, teils schon gefolgt ist.

Diese Wünsche sind:

1. Freiheit der Presse, Wegfall des Konzessionszwangs für Zeitschrif-

[1] Als Manuskript gedruckt.

ten und Überweisung der Preßvergehen an die ordentlichen Gerichte;
2. Freiheit des religiösen Bekenntnisses und der kirchlichen Vereinigung.
3. Freiheit des Versammlungs- und Vereinsrechtes.
4. Gesetzliche Sicherstellung der Person gegen willkürliche Verhaftung, Haussuchung und Untersuchungshaft.
5. Verbesserung des Wahlgesetzes namentlich durch Herabsetzung des Zensus und Ausdehnung der Wählbarkeit auf das ganze Land.
6. Öffentlichkeit und Mündlichkeit der Rechtspflege mit Schwurgericht.
7. Vereidigung des Militärs auf die Verfassung.
8. Verminderung des stehenden Heeres, Umbildung des Militärwesens und der Bürgerbewaffnung.
9. Vertretung der deutschen Völker bei dem deutschen Bunde.
10. Lossagung der sächsischen Regierung von den Karlsbader Beschlüssen von 1819, den Frankfurter Beschlüssen von 1832 und den Wiener geheimen Konferenzbeschlüssen von 1834.

Wir erwarten von der Hohen Staatsregierung, daß Sie über die Punkte 1. 3. 7. 9. 10. sofort Beschluß fassen und bestimmte Erklärung abgeben, über die übrigen Punkte aber dem schleunigst zu berufenden Landtage genügende Vorlagen machen werde. Wir zweifeln nicht an dem landesväterlichen Sinne des allverehrten, allgeliebten Königs, wir geben uns seiner Huld und Weisheit mit Vertrauen hin, wir erwarten aber ebenso zuversichtlich von den Ratgebern der Krone, daß sie klare Einsicht und aufrichtigen Willen genug haben werden, jenen dringenden Forderungen der Neuzeit zu entsprechen, oder dafern dies mit ihren Überzeugungen nicht im Einklang stehen sollte, dies offen bekennen und

durch freiwilligen Rücktritt von ihrem Amte

das gesetzliche Zustandekommen zeitgemäßer Reformen ermöglichen und sich dadurch der Achtung und des Beifalls aller Parteien versichern werden.

Es lebe der König! Es lebe die Verfassung! Es lebe die Eintracht zwischen Regierung und Volk!

Dresden, d. 7. März 1848.

Blöde, Advokat und stellvertretender Vorstand der St.-V.
Bromme, Buchhändler und St.-V.
Dindorf, Kaufmann und St.-V.
Graf, Bürger und Vergolder.
Herz, Dr. phil. und Redakteur.
Hirschel, Dr. medic.
Hitzschold, Rechtscan. und St.-V.
Kell, Advokat und St.-V. Ersatzmann.
Klette, Kürschnermeister und Ratsmitglied.
Köchly, Dr. phil., Oberlehrer und St.-V.
Kröner, Fabrikant und St.-V. Ersatzmann

Kugelmann, Bürger und Schuhmachermeister
Lanick, Bürger und Blumenfabrikant
Linnemann, Bürger und Schneidermeister.
Münch, Bürger und Bandhändler.
Naumann, Dr. med. und St.-V.
Schultze, Dr. med und St.-V.
Schwartze, Bürger und Schneidermeister.
Stege, Bürger und Färbermeister.
Voigt, Hauptzeughausschwertfeger u. St.-V. Ersatzmann.
Wittig, Cand. der Theologie u. Schriftsteller.
Zacharias, Advokat und St.-V. Ersatzmann.

Beratung über vorstehende Punkte Mittwoch den 8. März im Saale des Hotel de Pologne

[14] Adresse der Bauern an Seine Majestät den König von Sachsen.

Allerdurchlauchtigster König!
Allergnädigster König und Herr!

Das hochherzige Beispiel der Stadt Leipzig, welche mit Freimut vor dem Throne über die im Volke vorherrschenden Gefühle und Wünsche sich ausgesprochen, hat auch uns nicht teilnahmslos gefunden. Eure Königliche Majestät kennen die Treue und Liebe des Bauernstandes zu seinem König. Sie bewährt sich jetzt in unserer Offenheit. Wir haben erfahren, daß Ew. Königl. Majestät in dem Glauben erhalten werden, daß der Sinn des Volkes mit dem der Minister in Einklang stehe. Wir versichern Eurer Königlichen Majestät, daß, wohin wir hören, wohin wir sehen, es fast nur Eine Stimme gibt: daß es anders, besser werden möge! Wir versichern Eurer Königlichen Majestät, daß noch mancher auch uns nahe berührender Wunsch auf dem Herzen des Volkes liegt, seiner Erfüllung harrend.

Vor allem beklagen wir tief das jetzige Wahlgesetz in seinen engherzigen Bestimmungen, die es hauptsächlich gerade auf den Bauernstand abgesehen zu haben scheinen. Dieses Wahlgesetz behindert und beschränkt die Auswahl unter den Würdigsten und Besten; es gehen die Beschränkungen desselben so weit, daß es eine Verletzung seiner eigenen Vorschrift über die Höhe des Zensus zuläßt, um nur ausführbar zu sein. Es gibt manche Wahlkreise, welche nicht zugestehen können, daß die von ihnen gewählten Abgeordneten dem Geiste nach ihre Vertreter waren; welche für die Wahlstimme, die sie abgaben, weil sie besser sie nicht abgeben konnten, in Gedanken ihr Vaterland um Verzeihung bitten. Wir haben schon früher unsere Bittschriften gegen dieses Wahlgesetz der hohen Ständeversammlung eingesendet, aber ohne daß wir nur ein Wort der Beratung darüber gehört hätten. Mögen Eure Königliche

Majestät der Ständeversammlung ein Wahlgesetz vorlegen lassen, welchem Vertrauen zu der Einsicht und dem Willen der Wähler zu Grunde liegt; dann erst werden die von uns Gewählten als unsere wahren Vertreter, als Männer unseres Vertrauens gelten können.

Es ist ein schmerzliches Gefühl für uns, wenn wir es mit ansehen müssen, wie unsere Söhne aus dem Kreise der Ihrigen dahin geführt werden, wie auf einen orientalischen Markt, um gezwungen zu werden, die Waffen zu tragen. Oft ist ihre Kraft, ihr Körper der einzige Reichtum, den sie auf dieser Welt besitzen; sie müssen sie in den Jahren, wo sie ihnen die besten Früchte tragen könnten, dem Vaterlande geben; während der Mann von Geld seinen Sohn von der Pflicht der Vaterlandsverteidigung loskauft! Mögen Ew. Königl. Majestät Ihrem Lande eine volkstümliche Wehrverfassung verleihen, damit die Verteidigung des Vaterlandes nicht länger eine unmenschliche Last, sondern eine freudige Pflicht, ein stolzes Recht eines Jeden im Volke werde.

Die Abgaben des Staates sind so verteilt, daß der Vermögendere verhältnismäßig weniger zahlt als der Ärmere, mögen Eure Königliche Majestät eine Besteuerung einführen lassen, welche auf billigerer Grundlage ruht, die Eitelkeit, Titel- und Rangsucht am wenigsten schont und unsere Steuern mindert!

Wir haben die Lasten der Kirchen und Schulen zu tragen, wir geben ihren Dienern das, was ihnen gebührt; aber leider sehen wir uns außerhalb des Genusses der entsprechenden Rechte im Kirchen- und Schulwesen. Unsere Geistlichen mögen Lehrer und Vorgänger nur auf dem Pfade der Tugend sein, aber entfernt von ihnen möge alles gehalten werden, was sie in ihrem hohen Berufe stört; ihre Wirksamkeit möge stets im reinsten Lichte der Uneigennützigkeit erscheinen, dann werden wir ihr Wort doppelt gern glauben und hören. Mögen Eure Königliche Majestät der Ständeversammlung ein Gesetz vorlegen lassen, durch welches den Kirchengemeinden ihr natürliches Recht: Geistliche und Schullehrer selbst zu wählen, ihre kirchlichen und Schulangelegenheiten selbst zu besorgen, das Kirchen- und Schulvermögen selbst zu verwalten, gegeben, das Einkommen der Geistlichen fixiert und ihre Stellung in der Kirchengemeinde vom Betrieb einer Landwirtschaft und ähnlichem weltlichen Beisatze gänzlich geschieden wird!

Kein Stand hat mehr zu leiden gehabt als der Bauernstand unter der Beschaffenheit der Gerichte und deren Verfassung, denn der größte Teil der Lasten des bäuerlichen Grund und Bodens ist durch die Wirkungen der Abhängigkeit, Entsetzbarkeit und herrschaftlichen Dienstbeflissenheit der Gerichte auf den Bauernstand gekommen. Zur Hebung des längst und tief gesunkenen Vertrauens zur Rechtspflege mögen Eure Königliche Majestät der Ständeversammlung ein Gesetz vorlegen lassen, welches Öffentlichkeit ohne Ausnahme, auch in bürgerlichen Rechtsangelegenheiten, und Schwurgerichte in Strafsachen gewährt. Für das Vertrauen zur Übung der Gerechtigkeit kommt eine Einrichtung, welche den Entscheid über die Schuld oder Nichtschuld in andere Gewissen, als das des Volkes selbst legt, zu spät.

Die neuere Gesetzgebung hat zwar viel von dem alten Unrecht, das auf unsern Grundstücken lastete, gehoben, allein noch darf der Geistliche eine Ausnahme machen in Ablösung der Pfarrzehnten, noch zertreten die Jagdberechtigten unsere Saatfelder und ihr Wild zernagt unsere Pflanzen und Bäume, noch lastet der furchtbare Druck des Lehngeldes auf uns und Hunderte von Prozessen legen sich saugend an den Wohlstand der Gemeinden; immer klarer wird es uns auch, daß der Erwerb eines Teiles dieses Rechtes mit rechtswidrigem Verfahren der Gerichte behaftet war. Möge Eure Königliche Majestät der Ständeversammlung ein Gesetz vorlegen, worin die Ablösbarkeit des Pfarrzehntes wiederhergestellt, die Ablösung der Jagd vermittelt und die von Rechtswidrigkeiten der Gerichte begleiteten Fälle einer Lehngeldszahlung als zum Erwerb des Lehngeldsbefugnisses unfähig erklärt werden.

Wenn Eure Königliche Majestät unsere Wünsche erhören wollen, so sind wir der einfachen Überzeugung, daß solche Gesetze nur dann zum vollen Glücke des Landes gereichen können und gesichert sind, wenn sie von Ministern ausgeführt werden, welche auch mit ganzer Seele ihnen zugetan sind und dabei nicht erst entgegenstehende Grundsätze zu verleugnen oder aufzuschieben brauchen. Jeder Anruf Eurer Königlichen Majestät an Ihre Sachsen wird einen froheren und begeisterteren Anklang finden, wenn er von Männern gegengezeichnet ist, die das Vertrauen, die Liebe, die Achtung des Volkes genießen.

In unbegrenzter Verehrung und Anhänglichkeit

Eurer Königlichen Majestät
treuste und gehorsamste
(Folgen die Unterschriften).

Groß- und Kleinzschocher
und nachverzeichnete Orte,
den 7. März 1848

[15] Königliche Proklamation.

Ich habe Mich entschlossen, die Stände Meines Reiches um Mich zu versammeln; dieselben sind auf den 16. d. Mts. in die Hauptstadt berufen.

Die Wünsche Meines Volkes haben in Meinem Herzen jederzeit vollen Widerhall gefunden.

An die Stände des Reiches werden ungesäumt Gesetzes-Vorlagen gelangen, unter anderen:

über die verfassungsmäßige Verantwortlichkeit der Minister;
über vollständige Preßfreiheit;
über Verbesserung der Stände-Wahl-Ordnung;
über Einführung der Öffentlichkeit und Mündlichkeit in die Rechtspflege mit Schwur-Gerichten;

über die in der IX. Verfassungs-Beilage angedeutete umfassendere Fürsorge für die Staatsdiener und deren Relikten; dann deren Ausdehnung auf die übrigen Angestellten des Staates;
über Verbesserung der Verhältnisse der Israeliten.

Ferner ordne ich in diesem Augenblicke die schleunige Abfassung eines Polizei-Gesetz-Buches an; ebenso befehle Ich die unverzügliche Beeidigung Meines Heeres auf die Verfassung, und lasse Ich von heute an die Zensur über äußere wie innere Angelegenheiten außer Anwendung treten.

Bayern erkennt in diesem Entschlusse die angestammte Gesinnung der Wittelsbacher.

Ein großer Augenblick ist in der Entwicklung der Staaten eingetreten. Ernst ist die Lage Deutschlands. Wie Ich für die deutsche Sache denke und fühle, davon zeigt Mein ganzes Leben. Deutschlands Einheit durch wirksame Maßnahmen zu stärken, dem Mittelpunkte des vereinten Vaterlandes neue Kraft und nationale Bedeutsamkeit mit einer Vertretung der deutschen Nation am Bunde zu sichern, und zu dem Ende die schleunige Revision der Bundes-Verfassung in Gemäßheit der gerechten Erwartungen Deutschlands herbeizuführen, wird Mir ein teurer Gedanke, wird Ziel Meines Strebens bleiben.

Bayerns König ist stolz darauf, ein deutscher Mann zu sein.

Bayern! Euer Vertrauen wird erwidert, es wird gerechtfertigt werden! Schaaret Euch um den Thron. Mit Eurem Herrscher vereint, vertreten durch Eure verfassungsmäßigen Organe, laßt Uns erwägen, was Uns, was dem gemeinsamen Vaterlande not tut.

Alles für Mein Volk! Alles für Deutschland!

München, den 6. März 1848.

Ludwig.

Maximilian, Kronprinz,	Luitpold, Prinz v. Bayern	Adalbert, Prinz v. Bayern	Karl, Prinz v. Bayern
Fürst v. Oettingen-Wallerstein		v. Beisler	v. Heres
v. der Mark		v. Voltz	

[16] Petition der rheinischen Liberalen.*

Allerdurchlauchtigster,
Allergnädigster König und Herr!

Unter dem Eindruck einer ungeheuren Tatsache, im Angesichte der Gefahren, mit welchen sie uns bedroht, treten wir unterzeichnete rheinische Mitglieder des Vereinigten Landtages vor Ew. Königliche Majestät, um der heiligen Pflicht der Treue mit der von der unermeßlichen Wichtigkeit des Augenblicks gebotenen Offenheit zu genügen.

Ein mächtiges Nachbarvolk hat sich, die bestehende Staatsordnung und einen Königsthron vernichtend, neue Formen des Daseins geschaffen. Deutschland, gegenüber diesem erschütternden Ereignisse von dem Gefühl der Nationalität tief durchdrungen, erkennt klar, daß auch auf dem Boden der Nationalität nur in der Lebensluft der Freiheit die Kraft gedeihen kann, die unter den Stürmen einer solchen Zeit das Vaterland zu retten vermag. Nationale Freiheit und Einheit, fest begründet durch eine das ganze Volk umfassende Vertretung, ist der Ruf, der aus allen deutschen Landen, im Volke wie auf Thronen, ertönt – es ist der Ruf, mit dem wir deutsche Männer unserem deutschen König nahen.

In der innigen Verschmelzung des Königtums mit der Volksfreiheit liegt die einzige Abwehr der wachsenden Gerahren, die einzige Bürgschaft, daß die große Errungenschaft unserer Geschichte nicht in inneren zerrüttenden Kämpfen untergehe; in dieser Verschmelzung endlich, und nicht in fremder Hilfe, am wenigsten in einem Bündnisse mit jener nordischen Macht, die der Deutsche als den Feind seiner Nationalität und Freiheit betrachtet, liegt die Siegesgewißheit gegenüber jedem Angriffe von außen.

Vergebens hat die deutsche Nation drei Jahrzehnte lang nach Freiheit und Einheit gestrebt; die Schwäche der Bundes-Verfassung, die traurigen Wirkungen der Ausnahme-Gesetze, unter welchen unser Vaterland zu leiden hatte, sind in das hellste Licht getreten: möge die unabweisbar gewordene Erkenntnis des Übels mit dem tatkräftigen Entschluß der Heilung zusammenfallen!

Preußen hat einen hohen Beruf empfangen, die Zeit drängt, ihn zu erfüllen. Was alle deutschen Stämme, mehr noch als Kriegsgefahr von außen Zwiespalt im Innern ahnend, wie mit Einer Stimme fordern, es ist das große Werk, zu welchem die Vorsehung Preußens Herrscher berufen hat, es ist der Gegenstand unserer Bitte:

Vertretung des Volkes beim deutschen Bunde!

Nur die sofortige Lösung dieser größten nationalen Frage vermag in unserem Volke jenes Selbstvertrauen, jenes stolze Gefühl der Sicherheit und der Kraft zu begründen, welches der Augenblick so gebieterisch erheischt.

Aber der Einheit würde die Lebensbedingung fehlen, wenn nicht die preußische Verfassung diejenige organische Entwicklung erlangt, welche dieselbe mit den freien Verfassungen anderer Bundesstaaten in größere Übereinstimmung bringt, und welche der machtvolle Drang der Zeit nunmehr zu einem unabweisbaren Bedürfnisse macht.

Einer Bitte um Gewährung der Preßfreiheit wird es nach dem Erlaß der Hohen Bundes-Versammlung vom 3. dieses Monats, wie wir der Gerechtigkeit Ew. Majestät vertrauen, nicht mehr bedürfen; so wie wir uns auch überzeugt halten, daß die Ausübung des unbeschränkten Petitions-Rechtes und des Rechtes, Petitionen in Versammlungen zu beraten, fortan nirgendwo wird gehindert werden.

Wir bitten aber, im Hinblick auf den Gang der Ereignisse und insbesondere auf die gefahrvolle Lage unserer Provinz Ew. Königliche Majestät ehrfurchtsvoll:

Den Vereinigten Landtag sofort einzuberufen und demselben Gesetz-Entwürfe nachfolgenden Inhalts vorlegen zu lassen:

1. Abänderung des Wahl-Systems in der Art, daß die verschiedenen Volksklassen in richtigem Verhältnis vertreten werden;
2. zeitgemäße Umgestaltung der Herren-Kurie;
3. beschließende Mitwirkung des in vorgedachter Weise umgestalteten Vereinigten Landtages in der gesamten Gesetzgebung und im Staatshaushalt mit einfacher Majorität;
4. Gleichheit der staatsbürgerlichen Rechte ohne Rücksicht auf das religiöse Bekenntnis.

Wir hegen die Überzeugung, daß die Gewährung dieser Bitte alle edlen Kräfte der Nation wecken und sie befähigen wird, nicht nur den Gefahren des Augenblickes zu begegnen, sondern auch im Zusammenwirken mit den Regierungen an der Lösung der großen Aufgabe zu arbeiten, welche die Lage der handarbeitenden Volksklassen allen zivilisierten Staaten der Gegenwart gestellt hat.

Der materielle und moralische Fortschritt, das Vertrauen des Volkes zu den Regierungen ist durch freie Institutionen bedingt. Indem wir für deren Gewährung und für ein volkstümlicheres Regierungs-System unsere Stimme zu Ew. Majestät erheben, können wir in Wahrheit hinzufügen, daß sie aus dem tiefsten Bedürfnisse einer Provinz hervorgeht, welche rings von freien Staaten umgeben ist, und deren Bewohner sich des Anspruches bewußt sind, nicht weniger Rechte zu besitzen als ihre deutschen Bruderstämme.

In tiefster Ehrfurcht verharren Ew. Königlichen Majestät
treu gehorsamste

Bonn, den 11. März 1848

Aldenhoven aus Zons; Baum aus Düsseldorf; von Beckerath aus Krefeld; Brust aus Boppart; Camphausen aus Köln; Dahmen aus Ahrweiler; Faßbinder aus Dünnwald; Flemming aus Geilenkirchen; Grach aus Zeltingen; Häger aus Ründeroth; Hansemann aus Aachen; Jungbluth aus Jülich; Kirberg aus Lennep; König aus Kloster bei Gummersbach; Merkens aus Köln; Mevissen aus Dülken; Minderjahn aus Cornelymünster; Müller aus Wesel; von Nyvenheim aus Caldenhausen; Raffauf aus Wolken; Reichardt aus Neuwied; Röchling aus Saarbrücken; Scheidt aus Kettwig a. d. Ruhr; Schöller aus Düren; Schult aus Glessen; Stedtmann aus Bisselich bei Koblenz; Uellenberg aus Niederheidt; Zunderer aus Kleeburg.

Druck von M. DuMont-Schauberg in Köln

[17] Dank der Hanauer.

Was wir erstrebten in den letzten Tagen – es ist erlangt!

Unser erstes ist es nun, euch allen, biedre deutsche Männer nah und fern, die ihr so schnell bereit wart uns zu helfen, unsern Dank zu bringen. Wie er in unserm Innern lebt, vermögen wir nicht auszudrücken, doch nehmt ihn hin den Dank, wie wir ihn sagen können. – Ihr habt's gezeigt und mit dem Blut des Herzens wollet ihrs beweisen, daß wir in Deutschland Brüder sind. – Wir wußten es schon lange, wer ihr wart – wir hatten nie gezweifelt an dem deutschen Volk! Glaubt auch an uns und seid versichert, wir haben tief erkannt, daß unser Dank nicht in dem Wort allein bestehen darf. Wir kennen unsre Pflicht und wissen wohl, daß wir jetzt nur das Werkzeug uns errungen, um fortzubauen an der Größe unsres Vaterlandes. Redlich wollen wir das unsre tun, das schwören wir; und wie ihr uns als Brüder habt die Hand gereicht, so nehmt die unsre hin und uns, für jetzt und immer!
Hanau am 14. März 1848.

Zum 13. März in Wien
[18] Freiheits-Rede des dermaligen ungarischen Ministers Kossuth Layos, siegreichen Vorkämpfers für Volksrechte.

Deutsch vorgetragen von dem Juristen Putz aus Tyrol am 13. März 1848, am Brunnen, im Hofe des Ständehauses.

Zur Erinnerung an die, durch diese Rede hervorgerufene, beispiellos folgenreiche Begeisterung.
Aufgenommen und herausgegeben von J. B. Mauß.

Ich sprach schon bei Eröffnung des Landtages meine Überzeugung aus, daß wir solange nicht vollkommen beruhigt sein können über die Zukunft unseres Vaterlandes, solange unsern König nicht auch in allen übrigen Regierungsverhältnissen konstitutionelle Verfassungen umgeben. – Ich sprach meine Überzeugung aus, daß auch in Hinsicht jener Reformen, die die Nation erwartet, unser Vaterland nicht gesichert, und ihr Erfolg der Freiheit unserer Nation nicht entsprechend sei, solange das Regierungssystem der mit uns unter einem Monarchen stehenden Nationen der Konstitution stracks entgegengesetzt, solange jener Staatsrat, der die gemeinschaftlichen Angelegenheiten der Monarchie ordnet und auch auf die innern Angelegenheiten unseres Vaterlandes, wenn auch gesetzwidrig, aber dennoch einen überwiegenden Einfluß übt, sowohl in seinem Prinzip als Verfassung und Tendenz antikonstitutionell ist. – Ich sprach meine Überzeugung aus, daß die Ausgleichung der Interessen, die zwischen uns und den übrigen Nationen der Monarchie obwalten, ohne den Verlust unserer Selbständigkeit, Freiheit und unseres Wohlstandes nur durch eine, allgemeine Gefühle verschwisternde Konstitution ausgeglichen werden kann. – Ich warf einen traurigen Blick auf den Ursprung und die Fortpflanzung des Wiener bureaukratischen Regierungssystems, ich berührte, wie sie das Gebäude ihrer erlahmenden Macht auf den Ruinen der unterdrückten Freiheit unserer verbrüderten Nachbarn errichtete, und herzählend die unglücksschweren Folgen dieses unheilvollen Regierungs-Mechanismus und hineinschauend in das Buch des Lebens, wo die fatummäßige Logik der Vorfälle die Enthüllung der Zukunft ankündigt, prophezeite ich in treuer Anhänglichkeit an die Dynastie, daß derjenige der zweite Gründer des Hauses Habsburg werde, der die Monarchie in konstitutioneller Richtung reformieren und den Thron des erhabenen Hauses auf die Freiheit seiner Völker unerschütterlich erbauen wird. – Seit diesen Worten sind Throne, durch Weisheit gestützt, zusammengestürzt, und Völker haben ihre Freiheit errungen, deren so nahe Zukunft sie vor drei Monaten nicht einmal träumten. Und wir wälzen seit drei Monaten unermüdet den Stein des Sisyphus und der Schmerz über die Unbeweglichkeit umhüllt meine Seele mit drückender Bangigkeit. Mit blutendem Herzen sah ich, wie so viele edle Kraft, so viele große Fähigkeiten an einer undankbaren Arbeit sich abschwitzen, die den Qualen einer Tretmühle gleichkommt. Ja, auf uns ruht der schwere Fluch eines erstickenden Qualms, aus der Beinkammer des Wiener-Systems weht eine verpestete Luft auf uns, die unsere Nerven lähmt und sogar unsern Geistesflug bannt. – Wenn mir aber bis jetzt nur deshalb bangte, weil es schmerzlich ist, des Wiener-Systems wegen unsern Fortschritt mit unersetzlichem Schaden unseres Vaterlandes über die Maßen gehemmt zu sehen, und weil ich sah, daß die konstitutionelle Richtung unseres Fortschrittes nicht gesichert sei, und weil ich sah, daß jene Divergenzen, die zwischen der absolutistischen Tendenz des monarchischen Systems und der konstitutionellen Richtung der ungarischen Nation seit drei Jahrhunderten bestehen, die heute noch nicht ausgeglichen sind, und, ohne die eine oder andere Richtung aufzugeben, nicht ausgeglichen werden können, so bangt mir nicht deshalb jetzt, sondern darum, daß jene Politik der bureaukratischen Unbeweglichkeit, die in dem Wiener-Staatsrat sich verknöcherte, die Monarchie in eine Auflösung wälzen, und die Zukunft unserer geliebten Dynastie in Frage stellen muß. Wenn wir die Zerwürfnisse so weit gedeihen ließen, daß nur zwischen Verneinung und Opfern gewählt werden kann, deren Ende nur Gott sieht, dann ist die Reue zu spät, den untätig verscherzten Augenblick gibt kein Gott zurück. – Ich will die Verhältnisse, wie sie in der Monarchie und im Auslande obwalten, nicht zeichnen, denn sie sind ohnedies bekannt, aber meine feste Überzeugung will ich aussprechen, daß die wahre Quelle aller Wirren im Wiener-Regierungssystem liege, und mit Bangigkeit spreche ich die Überzeugung aus, daß dieser verkehrten Politik, die mit den Interessen der Nation und den rechtmäßigen Forderungen einer vernünftigen Freiheit schnurstracks entgegengesetzt ist, anzuhängen, so viel hieße, als die Zukunft der Dynastie zu kompromittieren! Widernatürliche politische Systeme, die dadurch, daß sie lange dauerten, an Kraft nicht gewannen, sondern verloren; und endlich kommt der Augenblick, wo es gefährlich wäre, sie noch länger aufrechthalten zu wollen; denn ihr langes Leben hat sie zum Tode reif gemacht. Anteil kann man am Tode nehmen, aber ihm ausweichen nicht! Ich weiß es, daß es schwerfällt sowohl einer veralteten Politik als einem alten Manne sich von der Idee eines langen Lebens zu trennen, ich weiß es, daß es schmerzlich ist, ein Stück nach dem andern einstürzen zu sehen, von dem Gebäude, das ein langes Leben aufbaute, wenn aber das Fundament schlecht war, ist das Fatum des Einsturzes unausweichlich, und auf uns, denen die Vorsehung das Schicksal einer Nation anvertraute, können die Schwächen eines Sterblichen keinen Einfluß üben. – Ewig möge das Vaterland bestehen und ewig der Glanz jener Dynastie, die wir als unser Herrscherhaus anerkennen. Die Männer der Vergangenheit werden in einigen Tagen ins Grab gehen, aber der hoffnungsvolle Sproß des Hauses Habsburg Franz Josef, der bei seinem ersten Auftreten die Liebe der Nation erwarb, erwartet das Erbe eines glänzenden Thrones, der seine Kraft aus der Freiheit schöpfen, und den man in seinem Glanze bei diesem unglücklichen Mechanismus der Wiener Politik schwer erhalten wird. Die Dynastie muß also zwischen ihrem eigenen Wohle und der Erhaltung eines entarteten Regierungssystems wählen, und dennoch fürchte ich, wenn die loyale Äußerung der Nation nicht dazwischen tritt, daß die verknöcherte Politik in einer neuen Ausgabe der in Gott seligen heiligen Allianz auf Rechnung der Dynastie noch einige Tage fortzuvegetieren suchen wird. Sie, die nichts zu vergessen pflegen, vergessen das eine gern, daß nämlich auch bei der ersten Auflage der heiligen Allianz nicht diese es war, die die Throne rettete, sondern die Begeisterung der Völker, eine Begeisterung, deren Grundlage das Versprechen der Freiheit war, dies Versprechen aber wurde nicht eingelöst. Für eine Dynastie, die sich auf die Freiheit ihrer Völker stützt, wird immer Begeisterung entstehen; denn von Herzen treu, kann nur ein freier Mensch sein; der gedrückt wird, dienet, wie er eben muß; – für eine Bureaukraten-Herrschaft kann keine Begeisterung entstehen. Leben und Blut können die Völker hingeben, aber für die drückende Politik eines entarteten Regierungssystems wird sich nicht einmal ein junger Spatz totschießen lassen. Übrigens wenn es einen in Wien gibt, der im Interesse der Macht seiner wenigen Tage, auf Rechnung der Dynastie mit der Allianz absoluter Mächte liebäugelt, so soll er doch bedenken, daß es Mächte gibt, mit denen es besser ist in Feindschaft, denn in Freundschaft zu leben. Ja es ist meine feste Überzeugung, daß die Zukunft der Dynastie von der Verschmelzung der verschiedenen Nationen der Monarchie abhänge, diese Vereinigung kann nur mit Berücksichtigung der verschiedenen Nationalitäten durch das Band einer die Gefühle verschwisternden Konstitution geschaffen werden. Büros und Bajonette sind ein elendes Verbindungsmittel. Ich werde in meinem Vorschlage, den ich machen will, vom dynastischen Gesichtspunkte ausgehen, und Gott sei Dank, daß dieser Gesichtspunkt mit den Interessen unseres Vaterlandes in Verbindung steht. Und jetzt schlage ich vor, eine Repräsentation an Seine Majestät ohne alle weitere Motivierung, deren Inhalt sein soll: daß die Stände für die gesamte Monarchie eine den verschiedenen Nationalitäten angemessene Konstitution und für Ungarn ein verantwortliches Ministerium verlangen.

[19] Wien.

Se. k. k. Majestät haben folgendes Allerhöchste Kabinettsschreiben an den Obersten Kanzler allergnädigst zu erlassen geruhet:

»Ich habe die Errichtung einer Nationalgarde zur Aufrechthaltung der gesetzmäßigen Ruhe und Ordnung der Residenz und zum Schutze der Personen und des Eigentums, und zwar unter den Garantien, welche sowohl der Besitz als die Intelligenz dem Staate darbieten, genehmigt und gleichzeitig Meinen Oberstjägermeister und Feldmarschall-Leutnant, Ernest Grafen von Hoyos, zum Befehlshaber der Nationalgarde, zu deren Organisierung sogleich die nötigen Einleitungen zu treffen sind, ernannt.

Ich erwarte von der Treue und Ergebenheit meiner Untertanen, daß sie dem, ihnen hierdurch bewiesenen ›Vertrauen entsprechen werden!‹«
Wien am 14. März 1848.

Ferdinand.

Se. k. k. Apostol. Majestät haben die Aufhebung der Zensur und die alsbaldige Veröffentlichung eines Preßgesetzes allergnädigst zu beschließen geruhet.
Wien am 14. März 1848.

Johann Talatzko Freiherr v. Gestieticz,
k. k. Ni. Öst. Regierungs-Präsident

In Erwägung der gegenwärtigen politischen Verhältnisse haben Wir beschlossen, die Stände Unserer deutschen und slawischen Reiche sowie die Zentral-Kongregationen Unseres lombardisch-venetianischen Königreiches durch Abgeordnete in der Absicht um Unsern Thron zu versammeln, Uns in legislativen und administrativen Fragen deren Beirates zu versichern. Zu diesem Ende treffen Wir die nötigen Anordnungen, daß diese Vereinigung, wo nicht früher, am 3. Juli l. J. stattfinden könne.
Wien am 14. März 1848.

Ferdinand m. p.

Ein bedeutungsvoller Tag, einer der bedeutungsvollsten in der österreichischen Geschichte, liegt hinter uns. Er brachte uns der Reihe nach:

Nationalgarde, Preßfreiheit, Zusammenberufung ständischer Ausschüsse aus den sämtlichen nicht ungarischen Provinzen. Was noch vor wenigen Tagen außer dem Bereiche jeder Hoffnung, was nur der heiße, sehnliche Wunsch eines jeden war, der es mit seinem Vaterland redlich meinte, das ist heute Gewißheit, Wirklichkeit. Es ist uns verbürgt durch das Wort unsers erhabenen Monarchen, an dessen Unverbrüchlichkeit kein treuer Untertan zweifeln kann und darf.

In der Organisation der Nationalgarde ist das feste Vertrauen unseres Kaisers ausgesprochen, daß alle, welche berufen sein werden, in ihren Reihen die Waffen zu tragen, ihre schöne edle Bürgerpflicht erfüllen werden: Ruhe und Ordnung kräftig zu wahren, damit in deren Schatten jene heilsamen Gesetze und Einrichtungen reifen können, welche – eine unabweisliche Folge der bereits von dem Monarchen bewilligten Zugständnisse – das Vaterland auf jene Höhe der Kraft und Einheit, der Bildung und des Wohlstandes erheben sollen, deren reiche Keime es in sich trägt.

Diese Bedürfnisse des Vaterlandes und aller Klassen seiner Bewohner zur Sprache zu bringen, die diensamen Abhilfmaßregeln vorzuschlagen, reiflich und allseitig zu erörtern, wird die gemeinsame Aufgabe der ihrer drückenden Fessel entkleideten Presse und der spätestens auf den 3. Juli einberufenen Stände-Ausschüsse sein, auf deren Beirat hin unser geliebter Kaiser jene Verfügungen im Bereiche der Gesetzgebung und der Verwaltung treffen wird, welche die Zeit und ihre unabweislichen Anforderungen verlangen.

Eine ernste, schwierige, nicht im Drange des Augenblickes zu lösende Aufgabe ist damit allen Organen, welche an diesem wichtigen Reformwerk teilzunehmen berufen sind, auferlegt. Eine nicht minder ernste, schwierige Aufgabe obliegt aber auch uns allen, denen jene wichtigen Zugeständnisse zuteil geworden sind; sie heißt: Festigkeit mit Besonnenheit. Daß wir an den kaum errungenen Wohltaten mit aller Ängstlichkeit, fast möchten wir sagen, Ungläubigkeit, festhalten, welche ihre Neuheit und Bedeutsamkeit mit sich bringt, wird uns kein Unbefangener verargen. Aber gerecht ist auch die Forderung an uns, daß wir die weitere Entwicklung der gelegten edlen Keime mit jener Ruhe und Besonnenheit abwarten, welche ihnen allein ein kräftiges, gesichertes Reifen und Gedeihen gewährleisten kann. Noch sind selbst jene ersten Zugeständnisse nur in ihren großen Umrissen ausgesprochen; noch handelt es sich um ein Gesetz zur tüchtigen verläßlichen Organisierung der bewilligten Nationalgarde; noch muß der Mißbrauch der freigegebenen Presse zum Angriff gegen Staat und Gesellschaft, gegen Moral, Ehre und Eigentum durch ein Preßgesetz hintangehalten werden; noch ist die Zusammensetzung der bewilligten ständischen Ausschüsse, der Umfang ihres Wirkungskreises, Art und Weise ihrer Verhandlungen zu regulieren. Diese und alle ferneren im Gefolge dieser ersten Schritte auf einer neuen Bahn zu gewärtigenden Bestimmungen wollen wir mit jener ernsten, festen, aber besonnenen Ruhe sich entwickeln lassen, welche allein beweisen kann, daß wir für das, was uns die letzten Tage gebracht, in der Tat die rechte politische Reife hatten.

[20] Die drei Tage in Wien,
oder:
Die Entfernung des alten Übels, den 13., 14 und 15. März 1848.

Wenn man nach einer langen, schmerzhaften Krankheit wieder einmal in Gottes freie Luft kommt, so ist einem unendlich wohl; so war es uns Wienern nach den drei Tagen, denn diese waren die Krisis in unserer langen, schmerzhaften und so gefährlichen Krankheit. Nun sind wir gesund. Aber, was haben wir denn getan, daß wir alle, alle so krank wurden, haben wir den Magen überfüllt, uns eine Erkältung zugezogen oder uns in Vergnügungen übernommen. Nichts von dem allen, wir begnügten uns mit sehr magerer Kost, lebten äußerst mäßig und schliefen äußerst wenig. Mancher von uns oft gar nicht. Nun woher kam denn die Krankheit, vielleicht von verdorbenen Säften? Verdorbene Säfte waren wohl vorhanden, aber nicht in uns, wir hatten gesunde Säfte; so wars vielleicht ein altes Übel, das nun zum Ausbruche kam; – richtig das war's, ein altes Übel.

Einige wenige zunächst dem Throne und dem Monarchen glaubten sich berufen, mit dem Wohle von Millionen ein Puppenspiel zu treiben, sie als Marionettfiguren benützen, den edelsten, besten Monarchen dem Herzen seiner Untertanen entfremden, und ihn mit Lug und Trug täuschen zu dürfen. Dies ist ungefähr die Ursache unserer langen Krankheit, und die Veranlassung zum Ausbruch der Krisis in den drei Tagen, einer Zeit, die uns allen lebenslänglich unvergeßlich bleiben wird, einer Zeit, wo das alte Übel es so weit gebracht hatte, daß sich zwischen den liebenden Fürsten und sein treues Volk das Gespenst des Mißtrauens stellte, und die heiligsten, Jahrhunderte festen Bande gewaltsam zu zersprengen drohte. Sie wird mir unvergeßlich bleiben, so lange ich denke, diese fürchterliche, nie dagewesene Zeit, und Tausenden mit mir.

Die Natur unterliegt trotz ihren ewigen Gesetzen, immerwährenden Veränderungen, das Alte vergeht, und Neues, Kräftiges, Besseres tritt an seine Stelle, wir sollten aber das alte Übel immer behalten, weil es eine Hand voll Menschen so wollte; denn eine Hand voll Menschen hielt mit eiserner Strenge fest am alten Unbenutzbaren, Rostigen, bis der Rost so weit ins Mark hineinfraß, daß er entweder alles zerstören oder weggeschafft werden mußte.

Da traten einige tatkräftige Männer hervor, die es sich zur Aufgabe stellten, das Land vom alten Übel zu befreien, und taten Einsprache gegen solchen Starrsinn, der nur zum Untergange führen könne. Es wurde eine Schrift an Seine Majestät verfaßt, darin das alte Übel

recht deutlich auseinandergesetzt, und gebeten: der Kaiser möge dem alten Übel steuern, das Volk von seinem Drucke befreien und das alte Übel entfernen oder unschädlich machen. Heilung, schnelle, unverzögerte Heilung sei dringend notwendig, denn der Krebsschaden fange schon an sich hie und da zu zeigen. Diese Schrift wurde mit Tausenden von Unterschriften versehen. Gleichzeitig verfaßten auch die Studierenden der Wiener Universität, sie sollen hoch leben, denn von ihnen ging eigentlich der Umstoß zur Befreiung vom alten Übel aus, eine ähnliche Schrift, von der man sich denken kann, daß sie gehörig Kopf, Hand und Fuß hatte. Das Beginnen war nicht verdammlich, es war edel und groß, nicht ungebundene Freiheit wollte man erringen, nicht dem Monarchen im Drange der Umstände gesetzwidrige Bedingungen abtrotzen, sondern dem Staate einen wichtigen Dienst erweisen, sein Blut für die gute Sache verspritzen, den Kaiser enttäuschen und das alte Übel von Grund aus heilen.

Diese Schriften wurden den sich am 13. März eben versammelnden n. ö. Landständen in dem neuen Landhause übergeben, die Studierenden überbrachten sie selbst, um von den Landständen Sr. Majestät überreicht zu werden. Die Herren Stände wollten sich nach althergebrachter Weise erst beraten, was zu tun sei, allein dazu ließ man ihnen keine Zeit, denn das alte Übel mußte schnell entfernt werden, da der Krebs schon fühlbar zu fressen begann. Es fing an etwas stürmisch zu werden, tausend Stimmen erhoben sich, und die Ruhe wurde erst dann wiederhergestellt, als sich die Herren Stände erhoben und erklärten, sie seien bereit, auf der Stelle zu Sr. Majestät zu gehen und ihm die ihnen übergebenen Bitten und Wünsche vorzutragen.

Durch Mißverständnisse ereigneten sich jedoch hierbei einige Vorfälle, die wir gerne aus der Geschichte wegwünschen möchten; im Landhause wurden die Fenster eingeworfen, und in einem Saale die Möbel zertrümmert, das war der eine Vorfall, der den Tätern keine Ehre macht; der zweite konnte schrecklich werden in seinen Folgen, die Soldaten erhielten Befehl in die Massen zu feuern; welch eine Unglücksmaßregel, unter wehrlose Menschen, die zum besten Zwecke hier versammelt waren, schießen zu lassen; eine Maßregel, die weder die Klugheit noch die Menschlichkeit erzeugte, und die ihren Zweck so ganz verfehlte, daß dadurch alles verdorben werden konnte. Zum Glücke schoß ein großer Teil der Soldaten in die Luft, und nur wenige Kugeln trafen, doch genug, um den Tag der Freiheit mit Blutspuren zu bezeichnen. Hier floß Bürgerblut, und derjenige möge es verwantworten, der es fließen machte.

Nach Mittag stellte sich das sämtliche Militär am Glacis zwischen dem Burg- und Franzenstor auf, alles nahm einen ernsten Charakter an, die Bürger wurden zu den Waffen gerufen, und das Militär, mit Ausnahme der Besatzung in und um die Burg, aus der Stadt gezogen. Die Stadt wurde während der Nacht erleuchtet, ging aber ruhig vorüber, nur die Vorstädte an den Linien und die diesen zunächst gelegenen Ortschaften wurden von der Wut des gemeinen Volkes hart mitgenommen.

Spät abends legte noch Fürst Metternich seine Stelle nieder und verließ tags darauf die Stadt in aller Stille.

Nun drängte ein Ereignis das andere. Eine Nationalgarde wurde errichtet, Graf Hoyos ihr Kommandant; die Zensur wurde aufgehoben und Preßfreiheit bewilligt, aber der Jubeltag war der 15. März, an diesem Tage erschien die Kundmachung der bewilligten Konstitution; und nun waren alle Bitten erfüllt, alle Wünsche befriedigt, nur eine Stimme war hörbar, die Stimme des Jubels, Menschen aus allen Ländern und von allen Nationen umarmten sich als Brüder, ein Herz und ein Sinn. Mittags erschienen Se. Majestät in der Mitte der getreuen Wiener, im offenen Wagen an der Seite sein durchlauchtigster Bruder, der vielgeliebte Erzherzog Franz Karl und dessen ältester Sohn, Erzherzog Franz Joseph. Welche Feder wäre im Stande, die Freude zu beschreiben, diese Gefühle und Ausbrüche der überströmenden Freude zu schildern; aus allen Fenstern, von allen Straßen her erhob sich lauter, herzerschütternder Vivatruf, kein Auge blieb trocken bei diesem Anblick von Fürstenhuld und Untertanen Liebe. Es war der innigste Dank, den das Volk seinem guten Kaiser brachte, der die Herzen inniger verband, und die Treue stärker an das geliebte Herrscherhaus fesseln wird, als jene Sklavenketten, die nun zerbrochen zu unseren Füßen liegen.

Schon früher traf Erzherzog Stephan aus Ungarn hier ein, seine Ankunft erfüllte die Lüfte gleichfalls mit Jubel. Die Pferde wurden ausgespannt, der Wagen von treuen Untertanen nach der Burg gezogen, und die Freude wollte an diesem Tage kein Ende nehmen, als Seine Majestät abends nochmal sich am Balkon der Hofbibliothek, umgeben von mehreren Mitgliedern der kaiserlichen Familie, ihrem Volke zeigte. Neuer Jubel, neuer nicht enden wollender Vivatruf. Die Volkshymne wurde angestimmt, deren Töne wohl nie eine so schöne Feier verherrlicht hatten. Freude strahlte aus jedem Auge, Freudentränen benetzten manche Wange, die wohl lange nicht geweint; wer konnte in einem solchen Augenblicke gefühllos bleiben, alle trüben Erinnerungen waren verschwunden, vergessen jeder Schmerz; da oben stand der Vater seiner Untertanen, die segnende Hand ausstreckend über seine Kinder; es war ein heiliger Moment; Dank dir, Allmächtiger, daß du mich ihn erleben ließest.

Abends war die Stadt festlich beleuchtet, die Vorstädte blieben nicht zurück, Licht war überall, und die finstere Nacht ward heller, glänzender Tag.

So endeten die drei Tage, die fürchterlich begonnen, so einigte die Freiheit Fürst und Volk; die alte Treue bewährte sich, die alte Liebe erneuerte sich, und fortan soll nichts mehr den Vater in der Ruhe stören im Kreise seiner Kinder, die ihn zu beschützten geschworen mit Gut und Blut.

Ich möchte noch viel sagen, meine teuren Brüder in Österreichs weiten Gefilden, aber ich kann nicht, meine Brust droht mir zu springen; der Schmerz hat mich nicht bezwungen, die Freude erlahmt meine Kraft. Die Abdankung des Polizeiministers war notwendige Folge der vorausgegangenen Begebenheiten; Gott und unserm Kaiser sei gedankt:

»Das alte Übel ist fort!«

Und nun, meine teuren Österreicher, laßt uns ruhig die Segnungen, diese wichtigen Gaben genießen, laßt uns mit weiser Mäßigung Gebrauch machen von der uns geschenkten geistigen Freiheit, laßt uns mit Liebe und Treue an unserem angebeteten Monarchen hängen, denn nur von ihm, nur von seinem väterlichen Herzen kommt all das Gute, dessen wir uns erfreuen.

Die Preßfreiheit, mit ihr Rede- und Denkfreiheit wird ans Licht bringen, die Wahrheit, wird uns unsere Rechte und Pflichten kennen lernen; die Nationalgarde gibt uns Selbstvertrauen und Stärke, unsern Kaiser und uns zu beschützen. Die Konstitution sichert uns vor Rückkehr des alten Übels.

Ganz Deutschland wird Achtung vor uns haben, wir bewahrten die alte Treue und Liebe unserm Regenten, er schenkte uns Vertrauen, und alles ward gut.

Noch ist viel zu tun, trage jeder nach seinen Kräften bei, damit dem Volkselende abgeholfen werde, damit Arbeitslust und mit ihr Wohlstand in die unteren Klassen zurückkehre, damit denen geholfen werde, die in Not schmachten, denkt in Eurer Freude auch an Eure trauernden Brüder, und schreitet emsig ans Werk: Ruhe und Ordnung, Arbeit und Mäßigkeit, froher Lebensgenuß in den Tagen der Rast, Gehorsam gegen unsere Obern, strenge Befolgung der Gesetze, eifrige Erfüllung aller Bürgerpflichten, Treue und Redlichkeit unter uns, mache uns würdig:

Ferdinands Untertanen zu sein!

Gedruckt und zu haben bei Leopold Grund, am Stephansplatze im neugebauten Zwettelhofe.

[21] Antwort der Wiener Studenten auf die Adresse der Krakauer Jugend.

Brüder!

Die Zeit ist vorüber, wo im Dunkeln der Kabinette die edelsten Bande, die nur im Sonnenschein der wahren Freiheit alle Nationen umschlingen, nach willkürlichem Ermessen des Egoismus geknüpft und zerrissen wurden. Die Zeit ist vorüber, wo ein Volk, groß und edel, wie das polnische, geknechtet und zerstückelt bleiben konnte.

Wenn wir Euch hiermit die Überzeugung ausdrücken, daß die nächste Zukunft schon auf ein großes einiges Polen hinweist, so schöpfen wir diese Überzeugung nicht bloß aus dem Bewußtsein, daß die europäischen Verhältnisse die Wiederherstellung Polens auf das dringendste erfordern – wir schöpfen sie vorzüglich aus dem Drange des Herzens, der uns und alle unsere deutschen Brüder mächtig antreibt, die Idee der Freiheit, die Ihr Polen seit so langer Zeit, trotz Ketten und Knechtschaft, unermüdet vertreten habt, im Bunde mit Euch, siegreich zu verbreiten.

Wir können nicht den Hochverrat Eurer Unterdrücker, die auch die unsern waren, auf unsere Schultern nehmen, aber beistehen wollen wir Euch gegen den einzigen Feind, der Eure Sache und die Sache der Freiheit noch zählt, als hätten wir ein selbst begangenes Unrecht zu sühnen.

Denn nicht eher können wir uns über den Sieg der Freiheit beruhigen, bis er vollständig geworden, bis ihr letzter Feind gefallen und ihre tapferste Stütze wieder aufgerichtet ist.

Darum glaubt, Brüder! wir waren die Ersten, die das heranbrechende Morgenrot der Völkerschaften begrüßten – wir werden nicht die Letzten sein, die den Tag verbreiten helfen, und sagt Euren Brüdern zu Hause, wir umfangen mit Bruderliebe alle Nationen, die Polnische aber am innigsten – so, wie man den unglücklichen Bruder inniger liebt als den glücklichen.

Gedruckt bei Edl. v. Schmidbauer und Holgwarth

[22] Die Wiener Studenten den ungarischen Brüdern Gruß und Handschlag.

Warum wir kommen, fragt ihr, Brüder? Wir kommen, um Euch zu sagen, daß Wiens Jugend mit glühender Liebe und Verehrung Euch danket dafür, daß Ihr, als wir kaum zur angebeteten Freiheit wie schüchterne Jünglinge zur Geliebten aufzublicken wagten, wie Männer uns ermuntert, für uns gehandelt habt, dafür, daß das begeisterte Wort Euers erhabenen Redners den schwachen Funken in unserem Herzen zur Flamme angefacht. Wir wollen den Völkern Europas zeigen, daß, wo Bewunderung und Dankbarkeit, gleiches und einiges Streben Völker verbindet, es keines eisernen Staatensystems braucht, um sie aneinander zu ketten.

Wir, die für Deutschlands Einheit gekämpft, kommen zur freien, selbständigen Nation der Ungarn, um ihnen zu erklären, daß auch wir, wie sie, von tiefgefühlter Sympathie erglühn für alle noch bedrängten und gedrückten Nationalitäten. So wird uns denn auch in dieser Beziehung kein Mißtrauen – ja nicht einmal verschiedene Meinung trennen.

Noch einmal, Magyaren! wir wollen uns anschmiegen an Euch wie der jüngere Bruder an den ältern; wollen Euch vertrauen wie Europa

Euch vertraut, Euch, deren Freiheit wie Morgenrot in die finstere Nacht des Ostens hineinglänzt.
Preßburg, geschrieben den 9. April 1848, um 10 Uhr vormittags.

Deputierte der Wiener Studenten.

Preßburg. Gedruckt bei Franz Edlen v. Schmid & J. J. Busch. Promenade Nr. 749.

Zum 18./19. März in Berlin

[23] Preußische Untertanen! Bürger Potsdams!

Fordert jetzt von Wilhelm IV. was euch am besten für euch scheint, und was den benachbarten Staaten schon längst bewilligt ist, jetzt, oder nie wird es euch alles bewilligt werden, euer König trotzt auf seine Militärs, deshalb bewilligt er euch nichts, sondern er sucht euch bloß mit leeren Reden hinzuhalten, euer König ist ein Gleisner mitsamt dem schuftigen Adel, schafft den Adel ab, ihr braucht keine adlige Beamte am Ruder als da ist v. Kau – Norm. – der Taugenichts und mehrere andere, eure Stadtverordneten sind null und nichts, sie haben beraten, sie wollen den König mit keiner Forderung belästigen; jetzt fordert ihr mit Gewalt, im guten kriegt ihr nichts. Freiheit der Rede und Presse ist nicht genug verlangt: Geschworenengerichte und Gleichheit vor dem Gesetz ohne Unterschied, denn warum wird der hohe Beamte nicht ebenso scharf gerichtet, wenn er etwas verbrochen hat als der niedere Arbeiter und Bürger? O. Wann werdet ihr klug werden, die verfluchte hohe Brut verpraßt in Saus und Braus, was ihr mit saurem Schweiß verdient, jagt das Gezücht zum Teufel! Bürger, rechtschaffene, können die Stellen hochangesteller Beamten versehen. Verdammt sei der Adel, denn er verweigert dem Bürger sein Recht, der Bürger hat nichts mehr; weil kein Geschäft geht, hat der Arbeiter auch nichts, es kommt zu viel ausländische Ware, und das Geld geht dafür aus dem Lande, schaffts ab und es wird besser.

[24] Die Märztage in Berlin
oder
die Nacht des Freiheitskampfes, am 18. März 1848.

Der Sturm, der mit wachsender Gewalt das königliche Schloß umbrauste, konnte nicht länger überhört werden, und hätte man die Ohren verstopfen wollen, der Ruf von Österreich wäre hindurchgedrungen, daß Preußen jetzt vereinzelt in Deutschland dastehe, daß es die Gewalt der Ereignisse bei weitem überholt, und seine Stellung gänzlich unhaltbar geworden sei. Aus diesem Gefühle ging auch der Entschluß hervor, es zum Kampf auf Tod und Leben kommen zu lassen, und dieser gänzliche Wechsel in der inneren Gesinnung prägte sich auch blitzschnell in der äußeren Erscheinung der Stadt aus. Es wurden sogleich Barrikaden, die sich in wenigen Stunden über die ganze Stadt ausdehnten, bis zur Zahl von 5000 errichtet, dann wurde mit allen Glocken Sturm geläutet, das Straßenpflaster aufgerissen, mehrere Straßen mit Glasscherben bestreut, spitziges Eisen in den Boden getrieben, um der Reiterei den Weg unmöglich zu machen. Steine wurden auf die Dächer geschafft und sogar abgedeckt, siedendes Wasser und Öl war in Bereitschaft. Leute jeden Alters, Geschlechts und Standes waren dabei, und nur beim Heranrücken des Militärs entfernten sich Frauen, Kinder, Greise in die Häuser, alles Bereitgehaltene herabzuschleudern. Mit der Beleuchtung der Häuser verfuhr man in der Weise, daß die Fenster des zweiten Stockes beleuchtet wurden, sobald die Kämpfer Licht oder Dunkelheit bedürften, wenn ihr Rückzug sie den Blicken des verfolgenden Feindes entziehen sollte. Die Kämpfer anlangend, so erblicken wir unter ihnen Studenten, Schriftsteller, Künstler, junge Beamte und Arbeiter; Polen mögen wenige als Mitkämpfer gefehlt haben. Die Schützen-Gilde machte eine, am besten bewaffnet und im Gebrauch der Gewehre große Wirkung. Eines der hitzigsten Gefechte war bei der Barrikade in der Breitenstraße, unfern des köllnischen Rathauses! Der Kampf währte drei Stunden, fünfmal lief das Militär dagegen Sturm, 4 Offiziere und 30 Mann wurden getötet; es wurde mit Kartätschen dagegen geschossen, aber erst, nachdem fortwährend neue Truppen herbeigezogen waren, wurden die Verteidiger überwältigt. Jedoch im Rücken waren neue Barrikaden errichtet, und die ihnen nachdrängenden Truppen mit Steinhagel vom köllnischen Rathause empfangen. Und als Mangel an Waffen wurde, so sind gleich mehrere Kasernen, Waffenläden und wo man nur Waffen hoffte, erstürmt worden. Die einzeln auf der Straße getroffenen Offiziere und Soldaten wurden entwaffnet. Am mörderischsten war der Kampf am Landwehrzeughaus in der Lindenstraße, bei dessen Verteidigung sich besonders zwanzig Offiziere auszeichneten, welche von den Fenstern aus ein wohlgezieltes Feuer gegen die Anstürmenden unterhielten. Letztere wurden von einem Arbeiter aus Halle, namens Hesse, angeführt, der, jede Gefahr kühn verachtend, den Kampf unnachlassend fortsetzte. Da es seinem Haufen jedoch gänzlich an Feuerwaffen fehlte, so wurden mehrere Bürgerschützen herbeigeholt, welche die Verteidiger von den Fenstern vertrieben und es dem braven Hesse und seinen Gefährten möglich machten, die Türen zu sprengen und in das Innere einzudringen. Fast durch die ganze Nacht hat der Streit gedauert, und der vorgefundene Waffenvorrat kam schon zu spät, um bei dem bald beendeten Blutbad noch wirksame Dienste zu leisten. Nun wurde das Militär von allen Posten entfernt, Bürger, Studenten und Arbeiter besetzten das Schloß und alle öffentlichen Gebäude. Einen schauerlichen Eindruck machten die Leichen der Gefallenen, jedes Haupt mußte sich

entblößen. Die Zahl der Gefallenen, die öffentlich bestattet wurden, war 155; viele Familien beerdigten die ihrigen abgesondert; die Verwundeten wurden im Schloßgebäude unter der Königin Aufsicht aufs beste verpflegt, 700 verwundet, von denen viele starben. Der Verlust des Militärs wird auf 1590 gerechnet. Den 22. März ertönten alle Glocken der Stadt zum Aufbruch des Zuges, der sich um 2 Uhr in Bewegung setzte, wobei die Särge von Jungfrauen mit Blumen und Kränzen, Bürgergarden, Studenten, Arbeitern mit Fahnen begleitet wurden. Tränen waren in aller Augen.
Gedruckt bei M. Lell, Leopoldstadt, Weintraubengasse Nr. 503

[25] Manifest an die Geschichtsschreiber Europas.

Verkauft zum Besten einiger hinterlassenen Opfer der Militärisch-Gemeuchelten Berliner.

Ein in der Geschichte aller Zeiten und aller Völker unerhörtes Blut-Drama ist innerhalb der Mauern Berlins vor sich gegangen. Noch zittert jede Nervenfaser im deutschen Volke, und der tiefste Ingrimm, die unaussprechliche Entrüstung, der unbeschreiblichste Abscheu erfüllt die Seele des Mannes von Gewissen und Ehre bei dem Bilde einer gräßlichen Metzgerei, welche alles, was die ältere Geschichte von Aufständen Roms und Griechenlands, sowie von einer sizilianischen Vesper, einer Bartholomäusnacht und einer französischen Revolution von 1789 uns erzählt, an Schmach, Schande, Blutdurst, Volksabmetzelung und Militärisch-Hündischer, feiger Blutgier weit überragt!!! Geschichtsschreiber! Eure bisherigen Vorgänger haben sich nur allzuhäufig durch Gold, Orden, Titel und Anstellungen verleiten lassen, in den Staub der scheußlichsten Hofeskriecherei niederzuknien und die Schmach- und Schandtaten gekrönter Jesuiten zu bemänteln!! Sie haben sogar die empörendsten Tyrannen mit dem Namen »der Große« belegt, und auf den Sarg feiger Despoten, den diese Kriecherei halten mußte, auf daß er nicht im Blute gemordeter Opfer und in den Tränen erdrückter Hinterlassenen vor Gottes Richterthron hinschwamm, warfen sie Lorbeerzweige und lügenhafte, speichelleckende Lobeserhebungen!!!

Geschichtsschreiber des wiedererstandenen Europas! Geschichtsschreiber des erwachten Deutschlands! Befleckt den gereinigten Namen der Mannesehre nicht abermals durch feige, kriechende Nachsicht!

Werft, wenn Ihr künftig Preußens Geschichte für die Nachwelt hinstellt, einen Fluch auf jedes Blatt der letzten Metzgertage und einen starrenden Blutfleck auf die Schandbuben, die sich so beispiellos nichtswürdig im Blute wehr- und waffenloser Bürger gebadet!!!

Laßt Euch nicht durch das Licht einer Berliner »Illumination«

verblenden, hinter deren Schein sich die klaffenden, meuchelmörderischen Wunden gefallener Greise, Weiber und Kinder mahnend und zum Himmel schreiend erheben.

Wahrt jene Tage getreu und in der ganzen Schwere feiger Blutschuld auf, damit einst unsre Kinder wissen, wie ein edles, nichts als sein Menschenrecht verlangendes Bürgertum unter den Augen seines Herrschers von uniformierten Schurken hingemetzelt ward!

Geschichtsschreiber! sie haben in Berlin ihr Recht teuer genug erkauft, das weiß der allmächtige Gott!! ... Stört den ewigen Schlaf der militärisch und meuchlerisch Hingemordeten nicht durch kriechende, entschuldigende Bemäntelungen!!

Fluch und Schande jedem Tropfen Tinte, der zum Behufe solcher Bemäntelung aus Eurer Feder fließt!!

In einem Staate, in welchem man die Preßfreiheit dergestalt zu fürchten hatte, daß man lieber eine halbe Residenz niedermetzeln läßt, ehe man diese Freiheit bewilligt, mußten längst fürchterliche Regierungsschandtaten vor sich gegangen sein!!!

Laßt es jene uniformierten Mordbuben, die sich in russischem Schnapse betranken, um das Herzblut ihrer Mitbürger zu vergießen, erfahren, daß die Geschichte eine Wahrheit ist!!!

Segen über die Fürsten, deren Gewährungen von keinem Blutflecke besudelt sind!!

Schmach und ewige, unauslöschliche Schande über jene, deren längst im Jesuitismus gebadeter Heuchlercharakter Euch trotz der erzwungenen Gewährung aus dem starrenden Blute wundbedeckter Leichname entgegengrinst!!! ...

Gott helfe uns und strafe sie!!!

Den 20. März 1848.

Drei und sechzig Berliner Bürger.

(Preis 1 Ngr. Leipzig 1848. W. Kori.)

[26] Proklamation.

Auf Wunsch des Herrn Ober-Bürgermeisters wendet sich die unterzeichnete Volks-Deputation an Euch, Ihr Männer des Volkes, Ihr Arbeiter, an Euch, unsere Brüder und Freunde!

Seit länger als acht Tagen ist unsere Stadt in der größten Unruhe und Aufregung. Ihr kennt den Grund davon. Ihr wißt, daß das Volk in Frankreich eine nichtswürdige Regierung mit Gewalt verjagt hat; daß dann fast in allen deutschen Ländern durch eine Erhebung aller braven Einwohner die Ketten gebrochen worden sind, welche gegen Recht und Gesetz seit langen Jahren das deutsche Volk drücken. Auch Österreich ist aufgestanden und hat den schamlosesten aller

Freiheitsmörder, den Kanzler Metternich, verjagt und sich eine freie Konstitution errungen. Nach solchen Vorgängen ist es natürlich, wenn auch das preußische Volk nicht länger ruhig zusehen will. Wir ehren diese Gefühle, denn es sind auch die unsrigen. Aber es herrschen unter den Bürgern unserer Stadt Besorgnisse, daß die Volksmassen die Unruhen benutzen werden, um sich am Eigentum der Bürger zu vergreifen, um zu zerstören, zu rauben und zu plündern.

Männer des Volkes! Ihr habt uns gestern mit Eurem Vertrauen beehrt und zu Eurer Deputation ernannt, wohlan denn: wir reden jetzt wieder zu Euch, wir beschwören Euch, gebt keinen Grund zu so schändlichem Verdacht. Die Stunde der Freiheit wird bald auch für uns kommen. Befleckt diese heilige Zeit nicht durch Ausschweifungen, durch Ausbrüche von Rohheit. Gewiß, Ihr werdet im Kampf für die Freiheit nicht weniger edel und brav sein wollen, als die anderen Völker. Hört nicht auf die Stimme der Bösen, welche sich unter Euch einschleichen, um gegen die Bürger aufzureizen, und Haß und Zerstörung zu verbreiten.

Arbeiter! Diese Menschen wollen Eure Ehre beflecken und Euer Gewissen schänden. Duldet nicht, daß sie es tun. Haltet Euch in dieser großen Zeit rein von allem Frevel und jeder Schandtat. Wer jetzt ein gemeines Verbrechen begeht, sündigt dreifach: gegen sich, gegen die Nation und gegen den Stand, welchem er angehört!

Arbeiter! noch über einen zweiten Punkt haben wir mit Euch zu reden. Es haben in den letzten Tagen fast alle Gewerke Deputationen an den Magistrat geschickt, und von ihm Arbeit, Erhöhung des Lohnes, Vertretung der Arbeiter und ähnliche Dinge mehr begehrt. Wir kennen Eure Lage, wir wissen wie gedrückt, wie schrecklich sie in vielen Fällen ist. Wir haben es oft ausgesprochen. daß Euch eine gerechtere Stellung gegeben werden muß, und zweifelt nicht daran, wir werden für Eure Rechte einstehen wie ehrliche Männer. Aber vergeßt nicht, Brüder! daß die Stadt nicht im Stande ist, Eure Forderungen zu erfüllen; der ganze Staat nur ist es, der hier helfen kann. Wenn wir alle die Freiheit haben werden, wenn das ganze Volk seine Vertreter in die Versammlung schicken wird, von der alle Gesetze ausgehen müssen; dann wird auch für Euch eine bessere Zeit beginnen; und die Steuerlast wird nicht mehr in solcher Weise Euch drücken. Darum laßt jetzt die ungestümen Forderungen, die für den Augenblick unmöglich erfüllt werden können, und strebet mit uns für die Freiheit, für das Glück des Volkes und des Vaterlandes!

Noch einmal; Habt weiter Vertrauen zu uns! So lange Ihr brav seid, und gewiß, Ihr werdet es bis zum letzten Atemzuge bleiben, solange werdet Ihr uns in Eurer Mitte sehen, um mit Euch zu gehen bis zum letzten Schritt, bis alles errungen oder alles verloren ist. Bleibt brav. Ihr edlen Brüder! Dann werden uns alle guten und edlen Bürger unterstützen, und die Einigkeit wird uns stark und kräftig machen, und wir werden die volle Freiheit erringen. Euch wird dann der Ruhm gehören, und dieser Ruhm wird ohne Makel sein.

Brüder! es lebe die Freiheit, es lebe das Volk, es lebe das Vaterland!

Die Volks-Deputation

Eduard Graf Reichenbach. A. Semrau. M. May. Pelz, Arbeiter.

[27] Bekanntmachung.

Mitbürger! Die Bestattung unserer teuern Toten ist vollzogen. Sie bot uns und der Welt das großartigste Schauspiel dar, das wir bis jetzt in unseren Mauern gesehen – die ehrfruchtsvolle dankbare Huldigung, welche unsere ganze Bevölkerung den in dem ruhmvollen Kampfe Gefallenen und in ihnen allen den Helden darbrachte, die für die große Sache der politischen und sozialen Freiheit gestritten und sie uns durch ihre todesmutige Hingebung erkämpft haben. Vor dieser erhabenen Dank- und Trauer-Feier muß jeder noch so innige Dank verstummen, den wir oder einzelne unseren Helden durch das Wort auszudrücken vermöchten. Unser Dank sei es vielmehr, die großen Güter, die nun errungen sind und errungen werden können, dem Vaterlande und unserer Stadt dauernd sicherzustellen. Dafür zu wirken, daß aus der Freiheit sich jetzt die Größe, das Glück und die Wohlfahrt unseres Volkes in festester Ordnung auferbaue; das ist und sei jetzt unser aller Aufgabe.

Um unseren tapferen Kämpfern auch noch im Einzelnen den Dank des Vaterlandes durch die Tat zu erweisen, haben wir bereits die nötigen Einleitungen getroffen.

Berlin, den 23. März 1848.

Der Magistrat.

Gedruckt bei W. Moeser & Kühn, Stallschreiberstraße 34

[28] Für die Sicherung der Volksrechte!*

Majestät!

Heute hat in Köln eine Versammlung der untenbenannten Städte der Rheinprovinz stattgefunden, hervorgerufen durch die Notwendigkeit gemeinsamen Handelns in einer Zeit, wo aller Orten die Bande der Ordnung und Gesetzlichkeit gelöst sind und jeder Tag neue Gefahren bringt. Diese Versammlung hat das Königliche Wort, durch welches Preußen in die Reihe der konstitutionellen Staaten eingerückt ist, mit Freude begrüßt, denn sie sieht, dahin haben sich alle Stimmen ohne Ausnahme erklärt, nur in der konstitutionellen Monarchie die für die Lage Deutschlands heilsamste Regierungsform.

Noch aber herrscht Mißtrauen in allen Gemütern darüber, in welcher

Weise die Zukunft die wesentlichen Rechte der Verfassung festsetzen, welcher Inhalt dem von Ewr. Königl. Majestät proklamierten Ausdrucke des Systems gegeben werde. Dieses Mißtrauen ist es, welches die herrschende Spannung in allen Verhältnissen aufrechterhält. – Es muß beseitigt und das Vertrauen des Volkes hergestellt werden. Nur dann ist es möglich, daß es der Autorität in Verbindung mit dem Kern des Volkes gelingen werde, Ruhe und Ordnung herzustellen.

Nach ernster Beratung sehen sich daher die unterzeichneten Städte genötigt, Ewr. Königl. Majestät zu erklären, daß die alsbaldige Zusicherung der nachfolgenden wesentlichen Bestandteile einer zeitgemäßen Verfassung schon vor dem Zusammentreten des vereinigten Landtages dringend notwendig ist:

1. Umänderung der bisherigen ständischen Verfassung in eine Volksvertretung, frei gewählt vom Volke aus dem Volke, ohne Rücksicht auf die bisherige oder eine andere Einteilung in Stände oder Klassen, mit möglichst niedrigem Zensus für die aktive Wahlfähigkeit, ohne Zensus für die passive Wahlfähigkeit.
2. Der Volksvertretung muß beschließende Mitwirkung in der gesamten Gesetzgebung und im Staatshaushalte ohne Ausnahme mit einfacher Majorität zustehen.
3. Die Minister sind der Volksvertretung verantwortlich.
4. Die Gleichheit aller Staatsbürger vor dem Gesetze, Schutz der persönlichen Freiheit, sowie Unverletzlichkeit der Wohnung: die persönliche Freiheit, die Freiheit der Wohnung dürfen nur auf richterlichem Wege und mit Angabe von Gründen beschränkt werden.
5. Freiheit der Gottesverehrung, gleiche politische Berechtigung aller Staatsbürger ohne Unterschied des religiösen Bekenntnisses und gänzliche Trennung der Kirche vom Staate.
6. Unterrichts- und Lehrfreiheit.
7. Unbedingte Freiheit der Presse, ohne Konzession, ohne Kaution, ohne alle Präventivmaßregeln und Aburteilung aller Preßvergehen durch die Geschworenen.
8. Unbeschränktes Petitionsrecht.
9. Das Recht zu Versammlungen sowie zur Vereinigung in Gesellschaften.
10. Öffentliches und mündliches Gerichtsverfahren; Geschworenengericht und Aburteilung aller politischen Vergehen durch Geschworene.
11. Volksbewaffnung mit freier Wahl der Führer.
12. Absetzbarkeit und Versetzbarkeit der Richter nur durch richterlichen Spruch.

Sind diese Rechte dem Volke gesichert, so wird es ruhiger vorwärts blicken und alsdann in der unhaltbaren Zusammensetzung des berufenen allgemeinen Landtages nicht mehr die Gefahr sehen, die sonst notwendig darin vorliegt. In dieser Unterstellung möge der Landtag sich nur mit der näheren Beratung des Wahlgesetzes beschäftigen, damit durch seine Vermittlung bald die wahre Volksvertretung erstehe, aus der unsere Repräsentanten bei dem deutschen Parlamente hervorgehen sollen. – Bringt der Drang der Verhältnisse es mit sich, daß die Beschickung des deutschen Parlaments vor Herstellung der Volksrepräsentation erfolgen müßte, so mag sie durch den Landtag geschehen, jedoch nur in der Art, daß derselbe die Vertreter zu Frankfurt aus dem ganzen Volke zu wählen hat, und unter der Maßgabe, daß das Mandat dieser provisorischen Vertretung aufhört, wenn die Errichtung der Volksrepräsentation dahin gediehen ist, die Wahl selbst vornehmen zu können.

Die Richtung, welche die Dinge des Staates genommen haben und fernerweit nehmen mußten, und die Gesinnung, welche unsere Provinz durchdringt, verpflichten die Unterzeichneten, Ewr. Königl. Majestät noch zweierlei ans Herz zu legen. – Das eine besteht in der Bitte, die Grafen von Arnim und von Schwerin aus dem höchsten Rate der Krone zu entlassen: es herrscht ein Mißtrauen gegen diese Persönlichkeiten, welches die Hoffnung einer sicheren Zukunft zerstört. – Das andere besteht darin, daß es Ewr. Königl. Majestät gefallen wolle, schon jetzt die Aufhebung aller Steuerexemtionen auszusprechen und die Erleichterung der Steuern für die arbeitenden Klassen zusichern zu wollen.

Ewr. Königl. Majestät
getreue
(folgen die Unterschriften)

Köln, den 24. März 1848

II.
Der Ruf nach Organisation – Programme der sich formierenden Parteien

In den revolutionären Kämpfen der Märztage, die in Berlin am 18./19. März zum Sieg über die preußische feudal-absolutistische Militärmacht führten, wurden sich Arbeiter, Bauern und demokratische Kleinbürger ihrer Kraft bewußt. Die Begeisterung, die überall die Volksmassen ergriff, war aber nicht frei von Illusionen. Der Gedanke, daß nun eine neue Zeit beginne und den neuen Männern in den Ministerien volles Vertrauen geschenkt werden müsse, beherrschte die allgemeine Stimmung der Bürger. Das liberale Besitz-Bürgertum äußerte sich zufrieden über das Erreichte und verlangte die Wiederherstellung von »Ruhe und Ordnung«. Aber bei den besten Vertretern der Arbeiterklasse und des revolutionären demokratischen Kleinbürgertums zeigte sich die Einsicht, daß es noch großer Anstrengungen bedarf, um die März-Errungenschaften zu sichern und wirklich demokratische Verhältnisse zu schaffen. Das gewonnene Versammlungs- und Assoziationsrecht ermöglichte, sich über ganz Deutschland auf der Grundlage eines politischen Programms zu organisieren, und mit vereinten Kräften für die demokratischen Forderungen einzutreten.

Die Initiative zur Gründung demokratischer Vereine ergriffen die süddeutschen Demokraten auf der Offenburger Tagung am 19. März, ihnen folgten die Berliner Demokraten am 23. März und die Leipziger Demokraten am 28. März. Demokraten und Arbeiter in den verschiedenen Provinzen Preußens, Sachsens usw. standen ihnen nicht nach. Überall bildeten sich in kurzer Zeit Demokratische Vereine, Volksvereine, Vaterlandsvereine und Arbeitervereine.

In dem Streben, sich zu vereinigen, zeigte sich ein mächtiger Wille, die Stimme des Volkes zur Geltung zu bringen, mit geeinter Kraft die Erfüllung aller Forderungen zu erwirken. Dabei standen die Arbeiter an erster Stelle. Bereits eine Woche nach dem 18. März veröffentlichte die Zentralbehörde des Bundes der Kommunisten unter der Leitung von Karl Marx ein konsequent demokratisches Programm, das wie kein anderes die Hauptaufgaben der Revolution herausstellte und die revolutionäre Bewegung auf die Forderungen hinwies, die im Kampf um die demokratische Umwälzung durchgesetzt werden mußten. Das Flugblatt mit diesen siebzehn ›Forderungen der Kommunistischen Partei in Deutschland‹ wurde Ende März/Anfang April von den Bundesmitgliedern überall in Deutschland verbreitet.[1] Die beiden Unterzeichner des Aufrufs vom 5. April ›An alle Arbeiter Deutschlands‹ waren Mitglieder des Bundes der Kommunisten. Die Arbeiter beteiligten sich aber auch in starkem Maße an der Gründung demokratischer Vereine, vor allem traten sie in den Volksvereinen hervor. Sie zeigten sich überall als der entschiedene linke Flügel der demokratischen Bewegung.

Das politisch-ideologische Niveau der zahlreichen demokratischen und Arbeitervereine war sehr unterschiedlich. Mangels politischer Erfahrung fehlte es noch an klaren Vorstellungen und Erkenntnissen. Viele Arbeitervereine in Berlin und anderen Orten beschränkten sich zunächst auf soziale Forderungen, was durch die materielle Notlage der Arbeiterklasse bedingt war. Aber die Arbeiterklasse reifte im Verlauf der Revolution auf Grund ihrer Erfahrungen im Klassenkampf immer mehr zu einer politisch bewußten Klasse heran, die sich in jeder Situation als die zuverlässigste Kampftruppe der Demokratie erwies. Sowohl der erste demokratische Kongreß im Juni 1848 in Frankfurt a. M., der zum Zusammenschluß zahlreicher demokratischer und Arbeitervereine unter der Leitung des Zentralausschusses der demokratischen Vereine Deutschlands führte, wie auch der zweite demokratische Kongreß Ende Oktober 1848 in Berlin standen im Zeichen einer zielbewußten vorantreibenden politischen Aktivität starker Arbeitervereine aus Köln und anderen Orten. Karl Marx arbeitete in der Leitung des Kreisausschusses der rheinischen demokratischen Vereine.

Im selbständigen Auftreten der Arbeiter in den Arbeiter- und Gewerbevereine, in den verschiedenen Gewerbeausschüssen und Arbeiterkomitees und auf Kongressen äußerte sich der Anfang einer mächtigen deutschen Arbeiterbewegung. Die deutschen Proletarier meldeten sich als Klasse an, deren Rechte und Ansprüche nicht mehr übersehen werden konnten. Der Zusammenschluß vieler Arbeitervereine auf dem Arbeiterkongreß in Berlin vom 23. August bis 3. September förderte den Entwicklungsprozeß in der Arbeiterbewegung. Marx, Engels und der Kölner Arbeiterverein unterstützten im Frühjahr 1849

[1] Vgl. K. Obermann, *Zum Anteil des deutschen Proletariats und des Bundes der Kommunisten an der Vorbereitung der Revolution von 1848*, in: ZfG, Heft 8, 1960. Siehe Text, S. 85f.

das Bestreben, alle Arbeitervereine Deutschlands zu einer großen Arbeiterpartei zu vereinigen.

Mit Hilfe der sogenannten konstitutionellen Klubs und Vereine verschafften sich die führenden Vertreter der liberalen Bourgeoisie eine Massenbasis für ihre antidemokratische Politik. Die Programme und Statuten der liberalen Vereine, der Deutschen Vereine in Sachsen, der verschiedenen konstitutionellen Klubs und Bürgervereine in Preußen und in anderen deutschen Staaten stellten die parlamentatische Tätigkeit, die Bemühungen um eine Verfassung in den Vordergrund. Sie verurteilten die revolutionäre Haltung der Arbeiter, Demokraten und Republikaner, sie widersetzten sich dem revolutionären Bestreben nach einer demokratischen Umwälzung und sprachen die Hoffnung aus, daß die Nationalversammlung Deutschlands Freiheit und Einheit begründen werde. Verhandeln mit den Regierungen und mit den Fürsten auf der Grundlage der Errungenschaften der Revolution galt diesen Vereinen als oberstes Prinzip. Besonders charakteristisch für die in den liberalen Vereinen herrschende Auffassung war, daß sie für sich eine Mittelstellung zwischen »Anarchie und Reaktion« beanspruchten. Mit Anarchie war aber die demokratische Volksbewegung gemeint. Die im Bürgertum, auch im gewerblichen Kleinbürgertum, weit verbreitete Auffassung, auf diese Weise – auf dem Wege der Vermittlung, des sogenannten gesetzlichen Fortschritts, das konstitutionelle, auf politischer Gleichberechtigung beruhende Regime zu sichern, zeigt sich deutlich im Flugblatt des »Central-Comitees der sieben verbundenen Vereine« Hamburgs vom 13. August 1848.

Die liberalen Vereine bekämpften aber keineswegs energisch die konservativen Vereinigungen, die von der feudalen Reaktion ab Mai 1848 unter verschiedenen Namen ins Leben gerufen wurden. Sie nannten sich u. a. Verein für konstitutionelle Monarchie, Preußenverein für das konstitutionelle Königtum, Verein für König und Vaterland, Patriotischer Verein, verherrlichten die preußische Monarchie und stellten sich auf den Standpunkt, daß nur eine Verfassung in Frage komme, die mit der Krone vereinbart worden sei.[2] Indem sie sich als »Patrioten« aufspielten, denen das Wohl der Monarchie und der Bürger am Herzen liege, die das »Vaterland« vor der »Gefahr« retten wollten, die ihm durch die Revolution drohe, bereiteten sie den Bo-

[2] Vgl. M. Kliem, *Die Rolle der feudaljunkerlichen Reaktion in der Revolution von 1848/49*, in: ZfG, Heft 9, 1969.

den für die bewaffnete Konterrevolution. Politische Unklarheit und Unreife in der Masse des Bürgertums, vor allem auch die Angst um den Besitz und eine besonders ausgeprägte monarchistische Gesinnung kam ihrer konterrevolutionären Propaganda zugute.

Die Vereine entwickelten sich als Organisationen der verschiedenen Klassen und Schichten. Sie spielten in den Klassenkämpfen der Revolution eine wichtige Rolle. Vor allem herrschte in den Organisationen der Arbeiter und der entschiedenen Demokraten ein reges Leben, das dazu beitrug, das Interesse für soziale und politische Fragen in der Arbeiterklasse und bei vielen Demokraten zu fördern.

[29] Die Volksversammlung zu Offenburg am 19. März 1848.

Bereits unterm 12. September v. J. stellte die Versammlung zu Offenburg die Forderungen des Volkes fest.

Sie verlangte damals schon unter andern namentlich eine volkstümliche Wehrverfassung, eine gerechte Besteuerung, Ausgleichung des Mißverhältnisses zwischen Arbeit und Kapital und Abschaffung aller Vorrechte. Die Regierung hat diesen Forderungen mit Hochverratsprozessen geantwortet, allein das Volk hat sie beim Zusammentritt des Landtages erneuert und nach dem gewaltigen Umsturz im Westen mit gesteigerter Kraft auf deren Erfüllung gedrungen. Diesem unwiderstehlichen Drange nachgebend, haben dieselben Regierungsmänner, welche die Redner der Offenburger Versammlung vom 12. September mit Hochverratsprozessen verfolgt hatten, Zugeständnisse gemacht, deren Halbheit nur schlecht den Hintergedanken verhüllte, bei günstiger Gelegenheit, wie in den dreißiger Jahren, die abgedrungenen Zugeständnisse zurückzunehmen und in ihr Gegenteil zu verkehren.

Das Volk hat erkannt, daß die ihm zuteil gewordenen Zugeständnisse nicht der staatsmännischen Einsicht und dem guten Willen der Machthaber, sondern den gewaltigen Bewegungen des Volkes, der äußeren Anregung der französischen Revolution und den Kundgebungen vom 1. und 2. März d. J. zuzuschreiben seien.

Jeder denkende Freund des Vaterlandes erkennt klar und deutlich, daß in den Pariser Februartagen nur der Anfang einer Völkerbewegung gemacht worden sei, welcher mit unabweisbarer Notwendigkeit seine Fortsetzung in allen Staaten Europas erlangen müsse.

Der Kampf der Volksherrschaft und der Einherrschaft hat begonnen. Deutschland, seit Jahrhunderten das große Schlachtfeld aller staatlichen und kirchlichen Kämpfe, wird auch jetzt wiederum den Zusammenstoß zwischen dem despotischen Nordosten und dem freigesinnten Südwesten Europas am schwersten empfinden. Darum tut es not, daß unser Vaterland beizeiten eine feste Stellung seinen auswärtigen und inneren Feinden gegenüber einnehme.

Es verlangt daher vor allen Dingen:

Ein deutsches Parlament,

welches im großen seine Verhältnisse nach innen und außen kräftig ordne und frei gestalte, und dessen erste Aufgabe sein wird, der deutschen Nationalität und Selbständigkeit Anerkennung zu verschaffen.

Was insbesondere unsere badenschen Angelegenheiten betrifft, so erklärt die Volksversammlung von Offenburg:

I. Mehrere Mitglieder der Regierung und der größte Teil der Beamten besitzen das Vertrauen des Volkes nicht, weil einzelnen der gute Wille, anderen die erforderliche Kraft fehlt.

Das Volk kann kein Vertrauen in Männer setzen, welche vor wenigen Wochen noch als revolutionär bekämpften, was sie teilweise jetzt selbst zugestanden haben.

Es läßt sich nicht täuschen durch das Vorschieben liberaler Persönlichkeiten.

Anstößig ist dem Volke namentlich der Einfluß, welchen der Markgraf Wilhelm seit langer Zeit auf die Staatsgeschäfte überhaupt und das Militärwesen insbesondere ausgeübt hat. Nicht minder anstößig ist ihm der Einfluß einiger Personen aus der nächsten Umgebung des Großherzogs, welche man mit dem Namen Kamarilla zu bezeichnen pflegt.

II. Das Volk hat kein Vertrauen zu der ersten Kammer der Ständeversammlung, da dieselben aus Privilegierten besteht, welche ihren Sonderinteressen das Wohl des Volkes stets geopfert haben. – Das Volk verlangt Abhilfe gegen diesen Übelstand vermittels einer Revision der Verfassung.

III. Das Volk hat kein Vertrauen zu einer großen Anzahl der Mitglieder der zweiten Kammer, da dieselben durch Wahlbeherrschung und Wahlverfälschung unter dem Einfluß der Zensur und der Polizei gewählt wurden und sich als blinde Werkzeuge in den Händen jeden Ministeriums erwiesen haben. – Das Volk verlangt den Rücktritt der reaktionären und gesinnungslosen Partei der zweiten Kammer.

IV. Das Volk besitzt durchaus keine Bürgschaften für die Verwirklichung seiner Forderungen und die Begründung eines dauerhaften Zustandes der Freiheit. Es muß sich diese Bürgschaften selbst verschaffen:

Demzufolge bildet sich:

1. In jeder Gemeinde des badenschen Landes ein vaterländischer Verein, dessen Aufgabe es ist, für die Bewaffnung, die politische und soziale Bildung des Volkes sowie für die Verwirklichung aller seiner Rechte Sorge zu tragen.
2. Sämtliche Vereine eines Wahlbezirks bilden einen Bezirksverein, sämtliche Bezirksvereine einen Kreisverein, die vier Kreisvereine einen Landesverein.
3. An der Spitze jedes dieser Vereine steht ein leitender Ausschuß.
4. Für jeden dieser Vereine bildet sich sofort eine Vereinskasse zur Bestreitung der notwendigen Auslagen.
5. Alle Provinzen Deutschlands sollen aufgefordert werden, ähnliche Vereine zu bilden und mit dem badenschen Landesverein in freundschaftlichen Verkehr zu treten.

V. Das Volk verlangt von der Ständeversammlung, daß sie die entschiedensten Maßregeln treffe, um zu bewirken, daß die Regierung:

1. Sofort eine Verschmelzung der Bürgerwehr und des stehenden Heeres durchführe zum Behufe der Bildung einer wahren, alle waffenfähigen Männer umfassenden Volkswehr.
2. Alsbald alle Abgaben abschaffe, außer den Zollvereins-Abgaben und etwa der direkten Steuern, und ihre Ausgabe decke durch eine progressive Einkommen- und Vermögenssteuer.
3. Daß sofort alle Vorrechte, welchen Namen sie tragen, abgeschafft werden.

4. Daß ungesäumt die Schule von der Kirche getrennt werde.

Vorstehende Anträge wurden der Volksversammlung vorgelegt und von derselben mit nachfolgenden Abänderungen und Zusätzen mit überwältigender Stimmenmehrheit angenommen:

Zu I. wurde beschlossen, statt »mehrere Mitglieder der Regierung« zu setzen: der Präsident des Kriegsministeriums.

Zu II. wurde angenommen mit dem Zusatze: das Volk will nur eine Kammer.

Zu V. 1. wurde angenommen mit der Abänderung, statt sofort: unverzüglich, oder auf der Stelle.

Zu V. 2. wurde angenommen mit dem Zusatze: wir wollen eine wohlfeile Regierung, Abschaffung der Apanagen und unverdienter Pensionen.

Zu V. 4. wurde angenommen, mit dem Zusatze: die Pfaffen haben zu viel, die Lehrer zu wenig. Wir wollen gerechte Ausgleichung dieses Mißverhältnisses.

Nachdem diese Beschlüsse gefaßt worden waren, wurden folgende Männer zu Mitgliedern des Zentral-Ausschusses gewählt.

1. Unterrheinkreis

G. Struve von Mannheim.	Bürgermeister Winter von Heidelberg
Heinrich Hoff von Mannheim.	Junghans von Mosbach.

2. Mittelrheinkreis:

Brentano von Bruchsal.	Rehmann von Offenburg.
Bürgermeister Rée von Offenburg.	Schubert von Lahr.

3. Oberrheinkreis:

Kiefer von Emmendingen.	Torret von Waldshut.
Rotteck von Freiburg.	Weißhaar von Lottstetten.

4. Seekreis:

Würth von Konstanz.	Bürgermeister Emmert von Möskirch.
Vanotti prakt. Arzt von Konstanz.	Grüninger von Donaueschingen.

Als Obmann: Friedrich Hecker von Mannheim.

[30] Aufforderung zur Bildung eines politischen Klubs.

So ungünstig die graden Viertel Berlins zum Volkskampf sind, ebenso ungünstig ist das Terrain in Berlin zu freier politischer Tätigkeit; allein ebenso mutvoll wie der Kampf mit den Waffen war, so mutvoll soll nun auch der mit der Feder und dem Worte sein, wie jener zum Siege führte, wird es dieser. Unsere Toten sind beerdigt! Als Residenz hat Berlin viele Trauerzüge gesehen, zum ersten Male sah es einen solchen Zug; das Andenken daran darf durch keinen Vergleich besudelt werden, jeder greife in seine Brust und fühle und denke. Ihr Überlebenden, die ihr an ihrer Seite standet, oder die ihr sie in aufgezwungener Blutarbeit hinsinken saht: Ehret das Testament der Toten!

Allmählich werden auch unsere Brüder aus den Krankenhäusern hervorkommen, elende Invaliden, mit verstümmelten Gliedern, viele unfähig zu fernerem Kampfe und fernerer Arbeit; sollen sie uns verachten, sollen wir vor ihnen erröten müssen, wenn auch nur ein Jota von dem nicht erfüllt wird, wofür wir gekämpft und gelitten haben? Das darf nun und nimmer geschehen, sie haben die Bahn gebrochen, wir müssen sie beschreiten!

Es ist keine Zeit zu verlieren, der Polizeistaat war zu fest gegründet, er hatte zu tief gefressen, als daß es nicht Torheit wäre, keine Reaktion zu glauben. Sie wird so gewiß kommen, als Leute des ancien régime noch jetzt in kopfloser Angst sich um ihrer Existenz willen einreden: »Es war keine Revolution, es war nur ein unglückseliges Ereignis.« Schon sind fünf Tage verflossen, und wohl haben wir in Not und Angst Konzessionen und Versprechen auf die liberalsten Institutionen bekommen, allein damit sich nicht gleich von Anfang Störendes aus der alten Zeit in die neue hinüberschleppe, müssen wir mit argwöhnischer Aufmerksamkeit auf der Warte stehen; denn wären auch selbst absichtliche Hintergehungen unmöglich, so ist es doch gewiß, daß dieselben Männer, welche in der alten Regierungskunst ergraut sind, oft zu ungeschickt sein werden, um sich in den neuen Geist zu finden. Also: Videant cives ne quid detrimenti capiat civitas!

Zur Sicherung der Früchte der Revolution, zu ihrer vollkommenen Durchführung ist die Bildung eines politischen Klubs unerläßlich, damit die Kämpfer für die Freiheit nicht wie früher ihre Kräfte einzeln vergeuden oder aufgerieben werden, sondern sich kennenlernen und je einmütiger desto kräftiger nach demjenigen Ziele streben, welches sich nach den ersten Versammlungen als das gemeinsame herausstellen wird. Zwar wird ein starres Philisterium nicht säumen, gegen ein Institut Zeter zu schreien, wobei es in seiner Verblendung an Terrorismus, an Jakobiner und Guillotine denkt, doch eben damit es seinen panischen Schreck verliert, muß es einen Klub mit politischen Zwecken in seiner Mitte sehen, und es wird sich zeigen, ob die gefürchteten Radikalen, die Demagogen, die Kommunisten, oder wie man sie sonst genannt hat, am Ende nicht gerade diejenigen sind, denen der Mut der Konsequenz die richtige Klugheit eingibt. Das Recht zu politischen Versammlungen ist uns amtlich nicht gegeben und braucht es auch nicht; es gehört so selbstredend zu den Errungenschaften der Revolution und ist so ohne weiteres das wichtigste Recht im konstitutionellen Staate, wie er sein muß, daß es lächerlich wäre, darüber noch etwas bestimmen zu wollen.

Die Richtung des Klubs wird sich durch sämtliche Teilnehmer von selbst geben; nur für diejenigen, welche hier wie überall andere als die wahren Auslegungen suchen, so wie für diejenigen, welche den Klub ohne eine solche Einrichtung wollen, die ihn zu eigentlicher Wirksamkeit kommen läßt, und welche man erst durch zeitraubende

Reden belehren müßte – für diese sei folgender Umriß vorzuschlagen erlaubt.

Aufgabe des Klubs.

Gerade in und für Berlin ist der Klub notwendig, denn Bürokratie, Militäraristokratie, Spießbürgertum haben sich hier einen so festen Sitz aufgeschlagen, daß zu befürchten steht, daß Berlins politische Stimme aufs neue hinter der ganz Deutschlands, namentlich auch der preußischen Ost- und Westprovinzen, zurückbleibt, wenn es den alten Sünden gelingt, sich aufs neue breitzumachen. Darum muß von den Versammlungen des Klubs unermüdlich ein systematischer Kampf gegen jeden Zopf und jedes Zöpfchen, gegen schwächliche Sentimentalität, sowie gegen alle Abarten der Romantik geführt werden und mit politischer Belehrung Hand in Hand gehen. – Der Klub soll tätig sein nach oben und unten, nach innen und außen. Nach oben, indem er als freie Versammlung konstitutioneller Staatsbürger seinen Deputationen und Petitionen das Recht der Beachtung vindiciert, und im Falle man ihm dies weigert, beharrlich an die Nation und ihre Vertreter appelliert. Nach unten und nach innen hat der Verein in der Weise zu wirken, daß er alle Klassen der Gesellschaft in sich aufnimmt und sie durch ausschließlich politische Vorträge zum Bewußtsein ihrer Staatsbürgerschaft bringt; dieses ist um so notwendiger, als das alte Regiment gerade dagegen die fürchterlichsten Barrikaden errichtete; wir aber erkennen das Verdummungssystem nicht an, wonach die Erkenntnis nur gewissen Klassen in genau vorgeschriebenem Maße zukommt. Um nach außen tätig zu sein, bedarf der Klub einer eigenen Zeitung, welche die Farbe des Klubs tragen wird; daß eine solche Zeitung zustande kommen wird, daran kann ebensowenig gezweifelt werden, als daß sie sich bald selbst bezahlt machen wird. Vorläufig brauchen wir nur einige Männer, die aus Liebe zur Sache die Vorschüsse zum Prospekt machen, und wenn es uns ernst ist, so müssen wir am 1. April die erste Nummer unseres Blattes ausgeben können. – Im Klub und Blatt müssen unverzüglich Vorschläge zu der Verfassung gemacht werden, welche auf so demokratischen Grundlagen als möglich beruhen sollen; denn wir wollen unsere Seelen gerettet haben, wenn wir etwa eine Verfassung bekommen, die nach einigen Jahren wieder durch die Greuel und Opfer einer gewaltsamen Revolution umgestürzt werden müssen. Wir wollen keine solche Revolution mehr, wehe denen, die sie herbeiführen. Darum muß die Verfassung Elastizität genug haben, um den sozialen Reformen nachzugehen, welche durch kein Witzeln, keinen Hohn, kein Widerlegen mehr aus dem Volke zu verbannen sind. – Ferner sind durch Klub und Blatt, durch Deputationen und Versammlungen sogleich diejenigen Maßregeln vorzuschlagen und zu empfehlen, welche der Anarchie ein Ende machen, worin wir faktisch leben, seit die alten Staats- und Stadtbehörden sowie viele der alten Gesetze nicht mehr respektiert werden können. Haben die Minister die durch die Revolution notwendig gewordenen Schritte getan, um die Ruhe in Stadt und Land zu sichern? Man wird es mit Nein beantworten müssen.

In ungewöhnlichen Zeiten ist das Ungewöhnliche zu verlangen, da entschuldigt kein Andrang der Geschäfte.

Dieses und ähnliches bleibt dem Klub zunächst zu tun.

Organisation des Klubs.

Der Klub wird sich in seinem Gros von selbst zunächst aus den Teilnehmern an den Handwerkervereinen und aus Literaten, Publizisten, Journalisten bilden, denn nur da ist, soweit dieses bisher möglich war, tüchtiges politisches Streben bemerkt worden. Auch aus der Bourgeoisie wird sich die Spreu vom Weizen sondern, und Bürger, Beamte, Studenten werden an einem Klub mit diesen Tendenzen gern teilnehmen. Einen weiteren Zuwachs an tüchtigen Köpfen und Charakteren haben wir durch die politisch Amnestierten zu erwarten, wir rufen sie herbei: hic Rhodus, hic salta! Desgleichen müssen wir uns bereit halten, ein würdiger Schoß zu sein für die Deputierten des Volkes, welche sich in unsere Mitte begeben wollen.

Der Klub muß sogleich konstituiert werden und in der ersten Zeit tägliche Versammlungen halten, denn es ist sehr viel zu tun; diese Versammlungen dürfen aber nicht vor 7 Uhr abends sein. Wichtig ist es auch, sich an den Sonntagen zu versammeln, aber dann um die neunte Morgenstunde; Herrendienst geht vor Gottesdienst, wir arbeiten für die Nation, wer in die Kirche muß, mag hingehen. – Die Versammlungen sind natürlich unbedingt öffentlich, ein passendes Lokal wird gefunden werden. – Ein Klub-Komitee, ein Zeitungs-Komitee sowie ein drittes Komitee, wovon weiter unten die Rede, ferner Präsidenten müssen erwählt werden; über den Wahlmodus, Zahl usw. wird man sich leicht verständigen, wenn nur daran festgehalten wird, daß alles so wenig künstlich als möglich geschehen muß. – Nennen könnte sich der Klub ganz einfach: »Politischer Klub«. – Noch andere zweckmäßige Vorschläge, mit Ersparung aller unnützen Reden, werden das weitere geben.

Freiheit des Klubs.

Von der Freiheit des Klubs kann gar nicht die Rede sein, wenn er sich nicht seiner Mitglieder einzeln annimmt. Wir haben das Beispiel gehabt (man erzählt sich im Volke viele ähnliche), daß der hier ansässige Rudolph Schramm von zwei Bürgergardisten wegen einer Äußerung auf öffentlicher Straße verhaftet, und trotz seines Anerbietens einer Kaution von der Stadtvogtei erst auf energische Requisition seiner Freunde entlassen ist. Noch haben wir keine Habeas-Corpus-Akte, noch nicht einmal Schwurgerichte, bis wir sie aber haben (und so wichtige Gesetze können von den Ministern noch vor Zusammentritt der National-Versammlung erlassen werden), haben wir eben so wenig Lust von den Trümmern des eben zusammenstürzenden Systems erschlagen zu werden, als Opfer der Dummheit, der Hinterlist oder der Niederträchtigkeit zu sein, oder ein Einschüchterungssystem, wo nicht gar einen Terrorismus Gespenstersehender aufkommen zu lassen. Darum die persönliche Freiheit geschützt soviel als möglich, und zu diesem Ende folgender Vorschlag: Wem es im Klub Ernst um die gute

Sache ist, der stelle seinen Namen auf eine Liste des Klubs; alsdann wird das schon erwähnte dritte Komitee zu dem Zwecke bestellt, über jedes unserer Mitglieder die nötigen Recherchen anzustellen, sobald ihm die Nachricht zugeht, daß es aus ähnlichen Gründen wie Schramm verhaftet sei, und seine Freilassung gegen Kaution oder das Versprechen zu bewirken, daß es sich bis zu abgemachter Sache nicht aus Berlin entfernen wolle, gleichviel ob der Verhaftete Bürger oder Schutzverwandter ist, oder hier nur in Arbeit steht.
Berlin, den 23. März 1848.

J. Hoppe
Behrenstraße Nr. 48.

Druck von A. W. Hayn.

[31] Forderungen der kommunistischen Partei in Deutschland.

Motto: »Proletarier aller Länder vereinigt euch!«

1. Ganz Deutschland wird zu einer einigen, unteilbaren Republik erklärt.
2. Jeder Deutsche, der 21 Jahre alt, ist Wähler und wählbar, vorausgesetzt, daß er keine Kriminalstrafe erlitten hat.
3. Die Volksvertreter werden besoldet, damit auch der Arbeiter im Parlament des deutschen Volkes sitzen könne.
4. Allgemeine Volksbewaffnung. Die Armeen sind in Zukunft zugleich Arbeiter-Armeen, so daß das Heer nicht bloß, wie früher, verzehrt, sondern noch mehr produziert, als seine Unterhaltungskosten betragen.
   Dies ist außerdem ein Mittel zur Organisation der Arbeit.
5. Die Gerechtigkeitspflege ist unentgeltlich.
6. Alle Feudallasten, alle Abgaben, Frohnden, Zehnten, usw., die bisher auf dem Landvolke lasteten, werden ohne irgendeine Entschädigung abgeschafft.
7. Die fürstlichen und andern feudalen Landgüter, alle Bergwerke, Gruben usw. werden in Staatseigentum umgewandelt. Auf diesen Landgütern wird der Ackerbau im großen und mit den modernsten Hilfsmitteln der Wissenschaft zum Vorteil der Gesamtheit betrieben.
8. Die Hypotheken auf den Bauerngütern werden für Staatseigentum erklärt. Die Interessen für jene Hypotheken werden von den Bauern an den Staat gezahlt.
9. In den Gegenden, wo das Pachtwesen entwickelt ist, wird die Grundrente oder der Pachtschilling als Steuer an den Staat gezahlt.
   Alle diese unter 6, 7, 8 und 9 angegebenen Maßregeln werden gefaßt, um öffentliche und andere Lasten der Bauern und kleinen Pächter zu vermindern, ohne die zur Bestreitung der Staatskosten nötigen Mittel zu schmälern und ohne die Produktion selbst zu gefährden.

Der eigentliche Grundeigentümer, der weder Bauer noch Pächter ist, hat an der Produktion gar keinen Anteil. Seine Konsumtion ist daher ein bloßer Mißbrauch.

10. An die Stelle aller Privatbanken tritt eine Staatsbank, deren Papier gesetzlichen Kurs hat.
Diese Maßregel macht es möglich, das Kreditwesen im Interesse des ganzen Volkes zu regeln und untergräbt damit die Herrschaft der großen Geldmänner. Indem sie nach und nach Papiergeld an die Stelle von Gold und Silber setzt, verwohlfeilert sie das unentbehrliche Instrument des bürgerlichen Verkehrs, das allgemeine Tauschmittel, und erlaubt, das Gold und Silber nach außen hin wirken zu lassen. Diese Maßregel ist schließlich notwendig, um die Interessen der konservativen Bourgeois an die Regierung festzuschmieden.
11. Alle Transportmittel: Eisenbahnen, Kanäle, Dampfschiffe, Wege, Posten usw. nimmt der Staat in seine Hand. Sie werden in Staatseigentum umgewandelt und der unbemittelten Klasse zur unentgeltlichen Verfügung gestellt.
12. In der Besoldung sämtlicher Staatsbeamten findet kein anderer Unterschied statt, als der, daß diejenigen mit Familie, also mit mehr Bedürfnissen, auch ein höheres Gehalt beziehen als die übrigen.
13. Völlige Trennung der Kirche vom Staat. Die Geistlichen aller Konfessionen werden lediglich von ihrer freiwilligen Gemeinde besoldet.
14. Beschränkung des Erbrechts.
15. Einführung von starken Progressivsteuern und Abschaffung der Konsumtionssteuern.
16. Errichtung von Nationalwerkstätten. Der Staat garantiert allen Arbeitern ihre Existenz und versorgt die zur Arbeit Unfähigen.
17. Allgemeine, unentgeltliche Volkserziehung.

Es liegt im Interesse des deutschen Proletariats, des kleinen Bürger- und Bauernstandes, mit aller Energie an der Durchsetzung obiger Maßregeln zu arbeiten. Denn nur durch Verwirklichung derselben können die Millionen, die bisher in Deutschland von einer kleinen Zahl ausgebeutet wurden und die man weiter in der Unterdrückung zu erhalten suchen wird, zu ihrem Recht und zu derjenigen Macht gelangen, die ihnen, als den Hervorbringern alles Reichtums, gebührt.

Das Komitee: Karl Marx. Karl Schapper. H. Bauer.
F. Engels. J. Moll. W. Wolff.

[32] Flugblatt Nr. 1. der Volksversammlung unter den Zelten.

Neben dem »politischen Klub« und dem »konstitutionellen Klub« hat sich am 30. März ein dritter freier Verein gebildet, um die Ergebnisse unserer Revolution für das Volk auszubeuten und fruchtbar zu machen.

Es ist ein Volksverein im höchsten und weitesten Sinne des Worts, ein Volksverein, in dem alle Klassen, besonders aber diejenigen vertreten sind, welche den markigen Kern des Volkes bilden: die besitzlosen Arbeiter.

Ein Protest gegen die übereilte Wiedereinführung von Militär gab den nächsten Anlaß zur Bildung dieses Vereines, der sich am Abend des 31. März in einer vorläufigen Anzahl von etwa 3000 Mitgliedern als einen bestehenden erklärt hat, in der Art,

1. daß alle Mittwoch abend und jeden Sonntag nachmittag unter den Zelten regelmäßige allgemeine Versammlungen stattfinden sollen, um die Angelegenheiten des Volks zu besprechen und das Volk gegen jeden Eingriff in seine heiligen, durch die Revolution vom 18.–19. März erkauften Rechte zu wahren;
2. daß der allgemeine Volksverein sich nach den verschiedenen Klassen, Gewerken und sonstigen Körperschaften in besondere kleine Vereine gliedern soll, die sich in ihrem eigenen Kreise über ihre besonderen Bedürfnisse, Wünsche, Forderungen aufzuklären und aus ihrer Mitte Sprecher zu wählen haben, die diese ihre Wünsche und Anträge bei der allgemeinen Volksversammlung vortrügen und verträten;
3. daß ein Flugblatt gegründet werde, um a) die Wirksamkeit des Vereins in noch weiteren Kreisen möglich zu machen, b) aber auch ein Organ zu haben, wodurch in volkstümlicher Weise allen Rückschrittsbewegungen, die in der Presse auftauchen sollten, sofort energisch entgegentreten zu können; c) dem Volk ein Werkzeug in die Hand zu geben, wodurch es sich selbst über seine Rechte, seine Bedürfnisse und die Mittel zu deren Abhilfe öffentlich auszusprechen und zu belehren imstande ist.

Als die Grundsätze des Volksvereins sind in der Versammlung vom 31. März dreierlei Forderungen ausgesprochen worden:

1. Wahrhafte Volksbewaffnung als Gegengewicht gegen die Gewaltherrschaft der Bürgerpolizei und des Militärs.
2. Wahrhafte Volksvertretung als Gegengewicht gegen den falsch verstandenen Patriotismus der Beamtenwillkür und gegen die eigensüchtige Königsliebe der sogenannten Aristokratie.
3. Wahrhafte politische und sittliche Volksbildung als Gegengewicht gegen die gesinnungslose Ver- und Überbildung der mittleren und höheren Stände.

Das Volk soll zum Bewußtsein kommen über seine Pflichten und vor allem über seine Rechte.

Der Unterzeichnete, welcher die Ehre hatte, Vorsitzer der gestrigen Versammlung zu sein, ist von derselben beauftragt worden, den in der vorletzten Versammlung beschlossenen Protest, dessen Veröffentlichung durch Anschlagen an die Straßenecken von seiten der Rückschrittspartei gewaltsam verhindert worden ist, in das Flugblatt aufzunehmen und außerdem die geehrten Zeitungsredaktionen zu ersuchen, demselben gleichfalls ihre Spalten zu öffnen. Er erledigt sich hiermit dieses doppelten Auftrags.

Protest
gegen die übereilte Wiedereinführung von Militär am 30. März 1848.

Nachdem die seitens der Versammlung im Milentzschen Saale am 29. d. M. ausgesprochene und noch an demselben Abend dem Polizei-Präsidenten v. Minutoli durch eine Deputation dargelegte Protestation gegen die sofortige Wiedereinführung des Militärs vom Polizei-Präsidenten im Namen des Ministers v. Auerswald zurückgewiesen worden ist, so bleibt der Versammlung nichts weiter übrig als, da das Militär bereits innerhalb der Mauern von Berlin ist, feierlichst zu erklären:

daß sie sich für verpflichtet halte, diese übereilte Wiedereinführung als gegen ihren Wunsch geschehen zu erklären, und zwar aus folgenden Gründen:

1. Weil die angeblichen 16000 Unterschriften der Adresse, welche den Wunsch um Zurückberufung des Militärs enthielt, hauptsächlich von solchen Bürgern herrühren, die keinen Grund zur Abneigung gegen das Militär haben können, da sie am Kampfe keinen Anteil genommen haben, wogegen man diejenigen, welche den meisten Anteil am Kampfe genommen und daher die größte Abneigung gegen das Militär empfinden gar nicht gefragt, oder ihre Protestationen nicht gehört oder endlich durch Scheingründe künstlich beruhigt hat.
2. Weil nicht nur kein triftiger Grund vorhanden oder auch angegeben ist, aus dem gerade jetzt – vor der Erteilung der Konstitution, also in einem provisorischen Zustande – das Militär wieder einrücken soll, sondern auch unserer Ansicht nach die größte Gefahr damit verknüpft ist, Militär in die Stadt zu bringen, welches, noch durch keinen Eid auf die Konstitution gebunden, das bis jetzt gerechtfertigte Mißtrauen und die ebenso sehr gerechtfertigte Abneigung des Volkes gegen dasselbe verschwinden gemacht hat und machen kann.

Die Versammlung am Potsdamer Eisenbahnhofe und in den Zelten am 30. März.

Die erste allgemeine Volksversammlung findet Sonntag nachmittag um 4 Uhr unter den Zelten statt, zu der alle, die es mit der Sache des Volkes wohlmeinen, hiermit herzlich eingeladen sind.

Max Schaßler.

Berlin, den 1. April 1848.
Druck von F. Zschiesche in Berlin.

[33] An das Volk.

Wir haben uns vereinigt, um dem Volke zu sagen, welche Maßregeln wir für sein Wohl für nötig halten. Wir hoffen, daß das Volk uns beistimmen wird.

Die Grundlage der Zustände unseres Staates war bisher der Unterschied, das Interesse der einzelnen Klassen unter dem Volke. Die Revolution in Berlin, welche nur der Widerhall ist der Revolution in der ganzen Welt, hat diese Grundlagen vernichtet; jeder Kartätschenschuß hat ein Loch darin gemacht. Die Grundlage der künftigen Zustände unseres Staates ist die Herrschaft des Volkes, die volle Teilnahme jedes, wenigstens 21 Jahre alten Staatsbürgers, sei er Arbeiter, Bürger oder Landmann, an den Angelegenheiten des Staates. Die Herrschaft des Volkes, welche auf den Barrikaden von Berlin erfochten ist, kann nur erhalten und gesichert werden durch das allgemeine Wahlrecht. Dieses verlangt, daß jeder wenigstens 21jährige Staatsbürger, sei er Arbeiter, Bürger oder Landmann, das Recht habe, seine Stimme bei der Ernennung der Abgeordneten zu der allgemeinen Volksvertretung abzugeben. Diese Volksvertretung wird die Zustände des Staats ordnen, bei ihr hat das Volk seine Wünsche anzubringen; sie ist die gesetzgebende Behörde, von der das Volk die Abhilfe all seiner Not, aller herrschenden Übelstände verlangen muß. Es wird also ganz von den gewählten Abgeordneten des Volkes abhängen, ob es seine gerechten Forderungen durchsetzt oder nicht. Das allgemeine Wahlrecht ist das einzige Wahlgesetz, welches dem Interesse des Volkes genügt. Das Volk wird sich weder vom vereinigten Landtage, noch vom Ministerium ein anderes beschränkendes Wahlgesetz aufdringen lassen. Das Recht zu wählen und gewählt zu werden, darf nicht vom Steuersatze abhängen. Die allgemeine Volksvertretung muß sobald als möglich zusammenberufen werden.

Damit wir sicher sind, durch dies allgemeine Wahlrecht eine wirkliche Vertretung des Volkes zu erreichen, wollen wir, daß uns sofort das freie Versammlungs- und Vereinigungs-Recht ohne polizeiliche Vorsichtsmaßregeln, die unbeschränkte Redefreiheit, die volle Preßfreiheit zugestanden werde.

Wir wollen ferner die Aufhebung aller Vorrechte, welchen Namen sie auch tragen mögen, namentlich der gutsherrlichen Gefälle, die auf den Landleuten noch schwer lasten. Wir wollen die Errichtung eines Ministeriums für die Arbeiter, damit endlich einmal unter Zuziehung der Arbeiter selbst eine gründliche Verbesserung der Lage der arbeitenden Klassen vorgenommen werden kann. Wir wollen eine völlige Umgestaltung der gegenwärtigen Kreis- und Kommunalordnungen, damit das Volk seine eigenen Angelegenheiten auch wirklich selbst ohne Bevormundung der aktenschreibenden Regierungen ordne. Wir wollen eine Umgestaltung der gegenwärtigen Gesetzbücher und des bestehenden Gerichtsverfahrens, dieses muß sich auf Öffentlichkeit, Mündlichkeit und Geschwornengerichte stützen. Wir wollen, daß Männer aus dem Volke Recht sprechen.

Wir wollen endlich volle Lehrfreiheit, vollständige staatsbürgerliche Gleichstellung aller Religionen und Konfessionen, eine wirkliche Volkserziehung, bei welcher es auch dem Unvermögenden möglich gemacht ist, sich auszubilden. Wir wollen eine Verminderung der kostspieligen und nutzlosen stehenden Heere, so daß sie nur noch den Stamm für eine Volksbewaffnung mit freier Wahl der Führer bilden. Wir wollen mit einem Worte eine volkstümliche, wohlfeile Regierung, damit wir die Mittel für die Bedürfnisse des Volkes gewinnen. Nach dem Sturze der Bürokratie, der Schreibstubenherrschaft, läßt sich das Heer der besoldeten Beamten bedeutend vermindern.

Und schließlich wollen wir die Mittel, welche der Staat nicht entbehren kann, dadurch aufbringen, daß wir die Steuer denen auferlegen, welche am wenigsten durch sie bedrückt werden. Wir wollen also eine vollständige Umgestaltung der bisherigen Steuer-Verhältnisse. Wir wollen alles für das Volk und alles durch das Volk!

Möge das Volk diesen unseren Grundsätzen seine mächtige Unterstützung leihen, mögen sich überall Vereine bilden, um diesen Grundsätzen Geltung zu verschaffen.

Es lebe die Freiheit!

Angenommen in Hamm am 2. April 1848 in einer Versammlung von Volksfreunden.

Das provisorische Komitee:

Otto Lüning aus Rheda. J. Weydemeyer aus Hamm. Christian Esselen aus Hamm. Friedrich Kapp II. aus Hamm. Rudolf Rempel aus Bielefeld.

Druck der Groteschen Buchdruckerei.

[34] An alle Arbeiter Deutschlands!

Brüder und Arbeiter!

Wollen wir nicht abermals die Meistbetrogenen sein, nicht ferner auf eine lange Reihe von Jahren hinaus durch eine kleine Zahl ausgebeutet, verachtet und niedergetreten werden, so dürfen wir keinen Augenblick verlieren, keine Minute in Untätigkeit verstreichen lassen.

Vereinzelt, wie bisher, sind wir schwach, obgleich wir Millionen zählen. Vereinigt und organisiert werden wir dagegen eine unwiderstehliche Macht bilden. Drum, Brüder, überall in Städten und Dörfern Arbeitervereine gebildet, in denen unsere Verhältnisse erörtert, Maßregeln zur Abänderung unserer jetzigen Lage vorgeschlagen, Vertreter aus der Arbeiterklasse ins deutsche Parlament namhaft gemacht, erwählt und alle übrigen Schritte getan werden, die zur Wahrung unserer Interessen nötig sind. Sämtliche Arbeitervereine Deutschlands müssen ferner so schnell als möglich miteinander in Verbindung treten und darin bleiben.

Wir schlagen Euch vor, Mainz vorläufig zum Mittelpunkte für sämtliche Arbeitervereine zu wählen und mit dem unterzeichneten Vorstande in Korrespondenz zu treten, damit wir uns über einen gemeinsamen Plan verständigen und sobald als möglich auf einer Zusammenkunft von Abgeordneten aller Vereine den Sitz des Zentralkomitees etc. definitiv bestimmen können.

Wir erwarten die Briefe unfrankiert, wie wir unsererseits an die Vereine unfrankiert schreiben werden.

Mainz, am 5. April 1848

Der Bildungsverein für Arbeiter in Mainz
Im Namen des Vorstandes:

Der Sprecher Wallau

Der Schreiber Cluß

[35] Manifest des Schlesischen Konstitutionellen Central-Vereins an sämtliche Bewohner Schlesiens!

I.

Der Schlesische konstitutionelle Central-Verein hat sich die Aufgabe gestellt, hinzuwirken auf Errichtung und Erhaltung der konstitutionellen Preußischen Monarchie und eines in sich und nach außen fest geschlossenen, auf gleichen politischen Institutionen beruhenden einigen Deutschlands, auf vollkommen freie Entwicklung aller geistigen und materiellen Kräfte, Verbrüderung und Gleichheit aller Klassen und Stände, Erweckung der Teilnahme für das Gemeinwesen und Hinstellung eines freien Volkslebens, durchdrungen von der Heilighaltung des Gesetzes.

II.

Zur Verwirklichung dieses Zweckes glaubt der Verein sein nächstes Augenmerk auf die Wahl tüchtiger Volksvertreter und auf die Ausarbeitung eines, ebenso die Kraft des Königtums als die Sicherstellung der Volksrechte befestigenden Staatsgrundgesetzes richten, zugleich aber auch seine Ansicht über die wichtigsten Umgestaltungen des Staatslebens kundgeben zu müssen.

III.

Als wesentliche Eigenschaften der Volksvertreter betrachtet der Verein:

1. Gesinnungstüchtigkeit und sittliche Kraft,
2. allgemeine Bildung und praktische Erfahrung,
3. vaterländischen Sinn und lebendige Teilnahme für die neue Gestaltung des Staats- und Volkslebens,
4. die Fähigkeit der klaren und deutlichen Darstellung der eigenen Ansicht und der leichten Auffassung und besonnenen Würdigung fremder Meinungen.

Für die Vertreter am Bundestage in Frankfurt erachtet er außerdem eine größere Kenntnis des Verfassungslebens und der staatsrechtlichen Verhältnisse der Völker, insbesondere der einzelnen deutschen Staaten für erforderlich.

IV.

An das von den Preußischen Volksvertretern mit der Krone zu vereinbarende Staatsgrundgesetz macht der Verein die Anforderung: daß es uns das Königtum erhält, ausgestattet mit allen Rechten, welche ihm eine durch verantwortliche Minister ausgeübte Teilnahme an der Feststellung der Gesetze und die kräftige Handhabung derselben sichern.

Diesem Königtum zur Seite muß eine Volksvertretung stehen, hervorgegangen aus der freien Wahl aller selbständigen Staatsbürger. Es muß darin das gesamte Volk vertreten sein, und es müssen ihr jedenfalls folgende Rechte zustehen:

1. Kein Gesetz ohne Beratung und Zustimmung der Volksvertreter,
2. keine Steuer ohne ihre Bewilligung, kein Staatsanlehen ohne ihre Genehmigung,
3. Vorlegung der Voranschläge an dieselben und Feststellung der Mittel durch dieselben,
4. den gesamten Staatshaushalt unter ihrer Kontrolle,
5. das Recht, Gesetze selbst vorzuschlagen oder nach Befinden deren Vorlagen durch die Diener der Krone zu beantragen,
6. persönliche Unverletzlichkeit der Volksvertreter.

Außerdem werden nachstehend benannte Einrichtungen für unerläßlich erachtet:

1. Freiheit und staatsbürgerliche Rechtsgleichheit für alle Religionen und Trennung der Kirchengewalt von der Staatsgewalt,
2. Gründung tüchtiger Volksschulen und anderer Bildungsanstalten, Hebung des Lehrerstandes, Lehrfreiheit und Befreiung der Schulen von der Bevormundung durch die Kirche,
3. Sicherstellung der persönlichen Freiheit und des Eigentums,
4. Baldige Befreiung des Grundbesitzes von allen die Benutzung des Bodens beeinträchtigenden Lasten und Diensten auf gleichem Wege,
5. Hebung aller Hindernisse, welche der freien Entwicklung der Gewerbe und des Handels entgegen stehen, Eröffnung neuer und Sicherung der alten Verkehrswege,
6. Freiheit der Presse, freies Versammlungsrecht, unbeschränktes Petitionsrecht,
7. Abschaffung aller bevorzugten und außerordentlichen Gerichtsstände,
8. Öffentlichkeit und Mündlichkeit der Rechtspflege und Teilnahme des Volks an der Ausübung der Strafgerechtigkeit durch Schwurgerichte,
9. Selbstregierung des Volkes in allen Angelegenheiten der Gemeinden,
10. Verminderung des stehenden Heeres, Vereidigung desselben auf die Verfassung und Bildung einer tüchtigen Volkswehr.

VI.

Die deutsche Bundesgewalt wird nach der Ansicht des Vereins zu bilden sein:

aus einem Oberhaupte, welchem die Wahrung der Rechte Deutschlands gegen das Ausland in Kriegs- und Friedens-Zeiten obliegen, und welches deshalb mit der Macht auszurüsten sein wird, das Vaterland gegen jeden äußeren Feind schnell und kräftig zu schützen, aus einer Vertretung der einzelnen Bundesregierungen, aus einer Vertretung des gesamten deutschen Volks. –

VII.

Die Aufgabe der deutschen Verfassung gebenden Versammlung wird sein:

1. die Bildung eines einigen kräftigen Deutschlands mit Gewährleistung der einzelnen Landesverfassungen durch den gesamten Bund und einem allgemeinen Bundesgericht.
2. die Einführung einer tüchtigen allgemeinen Wehrverfassung.
3. die Bildung einer deutschen Seemacht.
4. die Ordnung der äußeren Verhältnisse Deutschlands zu fremden Regierungen und Völkern.
5. die Eröffnung neuer und die Erweiterung alter Handelswege und Handelsbeziehungen.
6. die Annahme eines einheitlichen gleichen Zoll- und Steuer-Systems, gleicher Münzen, Maße und Gewichte.
7. die Herbeiführung einer möglichst gleichmäßigen Gesetzgebung auch in betreff des gerichtlichen Verfahrens unter allen deutschen Volksstämmen.
8. allgemeines deutsches Bürgerrecht und Freizügigkeit.
9. gemeinsames Postwesen.
10. die möglichst gleichmäßige Regelung des öffentlichen Unterrichts, namentlich in betreff der höchsten Bildungsanstalten des Vaterlandes.

VIII.

Der konstitutionelle Verein ist von der Überzeugung durchdrungen, daß er seine Absicht, in den weitesten Kreisen der Provinz Schlesien für die vorstehend aufgestellten Zwecke zu wirken, nur dann erreichen könne, wenn in Breslau, so wie in den Städten und auf dem platten Lande der Provinz selbständige Vereine gleicher Tendenz errichtet werden, und alle diese Vereine mit dem Central-Verein und untereinander in Verbindung treten. Infolgedessen ruft der Central-Verein sämtliche Vereine gleicher Tendenz zu gemeinsamem Handeln auf, er ersucht jeden der Provinzial-Vereine sich unter den Mitgliedern des Central-Vereins einen Repräsentanten zu wählen, welcher für gegenseitige Mitteilungen als gemeinsames Organ dient; er gestattet jedem Mitglied eines auswärtigen Vereins, der Versammlung des Central-Vereins mit voller Stimmfähigkeit beizuwohnen; er erklärt jeden der Breslauer konstitutionellen Bezirksvereine als berechtigt, in das Komitee des Central-Vereins ein Mitglied zu deputieren.

Der Central-Verein spricht die zuversichtliche Hoffnung aus, daß es den also vereinten Bestrebungen gelingen werde, auf eine der Provinz Schlesien würdige Weise beizutragen zu der Aufrichtung und Erhaltung des konstitutionellen Staatsgebäudes Preußens und eines mächtigen Deutschlands sowie zu der Erweckung und dauernden Begründung eines auf den Säulen wahrer Freiheit beruhenden Staats- und Volkslebens.

Breslau, den 22. April 1848.

Der Schlesische Constitutionelle Central-Verein.

Gräff. Fuchs. Krause, Röpell, Regenbrecht, Joh. Morawe. Th. Molinari. Löschburg.

Druck und Papier von Heinrich Richter.

[36] An Dresdens Bewohner.

Der hiesige Bürger-Verein hat sich auf Grund des von Leipzig ausgegangenen Aufrufs zu einem Hauptverein des deutschen Vaterlands-Vereines umgebildet, indem er die von diesem entworfenen nachstehenden Bestimmungen angenommen hat. Dieselben lauten, wie folgt:

§ 1. In jeder Gemeinde Sachsens bildet sich ein Vaterlands-Verein, dessen Aufgabe es ist:
- a) das Volk über alle seine Bedürfnisse, seine Rechte und Pflichten dem Vaterlande gegenüber aufzuklären, für die Befriedigung und Verwirklichung derselben Sorge zu tragen, zunächst aber einen Stützpunkt für den in Frankfurt a. M. zusammentretenden provisorischen Reichstag und für die freisinnigen Bestrebungen der Sächsischen Landtage zu bilden;
- b) für allgemeine Volksbewaffnung zum Schutze des deutschen Vaterlandes zu wirken;
- c) die zu den angegebenen Zwecken nötigen Geldmittel zu beschaffen.

§ 2. An die Spitze eines jeden dieser Vereine tritt ein leitender Ausschuß.

§ 3. Für jeden Verein bildet sich sofort eine Vereinskasse durch freiwillige wöchentliche Beiträge der Mitglieder.

§ 4. Mehrere benachbarte Vereine bilden zusammen einen Bezirks-Verein. Die sämtlichen Bezirks-Vereine bilden den Sächsischen Landes-Verein.

§ 5. An die Spitze des Ganzen tritt ein gewählter Haupt-Verein, welchem es obliegt, die Verbindung mit den einzelnen Sächsischen und Deutschen Vereinen zu unterhalten. Zur Förderung der allgemeinen Vereinszwecke wird dem Haupt-Vereine von den einzelnen Vereinen mindestens die Hälfte ihrer Einnahmen in Summen von wenigstens fünf Talern eingesendet.[1] Über die Verwendung der Gelder wird vom Haupt-Verein Rechnung abgelegt.

§ 6. Der Haupt-Verein wird von den einzelnen Vereinen erwählt. Die Wahl erfolgt, sobald sich zehn Vereine begründet haben, einstweilen wird der Leipziger Verein die Geschäfte des Haupt-Vereins besorgen.

§ 7. Jeder einzelne Gemeinde-Verein hält wöchentlich wenigstens eine ordentliche Zusammenkunft, deren Zeit und Ort der leitende Ausschuß zu bestimmen hat.

§ 8. Der Landes-Verein hält jährlich eine ordentliche Haupt-Versammlung. Zeit und Ort derselben bestimmt der Haupt-Verein nach vorgängiger Vernehmung mit den einzelnen Vereinen. Dem Haupt-Vereine steht auch das Recht zu, außerordentliche Versammlungen des Landes-Vereins auszuschreiben.

Bewohner Dresdens! Ihr alle und wir mit Euch hegen den innigen Wunsch, daß die durch die Zeitverhältnisse herbeigeführte Stockung im Handel und Gewerbe möglichst bald beseitigt und eine friedliche, ruhige Zeit wieder herbeigeführt werde. Dies kann und wird aber nur dann geschehen, wenn uns die Errungenschaften der letzten Wochen durch volkstümliche Einrichtungen und Gesetze verbürgt sind. Wir leben jetzt in einer Zeit des Werdens, des Gebärens, da ist Ruhe nicht möglich. Wir sind bemüht, einen Berg zu erklimmen, auf dessen Gipfel uns das heißersehnte Ziel, die Freiheit, winkt. Da gilt es denn, mutig vorwärts zu klimmen, damit das Ziel schnell erreicht werde und nicht bei jedem Schritte stehenzubleiben und sich umzusehen. Je kräftiger und je allgemeiner wir Hand ans Werk legen, um so schneller wird es getan sein. Wir haben ein volkstümliches Ministerium, welches das Beste des Volkes will; aber es bedarf des Volkes, es bedarf der entschiedenen sich kundgebenden öffentlichen Meinung zur Verwirklichung seiner Pläne. Wir wollen diese Volksmeinung zu erforschen suchen, damit das Ministerium sie kennen lerne. Als sächsischer Vaterlands-Verein wollen wir den freisinnigen Bestrebungen des Ministeriums sowohl als der sächsischen Landtage das nötige moralische Gewicht verleihen, als Teil des deutschen Vaterlands-Vereines aber die deutsche Reichstagsversammlung in ihrem volksfreundlichen Streben mit der ganzen Kraft unserer Stimmen unterstützen.

Wir fordern daher alle, denen Freiheit und Friede am Herzen liegt, auf, dem Vaterlands-Vereine beizutreten. Jeder unbescholtene Mann, welcher das 21. Altersjahr erreicht hat, kann Mitglied desselben werden. Die zu zahlenden wöchentlichen Beiträge sind ganz in das Belieben eines jeden gestellt. Anmeldungen zum Beitritt nehmen sämtliche unterzeichnete Mitglieder des leitenden Ausschusses an.

Wegen der sehr angewachsenen Mitgliedszahl ist es notwendig geworden, die Hauptversammlungen seltner zusammentreten zu lassen und dagegen Bezirksversammlungen einzurichten.

[1] Der Dresdner Vaterlands-Verein hat über diesen Punkt bei dem Leipziger bereits um nähere Auskunft gebeten und bis nach eingegangener Antwort die Beschlußfassung sich vorbehalten.

Die Beratungen in diesen Bezirksversammlungen werden zu gleicher Zeit mit der Beratung derselben Gegenstände sich beschäftigen. Sie beginnen nächsten Dienstag abends und werden die dazu gewählten Orte morgen bekanntgemacht werden. Vorläufig haben die Leitung dieser Versammlungen bis dahin, wo die Mitglieder dieser Versammlungen selbst ihre Ausschüsse erwählen, die Ausschußmitglieder des Vaterlands-Vereins übernommen.

Dresden am 15. April 1848.

Der leitende Ausschuß des Dresdner Vaterlands-Vereines.

Blöde, Adv.
Bromme, Buchhändler.
Dindorf, Kaufmann.
Dr. Herz.
Dr. Hirschel.
Hitzschold, Rechtscan.
Kell, Adv.
Klette, Kürschnermstr.
Dr. Köchly.
v. Lindemann, Redakt.
Linnemann, Schneidermstr.
Dr. Munde.
Dr. Naumann.
Scheele, Rechtscand.
Schorp, Schneidermstr.
Dr. Schulze.
Dr. Seidenschnur.
Stege, Färbermstr.
Wigard, Prof.
Wittig, Literat.
Zacharias, Adv.

[37] Grundgesetze des Deutschen Vaterlandsvereins.

Angenommen in der Hauptversammlung sämtlicher sächsischer Vereine zu Leipzig am 24. April 1848.

Der Deutsche Vaterlandsverein hat den Zweck, zu wirken für

Einheit, Freiheit und Wohlstand des deutschen Volkes und Vaterlandes.

Zu diesem Zwecke strebt er zu erwecken und zu heben:

Allgemeine Bildung; Liebe und Begeisterung für das deutsche Vaterland; Sinn für gesetzliche Freiheit, für gleiche Berechtigung und Verpflichtung, für brüderliches Zusammenwirken Aller.

Als einzige Bürgschaft für Erreichung und Erhaltung dieser Güter erkennt er:

ein Grundgesetz für das gesamte deutsche Vaterland, welches als obersten Grundsatz aufstellt:

der verfassungsmäßig ausgesprochene Wille des deutschen Volkes ist das höchste Gesetz;

die Vertreter dieses Volkswillens sind die freigewählten Abgeordneten deutscher Stämme, vereinigt in einem deutschen Reichstage (Parlament).

Als Recht der einzelnen deutschen Staaten erkennt der Verein:

freie Wahl ihrer Regierungsform.

In Sachsen will er mit dem Volke:

Beibehaltung und zeitgemäße Fortbildung der konstitutionellen Monarchie, als Vertreterin und Vollzieherin des Volkswillens.

[38] Der demokratische Klub in Berlin.

Der politische Klub hat in der Sitzung am 21. Mai seinen Namen abgelegt und dafür den des »demokratischen Klubs« angenommen. Diese Änderung ist prinzipiell für ebenso nötig erachtet worden als die Umgestaltung seiner inneren Einrichtung, welche derselben voranging.

Die losen Formen, in denen er sich bis jetzt bewegte, führten auch zu leicht zur Laßheit; dadurch, daß jedem, der sich zum Mitglied meldete, der Eintritt gestattet wurde, verlor der Klub die Gewähr seiner Abstimmungen und als dringendes Bedürfnis stellte sich ferner eine größere Tätigkeit des Komitees heraus.

Daher wurde nach vorhergegangener Beratung zur Reorganisation des Klubs in der Weise geschritten, daß von den anwesenden Mitgliedern zuerst ein Präsident (Assessor Schramm) und zwei Vizepräsidenten (Dr. Wiss und Stud. von Salis) gewählt wurden, welche sodann ein Komitee von 12 Mitgliedern ernannten, mit denen vereint sie die Neuwahl der Klubmitglieder begannen. Sobald sich Empfehlende für dieselben fanden und sich kein Widerspruch gegen sie erhob, wurden sie für aufgenommen erklärt. – Alsbald machte sich aber auch das Bedürfnis einer entschiedneren Benennung des Klubs geltend, da die Bezeichnung »politisch« eigentlich gar keine Richtung angab, denn politisch ist jeder, der sich mit Politik beschäftigt, also auch der Reaktionär. Freilich wurde behauptet, daß der politische Klub bereits eine Geschichte habe, daß er durch seine Handlungen seinen demokratischen Charakter bewiesen, und daß jedermann wisse, welche Richtung er vertrete, wenn von ihm die Rede sei. Diese historische Rücksicht konnte jedoch vor dem stärkeren Grunde der Änderung nicht Stich halten, der darin bestand, daß, da die Zeit gekommen sei, in der man ganz entschieden auftreten und das Prinzip der Revolution des 18. März geltend machen müsse, um dieses nicht wieder durch die Reaktion trüben zu lassen, man auch dieses Prinzip entschieden und offen hinstellen müsse. Überdies geht durch dieses jene Vergangenheit nicht verloren, sondern erhält nur eine schärfere Ausprägung.

Die Demokratie ist das Ziel, nach dem die Geschichte in ganz Europa ringt, und unsere Aufgabe in der Hauptstadt Preußens ist es daher, demselben mit allen uns zu Gebote stehenden Kräften nachzustreben, um unserm Land und Volk die Entwicklung zu sichern, die mit so blutigen Opfern erkauft worden ist, und nach der wir seit acht Jahren auf friedlichem Wege vergebens gerungen haben. Wir können die Regierung, welche stehengeblieben ist, nur mit Mißtrauen betrachten und müssen täglich auf unserer Hut sein, um uns nicht aufs neue berücken zu lassen. Nur die vollständigste Garantie durch eine Verfassung, die dem Volke seine Souveränität und das Recht der Selbstherrschaft bis in die kleinsten Verhältnisse, in die Städteverfassung und Landgemeindeordnung hinein sichert, kann uns zufriedenstellen.

Die jüngsten Maßregeln des aus dem Schoße der Bourgeoisie und des Adels hervorgegangenen Ministeriums zeigen uns jedoch zu deutlich, daß dies Recht noch nicht gesichert ist.

Der demokratische Klub will daher der Wächter desselben sein. Er will jeden Schritt, jede Maßregel des Ministeriums wie die Beschlüsse der konstituierenden Versammlung seiner Kritik unterwerfen und das Volk über deren Wert und Beschaffenheit aufklären, um ihm dadurch den Maßstab seiner Handlungen zu geben.

Der Klub wird ferner auch mit allen gleichgesinnten Vereinen in den Provinzen in Verbindung treten, wie er solche auch schon als politischer Klub mit Breslau, Königsberg und anderen Städten angeknüpft hat, um mit ihnen, wo es not tut, gemeinschaftlich beraten und handeln zu können. Berlin ist es nicht darum zu tun, die Provinzen zu beherrschen, wie Törichte wähnen und schwatzen, sondern an der Spitze der Entwicklung zu stehen, welche durch die Geschichte bedingt und für das ganze Land eine unabweisbare Notwendigkeit ist. So wenig als bisher wird es den Klub kümmern, daß er der Gegenstand des steten Hasses der Reaktion ist. Es ist bereits mehr als ein Attentat auf ihn beabsichtigt und selbst versucht worden, aber die Macht des Geistes hat sich selbst bei diesen erkauften Werkzeugen der elenden feigen Intrige so wirksam gezeigt, daß sie auch im Beginn wieder von ihrem Unternehmen abgestanden sind.

Das beabsichtigte Klub-Blatt hat, als es im vorigen Monat begonnen wurde, nicht sogleich fortgesetzt werden können, da die Post sich weigerte, es seines zwanglosen Erscheinens wegen anderen Blättern gleich zu vertreiben, und der Klub damals nicht die Mittel besaß, es allein zum Nutzen der Mitglieder herauszugeben. Wir haben jedoch jetzt die Einrichtung getroffen, daß wir die nötigsten Mitteilungen als Extrablatt dem Demokraten beigeben werden, um dadurch eine möglichst rasche Verbreitung in den Provinzen zu erzielen. – Wir teilen jetzt, was zunächst erforderlich, die Statuten des Klubs mit.

E. Meyen.

Statuten des demokratischen Klubs.

§. 1.

Zweck des Klubs ist die Verbreitung und Durchführung des demokratischen Prinzips.

§. 2.

Die Aufnahme geschieht auf Vorschlag zweier Mitglieder, wofern sich nicht 10 Stimmen gegen den Aufnehmenden erheben.

§. 3.

Zur Ausschließung bedarf es des Antrages von 10 Mitgliedern. Nach vorhergegangener Debatte entscheidet die Majorität. Der Auszuschließende muß von dem Antrag benachrichtigt und zu seiner Verteidigung eingeladen sein.

§. 4.

Die Sitzungen des Klubs sind in der Regel öffentlich.

§. 5.

Die Mitglieder zeichnen monatlich einen freiwilligen Beitrag. Außerordentliche Sammlungen können in jeder Sitzung stattfinden.

§. 6.

Für jeden Monat erwählt die Versammlung durch Stimmzettel 1 Präsidenten und 2 Vicepräsidenten nach absoluter Majorität. Die Präsidenten schlagen der Versammlung ein Direktorium von 12 Mitgliedern vor, über welches im ganzen abgestimmt wird.

§. 7.

Alle Anträge müssen schriftlich vor der Sitzung beim Präsidenten eingereicht werden. Soweit es möglich ist, wird am Schluß jeder Sitzung die Tagesordnung für die folgende angezeigt. Amendements werden ebenfalls schriftlich formuliert.

§. 8.

Die Anträge bedürfen, ehe sie zur Debatte kommen, der Unterstützung von 10 Mitgliedern und werden einer Kommission zur Vorberatung überwiesen.

§. 9.

Das Direktorium ist ermächtigt, Verbindungen jeder Art mit auswärtigen demokratischen Vereinen einzuleiten.

Druck von Ferdinand Reichardt u. Co., Spandauer Straße Nr. 49.

[39] Aufruf an sämtliche Maschinenbau-Arbeiter.

Brüder! Als in den glorreichen Tagen des März der Ruf zum Kampfe gegen die Unterdrückung an uns erging, da waren wir nicht die Letzten, die mutig ihre Brust den Kugeln und Bajonetten entgegenwarfen. Brüder! Mit dem teuren Blute vieler unserer Kameraden haben wir unserm Volke die Freiheit, uns selber die Menschenrechte, die Rechte des freien Staatsbürgers erkauft.

Alle Gewerke, alle Arbeiter treten zu freien Vereinen zusammen. Brüder! Laßt uns auch jetzt nicht die Letzten sein, welche sich über die Menschenrechte und Menschenpflichten eines freien Staatsbürgers durch Besprechung und Belehrung aufklären und unterrichten.

Brüder und Kameraden! Wir fordern Euch deshalb alle auf, Euch dem Verein sämtlicher Maschinenbau-Arbeiter anzuschließen, welcher fest und wohlgeordnet mit dem 1. Juni ins Leben treten wird, in der Art, daß jedes Mitglied

gegen Erlegung von 2½ Sgr. monatlichen Beitrag eine Eintrittskarte erhält, wodurch er berechtigt ist, den wöchentlichen, vorläufig alle Sonnabende stattfindenden Sitzungen im Hennigschen Lokale beizuwohnen.

Von diesen Beiträgen werden nicht nur die Vereins-Ausgaben, sondern auch die Kosten für eine Vereins-Zeitung bestritten, welche
1. die wichtigsten Tagesfragen,
2. die besonderen Interessen der Maschinenbau-Arbeiter,
3. Aufsätze über Technik und Maschinenbau, Erfindungen, Verbesserungen usw.,
4. einen Neuigkeits- und Fragekasten

enthalten und besprechen, vorläufig vom 1. Juni ab wöchentlich einmal erscheinen und den Mitgliedern des Vereins unentgeltlich verabfolgt werden wird.

Brüder! Da es den Kampf für Freiheit galt, haben wir allesamt als Männer dagestanden; Brüder! laßt uns auch jetzt, wo es die Benutzung unserer heiligen Errungenschaften zu wahren und zu würdigen gilt, fest und treu zusammenstehen,

Alle für Einen und Einer für Alle!

Dann werden wir immer durch »Einigkeit und Brüderlichkeit« stark und geachtet vor der Welt dastehen.

Berlin, den 10. Mai 1848.

Das Comité sämtlicher Maschinenbau-Arbeiter.
F. Hausen, Sekretär des Comités.

Gedruckt bei Julius Sittenfeld in Berlin.

[40] Forderungen des Berliner Zentralkomités der Arbeiter am 18. Juni

1. Bestimmung des Minimums des Arbeitslohnes und der Arbeitszeit durch Kommissionen von Arbeitern und Meistern oder Arbeitgebern.
2. Verbindung der Arbeiter zur Aufrechterhaltung des festgesetzten Lohnes.
3. Aufhebung der indirekten Steuern, Einführung progressiver Einkommensteuer mit Steuerfreiheit derjenigen, die nur das Nötigste zum Leben haben.
4. Der Staat übernimmt den unentgeltlichen Unterricht und, wo es nötig ist, die unentgeltliche Erziehung der Jugend mit Berücksichtigung ihrer Fähigkeiten.
5. Unentgeltliche Volksbibliotheken.
6. Regelung der Zahl der Lehrlinge, welche ein Meister halten darf, durch Kommissionen von Meistern und Arbeitern.
7. Aufhebung aller für das Reisen der Arbeiter gegebenen Ausnahmegesetze, namentlich der in den Wanderbüchern ausgesprochenen.

8. Herabsetzung der Wählbarkeit für die preußische Kammer auf das 24. Jahr.
9. Beschäftigung der Arbeitslosen in Staatsanstalten, und zwar sorgt der Staat für eine ihren menschlichen Bedürfnissen angemessene Existenz.
10. Errichtung von Musterwerkstätten durch den Staat und Erweiterung der schon bestehenden öffentlichen Kunstanstalten zur Heranbildung tüchtiger Arbeiter.
11. Der Staat versorgt alle Hilflosen und also auch alle Invaliden der Arbeit.
12. Allgemeine Heimatberechtigung und Freizügigkeit.
13. Schranken gegen Beamtenwillkür in bezug auf die Arbeitsleute.

Dieselben können nur durch das entscheidende Urteil einer Kommission von ihren Stellen entlassen werden.

[41] Statuten des patriotischen Vereins.

§ 1.

Der patriotische Verein hat den Zweck, für Königtum, Volksrecht und Volkswohl tätig zu sein; insbesondere aber dahin zu wirken:

1. daß die konstitutionelle Monarchie unverletzt erhalten werde;
2. daß alle Rechte und Freiheiten, welche dem Volke bereits provisorisch gewährt worden sind, aufrechterhalten und die vom Könige außerdem gemachten Verheißungen unverkürzt erfüllt werden;
3. daß die künftige Nationalrepräsentation durch zwei Kammern ausgeübt werde;
4. daß der Arbeit kräftige Fürsorge zuteil werde, und zwar nicht nach einseitigem Ermessen der Regierung, sondern unter wesentlicher Mitwirkung von Vertretern der Arbeitenden und Arbeitgeber.

§ 2.

Zur Förderung dieses Zweckes finden zweimal wöchentlich regelmäßige Versammlungen statt (und zwar vorbehaltlich einer andern Festsetzung am Montag und Donnerstag abends 7 Uhr), in welchen nach Maßgabe einer vorher bekanntgemachten Tagesordnung über politische und soziale Fragen, welche innerhalb des Bereichs der Vereinszwecke liegen, Vorträge und Besprechungen gehalten, auch nach Umständen Beschlüsse gefaßt und Vorstellungen an die Staatsregierung und die Volksvertretung beraten werden. Ob später noch andere Mittel zur Erreichung der Vereinszwecke in Anwendung zu bringen sind, bleibt künftigen Beschlüssen des Vereins vorbehalten.

§ 3.

Mitglieder des Vereins sind:

1. diejenigen, welche sich dem Verein bisher durch Unterschrift des Programms (der Einladung) angeschlossen haben;

2. diejenigen, welche demselben künftig durch Unterschrift dieser Statuten beitreten.

§ 4.

Nichtmitglieder haben Zutritt soweit es der für Zuhörer bestimmte Raum gestattet.

§ 5.

Zur Deckung der laufenden Ausgaben zahlen die Mitglieder einen von jedem einzelnen selbst zu bestimmenden Beitrag, dessen geringster Betrag auf monatlich 5 Sgr. festgesetzt wird.

Sind außerordentliche Ausgaben zu bestreiten, oder reichen die regelmäßigen Beiträge zur Deckung der laufenden Ausgaben nicht aus, so wird über die Art der Aufbringung in jedem einzelnen Fall von dem Verein ein besonderer Beschluß gefaßt.

§ 6.

Die Geschäfte des Vereins besorgt ein auf drei Monate gewählter Vorstand von acht Mitgliedern, nämlich:

1. ein Ordner oder Sprecher,
2. ein Schriftführer,
3. ein Kassierer,
4. ein Rechnungsführer, welcher zugleich Kassenkontrolleur ist,
5. vier Vorstandsmitglieder ohne bestimmtes Amt, welche zugleich verpflichtet sind, nach Maßgabe einer vom Vorstande zu treffenden Vereinbarung die Stellvertretung der übrigen in Verhinderungsfällen zu übernehmen.

§ 7.

Der Ordner oder dessen Stellvertreter führt in der Versammlung den Vorsitz, erteilt den Rednern, nach der Reihenfolge der Anmeldungen, das Wort, hält die Tagesordnung und die parlamentarische Sitte aufrecht und schließt die Verhandlung, wenn niemand mehr das Wort verlangt oder die Mehrheit der Anwesenden sich für den Schluß der Debatte ausspricht.

Wenn nach dem Ermessen des Ordners die Erörterung eines Gegenstandes erschöpft ist, oder den Zwecken des Vereins nicht entspricht, so ist derselbe verpflichtet, die Versammlung über den Schluß zu befragen.

§ 8.

Anträge kommen nur zur Erörterung, wenn sie von sechs anwesenden Mitgliedern unterstützt werden und den Zwecken des Vereins entsprechen, worüber im Zweifel die Mehrheit entscheidet.

Abweichungen von der Tagesordnung können nur durch die Mehrheit der Versammlung beschlossen werden.

§ 9.

Im übrigen richten sich die Befugnisse des Vorstandes nach den Beschlüssen des Vereins, welchem die Vorstandsmitglieder über alle in dieser Eigenschaft vorgenommene Handlungen Rechenschaft abzulegen haben.

§ 10.

Die Wahlen der Vorstandsmitglieder, wie die sonstigen Beschlüsse des Vereins, erfolgen durch einfache Stimmenmehrheit; außerordentliche Beratungsgegenstände müssen jedoch vorher bekanntgemacht werden. Zu einem Beschlusse auf Abänderung der Statuten ist außerdem eine Mehrheit von zwei Drittel der erschienenen Mitglieder erforderlich. Abwesende werden durch die Beschlüsse der Erschienenen gebunden.

Berlin, den 16. Mai 1848.

Der patriotische Verein.

Druck von C. Feister.

[42] An unsre sächsischen Mitbürger.

Der deutsche Verein in Leipzig hat vor etwas länger als 2 Monaten sein Programm ausgegeben, und bald darauf einen erfolgreichen Aufruf zur Bildung gleicher Vereine nach andern Orten gesandt. Es wäre ein schlimmes Zeugnis, das wir uns geben müßten, wenn wir nach so kurzer Zeit an unsern Grundsätzen zu ändern fänden. Das haben wir nicht nötig, wir haben uns offen und ehrlich ausgesprochen und können an unsern Worten halten, ohne etwas davon oder dazu zu tun und ohne ihnen eine künstliche Deutung zu geben.

Aber unser Verein ist ein politischer Verein, und in der jetzt so raschen Entwicklung der politischen Dinge liegt für uns die Aufforderung näher heranzutreten, die Tatsachen schärfer ins Auge zu fassen und uns klarzumachen, was wir nach den Grundsätzen, an denen wir festhalten, dabei zu tun haben. Wir wissen, daß wir keine Schule sind und entbehren deshalb gern die Exerzitien über Vorteile und Nachteile der Republik, die auf die Gestaltung der Staaten wohl weder je großen Einfluß gehabt haben, noch haben werden. Was wir von der Republik wollen, das sind republikanische Tugenden, von denen die erste ist, daß man der res publica, das heißt auf deutsch dem Gemeinwohl, sich selbst und seinen Vorteil unterzuordnen wisse, daß man daher auch bei der lebhaftesten Teilnahme an den öffentlichen Angelegenheiten seinen Ehrgeiz beschränken und solchen, die begabter sind, die Leitung derselben willig überlassen könne. Diese Tugend scheint uns durch die Verhandlungen über den Vorzug der republikanischen Staatsform nicht besonders gefördert zu sein, und wir müssen also auch in der Beziehung diese Verhandlungen für überflüssig erklären. Wir sollen uns vor der Republik nicht wie vor einem Gespenst fürchten, rufen die heutigen deutschen Republikaner uns zu, und sie mögen einigen Grund zu dieser Warnung haben. Ein Gespenst ist ein körperloses Phantom, und sie wissen wohl, daß sie für Ideen fechten, denen es an Fleisch und Blut fehlt. Wir wollen den Prinzipien nicht ihr Recht absprechen, aber wenn es solche sind, die sich nicht in dem Wesen des Volkes zu verkörpern vermögen, so wirken sie nicht belebend, sondern zerstörend.

Wenn wir uns aber mit unsern Wünschen und Bestrebungen näher an die in Deutschland vorliegenden Verhältnisse anschließen wollen, so werden wir uns zunächst darüber zu verständigen haben, wie wir zu der Revolution stehen, aus der die neue Gestaltung Deutschlands geboren werden soll. Die entgegengesetztesten Ansichten hierüber werden jetzt von den verschiedenen Parteien ausgesprochen. Auf der einen Seite möchte man was vorgefallen ist, bemänteln und der Revolution den Schein einer mit dem Willen der Regierungen bewirkten Reform geben, auf der andern will man die Revolution zu einem dauernden Zustand machen.

Das Leugnen der Revolution zeugt von einer Unwahrheit und Halbheit, die eine große Gefahr in sich trägt. Denn wenn auch eine gewaltsame Zurückführung der alten Verhältnisse in Deutschland nicht zu fürchten sein möchte, so ist es doch nötig, den Bruch mit dem alten System vollständig anzuerkennen, damit man auch nicht teilweise und allmählich rückfällig werde. Die Revolution hat sich in den verschiedenen Staaten Deutschlands in verschiedener Weise geäußert; aber das kann keine Frage sein, die bisherige Verfassung Deutschlands und seiner einzelnen Staaten ist durch einen Umsturz weggeräumt worden, um einem neuen Aufbau Platz zu machen, an dem das ganze Volk tätig sein soll.

Aber eine Revolution ist stets eine Tat der Leidenschaft. In ihr verharren wollen, hieße in der Leidenschaft verharren, und das kann für ein Volk so wenig heilsam sein, wie für den einzelnen. In der Aufregung können große Beschlüsse gefaßt und außerordentliche Taten plötzlich getan werden; eine fortgesetzte Aufregung wird zum Wahnsinn, während der rasche Ausbruch einer edlen Leidenschaft erst dadurch sich als gerecht erweisen wird, daß man an die leidenschaftliche Tat anknüpfen und sie mit Besonnenheit und Gerechtigkeit fortführen könne. Das deutsche Volk hat die Fesseln schimpflicher Bevormundung, die 33 Jahre auf ihm gelastet haben, in wenigen Wochen gesprengt; mit aufbrausendem Zorn wurden die so lange vorenthaltenen Güter gefordert, und es wurde jede andere Rücksicht als kleinlich beiseite geschoben, um für ganz Deutschland Einheit, Freiheit und Kraft zu erringen. Aber dieser Zorn nahm nicht seine zerstörende Richtung gegen die bestehenden Fürstenhäuser. Das ist eine politische Tatsache, die wir anzuerkennen haben, und so wenig Gewicht wir den Schulerörterungen derer, die aus Theorie Republikaner sind, beilegen können, so wenig können wir auch das Verfahren derjenigen billigen, die immer wieder und wieder die zerbrochenen Fesseln vom Boden erheben, um mit ihrem Klirren das Volk zu neuer Erbitterung aufzustacheln. Es ist wahr, die Ungerechtigkeit und Treulosigkeit des Metternichschen Systems, das zum Teil nicht weniger drückend auf den schwachen deutschen Regierungen als auf dem Volke lastete, hat uns mit Ingrimm erfüllt. Wollten wir aber, nachdem das System gestürzt ist, in diesem Ingrimm fortwühlen und Ungerechtigkeit mit Ungerechtigkeit, Treulosigkeit mit Treulosigkeit erwidern, so möchte uns das weniger Ruhm und dem Vaterlande weniger Nutzen bringen, als wenn wir nach der Aufwallung des Zornes der Besonnenheit und Gerechtigkeit Raum zu geben wissen, und jeder an seinem Teile an dem edlen Werke bauen helfen, das nicht durch Zwiespalt, sondern nur durch einträchtiges Zusammenwirken gefördert werden kann. Wir können auch nicht zugeben, daß wir deshalb, weil wir mit Besonnenheit zu handeln wünschen, einen Mangel an Freiheitsliebe zeigten oder im Fortschritt hinter irgend jemand zurückzubleiben fürchten müßten. Vielmehr leben wir der Überzeugung, daß der Zeit des Umsturzes eine Zeit des Aufschwunges folgen müsse, und halten daher diejenigen für die Zurückbleibenden, die nur dem gestürzten System nachzujagen wissen, und sich in seine Fersen so verbissen haben, daß sie unfähig geworden sind, ihre Blicke vorwärts zu richten.

Aber freilich wollen wir nicht allem anhängen, wozu der Name der Freiheit mißbraucht wird. Wir trennen uns mit Entschiedenheit von einer Partei, die eine jede Handhabung der Gesetze, jede Bekämpfung des Faustrechts als Volksverrat bezeichnet, und welche den Ausdruck Vaterlandsverrat absichtlich abgeschafft zu haben scheint, weil sie nicht gern in ihrem Liebäugeln mit Polen und Franzosen gestört werden möchte. Auch wir wollen keine Ungerechtigkeit gegen Nachbarvölker, aber wir wollen doch zuerst gegen unser eignes Volk und Land gerecht sein. Wir glauben nicht, daß die Vaterlandsliebe mit vielem andern in die Rumpelkammer zu werfen sei, wir würden vielmehr fürchten, daß Deutschland zugrunde gehen müßte, wenn sie in ihm erloschen sein sollte. Hoffentlich wird ja auch die Gesinnung solcher Leute selten sein, die im Auslande ihr Vaterland geschmäht haben, und die nun in Frankfurt einen Sitz zu finden wußten, um mit dem traurigen Versuch aufzutreten, einen widerlichen deutsch-französisch-polnischen Brei anzurühren.

Wir haben uns zu den Forderungen bekannt, welche überall in Deutschland gestellt worden sind, aber wir wissen zu würdigen, was noch getan werden muß, bis wir sie erfüllt sehen. Nur die Preßfreiheit und das Versammlungsrecht sind ins Leben geführt worden, wiewohl noch ohne diejenigen gesetzlichen Bestimmungen, welche die Bürger gegen etwaige Übergriffe einer gewaltsamen Partei schützen müssen. Die Gewährung aller übrigen Forderungen steht bis jetzt nur auf dem Papiere. Noch ist der Bundesstaat nicht einig und stark, noch haben wir keine Geschwornengerichte, kein allgemeines deutsches Staatsbürgerrecht, noch sind Zollinien aufzuheben, Einheit in Münze, Maß und Gewicht herzustellen, eine deutsche Flotte zu schaffen, noch ist die Kirche nicht unabhängig vom Staate, die Mittel der Bildung stehen noch nicht allen zu Gebote, und für das Wohl aller Bürger, besonders der Arbeiter, ist noch außerordentlich viel zu tun. Jetzt hat nun Deutschland die Wahl, ob es mit Anstrengung aller Kräfte diese wichtigen Güter erringen, oder ob es sie hintenansetzen will, um in dauernder Aufregung der Wut der Parteien zu verfallen und sich in Bürgerkriegen zu zerfleischen. Wir wünschen im Anschluß an die aus der Revolution hervorgegangenen deutschen Regierungen zu politischen Rechten und Freiheiten zu gelangen, denen wir einen höhern Wert beilegen als dem Namen Republik. Wir ziehen dem leeren Namen republikanische Einrichtungen vor, wie sie das freie und mächtige England hat. Nur darin soll sich der politische Bau, an welchem das ganze Deutschland jetzt arbeitet, von dem englischen unterscheiden, daß Bildung, Wohlstand und politische Berechtigung nicht einzelnen Klassen der Gesellschaft zugute kommen soll, sondern jedem im Volke, der Neigung und Fähigkeit hat, sich daran zu beteiligen.

Wir laufen nun keine Gefahr, wenn wir den neuen Regierungen Vertrauen beweisen; denn wenn man unser Vertrauen wirklich täuschen wollte, so würde der einmütig erklärte Wille des ganzen deutschen Volkes das nicht zulassen. Unser Vertrauen soll kein blindes sein, wir wollen vielmehr wachsam und tätig alle Schritte der Regierungen begleiten; aber wir müssen uns auch sagen, daß ein blindes Mißtrauen alle Tätigkeit im Keime ersticken würde.

Wir sprechen daher besonders in Beziehung auf das große Verfassungswerk in Frankfurt die Hoffnung aus, daß man von den Errungenschaften der Revolution nichts preisgeben, und daß es der deutschen Nationalversammlung, die aus den Wahlen des ganzen deutschen Volkes hervorgegangen ist, gelingen werde, Deutschlands Einheit und politische Freiheit zu begründen, und daß die dem großen Werke den Bestand sichernde Vereinbarung mit den Regierungen nicht fehlen möge.

So hoffen wir ein großes und erhabnes Ziel der deutschen Revolution zu erreichen; aber wir können nicht zugeben, daß sie selbst das Ziel sei, und wir sind entschlossen, denen, welche zum Schaden des Vaterlandes aus der Revolution einen dauernden Zustand zu machen beabsichtigen, entschieden und mit allen Kräften entgegenzutreten.

Mit gleicher Entschiedenheit verwahren wir uns gegen die nicht selten zutage kommende falsche Auffassung der Volkssouveränität. Wir wissen, daß diese nur im ganzen Volke ruhe, und daß sie nur durch den gesetzmäßig ausgesprochenen Willen des ganzen Volkes auf irgendeinen kleinern Teil desselben übertragen werden könne. Sowenig wir daher die einseitige Ausübung dieser Souveränität für uns in Anspruch nehmen, sowenig können wir sie irgendeinem andern Verein oder irgendeiner nicht vom ganzen Volke bevollmächtigten politischen Partei zugestehen, und halten es für unsre Aufgabe, solche tyrannischen Anmaßungen abzuwehren.

Leipzig, den 24. Juni 1848.

Der deutsche Verein.

[43] Extra-Beilage zu Nr. 218 des Dresdner Anzeigers und Tageblatts. Mittwoch, den 12. Juli 1848

Offene Erklärung.

Von der festen Überzeugung druchdrungen, daß das Selbstbewußtsein der heutigen gebildeten Menschheit – welche, in ihre Urrechte wiedereingesetzt, solche schnell und umfassend zu begreifen anfängt und sich dieselben nicht wieder entziehen zu lassen entschlossen ist – keineswegs zu einer andern, als nur zu der republikanischen Staatsform den nächsten Übergang nehmen könne, von der festen Überzeugung ferner durchdrungen: daß sonach die fortschreitende politische Bildung der Staatsbürger und die konstitutionelle Staatsverfassung selbst in ihrer verheißenen Fortbildung uns notwendiger Weise, und ohne sonstige äußere Hilfsmittel, die republikanische Staatsform – den Freistaat – bringen müsse; durchdrungen von dieser festen Überzeugung hat sich hier in Dresden ein republikanischer Verein gebildet, um sich und unsere Mitbürger durch Schrift und Wort auf den Augenblick vorzubereiten, wo die Republik ganz von selbst, wie die strahlende Sonne, am politischen Himmel der Völker aufgehen, ganz von selbst, wie die Blüte des Frühlings die Kruste der winterlichen Allein- und Erbherrschaft durchbrechen wird. Es wird den Republikanisch-Gesinnten immer der Einhalt getan, daß die Völker zurzeit »noch nicht reif seien« für eine republikanische Staatsform; – wohlan, wir wollen uns und unsere Mitbürger zu dieser politischen Reife heranzubilden hiermit den Anfang machen!

Zu diesem Zwecke wird der republikanische Verein in seinen Beratungen das eigentliche Wesen des echten volksherrschaftlichen Freistaates unparteiisch erörtern, er wird seine Mitglieder auf die Anforderungen, welche eine so vollkommene Staatsform notwendig an die Bürgertugend ihrer Angehörigen machen muß, im voraus aufmerksam machen, er wird endlich sie vor den Irrbildern, die häufig über das Wesen der Republik herrschen und von den Aristokraten zu allerhand Anfeindungen und Verdächtigungen der Republikanisch-Gesinnten ausgebeutet zu werden pflegen, zu bewahren streben.

Der Verein achtet vor allem die Forderungen des Gesetzes und der bürgerlichen Ordnung – und da er von dem echtrepublikanischen Grundsatz auszugehen hat: »daß verfassungsmäßig kundgegebener Volkswille das höchste Gesetz im Staate sei«, so achtet er ganz im besondren auch jederzeit den Willen der Majorität und wird diesen stets, auch wenn derselbe seinen eigenen (Minoritäts-) Ansichten entgegenstehen sollte, als bindendes Gesetz für sich anerkennen. Der republikanische Verein verwahrt sich daher hiermit feierlichst gegen die etwaige Anschuldigung, als ob er zur gewaltsamen Einführung der Republik irgend je einen Versuch zu machen beabsichtigen könne; – er verabscheut vielmehr derartige gesetzwidrige und verbrecherische Mittel zur Verwirklichung seiner republikanischen Ideen von Grund aus und ist seinerseits gerade im Gegenteil der festen Überzeugung, daß die demokratische Republik durch einen sogenannten Handstreich gar nicht eingeführt werden könne, sondern daß sie sich selbst auf der Bahn der ruhigen Entwicklung einführen müsse, dann aber, daß sie auch um so unaufhaltsamer sich einführen werde. Erst der Zeitpunkt, wo etwa die Schlange der Widerstandspartei (Reaktion) ihr Haupt allzuhoch emporheben und unsere jetzt errungenen und feierlich verheißenen Freiheiten und Menschenrechte uns gewaltsam wieder zu entziehen sich unterfangen sollte – erst dieser Augenblick, der hoffentlich etwig ausbleiben wird, würde für uns derjenige sein, wo auch wir, der Gewalt mit Gewalt zu begegnen, unser Herzblut einsetzen und die Republik mit unserm Leben verteidigen würden. –

Der republikanische Verein zu Dresden
durch seinen provisorischen Ausschuß.
Fränzel. Schärff. Wollweber. Seydler.

[44] Mitbürger!

Auf Zeitungsberichte und unbestimmte Gerüchte hin, über ein angeblich gefährliches Treiben der hiesigen Vereine und namentlich über die am 7. August stattgehabte Zentral-Versammlung in der Tonhalle hat man sich einen Eingriff in die persönliche Freiheit mehrerer unserer Mitbürger erlaubt.

Mitbürger! glaubt nicht den böswilligen Vorspiegelungen einer selbstsüchtigen Partei, als hätten wir im Sinn, die bürgerliche Ordnung durch die Gewalt der Fäuste zu stören und dadurch das dem Deutschen zustehende freie Vereinsrecht zu mißbrauchen.

Unsere Feinde, die Feinde der Freiheit, haben Euch einreden wollen, als beabsichtigten wir Aufruhr und den gewaltsamen Umsturz unseres ganzen Gemeinwesens. Das ist Verleumdung!! Wir wollen nicht Bürger gegen Bürger zum Kampfe aufreizen. Wir wollen nur dazu beitragen, die bösen Schäden, an denen unser Gemeinwesen krankt, zu heilen. Wir wollen unsere Verfassung nach den Forderungen unserer Zeit gestalten. Wir wollen unser Ziel auf dem Wege friedlicher Überzeugung erreichen; und deshalb haben wir uns zu gemeinsamer Besprechung und gegenseitiger Belehrung vereinigt. Wir erklären es für gewissenlose Verleumdung, wenn man uns anarchische Bestrebungen unterschiebt. Wir sind Männer des Fortschritts, des entschiedenen Forschritts. Wir wollen unsere Überzeugung kräftig und so lange aussprechen, bis sie die Überzeugung der großen Mehrzahl unserer Mitbürger geworden ist.

Diese unsere Überzeugung ist die folgende: Wir wollen gleiche politische Rechte für alle; wir wollen Erleichterung der Volkslasten durch gerechte Verteilung der Steuern; wir wollen, daß von allen gewählte

Vertreter mitberaten über die Verwendung derselben; wir wollen die persönliche Freiheit gegen polizeiliche Willkür gesichert wissen; wir wollen schnelle, unparteiische und wohlfeile Rechtspflege; wir wollen Verantwortlichkeit aller Behörden und Beamten; wir wollen allgemeine Volksbildung; und um das alles – um wahre Freiheit zu erreichen, wollen wir eine konstituierende, d. h. eine aus allgemeinen Wahlen zur Feststellung der Grundgesetze hervorgegangene Versammlung.

Und jetzt, Hamburger! Wenden wir uns an Euren gesunden Sinn; wollt Ihr zugeben, daß man solchen Bestrebungen mit Gewalt entgegentrete? Wollt ihr gerade das befördern, was wir bekämpfen, Anarchie und Reaktion? Wir haben den Weg des Gesetzes und der Ordnung niemals verlassen, wir werden ihn niemals verlassen!

Die Zentral-Komitees der sieben verbundenen Vereine:

des deutschen Clubs,	Der gesellsch. f. soc. u. polit.
des Bürgervereins,	Inter. der Juden,
der Vereinigung z. Heb. d. Gewerbst.,	des Bürgervereins für St. Pauli,
des Bildungsvereins für Arbeiter,	der ersten polit. Association.

Den 13. August 1848

Druck von G. F. Thiele.

[45] Manifest des deutschen Arbeiter-Kongresses an die konstituierende Versammlung zu Frankfurt a. M.

Hohe National-Versammlung!

Indem der unterzeichnete Kongreß der Arbeiter für sich sowie im Namen und Auftrag seiner Kommittenten, eines großen Teils der Arbeiter Deutschlands, einer hohen deutschen National-Versammlung die von ihm durch einmütige Beratung festgestellten Grundzüge einer den Anforderungen der Zeit entsprechenden Organisation der Arbeiter überreicht und zu geneigter Berücksichtigung bei der Beratung der Grundrechte des deutschen Volks angelegentlichst empfiehlt, übernimmt er zugleich die Verpflichtung, seine Anträge durch die nachfolgenden Erläuterungen zu unterstützen.

Mit der gespanntesten Aufmerksamkeit und mit hingebender Erwartung haben die Arbeiter, nachdem die politische Bewegung Europas auch sie in Anspruch genommen, sie zur Mitwirkung und, nach langer Zeit wieder, zum Hoffen erweckt hat, die Maßregeln, welche die deutschen Staaten zur Begründung besserer Staatseinrichtungen ergriffen haben, namentlich den Entwurf betreffend die Grundrechte des deutschen Volks und die davon ausgehenden Beratungen der hohen deutschen National-Versammlung verfolgt.

Sie haben nunmehr leider die Überzeugung erlangt, daß auch in der Verfassungsurkunde für Deutschland die soziale Frage ebensowenig wie in andern Verfassungsarbeiten, eine Stelle finden könne.

Wir wollen der Besorgnis nicht Raum geben, daß eine hohe National-Versammlung bei Nennung der sozialen Frage sich unwillig abwenden oder uns bloß mit einer trocknen Erwähnung der französischen »Nationalwerkstätten« zur Ruhe verweisen werde. Wir würden in solchem Einwurfe nichts anderes als eine, uns freilich überraschende Unkunde des Gegenstandes erblicken und der Kürze halber nur antworten: Wenn eine edelmütige Nation in ihrem ersten Aufwallen für einen guten Zweck eine ganz falsche Maßregel ergreift, so liegt darin keine Widerlegung der Sache und kaum ein Vorwurf für jene Nation; wer aber beide Momente in dieser Tatsache hervorhebt, beweist entweder sein Unvermögen oder seine Abgeneigtheit, auf dieselbe weiter einzugehen.

Da uns aber ein solches Nichtanstehen oder Nichteingehen auf die Lebensfrage eines großen Teils der europäischen Bevölkerung seitens der Staatsmänner und Volksvertreter fast allenthalben entgegentritt, so müssen wir uns wohl fragen, was die Augen einsichtsvoller Männer in diesem Stücke verdunkle und ihre Einsicht beschränke? Die Antwort auf diese Frage liegt uns nahe, sie lautet: wir Arbeiter und unsre Angelegenheiten stehen den Augen der Staatsmänner, wie diese bisher durch das Staatsleben gebildet wurden, zu fern, ja für die meisten waren die Arbeiter eigentlich gar nicht als Staatsbürger da und sichtbar, sondern nur als Ziffern in den Bevölkerungslisten und in den Berechnungen der Volksmacht.

Der Staat kennt nur den Besitz, als etwas Bleibendes, und die Besitzenden als bereits verschiedentlich organisierte und leiblich vorhandene Staatsbürger-Kasten; diese Massen liegen dem Staatsmanne, der über eine neue Konstitution verhandelt, lebendig vor Augen, sind durch spezielle Gesetze organisiert und seine neue Arbeit hat es nun bloß damit zu tun, den Umständen gemäß da und dort einige Umgestaltungen anzubringen.

Der Gesamtheit der Arbeiter steht dagegen nicht als eine bestimmte Staatsbürgermasse, welche einen Besitz habe und in diesem geschützt oder besser geordnet werden müsse, vor den Augen der Gesetzgeber. Die Gesetzgebung ist gegen sie nur beschränkend und maßgebend gewesen; an die Stelle des Schutzes stellt sie bei ihnen den Grundsatz: »dem Arbeiter ist erlaubt, in aller Freiheit und aus allen Kräften zu arbeiten und von dem Lohn der Arbeit zu leben.«

Der Staat verfährt in diesem Stück gewissermaßen richtig; denn solange der Arbeiter nur als eine zerstreute Menschenmenge zu betrachten ist, läßt sich auch nichts Gesetzlichbestimmtes für ihn als Ganzes, oder für Glieder desselben, als Ganze, zur Beschützung von Rechten begründen.

Es ist also vor allem erforderlich, daß die Arbeiter, um ihr Arbeiten als einen bestimmten Besitz in das Grundgesetz des Staats einzuführen, sich selbst als lebendige Gemeinschaften, gleichsam als politisch-beseelte Körperschaften, unter die übrigen Bürger hinstellen und den Staatsmännern bemerklich machen.

Dieses konnte nur von den Arbeitern selbst ausgehen. Es war bisher versäumt worden, ist aber von uns, soweit es der Augenblick zuläßt, nachgeholt worden, und die Organisation der Arbeiter Deutschlands, wie sie jetzt im Leben steht, liegt in den Grundzügen ihres Verfassungs-Statuts einer hohen National-Versammlung vor Augen. Mit ihr steht in engster Verbindung das Statut über die Association der Arbeit, welches als zweiter Teil beigelegt ist.

So organisiert, in dem festen Vorsatze, an der weiteren Ausbildung unseres Organismus mit aller Macht fortzuarbeiten, und in dem uns hiermit wiedergeborenen Bewußtsein unserer Persönlichkeit und unserer Berechtigungen im Staatsleben treten wir jetzt unter unsere Mitbürger und vor den gesetzgebenden Körper unserer Wahl, mit der Bitte:

> in der künftigen Gesetzgebung auch uns, als Besitzer der Arbeit, anzuerkennen und solche gesetzliche Bestimmungen eintreten zu lassen, durch welche die Existenz und Fortdauer unserer Organisation und Assoziation für alle Zeiten geschützt und ihre weitere gedeihliche Ausbildung von seiten des Staats begünstigt werden möge.

Unsere Anträge für diesen Zweck liegen im dritten und vierten Teile vor; sie beziehen sich teils auf das Verhältnis der Arbeiter zu den Gemeinden und auf die Rücksichten, welche sie von deren Verfassungen in ihrem Interesse erwarten, teils auf diejenigen allgemeinen Maßregeln, durch welche die Sache der Arbeiter in der Grundverfassung Deutschlands ihre Stütze und ihre Wurzel finden wird.

Aus dem Vorgetragenen wolle eine hohe deutsche National-Versammlung ersehen, daß wir frei von chimärischen Ansprüchen sind, wohl aber die Logik der Zeit und unsre eigne hinlänglich auf Erfahrungswegen kennengelernt haben, um einerseits unsre Erwartungen zu beschränken, andererseits aber auch nicht vor scheinbaren oder vorgespiegelten Schwierigkeiten und Hindernissen zu erschrecken, wo wir deutlich erkannt haben, daß da oder dort tief und radikal eingegriffen werden müsse, wenn nicht alle Mühe vergeblich sein und das etwa zur Beruhigung Vermittelte bei näherer Betrachtung nur als eine Täuschung der Einbildungskraft erfunden werden solle.

Das Eine nämlich, worauf es bei allen Neugestaltungen im jetzigen Staatsleben wesentlich ankommt, ist dieses, daß die Staaten aus dem früheren rohen Naturzustande des Krieges, des Prunkes und der List, in welchem sich jeder ganz nach außen gegen die anderen Staaten wenden mußte, um sich gegen sie entweder zu schützen, oder sie durch sein Auftreten nach Art wilder Streiter, die sich wie Kinder putzen und bemalen, zu blenden, oder sie durch seine Diplomatie zu betrügen, daß sie aus diesem rohen mittelalterlichen Naturzustande der Staaten, oder richtiger der regierenden Autokraten, nunmehr auf sich selbst zurückkehren und das Wohl der Staatsbürger im Innern als die Hauptaufgabe ihres Daseins zu betrachten anfangen, welchem sie ihre ganze Aufmerksamkeit widmen, und von dem alten absolutistischen Prunk sowie von der endlosen Streitfertigkeit des Heeres und von der Verschwendung der Bürokratie möglichst viel ersparen müssen, um den edleren und besseren Zwecken der Menschheit obliegen zu können.

Wir, die Arbeiter, sind von Natur die Stützen der Ruhe und der Ordnung, denn wir wissen sehr wohl, daß wir zum Leben vor allem der Ruhe und Ordnung bedürfen. Wir reichen unseren Mitbürgern und unseren Gesetzgebern die Hand und die Verheißung unseres Worts: Ja! wir wollen die Ruhe und Ordnung der Staaten aufrechterhalten – wir können es verheißen, denn wir haben die Kraft dazu und sind uns unserer politischen Bedeutung bewußt.

Nur notgedrungen würden wir, wenn wir abgewiesen würden, wenn der alte Wahn aufrechterhalten und unserer Rechte auch fernerhin, wie früher, von keinem der Machthaber auf humane Weise gedacht würde, der Geißel des Schicksals gehorchen, und unter der Macht der finstern Not aus den wärmsten Freunden der bestehenden Ordnung zu den bittersten Feinden derselben werden müssen.

Berlin, den 2. September 1848.

Der Arbeiter-Kongreß.

Berlin 1848. Druck von J. L. Fuchs

[46] Zweiter Kongreß der deutschen Demokraten in Berlin am 26., 27., 28., 29. und 30. Oktober 1848.

Erklärung der Menschenrechte.

1. Der Zweck jedes politischen Gemeinwesens ist die Wahrung der natürlichen und unverjährbaren Rechte des Menschen und die Entwicklung aller seiner Fähigkeiten.
2. Die wichtigsten Menschenrechte sind die, für die Erhaltung seiner Existenz und seiner Freiheit zu sorgen.
3. Diese Rechte stehen allen Menschen gleichmäßig zu, wie groß auch die Verschiedenheit ihrer körperlichen und geistigen Kräfte sei.

   Die Gleichheit der Rechte ist von der Natur eingesetzt; die Gesellschaft, weit entfernt, ihr Eintrag zu tun, wahrt sie bloß gegen den Mißbrauch der Gewalt, welcher sie untergräbt.
4. Die Freiheit ist die jedem Menschen zukommende Macht, nach seinem Gutdünken alle seine Fähigkeiten anzuwenden; sie hat zur Richtschnur die Gerechtigkeit, zur Schranke die Rechte der anderen, die Natur zur Grundlage und das Gesetz zur Schutzwehr.
5. Das Recht, sich friedlich zu versammeln, das Recht, seine Meinungen durch die Presse und auf jede andere Art kundzugeben, sind so notwendige Folgerungen aus dem Grundgesetz der menschlichen Freiheit, daß das Bedürfnis, sie zu verkündigen, das Dasein des Despotismus oder die frische Erinnerung an dieselbe voraussetzt.

6. Das Eigentum ist das Recht jedes Bürgers, nach seinem Belieben den ihm vom Gesetz verbürgten Anteil an Gütern zu verwenden.
7. Das Eigentumsrecht ist, wie alle Rechte, begrenzt durch die Verpflichtung, die Rechte anderer zu achten.
8. Es kann weder der Sicherheit, noch der Freiheit, noch der Existenz, noch dem Eigentum unserer Nebenmenschen Eintrag tun.
9. Jeder Handel, der dieses Prinzip verletzt, ist wesentlich unerlaubt und unsittlich.
10. Die Gesellschaft ist verpflichtet, für das Auskommen aller ihrer Mitglieder zu sorgen, sei es nun, daß sie ihnen Arbeit verschafft, oder daß sie den Arbeitsunfähigen Existenzmittel sichert.
11. Die unentbehrlichsten Hilfsmittel für denjenigen, dem das Nötigste fehlt, sind eine Schuld dessen, der Überfluß hat. Das Gesetz hat die Art der Abtragung dieser Schuld zu bestimmen.
12. Die Bürger, deren Einkünfte nicht das zur Bestreitung ihres Unterhaltes Nötige übersteigen, sind nicht verpflichtet, zu den öffentlichen Ausgaben beizutragen; die anderen müssen dieselben in gesteigertem Verhältnis, je nach dem Betrag ihres Vermögens übernehmen. (Progressive Einkommensteuer.)
13. Die Gesellschaft muß mit allen ihren Kräften die Fortschritte der allgemeinen Bildung befördern und den Unterricht allen Bürgern zugänglich machen.
14. Das Volk ist souverän; die Regierung ist sein Werk und sein Eigentum, die Beamten sind seine Diener. – Das Volk kann seine Regierung beliebig ändern und seine Bevollmächtigten abberufen.
15. Das Gesetz ist der freie und feierliche Ausdruck des Volkswillens.
16. Das Gesetz muß für alle gleich sein.
17. Das Gesetz kann nur verbieten, was dem Gemeinwesen schädlich ist, und nur gebieten, was demselben nützt.
18. Jedes Gesetz, welches die unverjährbaren Rechte des Menschen verletzt, ist durchaus ungerecht und tyrannisch, es ist kein Gesetz.
19. In jedem freien Staate muß das Gesetz hauptsächlich die öffentliche und persönliche Freiheit gegen die Gewalt der Regierenden sicherstellen. Jede Einrichtung, welche nicht das Volk als gut und die Behörden als bestechlich voraussetzt, ist fehlerhaft.
20. Kein Teil des Volkes kann die Macht des ganzen Volkes ausüben; aber der Wunsch, den er ausspricht, muß beachtet werden, als der Wunsch eines Teiles des Volkes, welcher zum allgemeinen Willen beizutragen hat. Jede Abteilung des versammelten Souveräns muß das Recht haben, ihren Willen mit vollständiger Freiheit auszusprechen; sie ist durchaus unabhängig von allen eingesetzten Behörden und befugt, ihre Beratungen selbständig zu ordnen und zu überwachen.
21. Alle Bürger sind zu allen Ämtern zulässig, ohne einen anderen Unterschied, als den der Tugenden und der Talente, ohne einen anderen Rechtsanspruch, als das Vertrauen des Volkes.

22. Alle Bürger haben ein gleiches Recht zur Ernennung der Bevollmächtigten des Volkes und zur Bildung der Gesetze beizutragen.
23. Damit diese Rechte nicht bloßer Schein und die Gleichheit nicht ein Trugbild sei, muß die Gesellschaft ihre Beamten besolden und dafür sorgen, daß die Bürger, die von ihrer Arbeit leben, den öffentlichen Versammlungen, wohin das Gesetz sie beruft, beiwohnen können, ohne ihre eigene oder ihrer Familie Existenz zu gefährden.
24. Jeder Bürger muß gewissenhaft der Obrigkeit und ihren Agenten gehorchen, wenn sie die Organe oder die Vollzieher des Gesetzes sind.
25. Aber jede Handlung gegen die Freiheit, gegen die Sicherheit oder das Eigentum eines Menschen, der von irgend jemandem, selbst im Namen des Gesetzes, außer den gesetzlich vorgeschriebenen Fällen und Formen, begangen wird, ist willkürlich und nichtig; schon die Achtung vor dem Gesetze verbietet, sich ihr zu fügen; und wenn sie gewaltsam vollzogen werden soll, so ist es erlaubt, sie mit Gewalt zurückzuweisen.
26. Das Recht, an die Inhaber der Staatsgewalt Bittschriften zu richten, steht jedermann zu. Diejenigen, an welche sie gerichtet sind, müssen über den Inhalt derselben erkennen, aber sie können die Ausübung dieses Rechtes niemals verbieten, beschränken oder bestrafen.
27. Der Widerstand gegen die Unterdrückung folgt notwendig aus den allgemeinen Menschenrechten.
28. Der ganze Gesellschaftskörper ist unterdrückt, wenn ein einziges seiner Glieder unterdrückt wird. Jedes Glied ist unterdrückt, wenn der Körper unterdrückt wird.
29. Wenn die Regierung die Rechte des Volkes verletzt, so ist die Empörung das heiligste Recht und die unumgänglichste Pflicht für das Volk und für alle seine Teile.
30. Wenn einem Bürger der Schutz der Gesellschaft mangelt, so tritt er in den Naturzustand zurück, selbst alle seine Rechte zu verteidigen.
31. In beiden Fällen ist der sogenannte »gesetzliche Widerstand« gegen die Unterdrückung nur der spitzfindigste Kunstgriff und die schlaueste Maske der Reaktion.
32. Die öffentlichen Ämter sind weder als Auszeichnungen, noch als Belohnungen anzusehen, sondern als Pflichten gegen den Staat.
33. Die Vergehen der Beamten müssen streng und schnell bestraft werden. Niemand kann sich für unverletzlicher ausgeben als die andern Bürger.
34. Das Volk hat das Recht, alle Handlungen seiner Bevollmächtigten zu kennen; sie müssen ihm genaue Rechenschaft ablegen und sich achtungsvoll seinem Urteil unterziehen.
35. Die Menschen aller Völker sind Brüder, und die verschiedenen Völker sollen sich gegenseitig nach Kräften unterstützen, wie Bürger eines Staates.
36. Wer eine Nation unterdrückt ist der Feind aller Nationen.

37. Diejenigen, welche ein Volk bekriegen, um die Fortschritte der Freiheit zu hemmen und die Rechte der Menschen zu vernichten, müssen überall verfolgt werden, nicht wie gewöhnliche Feinde, sondern wie Meuchelmörder und rebellische Räuber.
38. Die Aristokraten, die Tyrannen, wer sie auch sein mögen, sind Sklaven, welche sich gegen den Herrn der Erde, genannt Menschengeschlecht, und gegen den Gesetzgeber der Welt, genannt Natur, empört haben.

Beschlossen: Es sollen von den Vereinen Vorschläge über die soziale Reform an den Zentralausschuß eingesandt werden. Der Zentralausschuß wird einen Generalbericht über die eingelaufenen Vorschläge veröffentlichen.

Beschlossen: Die Demokraten Deutschlands aufzufordern, mit allen ihnen zu Gebote stehenden Mitteln der Agitation dahin zu wirken, daß keine Verfassung in Deutschland, weder eines Einzelstaates noch des Bundesstaates vom Volke anerkannt werde, welche nicht nachfolgende unerläßliche Grundsätze freier Staatsverfassung enthalte, ohne deren Verwirklichung die deutsche Revolution nicht als geschlossen zu betrachten ist:

1. Direkte Urwahlen der Abgeordneten ohne irgendeine Beschränkung der Wahlfreiheit durch Zensus oder Privilegium.
2. Eine einzige Volkskammer, welche Verfassungsgesetze zu entwerfen und nur Spezialgesetze zu beschließen hat.
3. Jährlich erneuerte Wahlen.
4. Durch Majorität der Urwähler entziehbare Mandate.
5. Vorlage aller Verfassungsgesetze vor die Urversammlungen des Volkes zur Annahme oder Verwerfung nach Stimmenmehrheit aller Urwähler des Landes. (Volksveto.)
6. Einführung einer demokratischen Gemeindeverfassung nach den Grundsätzen des von D'Ester entworfenen und von der Linken der preußischen konstituierenden Versammlung angenommenen Entwurfs.
7. Unentgeltliche Abschaffung aller Feudallasten.
8. Abschaffung aller Privilegien.
9. Allgemeine Volksbewaffnung.

Beschlossen: Die Demokraten Deutschlands aufzufordern, Erklärungen dieses Inhalts mit massenhaften Unterschriften versehen, an alle Landtage und konstituierende Versammlungen der deutschen Staaten einzusenden.

Beschlossen: Die deutschen Demokraten aufzufordern, eine allgemeine Agitation in ganz Deutschland zu bewirken, welche dahin gehe, daß:

1. sämtlichen Abgeordneten der deutschen Nationalversammlung in Frankfurt durch ihre Wähler die Mandate entzogen werden.
2. daß von den Landtagen oder gesetzgebenden Körpern der einzelnen deutschen Staaten gefordert werde, die für die Diäten jenes Abgeordneten notwendigen Summen zu verweigern, und daß

3. von den Landtagen und gesetzgebenden Körpern sowohl als von den Regierungen der Einzelstaaten die Anordnung neuer Wahlen zu einem deutschen Parlament und dessen Berufung nach Berlin verlangt werde.

Beschlossen: Die Bürger C. D'Ester, E. Reichenbach und A. Hexamer sind zu Mitgliedern und die Bürger Schnake, Annecke 1., Bayrhoffer, Schramm (Berlin), Gottschalk (Köln), und Erbe zu Stellvertretern in den Zentralausschuß ernannt.

Druck von C. H. Hoßfeld in Leipzig.

III.
Aufrufe und Programme zu den gesamtdeutschen Wahlen

Das Bestreben der führenden Vertreter der liberalen Bourgeoisie, vor allem der Regierung der rheinischen Industriellen Camphausen/Hansemann in Preußen, bei ihrer Regierungstätigkeit nicht von der Revolution, sondern vom sogenannten Rechtsboden auszugehen, d. h. die alte Ständevertretung, den Vereinigten preußischen Landtag von 1847 weiterzuführen und sofort einzuberufen, verursachte den ersten größeren Konflikt zwischen der zur Macht gelangten Bourgeoisie und der revolutionären Volksbewegung. Nach den Plänen Camphausens sollte der Vereinigte Landtag die preußischen Abgeordneten für die deutsche Nationalversammlung bestimmen und auf diese Weise die süddeutschen Länderparlamente anregen, das gleiche zu tun, um allgemeine Volkswahlen für die Nationalversammlung zu verhindern.[1] Diese Absicht rief einen Sturm der Entrüstung in Deutschland hervor. Selbst der liberale Kölner Stadtverordnete Dr. Claessen mußte seinem Freund Ludolf Camphausen am 8. April schreiben: »Die Wichtigkeit der Frankfurter Versammlung erfordert Wahlen, gegen deren Berechtigung kein Zweifel hervorgebracht werden kann.«[2]

Auch das Verhalten der liberalen Mehrheit auf dem zur Vorbereitung der Nationalversammlung in Frankfurt a. M. vom 31. März bis 3. April tagenden Vorparlament entsprach nicht den Forderungen des Volkes, wurde in keiner Weise dem Willen der Massen gerecht, die erkämpfte Volkssouveränität zur Geltung zu bringen und rief bei den Arbeitern, den Demokraten und Republikanern große Enttäuschung hervor. Die Demokraten konzentrierten alle Kräfte auf die Wahlen zur Nationalversammlung, deren Ergebnis sie als ausschlaggebend für das

[1] In einer Anordnung vom 3. April 1848, sowohl vom König Friedrich Wilhelm IV. wie von den Mitgliedern der Regierung Camphausen/Hansemann unterschrieben, wurden die Abgeordneten des Vereinigten Landtags unter Hinweis auf einen Beschluß des Deutschen Bundestages in Frankfurt a. M. vom 30. März 1848 angewiesen, 113 preußische Vertreter für die Nationalversammlung zu wählen. Diese Wahl wurde tatsächlich am 6. April durchgeführt. Die Abgeordneten traten, getrennt nach Provinzen, im Schloß zusammen und wählten ihre Vertreter, die Rheinprovinz 25, die Provinz Schlesien 28 usw. Die schlesischen Abgeordneten wählten an erster Stelle den Fabrikbesitzer Milde mit 68 Stimmen, an zweiter Stelle kam Prinz Adolf zu Hohenlohe-Ingelfingen mit 59 Stimmen. Die rheinischen Abgeordneten wählten an erster Stelle Ernst Moritz Arndt, Professor in Bonn. Vgl. DZA, Merseburg, Rep. 169 B 3, Nr. 6, fol. 3–30.

[2] Historisches Archiv der Stadt Köln, Abt. 1023/L 1596.

weitere Schicksal Deutschlands betrachteten. Nur dann konnte die Nationalversammlung die großen Hoffnungen erfüllen, wenn Männer gewählt wurden, die die Interessen des Volkes vertraten. Der erste Wahlaufruf des »Demokratischen Zentral-Komitees für die Wahlen zur konstituierenden Versammlung« vom 4. April trägt auch die Unterschrift von Karl D'Ester, Mitglied des Bundes der Kommunisten und Freund von Karl Marx.

Nachdem allgemeine Wahlen unvermeidlich geworden waren, bemühten sich die liberalen Märzminister, vor allem die Regierung Camphausen, im Einvernehmen mit dem noch immer in Frankfurt a. M. amtierenden Bundestag darum, die Stimme des Volkes durch indirekte Wahlen nicht voll zur Geltung kommen zu lassen und eine demokratische Mehrheit zu verhindern. Danach hatte der Urwähler nur die Möglichkeit, seine Stimme einem sogenannten Wahlmann zu geben. Die Wahlmänner ließen sich leichter zugunsten liberaler Kandidaten beeinflussen als die Masse der Wähler. Außerdem gelang es, durch Gesetze das Wahlrecht einzuschränken, d. h. das Wahlalter heraufzusetzen, Almosenempfänger und nicht Ortsansässige, d. h. in der Hauptsache Handwerksgesellen und Arbeiter von der Wahl auszuschließen. Die Protestbewegung der überall gegründeten Volkswahlvereine und anderer Volks- und Arbeitervereine gegen die indirekten für direkte Wahlen und gegen die Bestimmungen, die Tausende von Arbeitern von der Wahl ausschlossen, nahm große Ausmaße an. Der vom Vorparlament gewählte Fünfzigerausschuß unternahm nichts gegen die Wahlbeschränkungen und für die vom Vorparlament empfohlenen direkten Wahlen. Die sogenannten konstitutionellen Wahlvereine, mit deren Hilfe die Liberalen den Volkswahlvereinen entgegentraten, verteidigten die indirekten Wahlen als Mittel zur Sicherung einer »gesetzmäßigen Entwicklung«. Direkte Wahlen bezeichnete der Ministerpräsident Camphausen auf die Vorstellungen einer Deputation des Berliner Volkswahlkomitees als gleichbedeutend mit der Proklamation der Republik.[3]

Aus vielen Wahlaufrufen und -programmen spricht die Aufrichtigkeit und Überzeugung, mit der Arbeiter und Demokraten für ein freies und einiges Deutschland kämpften. Einige Wahlprogramme, wie z. B. das Kölner Wahlprogramm, das von den Mitgliedern des Bundes der Kommunisten D'Ester und Bür-

[3] Vgl. K. Obermann, *Deutschland von 1815 bis 1849, Lehrbuch der deutschen Geschichte* (Beiträge), 3., überarb. Auflage, Berlin 1967, S. 292f.

gers mit unterschrieben wurde, bemühen sich, die Forderungen und ihre Bedeutung eingehend zu erklären. In den Kundgebungen und Erklärungen der Arbeitervereine gegen Einschränkung des Wahlrechts zeigt sich das Bewußtsein, daß die Beteiligung an der Wahl für die Arbeiterklasse nicht nur ein Recht, sondern auch eine Pflicht ist, da soziale Verbesserungen nur im politischen Kampf gesichert werden können. Die konstitutionellen Programme dagegen schwören auf die Monarchie und treten lediglich für eine »gesetzliche Fortentwicklung«, für die Reform ein.

In den konstitutionellen Wahlaufrufen wird vielfach an die Vaterlandsliebe und den Gerechtigkeits- und Ordnungssinn der Bürger und Bauern appelliert. Die Demokraten werden als »falsche Volksmänner« verleumdet. Die liberalen Vereine gaben sich als aufrichtige Volks- und Vaterlandsfreunde, versprachen auch das Interesse der Arbeiter zu wahren, um Wähler aus der unerfahrenen Masse zu gewinnen.

[47] Das demokratische Central-Comité für die Wahlen zur konstituierenden Versammlung an das deutsche Volk.

In weniger als vier Wochen, Montag den 1. Mai, soll, nach den Beschlüssen des Vorparlaments die konstituierende Versammlung zusammentreten. Diese wird zu entscheiden haben, ob der Druck, welcher seit so langer Zeit auf Deutschland lastet, seine Zersplitterung im Innern und seine Herabwürdigung von Außen fortbestehen, ob der Kampf zwischen einer unhaltbar gewordenen Vergangenheit und den Ansprüchen der Gegenwart auf unbestimmte Zeit verlängert, oder aber ob derselbe durch eine Reihe entscheidender Beschlüsse beendigt werden soll. Alle diejenigen, welche daher auf der einen Seite die Befreiung Deutschlands, auf der anderen aber auch die rasche Beendigung unserer staatlichen Kämpfe wünschen, werden sich uns anschließen und nur solche Männer wählen, welche den Mut besitzen, mit der alten Zeit und allen ihren Drangsalen vollständig zu brechen, um eine neue Zeit des Wohlstandes, der Bildung und der Freiheit über Deutschland heraufzuführen.

Wir brauchen Euch, unsern Brüdern, den Alp, welcher auf unserm Vaterlande lastet, nicht zu schildern. Das Gefühl erlittenen schweren Druckes ruht in jeder Mannesbrust, wenn auch die Ursachen desselben nicht allgemein erkannt werden. Was wir wollen, was wir unter Freiheit verstehen, müssen wir Euch aber bestimmt und deutlich erklären. Wir haben bereits von der Versammlung zu Frankfurt verlangt und verlangen noch immer, jetzt um so mehr, als unser Verlangen von derselben der konstituierenden Versammlung zur Prüfung und geeigneten Berücksichtigung empfohlen worden ist:

1. Aufhebung der stehenden Soldatenheere und Verschmelzung derselben mit der Bürgerwehr zum Behufe der Bildung einer wahren, alle waffenfähigen Männer umfassenden Volkswehr.
2. Aufhebung der stehenden Heere von Beamten und Ersetzung derselben durch eine wohlfeile Regierung, welche aus freigewählten Volksmännern besteht.
3. Abschaffung der stehenden Heere von Abgaben, welche an dem Marke des Volkes zehren, insbesondere aller derjenigen Abgaben, welche den innern Verkehr Deutschlands hemmen, Binnenzölle und Schiffahrtsabgaben, welche die Landwirtschaft drücken, Zehnten, Gülten, Frohnden usw., welche die Gewerbe belasten, Gewerbesteuer, Akzise usw. und Ersetzung derselben:
   durch eine progressive Einkommens- und Vermögenssteuer, bei welcher der notwendige Lebensunterhalt frei von allen Abgaben verbleibt;
4. Abschaffung aller Vorrechte, welchen Namen dieselben tragen mögen, insbesondere des Adels, der Privilegien des Reichtums (Zensus) und der bevorzugten Gerichtsstände, und Ersetzung derselben durch ein allgemeines Staatsbürgerrecht.

5. Abschaffung der Bevormundung der Gemeinden und Ersetzung derselben durch ein, auf der Grundlage der Selbstverwaltung ruhendes Gemeindegesetz.
6. Auflösung des Bundes, welcher bisher bestand zwischen Kirche und Staat, und Kirche und Schule, und Ersetzung desselben durch:
   a) die Grundsätze der gleichen Berechtigung aller Glaubensbekenntnisse, der ungeschmälerten Glaubens- und Gewissensfreiheit, des freien Assoziationsrechts, der Selbstverwaltung der Gemeinden und namentlich des Rechts desselben, ihre Geistlichen, Lehrer und Bürgermeister selbst zu wählen;
   b) Besserstellung des Lehrerstandes und gleichmäßigere Ordnung der Pfarrbesoldungen;
   c) Abschaffung des Schulgeldes und der Stolgebühren.
7. Abschaffung der Zensur, Konzessionen und Kautionen und Ersetzung dieser Zwangsanstalten durch den Grundsatz der Preßfreiheit in seiner weitesten Ausdehnung.
8. Abschaffung der geheimen und schriftlichen Inquisitionsgerichte und Ersetzung derselben durch öffentlich und mündlich gepflogene Schwurgerichte.
9. Abschaffung der Hunderte von Beschränkungen der persönlichen Freiheit der Deutschen der verschiedenen Stände und gleichmäßige Sicherstellung derselben durch ein besonderes Gesetz (Habeas corpus-Acte im ausgedehntesten Sinne des Worts), welches insbesondere auch das Vereins- und Versammlungsrecht des Volkes feststellt.
10. Beseitigung des Notstandes der arbeitenden Klassen und des Mittelstands, Hebung des Handels, des Gewerbstandes und der Landwirtschaft.

    Die bisherigen ungeheuern Zivillisten, Appanagen, die unverdienten und zu hohen Besoldungen und Pensionen, die mannigfaltigen Stiftungen und die jetzt brachliegenden Besitzungen vieler Körperschaften sowie die Domänen des Landes bieten hierzu reiche Mittel.
11. Ausgleichung des Mißverhältnisses zwischen Arbeit und Kapital vermittelst eines besondern Arbeiter-Ministeriums, welches dem Wucher steuert, die Arbeit schützt und derselben namentlich einen Anteil an dem Arbeitsgewinn sichert.
12. Abschaffung der tausendfältig untereinander abweichenden Gesetze des Privatrechts, Strafrechts, des Prozesses, des Kirchenrechts und des Staatsrechts, in Sachen der Münze, des Maßes, des Gewichts, der Post, der Eisenbahnen usw. und Ersetzung derselben durch Gesetze, welche dem Geiste unserer Zeit entspringend, die innere Einheit Deutschlands in geistiger und materieller Beziehung gleichmäßig wie seine Freiheit feststellen.
13. Aufhebung der Zerrissenheit Deutschlands und Wiederherstellung der Einteilung in Reichskreise mit billiger Berücksichtigung der Zeitverhältnisse.

Was die Staatsform betrifft, so muß es allen denkenden Männern einleuchten, daß nur die freieste uns in den Besitz der bezeichneten dreizehn Forderungen des Volks zu setzen, nur diese uns von den zu gleicher Zeit genannten dreizehn auf unserm Volke lastenden Landplagen zu befreien vermag.

In der Wahlschlacht wird sich das Schicksal Deutschlands entscheiden. Jeder volljährige Deutsche kann durch das Gewicht seiner Stimme und seiner Tätigkeit den Ausschlag in diesem Kampfe erteilen.

Wem daher die höchsten Güter des Menschen und des Bürgers am Herzen liegen, der trete ein in die Reihen der Kämpfer für den Wohlstand, die Bildung und die Freiheit des gesamten deutschen Volkes! Er schließe sich uns an, um vereint mit uns den Sieg zu erringen.

Frankfurt a. M., den 4. April 1848.

Das demokratische Central-Comité
für die Wahlen zur konstituierenden Versammlung
Reichenbach aus Schlesien. d'Ester aus Rheinpreußen. Türke aus Westpreußen. Titus aus Bayern. Detering aus Hannover. Meyer aus Hannover. Diemar aus Württemberg. Minkwitz aus Sachsen. Hecker aus Baden. Struve aus Baden. Würth aus Baden. Zitz aus Hessen. Mohr aus Hessen. Pflüger aus Hessen. Würth aus Sigmaringen.

[48] An das sächsische Volk.

Die Versammlung von mehr als fünfhundert deutschen Männern, aus allen Teilen des gemeinsamen Vaterlandes, welche in den Tagen vom 31. März bis 3. April zu Frankfurt a. M. beraten hat, um die vom deutschen Volke angekämpfte Freiheit sicherzustellen und die Verfassung des deutschen Bundesstaates einzuleiten, hat beschlossen:

I. Es soll von dem gesamten deutschen Volke eine Versammlung Abgeordneter gewählt werden, welche bis zum 1. Mai in Frankfurt zusammentritt und über die Staatsform beschließt, unter welcher das vereinigte Deutschland regiert werden soll.

II. Es soll die Wahl dieser Abgeordneten in folgender Weise erfolgen:

1. auf je 50000 Bewohner der deutschen Bundesstaaten wird ein Abgeordneter gewählt,
2. diejenigen Bundesstaaten, welche weniger als 50000 Einwohner haben, wählen ebenfalls je einen Abgeordneten,
3. jeder deutsche Staatsangehörige, welcher volljährig ist, gleichviel ob er Steuern zahlt oder nicht, und ohne Unterschied des Glaubensbekenntnisses, ist berechtigt zu wählen und kann als Abgeordneter gewählt werden,
4. die Abgeordneten sollen unmittelbar durch Urwähler gewählt werden, doch wird für dieses Mal den einzelnen Staaten die

Freiheit gelassen, nach Bedürfnissen von der unmittelbaren Wahl abzugehen,

5. alle deutschen Männer, welche wegen politischer Vergehen früher vertrieben wurden, sind wählbar und können mitwählen, wenn sie das deutsche Staatsbürgerrecht wieder in Anspruch nehmen; jeder Deutsche ist in allen Teilen Deutschlands wählbar.

III. Der Bundestag muß, indem er das Verfassungswerk in die Hand nimmt und die Wahlen zur konstituierenden Nationalversammlung einleitet, die Ausnahmebeschlüsse, welche er zu verschiedenen Zeiten zur Unterdrückung des Volkes gefaßt hat, zurücknehmen, und die Gesandten am Bunde, welche dabei beteiligt waren, müssen abtreten.

Auf diesen, am 2. April gefaßten Beschluß haben nach Erklärung des Vorsitzenden des Bundestags, des Grafen Colloredo, die betreffenden Gesandten noch am nämlichen Tage erklärt, daß sie ihren Abschied nehmen werden, und die Ausnahmegesetze sind aufgehoben worden.

IV. Die konstituierende Nationalversammlung hat einzig und allein zu beschließen, in welcher Weise das deutsche Volk regiert werden soll, und ist dabei nicht an die Zustimmung der Fürsten gebunden.

Die Versammlung hat beim Schlusse ihrer Verhandlungen fünfzig Männer aus ihrer Mitte gewählt, welche zu Frankfurt versammelt bleiben. Sie haben bis zum Zusammentritt der allgemeinen deutschen Volksversammlung das deutsche Volk zu vertreten, sind beauftragt, über die Vollziehung der gefaßten Beschlüsse zu wachen, und sollen sofort sämtliche Mitglieder der Versammlung wieder nach Frankfurt berufen, wenn der Ausführung der Beschlüsse Hindernisse entgegengestellt werden oder andere Ereignisse es erfordern.

Wir, die unterzeichneten Mitglieder der beratenden Versammlung zu Frankfurt aus Sachsen, sind diesen Beschlüssen freudig beigetreten und bringen sie zur Kenntnis des sächsischen Volkes mit dem Aufruf, daß das Volk in Sachsen mit Kraft und Entschiedenheit an das Werk gehen möge, um gemeinschaftlich mit seinen Bruderstämmen den Aufbau einer freien, auf Selbstregierung gegründeten Verfassung des einigen Deutschlands, zu welchem in diesen denkwürdigen Tagen der erste Grundstein gelegt wurde, zu vollenden. Nur deutsche Männer, welche die Kraft mit dem Mut, welche Klarheit mit ruhiger Entschiedenheit vereinigen, können dem Volke Bürgschaft für die Erreichung dieser heiligen Zwecke darbieten.

Dr. Berthold aus Döbeln. Adv. Blöde. Rob. Blum. Ch. Böhler. v. Dieskau. Bernhard Eisenstuck aus Chemnitz. Elli Evans aus Siebenhöfen bei Geyer. Haustein aus Annaberg. W. Hensel. Dr. Joseph. Dr. Kühne aus Leipzig. Dr. Minkwitz. J. X. Rewitzer aus Chemnitz. Dr. Schaffrath. Schmidt aus Wurzen. v. Watzdorf. Prof. Wiegard. Dr. Wuttke.

Druck von Philipp Reclam jun. in Leipzig

[49] Urteil des Volks-Vereins über die neuen Gesetz-Entwürfe.

Majestät.
Wir glauben, daß dem Volke mehr gebührt, als ihm in dem Entwurf zu einem Wahlgesetz gegeben ist. Wir wollten Urwahlen haben: wir haben sie nur beschränkt erhalten, weil derjenige, der durch den Fluch der Gesellschaft zum Dienen oder zum Almosenempfangen verdammt ist, von der Wahlfähigkeit ausgeschlossen ist. Wir wollten direkte Urwahlen haben: Wir sehen zwischen uns, und unsere Vertreter die Wahlmänner gedrängt, wir wollten endlich mit der Großjährigkeit des Alten eingetreten wissen, was zur Vertretung unserer Interessen befähigt: Wir hofften, die Großjährigkeit würde künftig mit dem 21. Jahre eintreten: Unsere Wünsche sind auch hierin getäuscht.

Wir schlagen vor:

1. Der Dienende und Almosenempfänger soll nicht ausgeschlossen sein von den politischen Rechten, von der Wählbarkeit und der Wahlfähigkeit.
2. Die Urwähler sollen ihre Vertreter selbst und ohne Wahlmänner wählen.
3. Jeder 21jährige Mann sei Wähler, jeder 24jährige wählbar.
4. Wir haben diese Adresse in der Versammlung des Volksvereins beraten und hoffen, daß das Recht, was durch den Gesetzentwurf beschränkt ist, nämlich: sich auch unter freiem Himmel, ohne Waffen, aber zahlreich zu versammeln, uns künftig unbedingt zuteil werde.

Majestät! Wir haben uns als Männer gezeigt, wir haben im Kampfe für die Freiheit die Waffen zu führen gewußt, wir glauben uns dadurch das Recht erworben zu haben, sie auch zum Schutz und zur Gewähr derselben fortan tragen zu dürfen.

Im Auftrage des Volksvereins unter den Zelten.

Krause, Schlosser. Monecke, Student.
Siegerist, Arbeiter. Hirsch, Kaufmann.
G. A. Schlöffel, Student. Engling, Schmied.

Schnellpressendruck von B. Schlesinger, an der Schleuse No. 4

[50] Männer und Mitbürger!

Die hiesige Stadtverordnetenversammlung hat am 7. d. M. wiederholentlich gegen die vom gegenwärtigen Landtage vorgenommenen Wahlen der Vertreter Preußens bei der am 1. Mai d. J. in Frankfurt a. M. zusammenkommenden deutschen Nationalversammlung (Parlament) Protest eingelegt. Sie hat recht daran getan. Der Landtag, der nur aus einzelnen bevorzugten Ständen, nicht aus den Wahlen des Volkes hervorgegangen, kann nun und nimmermehr die Befugnis haben, die künftigen Vertreter des Volkes ebensowenig bei der Preußischen konstituierenden Versammlung in Berlin als bei der allgemeinen deutschen in Frankfurt a. M. zu wählen. Nur das Volk selbst ist dazu berechtigt, das Volk allein von der Frankfurter Versammlung dazu berufen.

Die Wahlen aber, die der Landtag bereits getroffen hat, beweisen, – an ihren Früchten sollt Ihr sie erkennen – zum Überflusse, daß er weder das Volk noch die Männer des Volkes kennt, denn nur bevorzugte Klassen der Gesellschaft, und fast ausschließlich bekannte Rückschrittsmänner in Kirche und Staat, – Hofmänner, Zensoren, Eichhornsche Professoren und Berliner Geheimräte, – sind von den märkischen Provinzialständen zu Euren künftigen Vertretern bestimmt worden. Daher auch der wohlbegründete Einspruch, den die Stadtverordneten dagegen erhoben haben.

In Eure Hand, Berliner, ist es gegeben, ob Preußen auch künftig noch an der deutschen Bewegung seinen gebührenden Teil haben, oder ob es seine weltgeschichtliche Bedeutung verlieren soll im liebäugelnden Schwanken zwischen Rußland und Deutschland und in einer neuen verhängnisvollen Spaltung zwischen den deutschen Stämmen. Bedenkt es wohl, Berliner! Von den Beschlüssen der Frankfurter Nationalversammlung hängt das fernere Schicksal Deutschlands, hängt Preußens, hängt unser aller Schicksal ab. Bedenkt es, daß dort Euer Wohl und Wehe beraten wird, und daß solches nur durch Männer geschehen darf, die aus Eurer Mitte und selbsteigner Wahl hervorgegangen sind, die Euer Vertrauen besitzen, Eure Bedürfnisse und Wünsche verstehen, und die den entschiedenen Willen und die Fähigkeit haben, die Interessen aller wahrhaft zu vertreten und nach bestem Wissen und Gewissen für das Wohl des ganzen Volkes zu sprechen und zu stimmen.

Ihr alle darum, denen es um Ruhe und baldige Wiederkehr des Friedens nach innen und außen zu tun ist, Ihr alle, Mitbrüder, welche Ihr leidet unter dem jetzt darniederliegenden Handel und Verkehr, alle, die es beklagen, daß an die Stelle des Vertrauens Mißtrauen und Geldnot getreten, alle, die sich sehnen sowohl nach Verwirklichung der Freiheit, als nach Gesetzlichkeit, Ordnung, Sicherheit der Personen und des Eigentums – mit einem Worte: alle Freunde des Vaterlandes, alle Bürger Berlins, Handel- und Gewerbetreibende, Fabrikherren, Gewerksgenossen, Handwerker, Arbeitgeber und Arbeiter, Mitglieder der Handwerker- und anderen Vereine, sowie der verschiedenen Klubs, Ihr alle, Männer, Brüder, Mitbürger, reicht Euch, reicht uns die Hand zu dem großen Werke und besucht selbst oder beschickt durch Abgeordnete die

große Versammlung unter den Zelten, Montag den 10. April,
abends 7 Uhr

um daselbst nach vorhergegangener Einsetzung eines definitiven Wahlkomitees im gemeinsamen Interesse die vorbereitenden Maßregeln zur Wahl solcher Männer zu beraten, die Ihr für würdig und geeignet erachtet, Euch bei der Frankfurter deutschen Nationalversammlung vom 1. Mai d. J. ab zu vertreten.

Berlin, den 8. April 1848.

Das in der Volksversammlung in Tivoli zu Berlin eingesetzte provisorische Komitee

Schnellpressendruck von B. Schlesinger, an der Schleuse No. 4.

[51] Manifest des Berliner Volks-Wahlkomitees.

Innerhalb weniger Wochen hat ganz Deutschland die Ketten der Willkürherrschaft gebrochen. An allen Orten ist der Hochmut der Gewalthaber gedemütigt. Das Volk ist Sieger. Jetzt gilt es, den Sieg zu benutzen.

Der alte Bundestag, der seit 33 Jahren die Geißel der Knechtung über dem deutschen Volke geschwungen hat, ist machtlos zusammengesunken. An Stelle dieser Versammlung fürstlicher Gesandten soll jetzt eine Versammlung von Abgesandten des deutschen Volks, ein deutsches Volksparlament treten. Dieses Volksparlament soll eine neue Bundesverfassung zur Sicherung der Freiheit und zur Hebung des durch das alte System zerrütteten Wohlstandes der deutschen Nation beraten und beschließen.

Durchdrungen von der hohen Wichtigkeit des in Frankfurt bevorstehenden Aktes hat eine in Berlin am 10. April abgehaltene Volksversammlung das unterzeichnete Komitee beauftragt, eine tüchtige Leitung der preußischen Wahlen zum deutschen Parlament zu veranlassen. Diese Versammlung war so einmütig, von der Notwendigkeit und Zweckmäßigkeit direkter (unmittelbarer) Wahlen und eines rein demokratischen Körpers an der Spitze der gesetzgebenden Versammlungen Deutschlands überzeugt, daß es Aufgabe des Komitees sein wird, nur Männer von anerkannt demokratischer Gesinnung und tüchtigem Charakter vorzuschlagen und nach Kräften zu unterstützen.

Die nachfolgenden in der Volksversammlung vom 10. April verlesenen 13 Artikel, welche das demokratische Zentral-Komitee zu Frankfurt a. M. vorläufig als Grundlage der neuen deutschen Verfassung aufgestellt hat, wurden von der Versammlung als die ihrigen angenommen; ... (vgl. Nr. 47).

Das unterzeichnete Komitee hat seine Tätigkeit damit begonnen, den verantwortlichen Ministern zu erklären, daß es nach dem Willen des Volks auf direkten Wahlen bestehen müsse. Die indirekten Wahlen widerstreiten dem Grundsatz der Demokratie und begünstigen jederlei Aristokratie; sie verfälschen die Stimme des Volks und geben die Wohlfahrt aller dem Belieben einiger weniger Wahlmänner preis.

Die nächste Pflicht des Komitees ist nun, von seiner Aufgabe und Wirksamkeit das preußische Volk in Kenntnis zu setzen, und es zu-

gleich aufzufordern, sich mit ihm in gleichem Streben zu vereinigen. Es richtet daher die dringende Mahnung an alle gleichgesinnten Männer in Stadt- und Landgemeinden, unverzüglich an allen Orten Volksversammlungen zu berufen, die hohe Wichtigkeit der bevorstehenden Wahlen zum deutschen Parlament darzulegen, die Forderung unmittelbarer Wahlen zu stellen, die obigen Artikel des unterzeichneten Komitees mitzuteilen und zur Abstimmung zu bringen, die Wahl von Provinzial- und Kreiswahlkomitees durch die Versammlungen zu veranlassen und mit allen Kräften auf die Wahl wahrhaft unabhängiger Volksmänner zu dringen.

Berlin, den 11. April 1848.

Das Berliner Volks-Wahlkomitee.

Friedr. Baader, Schriftsteller. Berends, Buchdruckereibesitzer und Stadtverordneter. Bergenroth, K. G. Assessor. Bisky, Goldarbeiter. Born, Schriftsetzer. Constant, Kaufmann. Dr. Ludwig Eichler, Schriftsteller. Dr. Erman, Prof. an der Univ. W. Fähndrich, Weinhändler. v. Förster, Schriftsteller. Hammerfeld, Assessor. Held, Redakteur der Lokomotive. A. Hexamer, Doktor der Heilkunde. Hoppe, Schriftsteller. Jung, K. G. Assessor. Köppe, Doktor der Philosophie. Krause, Schlosser. Kümmlau, Naturforscher. Lange, Student. Dr. Lessing, Arzt. Graf zur Lippe, Nationalökonom. Mertens, Baumeister und Stadtverordneter. Monecke, Student. Fritz Müller, Schlosser. Dr. Nauwerck, Stadtverordneter. Dr. Prutz, Schriftsteller. Dr. Rieß, stellvertretender Vorsteher des Handwerkervereins der Johannisstraße. Salis, Student. Dr. Schaßler, Redakteur der Volksstimme. Schlöffel, Student. Siegerist, Maschinenbauer. Steffens, Drechsler. Dr. Thümmel, Arzt. Türke, Dr. d. Rechte. Dr. Wiß, Arzt und Schriftsteller.

Druck von Marquardt & Steinthal.

[52] Verwahrung der deutschen Arbeiter an das deutsche Volk!

Der permanente Fünfziger-Ausschuß hat in seiner ersten Sitzung vom Donnerstag den 6. April im Kaisersaale des Römers in öffentlicher Verhandlung: – bezüglich der Ausübung des Stimmrechts zur bevorstehenden Parlamentswahl von seiten derjenigen geborenen Deutschen, welche ihren Wohnsitz und Aufenthalt auswärts, (d. h. nicht gerade in ihrer Heimat-Gemeinde und Geburtsort, wo sie das Gemeindebürgerrecht besitzen), vorübergehend oder bleibend genommen haben, somit nach bisheriger Übung und den einzelnen Landesgesetzen, an Ausübung ihrer gemeinde- und staatsbürgerlichen Wahlberechtigung verhindert, d. h. von dem aktiven Wahlrecht ausgeschlossen waren, – den engherzigen Beschluß gefaßt:

1. Daß die Entscheidung der Frage, »wo die zur Zeit nicht in ihrer Hei-

mat befindlichen Deutschen wählen sollen«, den Regierungen zustehe, und

2. der Ausschuß bloß bei entstehenden Schwierigkeiten vermittelnd einzuwirken habe. –

Diese Frage berührt aber wesentlich die Interessen von mehr als fünf Millionen Deutschen; sie betrifft nämlich:

a) die gesamte Arbeiterklasse, Handwerksburschen, Gesellen, Fabrikarbeiter, Wochen- und Tagelöhner, Dienstboten, Kellner, Gewerbegehilfen, Handlungskommis, Kaufmannsdiener, Buchhalter, Faktore, Schriftsetzer, Geschäftsführer, Werkführer, Buchhandlungskommis und andere Bedienstete der Industrie; die Pharmazeuten und andere technische Gehilfen; –
b) das sämtliche unter den Fahnen präsente Bundesstaaten-Kontingent, Militär-Offizianten und die Kadres der stehenden Heere in Deutschland;
c) die Mehrzahl unserer bildenden Künstler, darstellenden und Tonkünstler, fast das ganze kunstbeflissene deutsche Publikum, Architekten, Maler, Bildhauer, Lithographen usw.
d) beinahe die gesamte deutsche Schriftstellerwelt, Publizisten, Journalisten, Privatgelehrte etc.;
e) so ziemlich alle dem Schulfach obliegenden Männer, den gesamten Lehrstand, die Pädagogen, Jugendbildner und Erzieher in Instituten, so gut wie die Sprachlehrer, Schwimmlehrer, Turnlehrer usw. bis auf den Tanzmeister herunter; – ohne daß wir von den 80000 Deutschen in Paris, den 20000 Deutschen in Straßburg, den 30000 Mitbürgern, welche in London und den 300000 Deutschen, die in der Schweiz leben, reden wollen.

Ihr lieben deutschen Mitbürger! sagt selbst: Soll der so wichtige Arbeiterstand Deutschlands ganz unvertreten, vom Stimmrecht ausgeschlossen, bleiben und seines Anteils an der Wahl beraubt sein? Sollen die bisher durch Ausweisung von Land zu Land gehetzten deutschen Schriftsteller, soll der Lehrstand kein Wahlrecht ausüben dürfen? Wer sind denn eigentlich die Träger der Intelligenz, wer die Gebildeten, die, welche durch Reisen und Wanderschaft in der Fremde sich Kenntnis von Menschen, Sitten, Gesetzen, Gebräuchen, Einrichtungen und Zuständen (praktische Lebensweisheit) sammeln, die draußen unter fremden Leuten sauer ihr Brot mit Händearbeit verdienen müssen und die mit Verfolgung, Mangel, Not und Entbehrung aller Art einen reichen Schatz von Erfahrungen sich teuer erkaufen, oder die so daheim in behaglicher Ruhe hinterm warmen Ofen sitzen bleiben und in lethargischem Phlegma ihre Zeitung lesen, die ohne nur zu wissen, daß hinterm Berge auch noch Leute wohnen, in spießbürgerlichem Kirchturm-Patriotismus hinter den Schießscharten ihrer Stadtmauern hervor in die Welt hinausgucken und gemütlich ihre Pfeife Tabak rauchen? Hat der Vaterlandsverteidiger, der seinen Arm, Gut und Blut dem Lande widmet, der Weib und Kind verlassen muß, um sein Leben aufs Spiel zu setzen, hat der schon durch seine Studien und Leistungen zur Mitsprechung eines Wortes berechtigte Gelehrte und Schriftsteller keine Stimme im Rat der Nation?

Oder will man all diesen Millionen von deutschen Mitbürgern, die seither als Fremdlinge in Deutschland leben und sich soviele Polizeiplackerei und Schikanen (mit Heimweisung, Pässen, Wanderbüchern, Aufenthaltskarten etc.) gefallen lassen mußten – nun zumuten, daß sie ihre Stellen und Plätze, ihre Arbeit und Beschäftigung im Stiche lassen und in ihre Heimat zurückkehren, um der Ausübung ihres staatsbürgerlichen Wahlrechts nicht verlustig zu werden? –

Es handelt sich, deutsche Mitbürger und Freunde, um wenigstens ein Achtteil der Bevölkerung Deutschlands; es betrifft diese Frage den Kern der jüngeren Generation unseres Volkes. Dieses Geschlecht, das die Zukunft miterlebt und die guten wie schlimmen Folgen der neuen Einrichtung unserer Nationalverfassung tragen muß, hat ein größeres Recht darauf, bei ihrer Gründung mit zu Rate gezogen zu werden, als die zu Hause sitzende ältere Generation, welche die größere Hälfte ihres Lebens bereits hinter sich hat.

Wir protestieren daher hiermit feierlich gegen diesen unnatürlichen und vernunftwidrigen Wahlmodus, wonach überall nur der ortsanwesende Gemeindebürger stimmberechtigt sein soll, als gegen eine schreiende Ungerechtigkeit, und sprechen unsere öffentliche Mißbilligung darüber aus, daß weder die im Rat der Fünfhundert anwesenden Volksmänner und Adelsdeputierten noch deren permanenter Ausschuß in Frankfurt ein so wichtiges Moment durch Beschlußnahme befriedigend erledigen konnten.

Wir appellieren dagegen an den gesunden Sinn und gemeinen Menschenverstand, an den richtigen Takt der deutschen Nation, welche eine solche Unbill entschieden mißbilligen und verwerfen wird.

Die deutschen Arbeiter sind keine Kommunisten, sie wollen keinen Krieg gegen die Reichen und das Eigentum; sie verlangen nur Beschäftigung und einen für ihren Unterhalt ausreichenden Lohn für die Mühe und Arbeit; sie verlangen persönliche Freiheit, freie Presse und Gleichheit der Rechte; und darum wünschen sie den Frieden. Um aber Frieden zu erhalten, muß ihnen der Arbeitsverdienst gesichert werden, und zu diesem Behufe verlangen sie eine schleunige Regulierung der deutschen Staatsverhältnisse, und zwar in einen einzigen großen freien Staatskörper mit demokratischen Elementen (Volksherrschaft). – Denn nur durch baldige Wiederherstellung einer gesetzlichen Ordnung in Deutschland kann der gelähmte Handel, der darniederliegende Verkehr neu aufleben, das entschwundene Vertrauen, der fehlende Kredit zurückkehren, die stockende Fabrik-Industrie und gesunkene Manufakten-Produktion wiederhergestellt werden, die mangelnde Arbeit und Dienstnachfrage wiederum beschafft und Beschäftigung gefunden werden, nur so kann die Geldkrisis aufhören und die aus Furcht und Angst dem Umlauf entzogenen Bar-Summen wieder in Zirkulation kommen.

Und dies sind Lebens-Elemente (conditio sine qua non) für den Arbeiterstand, dafür muß also gesorgt werden.

Der deutsche Arbeiter will nicht länger als der Pariah (Auswurf) der bürgerlichen Gesellschaft behandelt sein; man schließt ihn von der Volksbewaffnung aus, weil er an seinem Wohnorte nicht Gemeindebürger ist, – er wird sich selbst auf seine Kosten waffnen und auf eigene Rechnung in den Waffen üben. Man verweigert dem Arbeiter, ihm dem deutschen Mitbürger, als einem Ausländer, das Stimmrecht bei der Parlamentswahl, und es wird daher (anderes bleibt ihm nicht übrig) der deutsche Arbeiterstand als Teil des Volkes aus eigener Machtvollkommenheit für sich selbst Deputierte erwählen. Da die Arbeiter die Zuerkennung des ihnen unbestreitbar zustehenden Wahlrechts nicht erst von der Gnade der Fürsten erbetteln, nicht von der Huld der Minister Exzellenzen abwarten wollen, so haben sie sich in jeder Stadt zusammengetan und in Arbeitervereine konstituiert, welche, um ihr Wahlrecht nicht unausgeübt ruhen zu lassen, eigene Deputierte zum konstituierenden Parlament wählen werden, und zwar durch direkte Wahlen in den einzelnen Vereinen, d. h. in jeder Stadt oder Fabrikbezirk, wo sich ein Arbeiter-Verein befindet, auf je zehntausend Arbeiter einen Abgeordneten (nach dem Vorparlaments-Beschluß kommt 1 Deputierter auf 50000 Seelen, und es wird auf 5 Seelen höchstens 1 Wähler gerechnet werden können); hiernach trifft es auf die Arbeiter in Offenbach, Hanau und Frankfurt zusammen 1 Deputierten. – So wird der deutsche Arbeiterstand seine Vertreter zur konstituierenden Reichs-Versammlung nach Frankfurt entsenden, um so mehr, als bei der Volkszählung von 1819 und der Bundes-Matrikel auf den ortsabwesenden Arbeiterstand gar keine Rücksicht genommen ist.

So beschlossen und angenommen in der General-Versammlung des deutschen Arbeiter-Vereins zu
Offenbach a. M., den 8. April 1848

[53] Die Bewohner der Stadt Kirchheimbolanden in der Pfalz,
An den Fünfziger-Ausschuß des Deutschen Vorparlaments in Frankfurt.

Deutsche Mitbrüder!
Das Vorparlament der zu konstituierenden Nationalversammlung, dessen Beschlüsse als Ausfluß des erwachten Volkswillens bisher von allen deutschen Staaten und Völkern die vollste Anerkennung gefunden, hat betreffs der Wahlen der Vertreter zu dieser Versammlung die Grundzüge vorgezeichnet, nach welchen diese Wahlen vorgenommen werden sollen. Es hat, indem es den Geist der Zeit richtig gewürdigt, jeden volljährigen Deutschen als aktiv und passiv wahlberechtigt erklärt, wohl erwägend, daß die veralteten Begriffe einer finstern Zeit, wonach die Ausübung politischer Rechte an einen gewissen Stand, Religion und einen gewissen Vermögensbesitz geknüpft war, über Bord zu werfen seien. –

Es tut not, in einer so viel bewegten ernsten Zeit, alle deutschen Glieder ohne Unterschied des Standes und Vermögens zu befähigen, an dem großen Werke der Befreiung Deutschlands mitzuwirken, sollte ein großes Ziel erstrebt werden.

Allein dem Beschlusse des Vorparlaments direkt widersprechend, steht der Artikel 5 des Gesetzes für die Wahl der bayerischen Abgeordneten zur Volksvertretung, der das aktive Wahlrecht nur jenen zugesteht, die eine direkte Steuer bezahlen, also mindestens einen Vierteil der bayerischen Bevölkerung von einem so hochwichtigen politischen Rechte ausschließt.

Ein solches Gesetz ist nicht zeitgemäß. Ein Sturm wird sich dagegen erheben, und Folge davon wird eine verderbliche Zersplitterung der deutschen Kräfte sein.

Und wer ist's insbesondere, der durch diese Beschränkung seines Wahlrechts verlustig wird! Es ist die Jugend, die Blüte des Landes, es sind die unverfälschten Träger der Ideen der Zeit, es sind die Männer, denen die Aufrechthaltung der Ordnung, denen die Verteidigung des Vaterlandes anvertraut ist! Und diese sollten nicht teilnehmen dürfen an den Beratungen über das Wohl und Wehe des Vaterlandes! Nimmermehr!

Die Unterzeichneten sehen sich daher veranlaßt, gegen obige Beschränkung des Wahlrechts feierlichst zu protestieren, und an den Fünfziger-Ausschuß das Ansuchen zu stellen, die geeigneten Schritte zur Aufhebung dieser Beschränkung vor Beginn der Wahlen einzuleiten; zugleich sehen dieselben sich auch gedrungen die Erklärung niederzulegen, daß nach ihrer Meinung alle infolge des jetzigen bayerischen Wahlgesetzes gewählt werdenden Volks-Vertreter nicht als solche angesehen, mithin die gefaßt werdenden Beschlüsse der Nationalversammlung nicht als gültig und bindend betrachtet werden könnten.

Mitbrüder! Deutschlands Größe erheischt Deutschlands Einigkeit! Deutschlands Jugend darf auf sein Wahlrecht nicht verzichten, wenn es des deutschen Namens würdig sein soll. Wir erwarten vertrauensvoll, daß der Fünfziger-Ausschuß dies wohl erkennen und den Beschlüssen des Vorparlaments Geltung verschaffen werde.

Kirchheimbolanden, am 16. April 1848.

[54] Wahl-Aufruf.

Die Wahl der Mitglieder zur deutschen Nationalversammlung ist das wichtigste Geschäft des deutschen Volkes. Ihr ist, vermöge eines Beschlusses der beratenden Versammlung, des Vorparlaments, die Begründung der Verfassung des deutschen Vaterlands übertragen.

Wer zur großen Ehre, unser Volk zu vertreten, erhoben sein will, der muß sich zu ihm gesellen, der muß öffentlich durch Wort und Tat zeigen und gezeigt haben, daß sein Herz schlägt für das Wohl des Vaterlands.

Die konstituierende Nationalversammlung hat eine dreifache Aufgabe zu lösen. Sie soll die Einheit Deutschlands begründen; sie soll ihm seine neue Stellung nach außen anweisen und die traurigen Zustände im Innern beseitigen.

Die Oberleitung des deutschen Volkes soll durch das deutsche Parlament aus dem ganzen Volke geschaffen werden. Derselben Stelle stehen zwei gewählte Kammern, der Senat, beschickt von den einzelnen Staaten, und das aus unmittelbaren Wahlen hervorgegangene Volksparlament zur Seite. Die Oberleitung wird sich mit einem dem Senat und dem Volksparlament verantwortlichen Ministerium umgeben. Zu diesem Endzweck wird ein eigener selbständiger Gerichtshof angeordnet.

Die Rechte dieser drei Zentral-Behörden sollen vorzugsweise umfassen:

1. Die völkerrechtliche Vertretung der Nation nach außen;
2. Die Oberherrlichkeit über die ganze Land- und Seemacht;
3. Das allgemeine Zoll- und Steuerwesen;
4. Die Überwachung der nationalen Freiheiten, der Preßfreiheit, des Vereinigungsrechts in jeder Beziehung, der Volksbewaffnung, der vollkommenen Gleichstellung aller Deutschen, in politischer wie in bürgerlicher Beziehung, ohne Unterschied des religiösen Bekenntnisses.

Es bedarf wohl kaum der Bemerkung, daß ein gleiches System des Handels- und Gewerbewesens, der Schiffahrtgesetze und der Münze, daß ein gleiches System in Maß, Gewicht, Posten, Wasserstraßen und Eisenbahnen, daß Einheit der Zivil- und Strafgesetzgebung sowie des Gerichtsverfahrens, Grundbedingungen sind im neuen Deutschland. Alle anderen innern Angelegenheiten, das besondere Wohl, das eigentümliche Leben der Stämme und Länder, sie bleiben sämtlich mit ihren bestehenden Staats- und Regierungsformen den Einzelstaaten überlassen.

Die Herstellung Polens als selbständiger Staat, mit der möglichsten Berücksichtigung des Wohles der halben Million Deutschen im Großherzogtum Posen, ist nach außen eine große, eine wichtige Aufgabe der Nationalversammlung. Das freie Polen ist der sicherste Vorposten gegen den Selbstherrscher aller Reußen. Täuschen wir uns nicht, so werden folgende Grundsätze von dem deutschen Volke anerkannt werden:

1. Alle national-deutschen Länder können, wenn sie es wünschen, mit dem neuen Bundesstaate vereinigt werden;
2. Kein fremder Herrscher gebiete über ein bereits zum Bundesstaate gehöriges Land;
3. Kein deutscher Fürst unterjocht fremde Länder. Die neue Zeit duldet keine unterdrückten Nationalitäten.

Was will unsere Zeit? Sie will, um es in wenige Worte zusammenzufassen, gesetzliche Freiheit für alle Klassen der Gesellschaft, ohne Un-

terschied der Geburt, des Standes und des Glaubens, Sicherheit des Eigentums und der Person, Bildung, Wohlstand; sie will namentlich Verbesserung des Loses der Arbeiter. Deutsches bayerisches Volk! dies sind die Grundsätze, auf welchen du dich von der Abhängigkeit zur Freiheit, aus der Schmach zur Achtung, aus dem Elend zum Glücke emporarbeiten kannst und wirst. In diesem Sinne müssen deine Abgeordneten zu Frankfurt sprechen und handeln. Deutsches, bayerisches Volk nimm ihnen, nimm allen deinen Vertretern ein feierliches Handgelübde ab, daß sie nicht abweichen von dieser einzigen Bahn deines Rechtes, deines Glückes. Nur dann, nur dann wirst du dein Ziel erreichen. Und somit, Mitbürger und Landsleute, Gott befohlen!
München, den 18. April 1848.

Der Bauhof-Klub zu München: Verein für Volkswohl.

Wahlbewerber-Listen werden nachfolgen; zugleich wird zu solcher Wahlbewerbung auf dem Wege der Öffentlichkeit – aufgefordert.

[55] Aufruf sämtlicher Maschinenbau-Arbeiter an die Bürger Berlins!

Bürger Berlins! Vier Wochen sind seit dem Tage verflossen, welcher die Freiheit uns brachte, sage vier Wochen, und was hat in dieser Zeit die neue Regierung Neues gebracht? – Eigentlich Nichts! Denn ein Wahlgesetz wie das vom verstorbenen Landtage beratene und von unsern sogenannten verantwortlichen Ministern sanktionierte ist nur ein beklagenswertes Zeichen des sicheren Rückschritts. – Das Vertrauen, was wir noch vor kurzem in die Minister setzen konnten, ist seit voriger Woche gewichen. Wir können jetzt kein Vertrauen mehr, wir müssen Mißtrauen hegen, da Herr Camphausen einer Deputation des hiesigen Volks-Wahl-Komitees, welche Protest gegen das erlassene Wahlgesetz einlegte, rundweg erklärte, daß das jetzige Ministerium stehen und fallen werde mit den indirekten Wahlen. Des Menschen Wille ist sein Himmelreich! Wir sind dem Herrn Camphausen zu Dank verpflichtet, daß er uns eine so offene Erklärung gegeben, die uns die Binde von den Augen nahm. Was das Volk von diesem jetzigen Ministerium zu halten hat, wissen wir demnach! Wir sind drauf und dran, eben wieder so an der Nase herumgezogen zu werden wie vor dem 18. und 19. März. Daß wir geäfft werden, liegt klar am Tage.

Bürger, Mitkämpfer von den Barrikaden! Fragt Euch selbst, ob nur 20 Tote von seiten des Militärs geblieben sein können, wo über 14 Stunden lang ein mörderischer Kampf gewütet? 20 Tote! So heißts in den lithographierten Listen, welche unter die Bürger verteilt wurden, 20 Tote! Tod und Hölle! Diese Lüge setzt allen vorangegangenen die Krone auf!

Bürger von Berlin! Fällt Euch endlich die Binde von den Augen! Seht Ihr endlich ein, daß Ihr von A bis Z betrogen wurdet? Die Hohen sogen Euch das Mark aus den Gliedern, und um nicht das Schwert der Vergeltung auf ihren Nacken fallen zu lassen, wollen sie Euch mit den Arbeitern zusammenbringen. Wir sollen unsre Knochen aneinander wetzen, damit sie die Früchte davon tragen können. Bürger, Bürger werdet wach! Man lauert wie ein Luchs auf den ersehnten Augenblick, um über unsre junge Freiheit herfallen und sie vernichten zu können. Darum auch die steten Einflüsterungen, welche Euch wurden daß wir, die Arbeiter, an Eurem Eigentum, Eurer Habe uns vergreifen und bereichern wollen. Nichtswürdige, Schurken, die solche Äußerungen unter Euch aussprechen und verbreiten. Werft sie hinaus aus Euren Kreisen, denn sie sind nur feile Diener der gefallenen Macht, sie sind nur Gedungene, um Euch von dem Arbeiter noch mehr zu entfernen, noch mehr mit ihm zu entzweien.

Unsre gegenwärtige Lage ist eine schreckliche, weil aller Handel, aller Verkehr stockt.

Und worin liegt diese Stockung hauptsächlich begründet? In dem Mißtrauen, das man auf den Arbeiter geworfen, aber mit Unrecht geworfen hat. –

Hätten wir Euren Plunder gewollt, so hätten wir ihn ungestört und ungestraft schon vor vier Wochen uns nehmen können, wo die Reichsten des Landes noch unter uns waren, die Ihr aber nach und nach habt ausreißen lassen. Wir hätten uns zu Herren Eures Vermögens, Eurer Habe machen können, wir hatten die Macht dazu. Aber Schmach auf den, dem ein solch unlauterer, gemeiner Gedanke in der Seele aufstiege.

Wir haben ein anderes, ein besseres Streben, wir wollen wahrhaft frei werden, da hierin nur allein die Verbesserung der Lage aller zu suchen ist. Ihr, wir, mit einem Wort: das Volk soll seine bessere Lage sich selbst schaffen, und sich nicht auf die Staats-Bedienten verlassen. So denkt, so fühlt der Arbeiter!

Schämt Euch daher, zeither solche Gesinnungen von uns gehegt zu haben, da wir ja viele, wir möchten sagen, wohl die Hälfte unter uns haben, welche in einigen Jahren dasselbe sein werden, was Ihr jetzt seid – Bürger und Meister. Schämet Euch, rufen wir noch einmal, daß Ihr Euch verleiten ließet, aber Euch bangte vor Eurem Mammon, Eurem Eigentume.

Lasset ihn unvergraben. Er liegt in Euren Zimmern ebenso sicher wie im tiefsten Schacht der Erde, denn Ihr schützt ihn Euch nicht allein, wir schützen ihn mit. Darum fort mit Eurer Angst, fort mit unsrem Groll! Wir wollen vergessen, daß Ihr uns kränktet, daß Ihr uns hintenansetztet, denn Ihr wurdet geblendet und werdet es noch. – Glaubt es uns, Bürger von Berlin, wir haben hellsehendere Augen, als Ihr vermeint; wir sehen das Grab, was man für uns beide, für den Bürger und Arbeiter, bereitet, im voraus bereitet, weil man in den höheren Schichten der Gesellschaft noch immer die Hoffnung nicht aufgegeben hat, uns so zu entzweien, daß ein völlig anarchischer Zustand hereinbricht, in welchem wir wutentbrannt uns beiderseits aufreiben würden. Darum auch jetzt diese Hohlheit, diese Halbheit; anekelnd, bejammernswert! Darum unter Euch die Federfuchser in Waffen, mit den Geheimen-Rats-Physiognomien, aktenbestäubt und bleich, bis auf den Tod erschrocken, wenn ihnen zufällig drei Arbeiter auf einmal begegnen. Diese sind es gerade, die höheren Beamten, die Euch den Kopf verkeilen, die Euch in einem fort vorreden, daß wir Arbeiter plündern, rauben, sengen, brennen, morden und Gott weiß was noch alles wollen. Die Pest in ihre morschen Knochen! –

Bürger! Säubert Eure Reihen von diesen Subjekten, die Euch in den Augenblicken der Gefahr nur offenbaren Schaden bringen dürften. Jagt sie fort, diese Hofschranzen, die Speichellecker mit den süßlächelnden Mienen, die jetzt mit Euch fraternisieren, ja wohl gar mit Euch eine kühle Weiße vertilgen, die radikal bis zum Auslachen geworden sind, während sie noch vor 5 Wochen mit blasiertem Stolze eines Bürokraten verächtlich auf Euch herabblickten. Und wer muß das Geld mühsam aufbringen zur Fütterung dieser Leute? Der Bürger, Bauer und Arbeiter. Darum noch einmal! Hört auf unsern brüderlichen Rat! Fort mit diesen Elenden, fort mit diesem Otterngezücht, es verpestet nur die frische erquickende Luft des jungen Freiheitsmorgens. Wir wollen uns dafür die Hände als Brüder reichen, wir wollen ausrufen: einig, einig, einig! und dann gemeinsam an dem Aufbau unsres Tempels der Freiheit arbeiten. Sind wir einig, so ist's der Bauer auch mit uns, und dann gibt es keine Macht, welche uns entgegentreten könnte, um die Pfeiler unsrer Freiheit umzustürzen. – In dieser unserer Vereinigung wird auch die Einigung der deutschen Lande ihren Anfang finden, denn es ist zur innigsten Vereinigung die höchste Zeit. – Wir haben gemeinschaftlich die Freiheit erfochten und mit dem Blute der unseren teuer erkauft; wir wollen aber auch, wenn es gilt, noch einmal unser Leben für die Erhaltung der Freiheit in die Schanze schlagen.

Bürger, Wehrmänner Berlins! Wir fühlen sehr wohl, wie drückend Euch in Euren anderweiten bürgerlichen Verhältnissen der jetzige Wachdienst ist, wir fühlen dies und tragen Euch daher unsern Beistand an. Gebt uns Waffen, und wir wollen mit Euch gemeinsam zur Aufrechterhaltung der Ordnung und Ruhe wirken, wir wollen uns gegenseitig diesen Dienst erleichtern, damit aus der Pflichterfüllung keine Last werde. – Habt Ihr die Angst vor dem verschrieenen Arbeiter erst abgelegt, hat Ihr gefunden, daß er Euch brüderlich zur Seite steht und beschützt, so bedarf es wahrlich auch nicht mehr dieser Unmassen von Wachen und Patrouillen. Und sollte hier oder da wirklich noch verborgen gewesenes Gesindel auftauchen, so überlaßt es uns, dies aus dem Wege zu räumen. Die Mehrzahl von uns ist ja Soldat gewesen. Daß wir mit Nachdruck auftreten, dafür spricht wohl der Kampf in der verhängnisvollen Nacht vom 18ten zum 19ten März.

Bürger Berlins! Wir hielten es für unsre heilige Pflicht, Euch bei der täglich sich drohenden gestaltenden Zukunft, unsre Gesinnung frei und offen darzulegen, damit Ihr endlich einmal einsehen möget, daß wir Arbeiter die einzigen sind, die es ehrlich mit Euch meinen.
Berlin, den 17. April 1848.

Der Verein sämtlicher Maschinenbau-Arbeiter.

Druck von C. Striese & Comp., Wallstraße 61.

[56] Kölner Volks-Wahlprogramm,

festgesetzt in der Volksversammlung im Deutschen Kaffeehause bei Stollwerck am 19. und 20. April 1848.

Ein für die Zukunft Deutschlands und insbesondere Preußens höchst wichtiges doppeltes Wahlgeschäft steht uns bevor. Es sollen erstens die Vertreter des gesamten deutschen Volkes gewählt werden, welche, in der konstituierenden Nationalversammlung in Frankfurt zusammentretend, das Verfassungswerk für das gesamte Deutschland festzusetzen berufen sind; zweitens aber auch diejenigen Vertreter, deren Beschlüsse die Bestimmung der speziellen Verfassung des preußischen Volkes obliegt.

Zum ersten Male in Deutschland ist das gesamte Volk berufen, über sein zukünftiges Geschick zu entscheiden, zum ersten Male seine Souveränität ausgesprochen. Deshalb gilt es vor allem an der Spitze des Wahlprogramms den Fundamental-Grundsatz der Einführung von Konstitutionen auf Grundlage der Volkssouveränität, und als notwendige Folge davon den Grundsatz aufzustellen, daß der konstituierenden deutschen National-Versammlung die Festsetzung der zukünftigen Staatsform Deutschlands, und der konstituierenden preußischen Versammlung die Festsetzung der zukünftigen Staatsform Preußens, unter den durch die National-Versammlung in Frankfurt a. M. zu gebenden Beschränkungen, zu überlassen sei.

Die Gewährleistung folgender in die Staatsgrundgesetze aufzunehmenden Rechte erscheinen als die unerläßlichen Bedingungen der zukünftigen Verfassungen:

1. Allgemeines Wahlrecht und allgemeine Wählbarkeit für alle großjährigen, nicht durch rechtskräftiges Urteil der bürgerlichen Rechte verlustig erklärten Staatsmitglieder;
   Direkte Wahlen;
   Dauer des Mandats der Gewählten auf ein Jahr;
   Besoldung der Volksvertreter;
   Unverletzlichkeit der Volksvertreter.
2. Unbeschränktes Versammlungs- und Assoziationsrecht.
3. Unbedingte Rede- und Preßfreiheit.
4. Umwandlung des stehenden Heeres in eine Volkswehr, mit eigener Wahl der Führer; allgemeine deutsche Heer-Verfassung.
5. Einfachheit und Wohlfeilheit der Verwaltung. Völlige Unabhängigkeit der Zivilgemeinden in Anordnung ihrer inneren Angelegenheiten.
6. Völlige Trennung der Kirche vom Staate.
7. Einrichtung eines unentgeltlichen, die Bedürfnisse aller Volksklassen, Gewerbe und Berufe umfassenden Unterrichtswesens durch den Staat – ohne Beschränkung der Lehr- und Lernfreiheit.
8. Allgemeine deutsche Gesetzgebung. Abschaffung der privilegierten

Gerichtsbarkeit; öffentliches und mündliches Verfahren; Schwurgerichte in Strafsachen, insbesondere bei politischen und Preßvergehen.

9. Unabhängigkeit der Justizpflege und Sicherstellung gegen Justiz-Verweigerung.
10. Schutz der persönlichen Freiheit und Unverletzlichkeit des Hausrechts.
11. Allgemeines deutsches Heimatsrecht.
12. Abschaffung aller Vorrechte einzelner Stände sowie aller Privilegien; Aufhören der Verleihung von Orden, Titeln und sogenannten Standeserhöhungen.
13. Aufhebung aller indirekten Steuern und Lasten; progressive Einkommensteuer als einzige Besteuerungsart mit Befreiung des notwendigen Lebensunterhalts von allen Abgaben.
14. Einrichtung eines geregelten Kreditwesens für Handel, Industrie und Ackerbau durch den Staat.
15. Übernahme des Gesamt-Armenwesens durch den Staat.
16. Schutz der Arbeit. Staatliche Maßregeln zur möglichen Sicherstellung des notwendigen Lebensunterhaltes eines jeden. Errichtung eines besonderen Arbeiter-Ministeriums.
17. Unverzügliche Aufhebung aller Zollinien innerhalb sämtlicher deutschen Staaten und Einführung gleichen Maßes, gleichen Gewichtes und gleicher Münze.
18. Abschaffung des Diensteides.

Wer mithin von der Notwendigkeit überzeugt ist, daß nur unter der Verwirklichung obiger Grundsätze und Rechte für das deutsche Volk Freiheit, Bildung und Wohlstand und die baldige Einführung eines Ruhe, Ordnung und Sicherheit versprechenden Zustandes zu erwarten ist, der wird den Maßstab derselben an das Glaubensbekenntnis derjenigen Männer legen, deren Händen er den Bau des Verfassungswerkes für Deutschland und Preußen anzuvertrauen beabsichtigt.

Möge sich jeder, von der Richtigkeit der ausgesprochenen Grundsätze Überzeugte, der Volksversammlung im »Deutschen Kaffeehause bei Stollwerck«, welche obiges Programm von ihrer Seite dem Wahlgeschäft zugrunde gelegt, anschließen, um gemeinschaftlich mit ihr das so wichtige Werk zum Heile Deutschlands und Preußens zu vollführen.

Das unterzeichnete, von der Vollversammlung gewählte Komitee bringt hiermit das vorstehende Wahlprogramm zur öffentlichen Kenntnis und ladet alle wahren Freunde des Volkes zur tätigsten Teilnahme ein.

Das Komitee.

Bauenthal. G. A. Boecker. Bohl. Borchardt. H. Bürgers. C. Cramer. Dr. D'Ester. B. J. Klein, Kurth. Rittinghausen. Schneider II. Schützendorf. Vogel. C. Wachter. Dr. Weil. M. Zimmermann

[57] Aufruf zur Wahl der Abgeordneten zur deutschen National-Versammlung in Frankfurt am Main.

Bürger des konstitutionellen Vaterlandes!
In wenigen Tagen tritt in Frankfurt am Main die von dem deutschen Bundestage berufene konstituierende National-Versammlung zusammen. Ihre große Aufgabe ist, die Verfassung des deutschen Bundes für die Zukunft festzusetzen, und dadurch eine wahre Einheit Deutschlands zu begründen. Von der Lösung dieser schwierigen Aufgabe hängt das Geschick des deutschen Volkes, die Macht und das Ansehen Deutschlands nach außen wie nach innen ab. An uns Österreichern, Mitbürgern des großen Deutschlands, ist es nun, durch Männer unserer Wahl an diesem wichtigen Werke teilzunehmen, und die Rechte und Ansprüche unseres Vaterlandes geltend zu machen. Die Wahlen für diesen Zweck sind von der Regierung bereits ausgeschrieben.

Dies ist der Zeitpunkt, daß sich die politisch-gebildeten Männer Österreichs über die Hauptgrundsätze aussprechen mögen, von welchen diese Wahlen geleitet sein sollen, um dabei das Wohl Österreichs mit jenem von ganz Deutschland innig zu verknüpfen, um durch die neue Bundesverfassung für die Gestaltung und Erhaltung eines einigen, freien und starken Deutschlands sichere Gewähr zu bieten.

Dieser Zweck soll erreicht werden durch einen deutschen Bund mit volkstümlichem Parlament, welcher die Gesamtheit des deutschen Vaterlandes umfaßt und dadurch den innigsten Anschluß Österreichs an das übrige Deutschland verwirklicht. Die Souveränität und Integrität des Österreichischen Staates darf durch die zu schaffende Bundesgewalt nur in soweit beschränkt werden, als es zu dem wirksamsten Bestande des Letzteren und zur Herstellung eines wahrhaft einigen und starken Deutschlands unumgänglich notwendig ist. Zugleich soll die vollständige Aufrechterhaltung und gleichmäßige Berechtigung der nichtdeutschen Nationalitäten in dem zum Bunde gehörigen Ländern Österreichs gewahrt werden.

Dies sind die Grundsätze, welche die Wähler Österreichs standhaft verfochten sehen wollen. Nur freisinnige Männer, welche dem konstitutionell-monarchischen Prinzip mit allen seinen Folgerungen huldigen, können die Männer ihrer Wahl sein. Sie sollen vor den Augen der Welt den festen Willen ihrer Wähler betätigen, keinerlei Rückschritt aufkommen zu lassen, aber auch ebenso kräftig allen republikanischen Tendenzen entgegenzutreten.

Um die Wahl zu erleichtern, werden bei dem gefertigten Zentral-Komitee, welches aus Mitgliedern des N. Öst. ständischen Ausschusses, des Bürger-Ausschusses, des juridisch-politischen Lese-Vereins, des kaufmännischen, Gewerbe- und Schriftsteller-Vereins besteht, und in dem N. Öst. Landhause seinen Sitz hat, Kandidatenlisten ausgelegt, in welchen alle, die in sich den Beruf fühlen, Österreichs Interessen im Hinblick auf das große Gesamt-Vaterland bei der deutschen

National-Versammlung zu vertreten, sich einzuzeichnen eingeladen werden.

Wien am 20. April 1848.
Das Zentralkomitee für die Wahlen zur konstituierenden deutschen National-Versammlung.

[58] Aufruf.

Alle Ihr Bauern und Gärtner, die Ihr noch an Feudallasten und Zinsen krank darniederliegt, alle Ihr Landarbeiter, die Ihr von den Gutsherren für Eure schwere Arbeit nur Hungerlohn erhaltet, gebet wohl acht. Viele Gutsherren, die bisher auch den letzten Groschen, den Euch die Steuern noch übrig ließen, auf ihre Zinsen, Laudemien, Schutzgelder und wie all das Zeug heißt, durch den Exekutor abpreßten, viele Beamte, die bisher nur mitwirkten alles abzuschneiden, was Euch gut und heilsam war, wie die freie Presse, die Euch heut, nachdem sie erst mit viel vergossenem Blut errungen werden mußte, über Eure Rechte belehrt, kommen jetzt zu Euch, drücken Euch die Hände und nennen Euch Brüder. Wißt Ihr warum? Ihr werdet die Deputierten wählen, die auf dem nächsten Landtag über Euch und Eure Rechte die neuen Gesetze machen werden, da möchten jene Herren gern durch Euch und Eure Wahlen in den Landtag hineinkriechen, doch Ihr werdet den Wölfen in Schafspelzen nicht trauen. Ihr werdet nicht glauben, daß diese Herren, die bisher nur gegen Euch waren, jetzt plötzlich alles für Euch tun werden. Alle ihre Versprechungen sind ja nur Wind, sie wollen in den Landtag, um Euch dann mit neuen schlechten Gesetzen, wenn auch in etwas anderer Art als bisher, wieder unter ihr Joch zu zwingen, Ihr werdet sie also nicht wählen.

Aber wen sollt ihr wählen? Am natürlichsten wäre es, Ihr wähltet Bauern, denn diese würden am zuverlässigsten für die eigne Sache kämpfen und streiten, doch Ihr wißt, die Herren und Beamten, mit denen Ihr dort zusammentreffen werdet, sind pfiffige Leute, Ihr wißt es von den Ablösungen her, wie Ihr, die Ihr ungelehrt und gesetzesunkundig seid, weil die Regierung Euch bisher schlecht erziehen und unterrichten ließ, dort oft mit schönen Worten über den Löffel barbiert wurdet, also Bauern allein könnt Ihr nicht wählen. Mein Vorschlag geht daher dahin; daß einige Wahlbezirke Bauern wählen, andere aber Männer, die der Gesetze kundig und besonders der Rede mächtig sind. Gehen Wahlbezirke auf diesen Vorschlag ein, und wissen sie keine geeigneten Männer, denen sie ihr Zutrauen schenken können, so bin ich gern bereit, ihnen auf Anfrage solche zu empfehlen. Ich denke, Ihr Landbewohner werdet von mir, der, wie Ihr wißt, jahrelang gegen die Feudallasten und für die Freiheit der Robotgärtner kämpfte und dafür von Regierung und Aristokraten vielfach verfolgt, ja sogar peinlich angeklagt wurde, überzeugt sein, daß ich Euch nur brave und zuverlässige Männer empfehlen werde, keine, die Euch hintergehen, und auch keine Halben, die nur daheim den Freisinnigen spielen, in Berlin aber nicht für Euch zu sprechen wagen.

Eduard Graf Reichenbach,
zu Waltdorf bei Neisse.

Druck von Eduard Klein in Breslau.

Dieses Blatt kostet nichts.

[59] An alle großjährigen Arbeiter, als da sind Gesellen, Haushälter, Tagelöhner und allerhand ehrliche Leute.

»I was geht mich die Politik an, wir haben genug zu tun, wenn wir unser Brot verdienen sollen, es fehlt so überall; der Meister hat nichts und der Geselle klagt, und wie das noch werden soll, das wissen wir nicht, und nun sollen wir die Nase noch in die Zeitung stecken. Das müßt Ihr nicht von uns verlangen. Wir glauben zwar, daß Ihr Herren es gut mit uns meint, und wissen auch, daß die anderen Herren, die uns immer von Vertrauen sprechen, von Abwarten und von Ruhe, es besser mit sich selbst, als mit uns meinen, denn hatten sie nicht 33 Jahre volle Gewalt uns zu helfen und waren wir nicht ruhig genug dazu? Und was haben sie getan? Nichts haben sie getan und das ist eben Schuld, daß wir jetzt so in der Klemme sind. Aber daß Ihr uns dadurch helfen wollt, daß wir uns um Alles bekümmern sollen, was vorgeht, das will uns nicht recht in den Kopf.«

So hört man von vielen Seiten sprechen, und wir müssen es leider bekennen, nicht ganz mit Unrecht.

Haben wir Arbeiter erst nötig, Euch Arbeitern Eure Lage zu schildern? – das wäre überflüssig, ein Jeder weiß wo ihn der Schuh drückt, aber nicht Jeder weiß, wie er sich dem Druck entziehen soll. Nun dächten wir, wen der Schuh drückt, der müßte sich doch drum bekümmern, ob er den alten Stiefel ausweiten, oder sich einen bequemeren aus neuem Zeuge anschaffen soll. An dem alten ist genug herumgeflickt worden, Flick liegt über Flick und wenn wir ihn auch noch so sehr herausputzen wollten, ist's doch nur ein Jammer, beim ersten Regen läuft doch das Wasser hinein. Und nun seht, die neuen Ereignisse, von denen Ihr nichts Näheres wissen wollt, bringen uns das neue Zeug zum neuen Stiefel mit, und Toren und Esel wären wir, wollten wir das Zeug nicht benutzen.

Ja Brüder, wenn andere uns nicht haben helfen können, so wollen wir uns selbst helfen und nicht erst warten, im Jenseits die uns abgehenden Freuden des Diesseits zu genießen.

Wir haben erkannt, daß, wenn wir uns selbst nicht an den von uns mit allen Bedürfnissen des Lebens gedeckten Tisch drängen, uns wie bisher, das Beste vor der Nase weggeschnappt wird, und wir uns, wie bisher, mit den Brocken begnügen müssen. Die Vorteile des Lebens, Brüder, sind auch für uns da, und wir dürfen nur den Mut haben, sie zu beanspruchen. Die Gelegenheit dazu ist da.

Unsere Brüder in Berlin haben uns mit ihrem Herzblute das Recht gekauft, bei der Neugestaltung unseres Vaterlandes auch mitreden zu dürfen.

Der erste Mai ist der Tag, wo wir dieses Wort zu sprechen haben. Dieses Wort, und nicht ungestümes Drängen wird uns bessere Zeiten bringen und uns befreien.

Wir haben nämlich am 1. Mai Wahlmänner zu ernennen, und die sollen wieder für uns die Abgeordneten nach Berlin und Frankfurt a. M. wählen. Wollen wir nun, da wir die Abgeordneten nicht gradezu selbst wählen können, brave Männer auslesen, die unsere, der Arbeiter Sache verfechten, so müssen wir nicht das Pferd beim Schwanze aufzäumen, wir müssen brave und tüchtige Wahlmänner haben, wenn wir brave und tüchtige Deputierte haben wollen.

Es werden also am künftigen Montage alle über 24 Jahre alten und unbescholtenen Männer zusammenkommen. Man wird Euch da Zettel geben und sagen, schreibt Wahlmänner drauf. Nun ist guter Rat teuer, wen sollen wir drauf schreiben? Wißt Ihr jemanden, so gebt ihm alle eure Stimme, denn wer die meisten Stimmen hat, der wird Wahlmann. Dieser braucht etwa nicht reich und vornehm zu sein: ein ehrliches Herze, das ist die Hauptsache. Wißt Ihr aber niemanden, so nehmt Euch in acht. Es werden viele kommen, die Euch sonst nicht angesehen, und werden sprechen: Wählt uns, wir sind ja alle Brüder, wir wollen Euren Vorteil schon wahrnehmen. Da steckt aber der Schalk dahinter! In dem Falle macht es so wie wir es machen werden.

Es gibt in Breslau, wie überall Leute, die es gut mit dem Volke meinen, wenn wir sie auch nicht kennen. Aber andere kennen sie, und bei denen müssen wir uns Rats herholen. So zum Beispiel hat sich hier in Breslau ein Verein gebildet, bestehend aus Männern, die bereits bewiesen, daß sie für das Volk nicht bloß Worte haben, sondern auch Werke, und diesen Leuten haben wir unser Vertrauen geschenkt. Der Verein heißt nämlich der demokratische Club, das will sagen, ein Verein von Männern, die nicht den Vorteil einzelner Klassen der Gesellschaft und einzelner Stände, sondern das Wohl des ganzen Volkes wollen. –

Wer also hier in Breslau die Namen passender Wahlmänner für seinen Bezirk wissen und verhindern will, daß sich die Stimmen nicht zersplittern, der wende sich von Donnerstag früh ab an folgende Mitglieder unseres Vereins, den

Tischler-Altgeselle Halpap, (arbeitet bei Rehorst, Weidenstraße; Wohnung: Altbüßerstraße 44.)

Fabrikarbeiter Brix, (arbeitet in der Eisengießerei von Ernst Hoffmann, vor dem Ohlauer Tore; Wohnung: Neumarkt 14.)

Posamentier Thiel, (Werkführer bei Posamentier Steiner; Wohnung: Weidenstraße 3.)

Schneider Fach, (arbeitet bei Löschburg, Nikolaistraße 12; Wohnung: Nikolaistraße 22.)

Verabredet Euch im voraus, daß Ihr alle Eure Stimmen den von obigen Arbeitern vorgeschlagenen Wahlmännern gebt. Was aber unsere Mitbrüder in der Provinz anbetrifft, so können wir ihnen freilich nicht sagen, wen sie zu wählen haben, das werden ihnen ihre eigenen Umstände eingeben. Aber raten können wir ihnen, wen sie nicht wählen sollen. Die Rechte des Volks vertreten können nicht diejenigen, die bisher die Rechte des Volkes zertreten, und nie an dessen wahren Vorteil gedacht haben, als da sind gewisse Landräte, Kreissekretäre, gewisse Gutsherren, Beamte und Großscholzen usw.

Das alles, was bis jetzt gesagt worden ist, betrifft die Wahlmänner, die den eigentlichen Deputierten wählen. Es ist also klar, haben wir brave Wahlmänner, so haben wir brave Deputierte für Berlin und Frankfurt. Ihr müßt alle hingehen, denn die Euren Schaden wollen, werden gewiß vollzählig da sein.

Breslau, den 23. April 1848.

So spricht zu Euch der Arbeiter-Verein.

In seinem Auftrage der Vorstand.

Freund's Druckerei in Breslau

[60] »Dieser Zettel steht unter dem Schutze des Volkes!«

Warnung.

Teile und Herrsche ist der Wahlspruch des Konstitutionellen Zentral-Vereins. Anstatt jetzt in dieser wichtigen Zeit auf die größtmöglichste Einigkeit aller Urwähler hinzuwirken, wie es Pflicht jedes wahren Vaterlandsfreundes ist, hat er sich beeilt, in allen Bezirken Zwietracht zu säen. Während es von der höchsten Wichtigkeit ist, daß alle zu einem Bezirk gehörigen Bewohner zusammenkommen, um sich gegenseitig auszusprechen und kennenzulernen, damit dann ein jeder sich selbst die Männer aussuchen könne, denen er das wichtige Amt des Wahlmannes anvertrauen will, hat der konstitutionelle Klub in jedem Bezirk aus solchen, welche bis jetzt allein bevorrechtet waren und das natürlich gar zu gern bleiben möchten, geschlossene Vereine zu bilden versucht, und in vielen Bezirken wirklich gebildet, in denen jeder freie Meinungsaustausch vollständig unterdrückt wurde, indem durch Geschrei, Tumult und Hinausweisen jedem, der andere Ansichten aussprechen wollte, als jene Herrschaften vorgeschrieben hatten, ein freies Wort unmöglich gemacht wurde. Der Grund zu diesem Verfahren liegt einfach darin, daß man beabsichtigt, die Stimmen aller Mitglieder dieser Zweigvereine auf eine bestimmte Anzahl jener bisher allein herrschenden Klassen der Gesellschaft, d. h. der sogenannten höheren vornehmen Stände zu vereinigen, während die Stimmen der bisher Unterdrückten und der von diesen Vereinen Ausgeschlossenen sich vielleicht auf viele andere zersplittern und dadurch jene Herren allein in die engere Wahl kommen und gewählt werden müßten. Aber hoffentlich wird dieses unredliche Verfahren am gesunden Sinn des Volkes, insbesondere der bisher nicht vertretenen kleinen Bürger, Handwerker, Gesellen, Arbeiter und Dienstboten scheitern, weil diese sich leicht sagen können, daß alles beim alten bleiben würde, wenn sie anstatt Männer aus ihrer Mitte nur jene Herren wählten, von denen sie bisher unterdrückt wurden. Das Volk wird solche Ränke durchschauen und gewiß keinen der Herren vom konstitutionellen Klub, d. h. der bisher allein Bevorrechteten, seine Stimme geben, sondern sich über eine Anzahl Männer aus seiner Mitte vereinigen und alle Stimmen in bestimmter Reihenfolge diesen Männern geben. Dann allein wird der bisherige Zustand und der auf den sogenannten unteren Volksklassen lastende Druck aufhören und das gleiche Recht aller zur Geltung gelangen. Treu unserm Ziele, dem offenen unverfälschten Volkswillen Achtung zu verschaffen, bringen wir dieses Verfahren des Konstitutionellen Vereins zur öffentlichen Kenntnis.

Das Wahlkomitee des demokratischen Vereins.

Druck von Eduard Klein, Schweidnitzerstraße Nr. 52

[61] An Preußens Wahlmänner

Kaum hat der Kanonendonner Berlins uns aus langem, tiefem Schlafe geweckt und die schwer auf uns lastenden Fesseln etwas gelockert; kaum haben Stimmen im Vaterlande sich vernehmen lassen, daß vor allem Not tue, die Fesseln zu sprengen und das gemißhandelte Volk vor der blutdürstigen Unterdrückungswut seiner Tyrannen sicherzustellen, daß es not tue, auch die ärmsten Brüder als vollwichtige Menschen zu achten, und die fehlenden Menschenrechte für die Unterdrückten zu erkämpfen, da erheben sich aus den Eulennestern verdächtigende Stimmen im Gewande von Loyalitäts-Äußerungen, um die gebrochene Macht mit Phrasenkleister zu leimen und für sich später racheschnaubend auszubeuten.

Brüder! Laßt Euch die Heuchler nicht täuschen. Der Kampf für die leidende Menschheit hat erst angefangen, sein Ende tritt erst dann ein, wenn das Schicksal der armen Handwerker, der Arbeiter vollständig gesichert sein wird vor der Brutalität der Bevorrechteten, wenn die Macht der Geburts-Vorrechte und des Kapitals vollständig gebrochen sein wird.

Die Peiniger des Volkes wähnen jetzt schon, die Zeit der Aufregung sei der Abspannung gewichen; sie irren! wehe ihnen, wenn sie nicht bescheiden in ihr Versteck zurückkriechen.

Brüder im preußischen Vaterlande, die Ihr bisher von beispielloser

Bedrückung des maßlosen Willkürregiments, durch Not und Hunger zu leiden hattet. Euch rufe ich zu, stehet fest, Ihr stehet nicht allein im unvermeidlichen Kampfe. Die Brüder im ganzen, weiten deutschen Vaterlande blicken und zählen auf Euch; auch sie werden das Joch abschütteln, und wenn unsere Peiniger den ernsten Ruf der Zeit nicht hören, dann werden sie von dem Rade der Zeit zermalmt werden.

Brüder! Die Windstille hat aufgehört, laßt uns die Segel ziehen und ohne Menschenfurcht mutigen Herzens durch die empörten Wogen dem Hafen zusteuern, welcher uns die lange erlittene, tiefe Schmach vergessen läßt und vor neuen Gelüsten unserer Peiniger sicherstellt.

Wir galten den Drängern als Sache, wir wollen Menschen sein, Menschen, welche ihre vollen Menschenrechte mit Allen gemein haben.

Nicht vergebens soll das Blut von Tausenden unserer Brüder in Berlin geflossen sein. Ihr wißt es ja: es waren zumeist arme Arbeiter, welche von den Kartätschenkugeln zerschmettert wurden. Der Arbeiter kämpfte an der Seite der für die Freiheit begeisterten Universitätsbürger, und starb für die Freiheit, die überlebenden armen Arbeiter müssen zum Genuß der vollen Freiheit gelangen, das ist ihr Recht, das Recht des mutigen Siegers.

Fürchtet nicht die aus dem Verstecke drohenden Angeber, das Reich der gemeinsten Spionenwirtschaft hat aufgehört, wo selbstbewußte, mutige Männerherzen für die Freiheit zu sterben wissen.

Das Recht der Vormünder ist vorüber, nicht einzelne Bevorrechtete, sondern Alle, Alle, auch die Ärmsten sollen berufen sein, in Sachen der Gesellschaftsverhältnisse tätig zu wirken. Die Vormünder waren zu grausam, ihnen genügte es nicht, Willkür statt Recht zu üben; es genügte ihnen nicht, unsere Menschennatur, unsere Berechtigung zur geistigen Lebenstätigkeit und Entwicklung zu leugnen; es genügte ihnen nicht, jede freie Gedankenäußerung über unsere Gesellschaftsverhältnisse durch tausendfältige Verfolgungen, Kerkerleiden und Eigentumsverletzungen niederzuhalten, indem sie – Menschen zu Menschen, Brüder zu Brüdern – unaufhörlich spottend uns zuriefen, ihr seid nicht reif, menschwürdig, d. h. frei zu leben; es genügte unseren in der Schreibstubenwirtschaft verknöcherten, mattherzigen Vormündern dies alles nicht, sie überlieferten in 33 Jahren unsere ehrenwerten Handwerker und Arbeiter dem bittersten Elende; es gelüstete unseren Peinigern nach einem neuen Stande, sie schufen ihn – das Proletariat, – sie schufen den Hungertod und Hungertyphus und verpraßten des Volkes Schweiß.

Unsere Vormünder gebärdeten sich so demütig und sprachen so oft davon, daß unser staatliches Verhältnis eine der Liebe geweihte, christliche Gemeinschaft sei, und hetzten zugleich die mit dem Volksschweiße genährten Brüder auf Brüder, Söhne auf Väter; sie antworteten auf unsere flehentlichen Bitten zuletzt mit Kartätschenkugeln. Tausende haben geblutet, das Todesröcheln unserer Brüder hat uns aus dem Schlafe gerüttelt, aus maßloser Schmach gerissen. Das System der Willkürherrschaft ist zerbrochen, wir sind mündig und Männer geworden, welche frei und unabhängig von buchgelehrten Theorien, von klügelnder Weisheit besternter Vormünder an der Hand der Erfahrung ihre Angelegenheiten selbst leiten, ihr Geschick selbsttätig schaffen wollen. Fortan soll und wird die reine, vor dem Einflüstern der Bestechung geschützte Volksweisheit regieren.

Wir wollen und müssen vor Allem dem Geschicke unserer armen Brüder unsere Kräfte weihen, sie sind als Arbeiter die große Mehrzahl des Volkes. Unsere Vertreter im National-Parlamente zu Frankfurt a. M. sollen nie vergessen dürfen, daß alles für und durch das Volk geschehen müsse, daß der Volkswille souverän und die künftige Regierung nur ein vom Volke geschaffenes Organ sei.

Unsere Vertreter werden unsere Gesetzgeber sein, sie werden über das Schicksal unserer armen Arbeiter, über Gewerbe, Handel, Ausgleichung von Produktion und Konsumtion, über Sicherstellung und volle Anerkennung der Arbeit wider die brutalen Einflüsse des Kapitals, über Erweiterung deutscher Verkehrs- und Absatzmittel, über Erlangung eines notwendigen überseeischen Gebietes, Konsular- und Flaggenschutzes, über Bürgschaften für den in Amerika zu gründenden deutschen Filialstaat zu entscheiden und zu wachen, und alle störenden Hindernisse zu beseitigen haben, wo dieselben auch angetroffen werden.

Brüder! brave Ackerwirte, Handwerker und Arbeiter in Stadt und Land, seid wach und rührig bei der Wahl der Vertreter, welche Ihr nach Frankfurt a. M. und Berlin schicken werdet; hütet Euch vor Mißgriffen in der Wahl; wählet keine Anhänger des alten Regimentes, wählet Männer, welche mannesmutig und entschlossen den Kampf mit Euren Peinigern bestehen wollen.

Brüder! Auch der letzte Versuch der Willkür ist gescheitert. Die vom abgelebten, unnatürlich gegliederten Landtage vorgenommenen Wahlen sind ungültig. Ihr sollt und werdet selbst frei und unabhängig wählen, seid wach und weichet vor allen Bestechungen, Drohungen, Versprechungen und Einflüsterungen mutig zurück; es gilt Eure ganze Zukunft, Euer und Eurer Kinder Lebensglück. Ich rufe Euch wiederholt zu, hütet Euch vor den Herrendienern und Anhängern des alten Systems, wählet Männer von Entschiedenheit und Liebe für die Freiheit. Ihr seid an keine Provinz, keinen Bezirk, Kreis oder Stadt gebunden. Ihr dürft Euch den Wahlkandidaten im ganzen Vaterlande suchen. Seid wach, denn ganz Europa harret mit Spannung auf den Ausgang der Wahlschlacht in Preußen.

Haldendorf bei Oppeln.

F. W. Schlöffel

Druck von Eduard Klein in Breslau

IV.
Die Arbeit der Frankfurter Nationalversammlung im Sommer 1848 – Erklärungen – Anträge – Berichte

Mit Hilfe der indirekten Wahlen und der Wahlbeschränkungen, die den Arbeitern ohne Bürgerrecht das Stimmrecht versagten, hatte die liberale Bourgeoisie eine Mehrheit in der Nationalversammlung erlangt. Gutsbesitzer, Kaufleute, Richter, Staatsanwälte, Rechtsanwälte, höhere Verwaltungsbeamte, Professoren und Dozenten stellten die Abgeordnetenmehrheit. Aber die Nationalversammlung war eine der wichtigsten Märzforderungen, die Revolution hatte sie geschaffen, sie erweckte große Hoffnungen in der Masse des Volkes; alle erwarteten von ihr entscheidende Beschlüsse, vor allem zur Beseitigung der deutschen Zersplitterung und zur Begründung der Einheit Deutschlands. Zahlreiche größere Flugschriften beschäftigten sich mit der Frage, wie muß die Nationalversammlung auftreten und handeln, um ihre Aufgabe zu erfüllen und ist sie in der Lage, sich gegen die Regierungen bzw. gegen die Fürsten durchzusetzen. »Die deutsche Nationalversammlung in Frankfurt ist die wichtigste, die folgenreichste gesetzgebende Versammlung, die jemals abgehalten worden ist.« So lautete der erste Satz einer anonymen Schrift: »Die Kompetenz der Nationalversammlung in Frankfurt a. M.«, die sich zwar dafür einsetzte, der vom deutschen Volk gestellten Aufgabe zu entsprechen und Gesetze für ganz Deutschland zu entwerfen, aber gleichzeitig forderte, »den Einzelregierungen einen *gesetzlichen* Widerspruch gegen die Frankfurter Beschlüsse« zu gestatten und »die Vereinbarung« mit den Einzelregierungen und Fürsten »als Prinzip« zu akzeptieren.[1]

Schon in den ersten Sitzungen Ende Mai zeigte sich deutlich, daß die Mehrheit der Abgeordneten nicht gewillt war, sich auf den Boden der Revolution zu stellen und im Sinne der vom Volk eroberten Souveränität zu handeln. In der ersten Nummer der ›Neuen Rheinischen Zeitung‹ vom 1. Juni 1848 machte Friedrich Engels klar: »Der erste Akt der Nationalversammlung mußte sein, diese Souveränität des deutschen Volkes laut und öffentlich zu proklamieren.

[1] *Die Kompetenz der Nationalversammlung in Frankfurt am Main.* Von Dr. R..., Frankfurt am Main, Franz Benjamin Auffarth, 1848, S. 3, 16.

Ihr zweiter Akt mußte sein, die deutsche Verfassung auf Grundlage der Volkssouveränität auszuarbeiten und aus dem faktisch bestehenden Zustande Deutschlands alles zu entfernen, was dem Prinzip der Volkssouveränität widersprach.

Während ihrer ganzen Session mußte sie die nötigen Maßregeln ergreifen, um alle Reaktionsversuche zu vereiteln, um den revolutionären Boden, auf dem sie steht, zu behaupten, um die Errungenschaft der Revolution, die Volkssouveränität, vor allen Angriffen sicherzustellen.«[2]

Nur bei der Linken, vor allem der äußersten Linken, fehlte es nicht an ernsthaften Bemühungen, den revolutionären Standpunkt zu vertreten, jede Gelegenheit wahrzunehmen, um ihre Stimme zugunsten der Forderungen zu erheben, die Arbeiter und Demokraten in zahlreichen Petitionen an die Abgeordneten der Nationalversammlung herantrugen. Sie wehrten sich auch gegen den Beschluß, den österreichischen Erzherzog Johann als Reichsverweser einzusetzen, der keineswegs an die Beschlüsse der Nationalversammlung gebunden sein sollte.

Die Wahl des österreichischen Erzherzogs Johann zum Reichsverweser am 29. Juni 1848 durch die liberale Nationalversammlungsmehrheit bedeutete eine Niederlage der republikanischen und demokratischen Linken im Kampf um die Einheit Deutschlands. Fürst Leiningen, kurze Zeit Ministerpräsident des vom Reichsverweser gebildeten sogenannten Reichsministeriums, schrieb am 1. Juli 1848 an den Schweizer Staatsrat, Professor Dr. Bluntschli in München: »Die Linke oder sogenannte republikanische Partei hat unbezweifelt hierdurch eine bedeutende Niederlage erlitten, das monarchische Prinzip neue Schwingen gewonnen, wenn man sie zu benutzen versteht.« Mit Hilfe der liberalen Mehrheit gegen die Demokraten vorzugehen, bezeichnete er als dringend notwendig, da »die radikale Partei jetzt doppelt tätig ist«.[3]

Der Reichsverweser übernahm sein Amt im Einvernehmen mit den deutschen Fürsten. In seiner Erklärung vom 15. Juli 1848 ›An das deutsche Volk‹, die als Flugblatt überall in Deutschland verbreitet wurde, ist nicht von Revolution, sondern von »Ordnung und Gesetzlichkeit« die Rede.[4]

[2] K. Marx/F. Engels, *Die Frankfurter Versammlung*, in: Marx/Engels, *Werke*, Bd. 5, Berlin 1959, S. 14.

[3] G. Küntzel, *Der Reichsverweser Erzherzog Johann von Österreich und Fürst Karl Leiningen*, Anhang: *Aus dem Briefwechsel zwischen Fürst Leiningen und Prof. Dr. Bluntschli* – München, in: Zeitschrift für die Geschichte des Oberrheins, N. F. Bd. 26, Heidelberg 1911, S. 315.

[4] Das im Historischen Archiv der Stadt Köln vorhandene Flugblatt wurde in Frankfurt a. M. veröffentlicht. Es heißt im Impressum: »Druck von Benjamin Krebs.« Dagegen lautet der Druckvermerk bei dem

In den Diskussionen um die Stellung der Nationalversammlung sahen sich aber nun erst recht die Arbeiter und Demokraten in den zahlreichen Vereinen veranlaßt, u. a. auch führende Persönlichkeiten der Volksbewegung wie Hecker und Ronge, der Nationalversammlung offen zu sagen, was das deutsche Volk von ihr erwartete und welche Forderungen die künftige Verfassung berücksichtigen müsse. Die Stimme des Volkes drang ständig laut und unüberhörbar an die Ohren der Frankfurter Abgeordneten. Viele Flugblätter verkündeten in ganz Deutschland, was das Volk den Abgeordneten zu sagen hatte. Die liberalen Abgeordneten, die die Volkssouveränität leugneten, mußten im Sommer 1848 erfahren, wie das deutsche Volk im Bewußtsein seiner Kraft und seiner souveränen Rechte ihr feiges und verräterisches Verhalten einschätzte und verabscheute.

im Staatsarchiv Dresden vorhandenen Exemplar: »Dresden, gedruckt und zu haben bei G. Blochmann und Sohn.«

[62] Manifest.

Wir Unterzeichnete wollen kraft der Souveränität des deutschen Volkes durch die konstituierende Nationalversammlung diejenige Verfassung einführen, welche die Nationalsouveränität nicht wieder aufgibt, sondern für immer sichert. Wir wollen deshalb

1. Eine immer auf drei Jahre gewählte Nationalversammlung für den Gesamtstaat Deutschland, gewählt ohne Zensus und durch direkte Wahlen.
2. Einen Vollziehungsausschuß, welcher durch einen verantwortlichen Präsidenten und sein verantwortliches Ministerium gebildet und durch die jedesmalige Mehrheit der Versammlung aus ihrer Mitte gewählt wird. Jede neugewählte Nationalversammlung entscheidet daher von neuem über ihren Vollziehungsausschuß.
3. Wir verlangen, daß mit der Feststellung und Verkündigung der Volksrechte oder der deutschen magna charta begonnen und der Verfassungsausschuß mit der sofortigen Vorlage dieser Volksrechte beauftragt werde.
4. Wir nehmen die Gestaltung Deutschlands seit dem März 1848 als Tatsache an, und sind der Ansicht, daß die politische Lage, in der wir Deutsche uns gegenwärtig befinden, folgende ist: die einzelnen deutschen Staaten treten durch die Vereinigung aller deutschen Abgeordneten in der Nationalversammlung zu Einem Föderativstaat zusammen, und geben dadurch so viel von ihrer Souveränität auf, als die Nationalversammlung zur Bildung des souveränen Gesamtstaates für nötig erachtet.
5. Die einzelnen Staaten sind ungehindert, wie die freien Reichsstädte, Republiken, oder, wie die übrigen Staaten, konstitutionelle Monarchien zu sein; jedoch wird durch die Volksrechte, welche die Nationalversammlung proklamiert, derjenige Grad von Volksfreiheit festgesetzt, welcher unter allen Umständen dem Volke gewährt werden muß.
6. Zu der definitiven Konstituierung des Gesamtstaates ist keine weitere Zustimmung der einzelnen Staaten erforderlich, als die, welche bereits in dem Zusammentritt der souveränen konstituierenden Nationalversammlung liegt. Die Versammlung vereinigt jetzt noch alle Staatsgewalten des Gesamtstaates in sich und hat diese verschiedenen Gewalten und politischen Lebensformen, die sie zu beschließen berufen ist, auch sofort in Wirksamkeit zu setzen und die innere und äußere Politik des Gesamtstaates zu handhaben.

Frankfurt am Main, den 31. Mai 1848.

Dr. J. N. Berger aus Wien.	Gustav Rée aus Offenburg.
Brentano aus Bruchsal.	Reinstein aus preuß Sachsen.
Hermann Grubert aus Schlesien.	Arnold Ruge aus Leipzig.
Dr. Heldmann aus Hessen.	Julius Scharre aus Sachsen.
Junghanns aus Baden.	Schlöffel aus Schlesien.
Ch. Kapp aus Heidelberg.	Franz Schmidt aus Schlesien.

Ad. Kolaczek aus Schlesien.	Titus aus Bayern.
Martiny aus Westpreußen.	W. Zimmermann aus Württemberg.
Dr. Mohr aus Rheinhessen.	
Peter aus Konstanz.	Zitz aus Hessen.

Wir fordern unsere Gesinnungsgenossen in der Versammlung auf, ihre Namen den unsrigen hinzuzufügen, um alsdann das Manifest mit allen Unterschriften drucken und verbreiten zu können.

[63] Hohe Nationalversammlung

Die deutsche Nation hat ihre Vertreter zu hoher Versammlung zusammenberufen lassen, damit sie nicht allein eine Verfassung für das gesamte deutsche Vaterland gründe, sondern in konsequenter Durchführung des Prinzips der Souveränität des Volks, dessen Interessen auch schon jetzt vertrete, und dafür Sorge trage, daß sowohl die Freiheit im Innern Deutschlands bewahrt, wie dessen Macht und Ansehen nach Außen festgestellt werde. Ihr allein steht deshalb die Befugnis zu, die allgemeinen deutschen Angelegenheiten, sei es selbst, sei es durch eine von ihr zu bestellende und nur ihr verantwortliche provisorische Executiv-Gewalt zu regeln, und Nichts, insbesondere auch nicht das Vertrauen auf die bestehenden Regierungs-Organe, darf ein Beweggrund sein, von der h. Versammlung durch den Willen des Volks eingeräumten, Machtvollkommenheit etwas aufzugeben und dadurch das Prinzip der Volkssouveränität zu verletzen. Dieses Prinzip muß daher auch jeder einzelne Abgeordnete bei seinen Abstimmungen vor Augen haben, und daß er es beachte, dafür ist er der gesamten deutschen Nation verantwortlich. Allein leider scheint dies von einer großen Anzahl Abgeordneter noch nicht in vollem Umfange anerkannt zu werden! Denn wie hätte sich sonst eine Majorität für die Ablehnung des zweiten Teils des Waiz'schen Antrags hinsichtlich der schleswig-holsteinischen Angelegenheit in der 15. Sitzung hoher Versammlung herausstellen, wie hätte sich eine Mehrheit dafür finden können, welche die Ratifikation des Friedens bei einem von Deutschland geführten Krieg nicht der hohen Versammlung vorbehalten wolle? Wahrlich, wir können dieses nur aus einer gänzlichen Nichtbeachtung des oben erwähnten Prinzips erklären, und dies veranlaßt uns, hoher Versammlung nicht allein unser tiefstes Bedauern über den durch die Majorität in gedachter Angelegenheit gefaßten Beschluß auszusprechen, sondern auch die Erklärung hinzuzufügen, daß nach unserer Überzeugung durch Beschlüsse solcher Art das Vertrauen des ganzen Volkes notwendig wankend gemacht werde. –

Hoher Nationalversammlung
gehorsamste
Bürger u. Einwohner von Hanau.
(Folgen die Unterschriften.)

Hanau, den 14. Juni 1848

[64] An die deutsche Nationalversammlung in Frankfurt am Main.

Hohe Versammlung!
Der Kongreß deutscher Demokraten-Vereine zu Frankfurt fordert die Nationalversammlung auf, daß sie, als eine Achtungsbezeugung gegen den Willen des Volkes und als Zeichen des Zutrauens zu sich selber, den Abgeordneten Friedr. Hecker von Mannheim unverzüglich einlade, in ihrer Mitte Platz zu nehmen.
Frankfurt am Main, den 15. Juni 1848

Im Namen des Kongresses der deutschen Demokraten:
Der erste Präsident: Julius Fröbel
Der erste Sekretär: Friedrich Kapp.

[65] Süddeutsche Brüder!

Schon seit dem 18. Mai ist die deutsche Nationalversammlung eröffnet und noch ist, außer der formellen Bestätigung der Volkssouveränität, die im März auf den Barrikaden blutig erkämpft wurde, nichts geschehen, was den Erwartungen der Nation auch nur einigermaßen entsprochen hätte. Die Verhandlungen werden, wie ich mich seit meinem Hiersein zur Genüge überzeugt habe, in unerträgliche Länge gezogen, und zwar insbesondere durch eine enggeschlossene Anzahl von Geburts- und Geldaristokraten, nebst Pfaffen, von denen sich noch eine große Schar derer bestimmen läßt, welche prinziplos hin und herschwanken, welche den kühnen Aufschwung des Volksgeistes als gefährlich fürchten oder welche die Verfassung des neuen Deutschlands aus mühsam zusammengestoppelten Kathederheften und vermoderten Aktenstücken vergangener Jahrhunderte zusammenflicken wollen. Die Männer (der Linken), welche die Forderungen der Zeit kennen, welche gern dem gedrückten Volke und dem gefährdeten Vaterlande helfen möchten, sind gelähmt und sehen mit bitterem Schmerz, wie das Vertrauen der Nation zu der Versammlung von Tag zu Tag mehr schwindet.

Anfangs hofften Eure deutschen Brüder in Ost und Nord, so wie Ihr: die Nationalversammlung werde es als erste Pflicht erachten, den dringendsten Bedürfnissen im Innern des Vaterlandes abzuhelfen, sie werde sich beeilen, die Lasten, welche auf dem Ackerbau, auf den Gewerben und auf dem Handel liegen, sowie alle Vorrechte großsinnig und vollständig aufzuheben, um so den innern Unruhen und dem kreditlosen Zustande zu begegnen, der nicht bloß die Arbeiter, sondern auch den Mittelstand in die größte Gefahr gebracht hat. Als wir aber die ersten Nachrichten über die Zusammensetzung und Haltung der Versammlung erhielten, schwanden die großen Hoffnungen immer mehr, Mißtrauen trat ein und wir sehen dieses Mißtrauen durch den Kommissionsentwurf über die Grundrechte der Nation, worin nicht einmal die Feudallasten geradezu aufgehoben sind, mehr als gerechtfertigt. Eins hofften wir jedoch noch immer, wir hofften, daß die Versammlung eine Zentralgewalt nach dem Prinzip der Volkssouveränität schaffen würde, welche imstande sein würde, das gefährdete Vaterland zu leiten, gegen das Ausland kräftig zu vertreten und uns vor neuer Schmach und Erniedrigung zu schützen. Der Kommissionsbericht und die Verhandlungen über diesen Gegenstand berechtigen uns jedoch auch hierüber zu zweifeln und erwecken schwere Besorgnisse, denn man hat sich nicht gescheut, die Volkssouveränität zu verleugnen und will die Wahl der Zentralbehörde den Fürsten überlassen, während sie einzig und allein nur der Nationalversammlung zusteht.

Süddeutsche Brüder! sollte die Nationalversammlung der Mehrheit nach die Wahl der Zentralbehörde wirklich den Fürsten überlassen und das Grundgesetz der neuern Zeit also verleugnen, dann hat sie sich selbst das Urteil gesprochen und Ihr habt von allen Deutschen zuerst die strenge Pflicht, um jeden Preis das Prinzip der Volkssouveränität zu schützen, denn wißt, der Grundsatz der Volkssouveränität ist für uns göttliches Gesetz, ist die Bedingung für unsere Zukunft, lassen wir ihn verletzen und verleugnen, dann sinken wir rettungslos in blutige Anarchie. Es ist schon ein Vergehen, daß das Prinzip der Volkssouveränität in dem Kommissionsentwurf in Frage gestellt wurde, es wäre aber ein Verrat an der Nation, ihn zum Gesetz zu erheben.

Brüder seid darum wachsam, es gilt Eure Freiheit, Eure Zukunft, Eure Ehre zu wahren!

Frankfurt a. M. den 21. Juni 1848.

Johannes Ronge.

Gedruckt und zu haben bei August Stritt in Frankfurt a. M., Rosengasse No. 3

[66] An das deutsche Volk.

Endlich ist die provisorische Zentralgewalt für das gesamte Deutschland durch die National-Versammlung zu Frankfurt a. M. geschaffen. Aber mit Schmerz müssen wir es bekennen; das von der Nationalversammlung gegebene Gesetz, welches die Zentralgewalt ins Leben rief, befriedigt nicht unsere Erwartungen, befriedigt nicht die Erwartung, welche das deutsche Volk mit Recht sich davon versprochen hatte. Vielmehr sind dadurch fast alle die Errungenschaften der jüngsten großartigen Erhebung des deutschen Volkes in Frage gestellt, und die alte verwerfliche Politik scheint, nur unter anderem Namen, in unserem Vaterlande wieder Platz greifen zu wollen. Durch dieses Gesetz ist ein Reichsverweser ernannt – über Vierfünfteile der Versammlung wählten dazu einen deutschen Fürsten –! dieser Reichsverweser ist unverantwortlich: ja, er ist nicht einmal verpflichtet, die Beschlüsse der Nationalversammlung zu verkündigen und zu vollziehen: dagegen ist er gehalten, über alles, was er tut, sich vorher mit den Bevollmächtigten der deutschen Regierungen in Einvernehmen zu setzen.

Deutsches Volk! Als du deine Vertreter zu der konstituierenden Versammlung hierher sandtest, der du die höchste Gewalt, die Souveränität des Volkes anvertrautest, da war es dein Wille, daß von uns Beschlüsse gefaßt und Einrichtungen getroffen würden, welche unsere höchsten Güter, die Freiheit und die Einheit sicherstellten, welche aus dieser zerstückten, zerrissenen und zertretenen Nation einen einigen, freien selbstbewußten Gesamtstaat bildeten, und auf den Trümmern eines unheilvollen freiheitsmörderischen Systems ein neues glanzvolles Gebäude der Volksfreiheit errichteten. Die Versammlung selber hat bei mehreren Gelegenheiten die einzige Quelle ihrer Gewalt, die Volkssouveränität, entschieden ausgesprochen. Nur dadurch war es möglich, daß aus dem Verfassungswerk etwas Großes und Befriedigendes wurde. Aber durch das neue Gesetz über die Zentralgewalt ist dieser Grundsatz erschwert, unsere ganze politische Zukunft ist dadurch in Frage gestellt.

Die Versammlung hat ein unverantwortliches Oberhaupt für Deutschland erwählt. Hierdurch hat sie sich des Rechtes entäußert, welches das Volk ihm anvertraut: sie hat die Volkssouveränität preisgegeben: sie hat sich einen Herrn gesetzt, welcher nicht unmittelbar aus dem Volke seine Gewalt herleitet, sondern welcher, wie das bisherige Fürstentum, außer dem Volke steht.

Dies erhält erst sein Gewicht durch die zweite Bestimmung, daß der Reichsverweser nicht verpflichtet ist, die Beschlüsse der Nationalversammlung zu verkündigen und zu vollziehen. Er ist dadurch gesetzlich unabhängig von der Nationalversammlung und lediglich von seinem guten Willen hängt es ab, ob er die Beschlüsse derselben vollziehen will, oder nicht.

Also der Wille der Nation, welche in der Versammlung repräsentiert sein soll, ist nicht geachtet: er soll kein Organ haben. Dagegen soll sich der Reichsverweser bei seinen Handlungen mit den Bevollmächtigten der deutschen Regierungen in Einvernehmen setzen! Was heißt dies anders, als daß das von der Nation verworfene System der Zersplitterung wieder ins Leben gerufen werde? Denn diese Repräsentanten der Regierungen sind doch nichts weiter als der alte Bundestag, der zwar ausdrücklich aufgehoben wurde, aber nun, bloß unter anderem Namen, dennoch fortbesteht? Also noch einmal soll sich das alte Spiel erneuern! Noch einmal soll das Volk um seine Hoffnungen betrogen werden! Noch einmal soll die Zersplitterung und engherzige Fürstenpolitik siegen über die Einheit und Freiheit des deutschen Volkes!

Dieses Spiel konnte man bereits bei der Wahl des Reichsverwesers durchschauen. Der Bundestag hat offen erklärt, daß schon vor Schluß der Beratung über die schwebende Frage die einzelnen deutschen Regierungen ihre Zustimmung zu der getroffenen Wahl gegeben hätten!

Gewinnt es nicht dadurch den Anschein, als ob die ganze Beratung und Entscheidung im Sinne der Nationalversammlung nur ein leeres Spiel gewesen, indem vorher die Diplomaten bereits alles miteinander ausgemacht und darnach die Fäden gesponnen hatten? Wahrlich! in diesem Falle müssen die Männer, welche dabei ehrlich verfuhren, sich schamrot gestehen, daß sie abermals mißbraucht worden sind, um statt der Freiheit dem Interesse der Dynastien zu dienen!

Die Minderheit hat in dem Kampfe um die Zentralgewalt alles aufgeboten, um dem Volke seine Rechte zu bewahren. Aber sie ist erlegen vor der Mehrheit. Nachdem sie nun aber in diesem ungleichen Kampfe vor dem numerischen Übergewicht hatte weichen müssen, hielt sie es für ihre Pflicht, gegen das ganze Gesetz über die Zentralgewalt zu stimmen, und ein Teil der Minderheit – 25 an der Zahl – konnte es auch nicht über sich bringen, an der Wahl eines unverantwortlichen Reichsverwesers teilzunehmen, der nicht einmal die Verpflichtung hat, die Beschlüsse der Nationalversammlung zu vollziehen. Sie hat sich daher der Wahl enthalten und dadurch, so weit in ihren Kräften stand, die Rechte des Volkes zu wahren gesucht.

Dies hält die radikal-demokratische Partei der Nationalversammlung für ihre Pflicht, zur Kunde des deutschen Volkes zu bringen. Einmal, um vor demselben ihre Handlungsweise zu erklären und zu rechtfertigen und dann, um das Volk über den Stand der Dinge zu unterrichten. Wie gesagt, angesichts der deutschen Nation und ihrer Rechte, welche zu wahren ihre Aufgabe ist, konnte sich die Minderheit nicht entschließen, dem Gesetz über die Zentralgewalt ihre Zustimmung zu geben und einen Reichsverweser zu wählen, dessen Befugnisse und Verbindlichkeiten im Widerspruch mit der Souveränität des Volkes stehen. Sie hat aber auch die Überzeugung, das deutsche Volk in seiner Mehrheit wird die Handlungsweise der Minderheit in der Nationalversammlung billigen, und der entschieden ausgesprochene Wille des Volkes wird bald eine Wendung der Dinge herbeiführen, mächtig genug, die Interessen unseres großen Vaterlandes und der Freiheit zu wahren.

Frankfurt am Main den 1. Juli 1848.

Die radikal-demokratische Partei der deutschen konstituierenden National-Versammlung.

Alle Zeitungen werden um Aufnahme dieses Manifestes ersucht. Die demokratischen Vereine sind gebeten, dasselbe durch Abdruck zu verbreiten.

[67] Hohe National-Versammlung!

Die Beratung der Verfassung beginnt nunmehr. Es ist von der größten Wichtigkeit, daß dieselbe in jeder Beziehung die Rechte des Volkes wahre, dem Willen des Volkes entspreche und jederzeit mit dem Volksbewußtsein im Einklang stehe oder doch in solchen gebracht werden könne. Wir fordern deshalb, daß in der Verfassung folgende fünf Punkte ausdrücklich festgestellt werden.

1. Direkte Wahlen, damit jeder Staatsbürger frei und selbständig ohne Bevormundung durch einen Wahlmann demjenigen seine Stimme geben könne, den er selbst zu seinem Vertreter in der National-Versammlung am geeignetsten hält und dem er selbst am meisten vertraut. Ein so wichtiges Recht wie das Wahlrecht muß der freie Mann selbst ausüben dürfen. Es ist nicht möglich, dies Recht einem andern zu übertragen, wie dies bei der indirekten Wahl geschehen muß.
2. Das Recht der Wähler, den von Ihnen gewählten Abgeordneten, falls er nicht in ihrem Sinne stimmt, durch Mehrheitsbeschluß das Mandat zu entziehen. Dies Recht muß jedem Wahlkreise zustehen, weil nur dadurch die wahre Meinung der Mehrheit des Landes durch die Abgeordneten ausgedrückt werden kann. Notwendig aber ist es insbesondere, sobald dem Staatsoberhaupt das Recht eingeräumt wird, die Kammer aufzulösen, sonst wäre stets das Volk im Nachteil gegen die Regierung.
3. Einkammer-System. Wo alle Staatsbürger gleiche Rechte haben, da ist es unmöglich, zwei Kammern zu bilden, weil dadurch eine neue bevorzugte und bevorrechtete Kaste geschaffen und der Gang der ganzen Staatsmaschine schwerfälliger und unbeholfner werden müßte; eine Übereinstimmung zwischen zweien, d. h. der Kammer und dem Oberhaupt des Staates, aber leichter zu erzielen ist, als eine Einigung zwischen drei Gewalten.
4. Dem Staatsoberhaupt nur suspensives Veto, wenn überhaupt ein Veto. Die Souveränität des Volkes, das heißt, das freie Selbstbestimmungsrecht wird sonst nie zur Wahrheit werden, wenn auch der ausübenden Gewalt zusteht, die Ausführung der Beschlüsse der Volksvertreter überhaupt oder gar für immer zu verweigern. Vor allem aber fordern wir ausdrückliche Anerkennung:
5. Daß die Verfassung zu jeder Zeit im geordneten Wege verbessert und erweitert werden könne. Das Bewußtsein und Bedürfnis des Volkes verändert sich mit der Zeit. Die Erschwerung oder das Unmöglichmachen notwendig werdender Veränderungen der Verfassung tragen in sich den Keim von künftigem gewaltsamen Umsturz. Das Volk will aber einen solchen nicht, weil dessen Folgen den Wohlstand und die Wohlfahrt auf lange Zeit verkümmern oder gar vernichten und darum darf der Weg zu Verbesserungen und notwendigen Veränderungen nicht erschwert werden.

Die Unterzeichneten fordern die Hohe National-Versammlung auf, diese fünf unerläßlichen Erfordernisse einer wahrhaft die Freiheit, Gleichberechtigung und Wohlfahrt des gesamten Volkes sichernden Punkte in reiflicher Erwägung zu ziehen und der Verfassung einzuverleiben. Dadurch allein kann dem Willen und Bedürfnis des Volkes für

alle Zeit Genüge geschehen, die Rechte des Volkes gesichert, und künftigem Unheil dauernd vorgebeugt werden.
Druck von Eduard Klein in Breslau.

[68] An die hohe National-Versammlung zu Frankfurt a. M.

Was in jüngster Zeit über die Bedingungen eines Waffenstillstandes mit den Dänen bekannt geworden ist, muß in jedem deutschen Mann Gefühle des Unwillens und der Sorge erregen, und diese Gefühle haben auch in der National-Versammlung ihren Ausdruck und ihre Würdigung gefunden. Wir beklagen die Notwendigkeit des Krieges mit den Dänen um so mehr, als einige Teile unseres Vaterlandes verhältnismäßig schwer die Lasten desselben zu tragen haben, und wir sind bereit, jeden Anteil an dieser Last und Gefahr, der uns auferlegt werden kann, freudig zu übernehmen. Die Überzeugung aber steht in uns, steht gewiß in allen Deutschen unwandelbar fest, daß der Krieg nur mit dem Siege der deutschen Waffen endigen darf, und wir hegen die feste Hoffnung, daß der erste Friede, welchen der deutsche Reichsverweser und die deutsche National-Versammlung schließen, Deutschlands Ehre und Macht wahren werde. In der Übereinstimmung mit dem tiefbegründeten Willen des Volks beruht die Kraft der National-Versammlung, darum erachten wir es für Pflicht in einer so wichtigen Angelegenheit offen auszusprechen, was wir als Deutschlands Recht erkannt haben.

Als unerläßliche Bedingungen eines Friedens mit Dänemark betrachten wir aber:

1. Die Einverleibung des selbständigen ungeteilten Schleswig-Holsteins in das deutsche Reich. Dänemark hat kein Recht auf Schleswig, Deutschland ein unbestreitbares, das sowohl in der staatlichen und nationalen Verbindung Holsteins mit Schleswig als in dem durch das gesetzliche Organ, die Ständeversammlung, ausgesprochenen Willen Schleswigs begründet und durch die Aufnahme der schleswigschen Abgeordneten von der National-Versammlung anerkannt ist. Eine Teilung Schleswigs würde eine Art der Willkür und praktisch unausführbar sein, weil es nur Ein Schleswig-Holstein gibt und sich keine Grenze zwischen den Deutsch- und den Dänisch-redenden Schleswigern ziehen läßt. Es ist ein zweifacher Irrtum, wenn man wähnt, die Nordschleswiger seien Dänen, oder sie wollten es werden. – Bei der Abtrennung Schleswig-Holsteins von Dänemark ist zwischen beiden Staaten vollständige Abrechnung zu halten, namentlich muß der Teil der Flotte, welcher Schleswig-Holstein rechtlich zukommt, sofort geliefert werden.

2. Die Aufhebung der Personalunion zwischen Schleswig-Holstein und Dänemark, das einzige Recht, welches Dänemark besaß, daß sein

Herrscher bis zum Erlöschen des Mannesstammes auch Fürst in Schleswig-Holstein sei, ist verwirkt durch den despotischen Akt der Regierung, welche Schleswig-Holsteins Rechte mit Füßen getreten, Schleswig für inkorporiert in Dänemark erklärt hat; es ist verwirkt durch den ungerechten Krieg, welchen Dänemark gegen Schleswig-Holstein mit einer aller Humanität hohnsprechenden Grausamkeit und Roheit geführt hat. Für das Volk Schleswig-Holsteins ist es eine moralische Unmöglichkeit, sich wieder unter die dänische Herrschaft zu fügen, für Deutschland ist es eine unabweisliche Pflicht, in diesem Krieg, den es nicht begonnen, seine Selbständigkeit gegen jeden Angriff sicherzustellen.

3. Die Revision des Sundzolles, welche, wenn dessen völlige Aufhebung ohne Ungerechtigkeit nicht gefordert werden kann, ihn jedenfalls auf ein billiges Maß zurückzuführen hat, damit auch hier nicht bloß Dänemarks, sondern auch Deutschlands Vorteil gewahrt werde.

Indem wir diese unsere Überzeugung einer hohen National-Versammlung vorlegen, sprechen wir die ehrerbietige Bitte aus:

es möge dieselbe den von uns berührten Punkten eine geneigte Berücksichtigung schenken.

Leipzig, den 27. Juli 1848.

Der deutsche Verein.
Dr. Göschen, Vorsitzender
Th. Cichorius, Schriftführer.

[69] Hohe deutsche Nationalversammlung in Frankfurt!

Der vereinigte Ausschuß der Bürger, Nationalgarden und Studenten, der in einem kritischen Zeitpunkt der konstitutionellen Entwicklung Österreichs nicht bloß durch den unabweislichen Drang der Notwendigkeit, sondern auch auf legale Weise ins Leben gerufen ward, um Ordnung, Ruhe und Sicherheit, und insbesondere die Volksrechte als Vertreter der gesamten National-Garde und akad. Legion in der Haupt- und Residenzstadt Wien zu wahren, ist seiner Pflicht gemäß bisher mit patriotischer Gewissenhaftigkeit den Verhandlungen der hohen Frankfurter Nationalverwammlung gefolgt.

So wenig es ihm ziemen würde, die Beschlüsse der Vertreter des souveränen deutschen Volkes in Frankfurt als nicht bindend zu erkennen; so kann er doch nicht umhin mit tiefem und gerechten Schmerz auszusprechen, daß die von der Frankfurter Nationalversammlung ausgegangenen Resultate zur dauerhaften Konstituierung des deutschen Vaterlandes den bestgemeinten und begeisterten Wünschen der Mehrzahl der Wiener Bevölkerung für deutsche Freiheit, Einheit und für die achtungsgebietende Stellung Deutschlands unter den freien Völkern Europas nicht entsprochen haben.

Mit dem lebhaftesten Ausdruck des gekränkten deutschen Selbstgefühls muß der vereinte Ausschuß erklären, daß sowohl der Erfolg als der Geist der Frankfurter Verhandlungen der großartigen deutschen Bewegung dieses Jahres, welche doch die Mutter der Vollmachtgeber des Frankfurter Parlaments ist, untreu wurde, daß durch ein ähnliches künftiges Gebahren der Frankfurter Majorität die alte mit dem Nationalfluch belastete Politik des Bundestags in ihrer Wesenheit nicht aufgehoben, sondern nur in gemilderten konstitutionellen Formen fortgesetzt wurde, und daß insbesondere dadurch die deutschen Länder der österreichischen Monarchie in ihren mannhaften und glühenden Bestrebungen für einen innigen Anschluß an das deutsche Gesamtvaterland gelähmt, ja sogar in ihrer nationalen Existenz bedroht werden müßten.

Mit um so größerem Trost für die deutsche Zukunft und mit um so wärmerer Sympathie muß aber der vereinigte Ausschuß die standhaften parlamentarischen Kämpfe der der Volkssache und den Volksrechten treu gebliebenen Linken Minorität begrüßen.

Es entsendet dieser Minorität von den Ufern der Donau seine herzlichsten Aufmunterungen, seinen kräftigsten Mahnungsruf zu ausdauerndem Mute und hat mit unbeschreiblicher Trauer wahrgenommen, daß die standhaften Volksvertreter der Linken für ihre dankenswerten nationalen Anstrengungen außer dem Schmerz der parlamentarischen Niederlage noch oft Hohn und terroristische Beleidigungen hinnehmen mußten.

Wien am 20. August 1848.

Der Ausschuß der Bürger, Nationalgarde und Studenten für Ordnung Sicherheit und Wahrung der Volksrechte.
A. Wehellym
pro. Präses Stellvertreter

[70] Ein Flugblatt von Hecker, verteilt in der Nationalversammlung zu Frankfurt a. M.

In der heutigen Sitzung wurde folgendes Flugblatt verteilt:

P.P. Ein verzerrtes Bild vollständiger Ratlosigkeit und planlosen Umhertappens, als Deutschland gegenwärtig darbietet, kann es nicht geben, und dennoch liegen so gewaltige Kräfte offen zur Hand, um unser Volk zu einem fruchtbaren Volkskörper zu gestalten; aber niemand wagt es, die deutsche Revolution mit den Mitteln der Revolution zur Gestaltung zu bringen; nutzlos lodert die energische Volkskraft in einzelnen Demonstrationen auf; die Partei, welche sich anmaßt, die Majorität zu vertreten, führt Land und Volk dem Verderben, führt sie einer polnischen Teilung zu. Diese feigen Doktrinärs haben es bereits soweit gebracht, daß Deutschland an den freien Völkern keinen

Freund hat, daß es verachtet zu werden beginnt, während Russen und Skandinavier im geheimen festen Bunde mit den Fürsten lauernd an den Toren stehen, um heute oder morgen über das planmäßige in Agonie gehaltene Volk herzufallen, und einen racheschnaubenden Despotismus einsetzen. – Beleuchten wir nun diejenigen, welche das Siechtum der Nation bewußt oder unbewußt sich als Aufgabe gestellt haben, jene Partei, welche die Republikaner Anarchisten und Raubgesindel heißt, sich aber als Ausdruck des Volkswillens proklamiert. Es ist jene Partei, welche in der Presse die deutsche Zeitung, in der National-Versammlung die Majorität, im Volke den wackligen Sitz »des Fortschritts auf gesetzlichem Wege« eingenommen hat. Ihre Rat- und Tatlosigkeit spricht sich nirgends klarer aus als in ihrem Organ, der deutschen Zeitung, weil dort alle ihre Wasserrinnen zusammenlaufen. Durch alle ihre jüngsten Nummern geht nichts als ein Greinen, Lamentieren, untermischt mit Fluchen und Schimpfen, aber nicht ein energischer, das Volk in Mark und Bein packender Vorschlag, dem es zujauchzt, weil er ihm eine rettende Tat in Aussicht stellt, es zur Handlung zur Rettung seiner selbst erhebt. Jene Partei will mit Fürsten auf dem Wege der Unterhandlung einen Volksstaat schaffen. Sie weiß es, daß in London eine Verschwörung gegen das Volk brütet, in welcher der Prinz von Preußen, Metternich, Guizot, die Gesandten von Rußland, Neapel, Bayern, Hannover und andere das Gift des Volkstodes kochen, und Robert Peel in charmanten Besuchen empfangen oder angehen, und sie liebäugelt und streichelt die Monarchie und geht über die Mainzer Blutszenen zur Tagesordnung, um Preußen und das preußische Gouvernement mit seinen Prinzen von Preußen nicht zu kränken; sie ist an jenes Preußen verschrieben, welches sich außerhalb des Volkes in Preußen und Deutschland stellte, welches wieder dieselben Rollen gegen das deutsche Volk spielt, die es spielte vom Basler Separatfrieden bis zur Schlacht bei Jena. – Sie will mit den Fürsten unterhandeln. Wie ein heulender Polizist denunziert sie heute die republikanische Presse, die demokratischen Vereins- und Massenbestrebungen, morgen den Soldaten Ungehorsam; heute will sie Volksbewaffnung, morgen heißt sie es gut, daß die Mainzer Bürgerwehr entwaffnet bleibe; bald preist sie das Kleinod der freien Presse, und kurz hinterher wütet sie gegen die radikal republikanischen Blätter und sanktioniert in Mainz die Zensur – denn sie will mit den Fürsten verhandeln.

Heute beruft sich jene Partei auf die Majestät und Herrlichkeit des souveränen Volkes, und morgen bespricht sie allen Ernstes die Frage, ob ein Mann in der National-Versammlung den Zutritt habe, welcher trotz der Anklage, er habe die Fürstenherrschaft zerbrochen, und das souveräne Volk als Quell aller Macht und alles Rechts anerkennen wollen, von eben dem souveränen Volk zum Repräsentanten gewählt worden sei. Sie erkennt das Wahlvolk als alleinigen Herrn und Meister, und will ihm verbieten, einen zu wählen, welcher der Monarchie den ehrlichen Krieg mit den Waffen erklärt – sie unterhandelt mit den Fürsten. Sie spricht begeistert von Barrikaden Wiens und Berlins, dem über dem Königtum siegenden Volk und bewirft mit Geifer, Schmutz und Verleumdung die besiegten Republikaner – denn sie will noch mit den Fürsten unterhandeln. Sie hat das berüchtigte Bundespromemoria vom 4. Mai 1848 angehört, welches das souveräne Volk verleugnet, sie hat die österreichische Protestation vernommen, welche die Beschlüsse der National-Versammlung nicht anerkannt, sie hat die bayerische Erklärung vernommen, welche dasselbe ausdrückt, sie hat die preuß. und österr. Erklärung im nämlichen Sinne wohl verstanden – und sie will noch mit den Fürsten unterhandeln. – Heute ruft sie die Regierungen, (d. h. die monarchische Gewalt, soweit sie noch besteht) gegen die energischen Revolutionärs an, und morgen weist sie nach, daß hinter dem Rücken des Volkes, ja sogar mancher Minister die scheußlichsten Rachepläne gegen das Volk und zu seiner Vernichtung geschmiedet werden. Sie muß es wissen, daß in einer der letzten Bundestagszusammenkünfte der hannoversche Gesandte erklärte, daß seine Regierung das 10. Armeekorps, trotz des an sie ergangenen Bundesbeschlusses nicht werde zum Kriege gegen Dänemark stellen, und daß die bundestägliche Leiche sogar hierüber in Gärung geriet, und der österr. Gesandte Schmerling in höchster Wut ausrief: »Wenn es so geht, dann sind wir für nichts da, und können auseinander gehn!« – und sie will mit den Fürsten unterhandeln. – Und ihr in Frankfurt Versammelten, wißt ihr, faßt ihr die Hoheit und Allmacht des Ausdrucks, der euch gebietet, im Namen des souveränen Volkes aufzutreten? Wißt ihr, was es heißt, der Vertreter von Fünfzigtausend zu sein? Begreift ihr, was es heißt, im Namen des souveränen, des mächtigen, unverantwortlichen, gewaltigen Volkes von vierzig Millionen! zu sprechen und in seinem Namen kraft aller der in ihm liegenden Kraftfülle, Hoheit, Tapferkeit und Energie handeln zu sollen? Volksrepräsentanten, begreift ihr, daß ein Volk nicht zu unterhandeln braucht, wo es handeln muß? Volksrepräsentanten zu Frankfurt a. M. zerreißt das Papier der Unterhandlung mit der Monarchie und werdet selbst die lebendige Volkstat! Rufet dem Volke, das euch gesendet hat, zu: Hannibal steht vor den Toren! ruft ihm zu, daß es gilt ein Volk oder Knecht. Erhebt euch, Bürgerrepräsentanten, zu dem Stolz und der Vollkraft, die in jedem wohnen muß, der reden und handeln soll für fünfzig Tausende, für vierzig Millionen! Sprecht es aus, das große Wort: Deutsche Republik, deutscher Volksstaat! Erkennt an das Recht auf Selbstherrlichkeit und Selbständigkeit Italiens, und ihr gewinnt aus einem Feinde einen Freund und Bundesgenossen; erkennt sie an, die Selbstberechtigung des Ungarn, und reicht ihm die Bruderhand; erkennt an die Selbstgestaltung der Regierungsweise für den Böhmen und reicht ihm die Bruderhand zum Föderativstaat; tretet als Freunde zu den altfreien Eidgenossen und in den Freundesbund zu der jungen Republik Frankreichs und dem fruchtbaren Felsen im Meere, der nordamerikanischen Union. Schließt, Volksrepräsentanten, den großen Bund freier Völker! Ihr schafft Euch Feinde von den Flanken, schafft Euch Freunde daselbst.

Versammelt, Bürgerrepräsentanten, 12 Heerführer des deutsch. Heeres, und beeidigt sie vor euren Schranken angesichts des ganzen Vaterlandes »im Namen des souveränen Volkes«, daß sie nach seinen Beschlüssen handeln und vollziehen; stellt auf eine Ostarmee und eine Nordarmee, erlaßt ein Aufgebot an die Jugend Deutschlands, daß sie euch freiwillig zur Seite stehe als junges Heer der Begeisterung und der Kraft! Sprecht aus, Bürgerrepräsentanten die Erklärung der Rechte des Menschen und des Bürgers, und stellt sie unter den Schutz deutscher Nation. Hebt auf ohne Entgelt das Unrecht von Jahrhunderten, die Zehnten oder das Kapital, was dafür bezahlt werden soll, die Zinsen und Beeten und Gülten, Robotte und Frohnden; entlastet die deutsche Nation von dem Drucke der Stegreif- und Leibeigenschaftszeit. Schafft ab Adel und Vorrechte, erklärt Domänen für Nationalgut und verwendet einen Teil davon zur Unterstützung der Gewerbe und des Handels. Ernennt, Bürgerrepräsentanten, die Nation zur Vollstreckerin ihres Willens, stellt eure Dekrete unter den Schutz und Vollzug der Nation. Und habt ihr in der Mehrzahl nicht den Mut und die Kraft, nicht die Entschlossenheit, das Schiff zu steuern durch den Sturm, so legt euer Mandat nieder in die Hände kühnerer Männer, oder du, gedrücktes Volk, das hinsiechen soll in Reden und Tatlosigkeit, rufe du ihnen zu, ihre Vollmacht zurückzugeben in deine Hand, damit du Männer senden könnest, die nicht unterhandeln mit den Fürsten, sondern handeln in deinem Namen, im Namen des souveränen Volkes.

Friedrich Hecker

V.
Die Stimme der Demokratie gegen den Verrat der Revolution in Preußen und Österreich

Die Vertreter der liberalen Bourgeoisie, die im März mit Hilfe der revolutionären Volksmassen einen Anteil an der Herrschaft erlangt hatten, benutzten ihre Macht von Anfang an dazu, die Revolution zu beenden und gegen die Arbeiter und Demokraten vorzugehen, die den Sieg in den Märztagen erst als Anfang der demokratischen Umwälzung betrachteten. Die liberale Bourgeoisie glaubte sich am Ziel ihrer Wünsche, die lange angestrebte Verständigung und Zusammenarbeit mit den Fürsten war erreicht. Auf dem Weg der Vereinbarung einer neuen Verfassung mit den Fürsten hofften die führenden Liberalen, die konstitutionelle Monarchie zu sichern. Mit Hilfe der Fürsten und der hinter ihnen stehenden Polizei- und Militärmacht glaubten sie, die demokratische Volksbewegung wieder unterdrücken zu können. Die Bourgeoisie wollte die fürstliche Gunst erringen, indem sie der unveränderten Souveränität des Königs huldigte, der Revolution aber ihre Anerkennung versagte und eine Souveränität des Volkes ablehnte. Der offene Kampf der Regierung Camphausen/Hansemann in Preußen gegen die revolutionäre Bewegung begann Anfang April 1848 in Verbindung mit der Einberufung des Vereinigten Landtags. Otto Camphausen, der jüngere Bruder des Ministerpräsidenten und sein persönlicher Referent, schrieb am 5. April an Elise Camphausen, daß der Zeitpunkt eingetreten sei, »in welchem den Forderungen der Menge, so weit diese Forderungen unvernünftig und ungerecht sind, Widerstand zu leisten ist«. Er bezeichnete den Widerstand gegen die Volksbewegung als eine wichtige Aufgabe der Regierung, die im Interesse der gewünschten konstitutionellen Monarchie gelöst werden müsse, aber gewaltige Anstrengungen erfordere. So betonte Camphausen: »Die Schwierigkeit der jetzt zu lösenden Aufgabe liegt darin, den Punkt zu finden, von wo aus Widerstand *mit Aussicht auf Erfolg*, und zwar nicht momentanen, sondern *dauernden* Erfolg geleistet werden kann.«[1]

Antidemokratische, revolutionsfeindliche Maßnahmen wie der erste Prozeß gegen den mutigen Herausgeber des ›Volksfreundes‹, den Studenten Schlöffel, wie die militärische Unter-

[1] Historisches Archiv der Stadt Köln, Abt. 1023a/B 19.

drückung des Posener Aufstandes und die Rückberufung des Prinzen von Preußen im Mai 1848 kennzeichnen diese Politik, die die Kluft zwischen der liberalen Regierung und den Volksmassen ständig vergrößerte.

Ein kräftiger Ausdruck des Volkswiderstandes waren die demokratischen Demonstrationen Anfang Juni und der Berliner Zeughaussturm am 14. Juni. Die Erregung über die Nichtanerkennung der Revolution erfaßte selbst das liberale Kleinbürgertum. Als wichtigste Maßnahme der Regierung nach dem Sturm auf das Zeughaus nannte Otto Camphausen im Brief vom 15. Juni »die sofortige Einziehung der Landwehr, um sie zur Aufrechterhaltung der Ordnung zu verwenden. Dadurch wird die Garnison von Berlin um 5000 Mann verstärkt und das Publikum wieder an die Verwendung von Militär gewöhnt«[2]. Damit war das bourgeoise Märzministerium, das angeblich die »Vermittlung« und den »Übergang« anstrebte und sich dabei täglich mehr von der Revolution und den Volksmassen entfernte, an dem Punkt angelangt, vom passiven zum aktiven Widerstand, zur ministeriellen bzw. bourgeoisen Konterrevolution mit militärischer Hilfe überzugehen. Diese Aufgabe fiel nach dem Rücktritt Camphausens dem neuen Ministerium Hansemann/Auerswald zu, das sich als »Ministerium der Tat« bezeichnete und eine neue Polizeitruppe, die Konstabler, organisierte. Je schärfer die liberale Bourgeoisie der Volksbewegung entgegentrat, desto schwächer und abhängiger wurde ihre Stellung gegenüber den Fürsten, mit denen sie eine Verfassung »vereinbaren« wollte, und gegenüber den hinter den Fürsten stehenden reaktionären Junker. Diese sogenannte liberale Politik, die sich gegen das Volk und seine berechtigten Forderungen wandte, eine Politik, deren bürgerlich konterrevolutionärer Charakter immer deutlicher sichtbar wurde, mußte die feudale Reaktion ermutigen, sich zu sammeln und wieder offen mit eigenen Machtansprüchen hervorzutreten. In den Flugblättern klagen Arbeiter und Demokraten die Bourgeoisie offen des Verrates an und sprechen mutig ihre Forderungen aus. Hier zeigt sich eine ehrliche revolutionäre Gesinnung und der unbeugsame Wille, den Kampf weiterzuführen.

In ähnlicher Weise müssen die Vorgänge in Österreich bzw. in Wien beurteilt werden. Das Vorgehen der Wiener Regierung gegen die Volksbewegung mit dem Ziel, wichtige Errungenschaften der Revolution zu beseitigen, werden durch die Ver-

[2] Ebenda, Abt. 1023a/B 27.

suche gekennzeichnet, die Akademische Legion und das »Politische Zentral-Komitee«, das Sprachrohr der Nationalgarde und der Akademischen Legion, aufzulösen.[3] Das führte zu den Kämpfen am 15. und am 26. Mai, die mit dem Sieg des Volkes endeten. Der Wunsch des Bürgertums, die »Ruhe und Ordnung« durch Verständigung mit der Monarchie zu sichern, veranlaßte aber das in einen Sicherheitsausschuß umgewandelte Zentral-Komitee, sich zu Kompromissen bereitzufinden und die Bewegung auf die Wahl des Reichstags zu konzentrieren, von dem alle die Lösung der Streitfragen erhofften. Aber die Volksbewegung, in der die republikanische Stimmung nur sehr schwach war, erlaubte der Monarchie, gegen die Revolution in Italien mit Hilfe der Armee vorzugehen und sicherte damit der schwarzgelben feudalen Reaktion die Möglichkeit, die Niederschlagung der Revolution in Österreich selbst und in Ungarn vorzubereiten.

[3] Vgl. K. Obermann, *Deutschland von 1815 bis 1849, Lehrbuch der deutschen Geschichte* (Beiträge), 3., überarbeitete Auflage, Berlin 1967, S. 357.

[71] Adresse an den gefangenen Volksfreund Gustav Adolph Schlöffel.

Bruder! Wenn auch düstere Kerkermauern Dich umschließen, wenn auch Deine tapfere Hand gefesselt ist, wenn auch eine finstere Schergenbrut Dich umzingelt und Dein Verderben will, so schwingt sich dennoch, Schlössern und Riegeln zum Hohn, Dein freiheitsatmender Geist aus dem modrigen Gefängnisse zu uns auf, und umweht uns belebend! und unsere hoffnungsvollen Blicke dringen wie leuchtende Blitze durch den finstern Nebel der Dich umhüllt bis an Dein großes edles Herz. Bruder, bald – bald wirst Du frei sein und in unsere geöffneten Arme eilen, und ehe Dich der Sklavengeist wieder in Banden schlägt, ehe soll die Welt aus ihren Fugen gehn. Fest und unerschütterlich wie eine junge Eiche stehst Du da auf Deutschlands gesegnetem Boden, und die stumpfen Äxte der Despoten-Knechte zersplittern an Deiner Stärke! Und die Freiheit geht auf über Deutschland und der junge Eichbaum wird eine starke Eiche, die dasteht als Hort und Schirmer und ihre Zweige weithin verbreitet. Unsere Herzen schlagen Dir mutig entgegen, und wir brennen vor Lust und Begierde, für Dich zu streiten. Allein Du bedarfst unser nicht. Du bist freier in Deinem Kerker als viele Purpur- und Kronenträger auf ihren Thronen. Du wirst dastehen, nicht als Angeklagter, nein als Ankläger des irrigen Haufens der mit frevelhaften Händen die heilige blutig errungene Freiheit antastet. Du wirst dastehen, ein Schrecken der besoldeten Formen-Anbeter, und der frechen anmaßenden Gewalt ein Verderben. Tapferer Jüngling, Du Held und Vorkämpfer der begeisterten Freiheits-Schar, aus vollem freudigen Herzen rufen wir Dir zu: »Glück auf zum Kampfe!« – Sie werden zittern und erbleichen vor dem Donner Deiner Worte, und ihre blöden Augen werden geblendet werden von den Strahlen der Wahrheit, die über Deine Lippen strömt. Glück auf zum Kampfe, Du wirst siegen! Glück auf und mag es der Blödsinn begreifen, und die Schurkerei mag es einsehen lernen: Daß die Welt nicht bestehen kann ohne die Wahrheit. Die Wahrheit aber ist die Freiheit. Du wirst siegen unser Bruder, und aus den Trümmern Deines Kerkers wie ein leuchtender Stern emporsteigen. Wir brauchen Dich nicht zu ermutigen, denn der Mut und die Kraft sprudeln klar und rein wie Felswasser aus der frischen Quelle Deines Herzens. – Noch einmal, bald kommt die Stunde, in der wir Dich jubelnd umarmen, dann wollen wir diesen Tag feiern, als einen Siegestag der verfinsterten Wahrheit und des unterdrückten Rechts. Wir grüßen Dich, unser Bruder, und gedenke unser in Liebe und Treue wie wir Deiner gedenken. In Deinem Herzen aber halle stets wieder unser Ruf: »Glück auf!« –

Berlin, den 10. Mai 1848.

Der Volks-Verein unter den Zelten.

Druck der Vereins-Buchdruckerei, Neue Kirchgasse Nr. 2 am Petri-Platz

[72] Gegen die Rückberufung des Prinzen von Preußen.*

Ein hohes Staats-Ministerium hat bei Sr. Majestät unter dem 10. Mai den Antrag gestellt, Se. Königl. Hoheit, dem Prinzen von Preußen die Abkürzung seines Aufenthaltes in England zu empfehlen. Se. Majestät der König haben bereits diesem Antrage entsprochen und den Prinzen zur Rückkehr nach Berlin auffordern lassen. Die unterzeichneten Vereine können Einem Hohen Staats-Ministerium nicht verbergen, daß die Rückberufung des Prinzen von Preußen in diesem Augenblick und in dieser Art das Land von neuem in die größte Aufregung stürzen muß, und so viel sie um sich sehen, bereits gestürzt hat.

Die Entfernung des Prinzen war ein unerläßliches Bedürfnis in dem Moment, in welchem auf ihm in der öffentlichen Meinung der Verdacht ruhte, daß durch seinen Einfluß vornehmlich in der Nacht vom 18. zum 19. März der beklagenswerte und blutige Kampf des Militärs gegen die für ihre Freiheit kämpfenden Bürger fort und fort verlängert worden sei. Dieser Verdacht ist seither nur genährt und für viele um so leichter eine Überzeugung geworden, als bis jetzt kein öffentlicher Schritt geschehen ist, um das Verhältnis des Prinzen zu den Ereignissen jener Nacht irgendwie klar und unzweifelhaft festzustellen. Seine Zurückberufung wird daher als das Aufpflanzen der Fahne der Reaktion betrachtet, und es ist leider nur zu wahr, daß viele derjenigen, welche sich mit der neuen Ordnung der Dinge noch immer nicht zu befreunden vermögen, auf den Prinzen als ihren Führer sehen und von ihm über kurz oder lang die Herstellung der alten Zustände erwarten.

Diese Stimmung läßt sich nicht durch ein Paar Worte beschwichtigen, und zwar um so weniger, je mehr mancher Zug aus der Vergangenheit des Prinzen ihr das Wort spricht. Diese Stimmung kann nur durch die vollständigste Offenheit und Wahrheit überwunden werden, und wir müssen daher auf das dringendste wünschen:

> Ein Hohes Ministerium wolle schleunigst veranlassen, daß Se. Königl. Hoheit der Prinz von Preußen vor seiner Rückkehr der inzwischen zusammengetretenen National-Versammlung eine öffentliche Akte zustelle, in welcher er ohne Rückhalt seine volle Zustimmung zu dem von Sr. Majestät Regierung angenommenen freiesten konstitutionellen Prinzip erklärt.

Nur eine solche selbsteigene und feierliche Erklärung des Prinzen wird imstande sein, sowohl die Hoffnungen der Reaktionspartei auf ihn zu vernichten, als auch das Mißtrauen des Volkes gegen ihn zu beseitigen, welches sich in diesem Augenblick seiner Rückkehr entgegenstellt.

Wenn wir auch die feste Zuversicht hegen, daß die Nation stark genug ist, die von ihr neu errungenen Rechte zu wahren, so verhehlen wir uns zugleich nicht, daß die Rückkehr des Prinzen ohne die von uns geforderte Erklärung die junge Freiheit unseres Volkes leicht einem neuen Sturme aussetzen könnte.

Breslau, den 14. Mai 1848.

Der Schlesische konstitutionelle Central-Verein.
Röpell, Vorsitzender.
Der vaterländische Verein.
Ambrosch, Ordner.

Freund's Druckerei in Breslau. Kostenfrei.

[73] Bürger Berlins!

Das Ministerium Camphausen hat durch die Maßregel, den Prinzen von Preußen schon jetzt noch vor Einberufung der konstituierenden Nationalversammlung nach der Hauptstadt zurückzuführen, nicht nur das Vertrauen des Volkes verloren, sondern sich auch in den dringenden Verdacht gebracht, durch allmähliche Staatsstreiche den Sturz der errungenen konstitutionellen Verfassung und die Wiederaufrichtung der absoluten Monarchie zu bewirken.

Bürger Berlins! Ihr, die Ihr die konstitutionelle Verfassung erkämpft habt, seid auch ebenso berechtigt wie verpflichtet, sie gegen die Intrigen der Reaktion so lange aufrechtzuerhalten, bis die konstituierende Nationalversammlung, d. h. die Vertretung des Preußischen Volkes, dieses Recht und diese Pflicht erfüllt hat.

Aus jenem Rechte und jener Pflicht der Bürger Berlins leitet die Volksversammlung der Zelte die feste Überzeugung her, daß weder die Bürgerwehr noch irgendeine andere Korporation der Berliner Bevölkerung sich einer Demonstration widersetzen werde, welche keinen anderen Zweck hat, als dem Ministerium Camphausen zu beweisen, daß es durch seinen letzten Staatsstreich das Vertrauen des größten Teiles der Hauptstadt verloren, und daß dieser Verlust ein unwiderbringlicher ist, wenn es seine Maßregel nicht sofort und entschieden zurücknimmt, daß das Ministerium im letzteren Falle alsdann zurücktritt, ist nur eine notwendige Folge des verlorenen Vertrauens.

Bürger Berlins! Die Demonstration gegen die Maßregel des Ministeriums ist eine rechtmäßige und zur Herstellung der durch das Ministerium gestörten Ruhe und Ordnung notwendige. Sie soll eine friedliche sein und wird ebensowenig wie die Revolution des 18. März, irgendeinen Angriff gegen das Eigentum im Gefolge haben. Darum aber erwarten wir auch, daß sich die gesamte Bürgerwehr, Studenten- und Gewerksgenossenschaft daran beteiligen werde, denn nur auf diese Weise kann dem Ministerium bewiesen werden, daß es wirklich die Majorität der Hauptstadt ist, welche gegen die sofortige Zurückberufung des Prinzen von Preußen als gegen eine reaktionäre Maßregel feierlichst protestiert!

Die von der Volksversammlung unter den Zelten
ernannte Kommission.

Schnellpressendruck von B. Schlesinger, Schleuse 4.

[74] An das Volk von Berlin der Handwerker-Verein (Johannisstr. 4.).

Mitbrüder! Wir wissen's wohl, daß Ihr es als ein nichtiges Tun schelten würdet, wenn jemand Euch das Lob der Kämpfer des 18. und 19. März verkündigen wollte.

»Wer«, sprecht Ihr, »wird den Gewitterregen preisen wollen, der uns den Frühling bringt? Wer die Blüten des Frühlings, die der Ernte Keim in sich schließen? In tatenreicher Zeit ist anderes zu tun als dies!«

Wir wissen's! Und dennoch sprechen wir zu Euch von den Kämpfern des März, weil es not tut.

In Maueranschlägen wie in öffentlichen Blättern haben wir eine von mehreren hundert Landwehrmännern unterschriebene Erklärung vom 18. Mai mit der Überschrift: ›An die Landwehr, sowohl I. wie II. Aufgebots, hier‹ gelesen. Diese Erklärung strotzt von Ausdrücken der tiefsten Verachtung wider die Tapfren der Märztage; die Erklärer weisen »die Ehre, ein Barrikadenheld zu sein« mit tiefster Entrüstung ab; sie sprechen von den ihnen »zur Schande gerühmten Barrikaden«; genug – sie übergießen mit Hohn und Schimpf, was wir feiern.

Also die Ecken derselben Straßen, in denen so viel teures Blut geflossen ist, derselben Straßen, durch die wir jenen erhabenen Leichenzug der Einwohner dieser Stadt mit ihren Obrigkeiten, Ältesten, Richtern, Gewerken, Schulen und Vereinen zur Verherrlichung der gefallenen und damit zum Preise der überlebenden Kämpfer feierlich vorüberziehen sahen, die Mauern dieser nämlichen Straßen rufen uns jetzt, nach zwei Monaten, ins Angesicht: »Schimpf denen, welche Ihr vor zwei Monaten gefeiert habt!«

Vor solchem Hohngeschrei auf offenem Markt still vorüberzugehen, das vermögen wir nicht. Schweigen ist uns hier gleichbedeutend mit Gesinnungslosigkeit, mit Feigheit, mit Verleugnung unsrer edelsten Gefühle, mit Verleugnung unsres eigenen Selbst.

Und so bekennen wir hiermit laut vor dem Volke von Berlin die Tat der Kämpfer des März, der gefallenen wie der lebenden, als eine preiswürdige. Nicht sind sie in den Kampf gegangen im Bann geschworener Eide, noch in eingeschultem Gehorsam wider starre Befehle, noch im Vertrauen auf ihre gewaltige Waffen-Übermacht, noch in Verachtung ihrer wehrlosen Gegner, noch im stolzen Bewußtsein altgewohnter Herrschaft; nein! sie haben dem Tode getrotzt aus freiestem Entschluß, in dem Bewußtsein, einer Idee zu dienen: der Idee des freien Menschentums, und aus der Überzeugung, daß der Mensch das Höchste erreicht habe, wenn er das Höchste, was er besitzt, sein Leben, einsetzt für die Idee.

Sie haben gekämpft für die Erlösung der Menschheit: denn sie haben unsrem Volke die Möglichkeit einer freien, reinen, volkstümlichen und vernunftgemäßen Entwicklung errungen. So haben sie gestritten für das Vaterland, es zu erheben aus seiner langen Schmach, auf daß nicht dermaleinst ein paar Schiffe eines Inselvölkchens unsren Handel zerstören, noch das Hungerfieber unsre Gebiete entvölkere.

Sie haben gestritten für ein einiges starkes Deutschland, für die Erhebung von dreißig Stämmen zu einer Nation.

So haben sie gekämpft als wahrhafte Helden, im Dienste der Idee und im Bewußtsein derselben; und gefallen sind sie als wahrhafte Märtyrer: denn mit ihrem Blute haben sie Zeugnis abgelegt von der Hoheit des Menschen.

Darum tragen wir die Kämpfer des 18. und 19. März wie in unsern Herzen so in unserm Gedächtnisse; darum preisen wir sie vor dem Volke von Berlin. Denn so hohe und reine Tugend zu verherrlichen vor den Menschen, zur Nacheiferung für die Gegenwärtigen und für die Nachkommen, das ist die Pflicht der Freunde der Menschheit.

Berlin, den 22. Mai 1848.

Mit Zustimmung der 2000 Mitglieder des Vereins,
unter denen viele Landwehrmänner,
der Vorstand.

Druck von Eduard Krause, Lindenstraße 81

[75] Petition des Friedrich-Wilhelmsstädtischen Bezirks-Vereins

(Stadtbezirke 74. a.b.c.) an die Hohe Versammlung der Volksvertreter.

Schon von mehreren Seiten sind die Vertreter des Volks an ihre Schuld gegen die Kämpfer der Märztage gemahnt worden. Die Unterzeichneten würden eine heilige Pflicht zu versäumen glauben, wenn sie es unterließen, sich dieser Mahnung offen und entschieden anzuschließen und ihre Ansichten darüber einer Versammlung vorzulegen, von deren Rechtsgefühl sie erwarten, daß sie, im Bewußtsein ihrer eignen Entstehung, einer so gerechten Forderung nachkommen werden.

Am 22. März haben Sr. Majestät der König, die Staatsminister und das gesamte Volk Berlins durch einen großen, öffentlichen und unzweideutigen Akt, durch die feierliche Bestattung der Gefallenen die Revolution anerkannt. Am gestrigen Tage hat das Volk diese Anerkennung in einer eben so würdigen als entschiedenen Weise wiederholt. Nicht bloß Deutschland, sondern das ganze gebildete Europa haben die Tage unseres Kampfes unter die Siegestage der Freiheit eingezeichnet.

Die Anerkennung der Revolution durch das Land, dessen Freiheit diese Tage errungen und befestigt haben, die Anerkennung durch das preußische Volk fehlt noch: ja, einzelne Glieder desselben sind so verblendet durch eingerostete Vorurteile, so arm an politischer Einsicht, so mißleitet durch unlautere Einflüsterungen, Einschüchterungen und Bestechungen, daß sie es wagen, höhnend auf das Blut hinzuweisen, das den Acker der Freiheit gedüngt hat.

Um so mehr ist es die Pflicht einer Versammlung, welche berufen ist, diesen Acker zu bestellen und zu besäen, ebenfalls einen großen, öffentlichen und unzweideutigen Akt der Gerechtigkeit auszuüben und vor dem ganzen preußischen Volk anzuerkennen, daß erst diese Kämpfe das Zugeständnis der wahren und vollen Freiheit errungen haben.

Die Volksvertreter können es nicht vergessen, daß das System des Polizei- und Militärstaats faktisch erst am 19. März zertrümmert worden ist. Sie können es nicht vergessen, daß die Waffen, die wir jetzt zum Schirm unserer Freiheit in Händen halten, kein Gnadengeschenk sind, sondern daß das Berliner Volk sowohl das allgemeine Bewaffnungsrecht als das ungeschmälerte Recht der Presse, dieser Waffe des Geistes, erst mit seinem Blute gewonnen hat. Sie können es endlich nicht vergessen, daß erst nach dem 19. März zu dem Versprechen einer konstitutionellen Verfassung die breitesten Grundlagen, der eigentliche Kern volkstümlichen Staatslebens, die Anerkennung der allgemeinen gleichen politischen Berechtigung und des Volkswillens, hinzugekommen sind; daß das allgemeine Wahlrecht, kraft dessen diese Versammlung entstanden ist, vor der Revolution nicht vorhanden war und ohne dieselbe nicht vorhanden gewesen sein würde.

Die Volksvertreter können dies nicht leugnen, denn es steht in den Annalen der Geschichte unverfälschbar. Wollten sie es leugnen, so würden sie sich selbst und ihr gutes Recht verleugnen, und sie würden sich eines Versuchs der Fälschung an der Geschichte schuldig machen.

Sie können daher auch nicht eine gesetzliche Anknüpfung an die zertrümmerten Formen unseres früheren Staatslebens, eine geschichtliche Entwicklung früheren Rechts versuchen. Denn die Geschichte macht sich nicht immer durch eine fortlaufende und allmähliche Entwicklung, sondern in großen Zeiten durch schroffe und schneidende Gegensätze, deren Ausdruck die Stürme des Volkslebens, deren Erfolge neue Formen des Staats, neue Grundsätze des Rechts sind. So lange diese neuen Staatsformen und Rechtsgrundsätze nicht festgestellt sind, so lange befindet man sich auf dem Boden der Revolution.

Der Boden der Revolution ist keineswegs gleichbedeutend mit Anarchie. Im Gegenteil, die Revolution leugnen wollen, heißt die Anarchie hervorrufen, die Revolution von neuem notwendig machen. Will man Ordnung und Ruhe nach der Revolution zurückführen, so muß eine kräftige Regierung die durch die Revolution gültig gewordenen Rechtsgrundsätze handhaben, das Recht der Revolution voll und ohne Rückhalt anerkennen und mit einer Vergangenheit brechen, die dem Volksgeist längst entfremdet war.

Die Versammlung der Volksvertreter in ihrer gegenwärtigen Zusammenstellung ist ein Kind der Revolution, und es würde ihr übel anstehen, wenn sie ihre Erzeugerin nicht ehrend anerkennen wollte.

Demgemäß stellen wir an sie folgende Anträge:

1. den Kämpfern des 18. und 19. März den Dank des preußischen Volkes zu votieren,
2. den Invaliden jener Tage eine gesicherte und ehrenvolle Existenz zu gründen,
3. den Gefallenen ein National-Denkmal zu errichten,
4. die Hinterbliebenen derselben nicht bloß durch ein Gnadengeschenk

des Volks, sondern aus Staatsmitteln zu versorgen, wie es ihr gutes Recht erfordert;
5. die Tage des 18. und 19. März für politische Feiertage des ganzen Landes zu erklären.

Berlin, am 5. Juni 1848.

Der Friedrich-Wilhelmstädtische Bezirks-Verein.

Schnellpressendruck von W. Fähndrich & Comp., Schleuse Nr. 4.

[76] Berlin am 14. und 15. Juni 1848
Die neuesten Unruhen und ihre Folgen.

»Blut ist ein ganz besonderer Saft.«
Der Teufel.

Mit Blut verschreibt man sich dem Teufel. Blut ist geflossen. Bürger haben auf's Volk geschossen. – Wo ist Eure Einigkeit hin, Volk und Bürger? – Nur eins rettet uns, rettet unsre Freiheit: die feste, kaltblütige, tapfere, vor keiner Wut der Leidenschaft zitternde Einigkeit des ganzen Berliner Volks gegen die Feinde der Freiheit, die allein nur uns Frieden, Ruhe, Ordnung und neue Blüten und Früchte der Gewerbs- und Handelstätigkeit bringen kann.

Das Bürgerblut, welches auf's neue floß, die blutgetränkten Tücher, welche durch die Stadt wehten, sie seien uns Saft und Kraft fester, unerschütterlicher Einheit!

Nehmt dieses Blatt auch als solches. Es soll Euch kurz und treu berichten, was gestern und heute die ruhige Entwicklung der auf dem Boden der Revolution zu begründenden Freiheit störte.

Am 14. Juni, mittags 1 Uhr, zogen eine große Masse Arbeiter vom Schloß nach der Universität und übergaben hier den Studenten mit großem Jubel und dreimaligem Hoch die eisernen Gitter des Schlosses zur Aufbewahrung. Sie hatten die famosen eisernen Gitter, gegen deren Wachdiensterleichterung die Bürgerwehr selbst protestiert hatte, nach vergeblichem Widerstand der Bürgerwehr herausgerissen. – Warum hatte man nicht auf die Stimme des Volkes gehört?

Wegen der herausgerissenen Gitter ward Generalmarsch geschlagen. Wozu das? Sie konnten's als ein geschehenes Verbrechen gegen Eigentum dem strafenden Arm der Gerechtigkeit übergeben. Wozu die Aufwiegelei eines Generalmarsches?

Das Volk, durch den Generalmarsch und die Truppen Bürgerwehr aufgeregt, schon längst von Mißtrauen, besonders wegen des Spuks im Zeughause, vergiftet, wegen der Nichtanerkennung der Revolution durch die Nationalversammlung erbittert, verlangt auf's neue die volle Verwirklichung der Volksbewaffnung. Ein großer Zug Arbeiter stellte sich nachmittags 5–6 Uhr vor dem Kriegs-Ministerio auf und verlangte durch eine Deputation Waffen. Das Gerücht sagte, daß man die Deputation, statt ihr vernünftige Vorstellungen zu machen, ihrer Freiheit beraubt habe. Wie steht's damit?

Später sammelten sich große Volksmassen um das Zeughaus und suchten hier aus dem errungenen und bewilligten Rechte der Volksbewaffnung Wahrheit zu machen. Im Innern des Zeughauses stak Militär, davor Bürgerwehr, die des ersten Bezirks. Es ist noch nicht genau ermittelt, ob hier die Bürgerwehr mit oder ohne Kommando auf's Volk geschossen habe. Aber sie schoß auf's Volk, sie schoß auf die, mit denen Arm in Arm Freiheit, Frieden und Ordnung bewacht, bewahrt und befestigt werden sollen. Habt ihr noch nicht gelernt, daß ein festes Wort der Vernunft und Überzeugung besser ist als tausend Bajonette?

Die Bürgerwehr schoß, kraft des neuen Gesetzes von Blesson und Minutoli. Vier wenigstens fielen, einer davon fiel sogleich tot nieder, zwei starben bald. Die Bürgerwehr hatte ihr Leben zu stark durchlöchert.

Das Volk lief zunächst auseinander. Der Hauptmann der Bürgerwehr, welche geschossen, zerbrach seinen Säbel, was ein Zeichen wäre, daß die Bürger ohne Kommando Feuer gegeben. Das Volk tauchte Hände und weiße Tücher in das Blut der Gefallenen. Ein solches Tuch flatterte bald grausenhaft durch die Straßen. Und von der Schloßfreiheit her flatterte eine rote große Fahne in der Hand eines jungen Mannes mit roter Feder auf dem Hut, in der andern Hand der blinkende Säbel. Er zog mit dem Rufe: Republik! Republik! über den Schloßplatz. –

Das Volk drang vom Kastanienwäldchen her gegen das Zeughaus, stieß die riesigen Türen mit Balken ein und fing an, sich zu waffnen. Die Bürgerwehr am Gießhause und die Soldaten im Zeughause oben sahen zu. Jungen von 14–15 Jahren kamen mit doppelter und dreifacher Bewehrung jubelnd heraus. Studenten und der Handwerker-Verein leiteten die eigenmächtige Volksbewaffnung. Hätten die Minister aus der Volksbewaffnung, die doch nun einmal errungen und bewilligt war, sofort eine volle Wahrheit gemacht, wäre das Volk nicht in den Fall gekommen, eigenmächtig zu tun, was ihm von Rechts wegen zukam. Als das Zeughaus teilweise geleert und die parademäßige Ordnung des Innern in ein romantisches Chaos verwandelt war, erschienen Soldaten des 24. Regiments, welche am Ausgang des Zeughauses den herauskommenden Spätlingen die Reste der Waffen abnahmen. Schlechtgekleidete kriegten etwas Klops dazu, Gutgekleidete ließ man ungepufft. Im Ganzen war das Benehmen der Soldaten ruhig und menschlich.

An der Landsberger Straße erhob sich abends eine Barrikade mit roter Blutfahne. Sie blieb aber, Gott sei Dank! Jungfer.

Die Schuld der Bürgerwehr-Schüsse schob das Volk auf den Major Benda, dessen Fenster und Wohnung deshalb entgelten mußten, was das Volk der Persönlichkeit des Majors zugedacht hatte.

Das Militär, welches zunächst ausgerückt war, marschierte nach Mitternacht wieder ein, besonders um das Zeughaus zu retten, aus welchem sich das Volk etwa dreiviertel Stunden lang ungestört waffnete. Die

Alarm-Hörner und Trommeln lärmten nach 1 Uhr wieder Generalmarsch. Volkshaufen bewegten sich bis gegen Morgen durch die Stadt. In der Bürgerwehr fehlte Halt und Ordnung. Die Schüsse gegen das Volk hatten sie getroffen. Bürger und Volk, tragt gemeinschaftlich und einig gegen jeden Feind der Freiheit, die zu bewachen und behüten wir im Namen des ganzen Landes heilig verpflichtet sind, Eure durch Einigkeit errungenen Waffen! Die Volksbewaffnung sei von nun an eine Wahrheit, eine feste Burg der Freiheit! Die »halbe Maßregel« der Bürgerwehr statt der ganzen: Volksbewaffnung – rieb uns bisher auf und hetzte uns gegeneinander! Wählen wir uns einen Führer, der unser Vertrauen, unsere Achtung besitzt, dem wir frei und streng gehorchen können! Ein Blesson, der »ehemalige Redakteur des politischen Wochenblattes«, der scheußlichsten Knute gegen alle Freiheit und Menschenwürde, müßte auch interimistisch eine Unmöglichkeit sein!

Gegen 3 Uhr morgens hörte man in verschiedenen Richtungen außerhalb der Stadt kurz hintereinander drei Kanonenschüsse. Man hielt sie für Signale für umstehendes Militär. Heute früh zogen von Eisenbahnhöfen Soldaten ein. Sie sind Menschen wie wir. Seid es, Soldaten! Man fürchtet mit Recht, frisches Menschenblut auf den Straßen zu sehen! Muß es denn? Nein! Der Wahn, die Verführung, die Lüge und Verleumdung und Aufwiegelei der Reaktion zapft uns das Blut ab, um neue Knechtschaft damit zu leimen. Reaktion! Sie selbst lügt an den Straßenecken, die Reaktion sei ein Gespenst. Reaktion ein Gespenst? O ja doch! Wer sind die Leute der Reaktion? Alle, alle, welche die errungenen Rechte der Revolution nicht voll und wirklich und ehrlich wollen! Alle, welche nicht die demokratische Monarchie wollen, nicht die Volks-Souveränität, nicht bloß die Provinzen-Vergifter, sondern auch jene Halb- und Hämlinge der Freisinnigkeit gehören in die Armee der Reaktion.

Was ist »demokratische Monarchie?« Die Verfassung, nach welcher aus direkten Urwahlen hervorgegangene Volksvertreter den Volkswillen reinigen und dem Könige, dem obersten, heiligen, göttlichen Priester dieses Volkswillens übergeben, damit er diese gereinigte Vernunft des Volks stets zum Gesetz erhebe. Ist so ein König nicht glücklicher, heiliger und mächtiger in der ganzen Masse seines Volkes als ein absoluter, der Befehle gibt und Millionen von Talern, Soldaten, Polizei und Kerker braucht, um der unnatürlichen, menschenentwürdigenden Knechtung Gehorsam zu verschaffen? Ist so ein Priester der demokratischen Monarchie der sich in Gemeinden und Kreisen selbst regierenden Volks-Souveränität nicht glücklicher, heiliger, mächtiger als der Popanz einer sogenannten konstitutionellen Monarchie, der stets mit zwei Kammern und dem Volke um die Grenzen seiner Macht offen und heimlich Krieg führen muß! Und das Volk bezahlt sämtliche Kriegskosten. Darin besteht seine Teilnahme am Staatsleben.

Die demokratische Monarchie! Die sich in Gemeinden, Kreisen und allen eigenen Angelegenheiten selbst regierende Volks-Souveränität – das wollen wir, das müssen wir wollen und durchsetzen, um jeden, auch den teuersten Preis, um Gottes willen im Himmel und um der Menschen willen auf Erden. Jeder, der das nicht oder weniger will, ist Reaktionär. Also in fester, tapferer Einheit, Bürger und Volk!

Volks-Souveränität in demokratischer Monarchie – das wollen alle gesunden, freiheitsfähigen Bestandteile des Volkes, daß sei die Standarte fester Einigkeit zwischen Bürger und Volk, nicht die blutrote Fahne neuen Blutvergießens, sondern die rosige eines neuen Lebens der Freiheit und des Friedens.

Beta.

Zu haben bei Leopold Schlesinger, Schloßfreiheit No. 8.

Druck von C. A. Schiementz u. Co.

[77] An die Bürger Berlins.

Wir haben uns überzeugt,

daß Tausende unserer Mitbürger im eigentlichsten Sinne des Wortes Hunger leiden.

Sie sind arbeitsfähig und als arbeitsbedürftig und unbescholten von der Behörde anerkannt und mit Arbeitskarten und Arbeitsscheinen versehen.

Es muß anerkannt werden, daß in der letzten Zeit manches geschehen ist, um ihnen Arbeit zu verschaffen. Umfassendere Bauten sind in Aussicht gestellt worden, und wir müssen nach der Erklärung des Herrn Arbeitsministers v. Patow vertrauen, daß diese Aussichten sich bald verwirklichen werden.

Ehe aber den einzelnen die spezielle Arbeitsstelle angewiesen und der erste Lohn ausbezahlt werden kann, sind sie den Schrecken des Hungers preisgegeben.

Es zeugt von einer bewunderswerten sittlichen Kraft, daß Leute in dieser Lage geduldig ausgeharrt haben, ohne die gesellschaftliche Ordnung zu gefährden.

Freunde des Volkes, welche in der Lage sind, ihren darbenden Mitbürgern in dieser Not zu helfen, werden aufgefordert; die Beiträge zum genannten Zweck dem demokratischen Klub einzusenden, welcher eine Kommission zur Kontrolle und Verteilung niedergesetzt hat und öffentlich Rechenschaft ablegen wird.

Mitglieder, die für diesen Zweck sammeln, sind mit der Legitimation des Vorstandes versehen.

Es würde außerdem dankbar anerkannt werden, wenn Männer, die in ihrem Bezirke bekannt sind, Beiträge zum bekannten Zweck einsammelten.

Die Gelder werden ausschließlich zum Ankauf der unentbehrlichsten Nahrungsmittel bestimmt.

Der demokratische Klub.

Schnellpressendruck von W. Fähndrich & Comp., Schleuse Nr. 4.

[78] Adresse des demokratischen Bürgerwehr-Vereins in Berlin an die Preußische Nationalversammlung.

Hohe Versammlung!
Als nach den Ereignissen des März das Ministerium Camphausen dieselben nicht für eine Revolution gelten lassen wollte, ging es von der Ansicht aus, daß der neue Zustand, als durch organische Umwandlung aus dem alten hervorgegangen betrachtet, an diesen angeknüpft werden müsse. Es erkannte somit die von dem Volke erfochtenen Freiheiten nur als freiwillige Zugeständnisse, die von der faktisch vorhandenen regierenden Gewalt dem Volke gemacht worden seien.

Das Volk wußte aber, daß es eine Revolution in ihrer vollen Bedeutung durchgefochten, daß es damit in seine volle Souveränität getreten ist und daß die alte Gewalt und das alte Recht, wenn es dieselben zur einstweiligen Handhabung der Ordnung auch noch bestehen ließ, die rechtliche Basis vollkommen verloren hat. Von diesem Bewußtsein des Volks, vor dieser Überzeugung, von welcher der intelligente Teil desselben durchdrungen ist, mußte das Ministerium Camphausen weichen und das darauf folgende Ministerium erkannte die Revolution an und gestand ihm namens der regierenden Gewalt die volle Berechtigung zu.

Mit der Anerkennung der Revolution aber müssen auch die notwendigen Konsequenzen derselben festgehalten werden. Das durch die Revolution souverän gewordene Volk hat sich selber seinen Rechtszustand zu bestimmen und aufzubauen, und die dazu von dem Volke gesendeten Vertreter, wenn auch durch eine Verordnung der faktisch regierenden Gewalt berufen, bestehen doch nur durch das Volk und durch keine andere Macht; ihre Versammlung bildet das gesetzgebende Organ des souveränen Volkes, das das von diesem ihm gegebene Mandat zu erfüllen hat, und keine Macht kann sie auflösen oder gehen heißen, als die von ihr festgestellte und vom Volke anerkannte, verfassungsmäßige Gewalt oder das Volk, von dem das Mandat ausgegangen ist, selber.

Bei den düstern, gewitterschweren Wolken, die am politischen Horizont heraufziehen, fühlt der unterzeichnete Verein sich gedrungen, diese seine Überzeugung, für die er mit aller seiner Kraft standhalten wird, der hohen Versammlung kundzutun und daran das Ersuchen zu knüpfen:

Eine hohe Versammlung wolle diese Überzeugung auch zu der ihren machen und im Falle eines Konflikts mit der faktisch regierenden Gewalt für das Organ des souveränen Volkes sich erklären.

Der Demokratische Bürgerwehr-Verein.

Friedländersche Buchdruckerei, Neue Friedrichs-Straße Nr. 78 b.

[79] Petition der Studierenden Wiens an den Minister des Innern.

Euer Exzellenz!

Da die Studierenden Wiens es stets als ihre erste Aufgabe erkannt haben, dem in sie von ihrem Landesfürsten gesetzten und in der letzten Proklamation neuerdings ausgesprochenen Vertrauen dadurch zu entsprechen, daß sie für die Erhaltung der zur Befestigung des Thrones und der Freiheit gleich notwendigen Ordnung und Sicherheit mit allen ihnen zu Gebote stehenden Kräften wirken; und da sie fest überzeugt sind, daß Euer Exzellenz auf jede Bitte derselben, deren Erfüllung das in der Bevölkerung herrschende Mißtrauen zu beseitigen und die aufgeregten Gemüter zu beruhigen im Stande ist, eingehen: unterbreiten sie Euer Exzellenz ein Gesuch, von dessen baldigster Gewährung sie die besten Früchte hoffen.

Wir sind alle überzeugt, daß es nur Vertrauen, gegenseitiges Vertrauen allein ist, welches die Regierung stark und kräftig, das Volk glücklich und zufrieden macht. – Dieses Vertrauen nun muß das konstitutionelle Volk hauptsächlich zu seinen Vertretern, zum gesetzgebenden Körper haben. – Allein dieses Vertrauen hat das Volk nicht, wenn der erste Reichstag als derjenige, der über die wichtigsten Fragen zu entscheiden hat, der für die ganze Zukunft Osterreichs so gewichtig ist, nicht aus einer Wahl hervorgeht, die dafür bürgt, daß die wahre Gesinnung des Volks, der wahre Gesamtwille rein und unverfälscht zum Ausdruck und zur Geltung gelangt.

Damit nun dieser erste Reichstag dem Volke die zur Erweckung und Begründung des Vertrauens nötigen Garantien biete, daß auf demselben alle seine Interessen genügend und entsprechend vertreten seien, daß kein Stand bevorzugt und keiner vernachlässigt würde, daß auf demselben die Entwicklung der konstitutionellen Freiheit rasch und energisch gefördert werde, und daß von demselben alle für die ganze Folge so überaus wichtigen Beschlüsse im Sinne und nach dem wahren Willen des Volkes gefaßt werden; so unterbreiten die Studierenden Euer Exzellenz folgenden Vorschlag zur Bestimmung der provisorischen Wahlordnung;

1. Es möge für die Wahl der Mitglieder der zweiten Kammer gar kein Zensus stattfinden; denn das Volk könnte um so weniger zu einer auf Grundlagen eines Zensus gewählten zweiten Kammer Vertrauen haben, als es seine Vertreter zum Frankfurter Parlament auch ohne Zensus gewählt hat;
2. Es möge die in der Konstitution prinzipiell aufgestellte Bedingung für die Wahl der Mitglieder der ersten Kammer dahin abgeändert werden, daß statt des bedeutendsten Grundbesitzes nur ein nicht ganz unbedeutender Grundbesitz als Bedingung der Wahlfähigkeit festgesetzt werde; denn in eine auf jene Art gewählte Kammer

würde das Volk das höchste Mißtrauen setzen, da es mit vollem Recht zu befürchten hat, daß die in derselben sitzenden Mitglieder als bloße Vertreter der gefährlichsten aller Aristokratien, der Geld-Aristokratie, die wahren Bedürfnisse des Volkes nicht entsprechend befriedigen werden.

3. Es möge die Wahl der Mitglieder der ersten Kammer durch das Volk selbst geschehen; denn sonst sieht das Volk mit Recht in der ersten Kammer eine ihm fremde feindselige Kaste sitzen, die, nicht von ihm gewählt, egoistisch eigene Interessen vertritt.
4. Es möge der Ministerrat sich bei Seiner Majestät dahin verwenden, daß Allerhöchst Dieselben Sich der Ernennung von Mitgliedern für die erste Kammer enthalten.

Die volle Gewährung aller dieser Punkte allein ist es, welche das so notwendige unerläßliche Vertrauen zu wecken und zu begründen im Stande ist. – Dadurch allein wird die Nichterfüllung des allgemeinen Volkswunsches, der dahin ging, daß die Verfassungs-Urkunde eine vom Kaiser im Vereine mit einer konstituierenden, aus Volksvertretern bestehende Versammlung gegebene und keine oktroyierte sei, minder schmerzlich gefühlt werden; – dadurch allein hat das Volk die Garantie daß alle seine Interessen gehörig vertreten und befördert werden; – dadurch allein ist die Möglichkeit gegeben, daß die so wesentlichen mannigfaltigen Mängel der Konstitution auf entsprechende Weise abgeändert werden und so der von Euer Exzellenz in Ihrer letzten Kundmachung ausgesprochene Wunsch in Erfüllung gehe, indem auf diese Art die wahre Ansicht des Volkes über die Verfassungs-Urkunde zum wirksamen Ausspruche gelangt. Zugleich bringen die Studierenden die Bitte vor, daß sich der Ministerrat bei Seiner Majestät dahin verwende, daß Allerhöchst Dieselben den Reichstag in möglichst kurzer Zeit einberufen, da die Verwirklichung dieser Bitte nur dazu dienen kann, der Regierung den ihr so notwendigen festen Halt zu verleihen; und daß sowohl im Interesse der arbeitenden Klasse als in dem der Besitzenden selbst in kürzester Frist ein Arbeits-Ministerium errichtet werde.

Die Studierenden hoffen, daß Euer Exzellenz, von der Dringlichkeit sämtlicher hier ausgesprochener Bitten überzeugt, für die möglichst schleunige Erfüllung derselben wirken werden.

Der Ausschuß der Studierenden Wiens.

Wien, den 5. Mai 1848.

2. Schriftführer: Joseph Unger. — Vorsitzer desselben: Dr. Goldmark.

Druck von U. Klopf sein. und A. Eurich, Wollzeile Nr. 782.

[80] Der 15. Mai 1848,
oder:
die neueste Revolution in Wien.

Schon lange hat die Gegenpartei alles angewendet, um unsere junge Freiheit zu vernichten, unermüdlich hat sie bei geschlossenen Türen sich beraten, welche Mittel sie gegen uns einschlagen könnte; wir kennen sie, diese teuflischen Ränke, die sie gegen uns geschmiedet haben, wir haben täglich neue Beweise davon gehört. Doch den ungerechtesten Gewaltschritt beging sie dadurch, daß im Tagesbefehl vom 14ten Mai[1] die Auflösung des politischen Zentral-Komitees der Nationalgarde anbefohlen wurde. Dieser ungerechte Schritt konnte aber nicht so leicht aufgenommen werden. Die braven Studenten, diese tapfern und hochherzigen Hüter der Freiheit, versammelten sich gleich vormittag den 15ten in der Aula und luden durch geschriebene Zettel auch die Bürger ein, dort zu erscheinen. Es wurde die Ungerechtigkeit der Auflösung des Zentral-Komitees auf das klarste bewiesen, daß wir nämlich:

1. Das Recht besitzen, uns in Gesellschaften zu vereinen – vermöge des Assoziations-Rechtes, um über unser Wohl uns zu beraten.
2. Daß die Regierung selbst das Zentral-Komitee bestehend aus Abgeordneten der Studentenlegion und jeder Kompagnie der Nationalgarde als etwas Gesetzliches anerkannt habe, indem vom Ministerium selbst verschiedene Zuschriften an das politische Zentral-Komitee erlassen, mithin amtlich mit ihm verkehrt wurde.
3. Daß die Nationalgardisten nie aufgehört haben Staatsbürger zu sein und daher nicht als eine besondere bewaffnete Macht im Staate, sondern als Staatsbürger betrachtet werden müssen, die sich für die Zeit der Not zum Schutze ihrer Rechte bewaffneten; daß sie daher kein extra militärischer Körper seien.
4. Daß das polit. Zentral-Komitee keine Gesetze mit 40000 Bajonetten bekanntmachte, wie uns die treulosen Gegner vorgeworfen, daß wir kein einziges Gesetz von diesem Komitee erhalten haben, das es uns aufgedrungen hätte, daß hingegen seine ganze Bestimmung bis nun war, über das, was für das Wohl der Staatsbürger notwendig wäre, reiflich nachzudenken, zu beraten und, falls es als wirklich nützlich und notwendig befunden wurde, durch Petitionen und Adressen an die geeigneten Orte diese Wünsche des Volkes gelangen zu lassen und ihre Erfüllung zu bitten.
5. Daß das polit. Zentral-Komitee aus Abgeordneten aller Staatsbürgerklassen in Wien bestehend viel eher geeignet wäre, über das Wohl der gesamten Monarchie zu beraten, als etwa die 5 nicht aus dem Volke gewählten Minister, die überdies durchaus kein Vertrauen beim Volke besitzen.

Wer konnte da die Wahrheit dieser Behauptung in Zweifel ziehen? Durch stürmischen Jubel gab man auch den allgemeinen Beifall zu al-

[1] Vom Nationalgarde-Oberkommandanten Hoyos, nach einem Ministerbeschlusse ausgestellt.

lem zu erkennen, und es gab vielleicht kaum einen, der diese Wahrheiten nicht eingesehen hätte. – Nun aber hieß es, was sollte man tun bei so auffallender Gewalttat? Da hätte man die braven Studenten hören sollen, wie sie die einzuschlagenden Wege bestritten, wie gerne sie auf dem gesetzlichsten geblieben wären. Die meisten waren anfangs wieder nur dafür, eine Petition abermals einzureichen mit der Bitte, mit dem Volke doch nicht immer nur ein loses Spiel zu treiben; allein leider erwiderte man: »Ja wir haben Petitionen in Menge schon überbracht, die entweder gar nicht oder nur sehr wenig beachtet wurden.« – Ließ sich da gegen diesen Einwurf was einwenden? Es war leider durchaus wahr, man achtete auf unsere Bitten und Vorstellungen gar nicht, und so war auch jetzt nichts zu hoffen. Man kam endlich überein, das polit. Zentral-Komitee abermals zusammenzurufen, eine kräftige Petition an Se. Majestät zu verfassen und mit einer eigenen Deputation abzusenden, während die gesamte Nationalgarde unter Waffen den Bescheid abwarten sollte, um im widrigen Fall, wenn man die vereinigten nach der Erfüllung dieser Wünsche einstimmig rufenden Volksmassen aller Stände noch immer nicht als die wirklichen Vertreter des Volkes anerkennen sollte, mit Blut und Leben das gute Recht sich zu erkämpfen. Geliebte Brüder! waret ihr nachmittag in der Aula? Habt ihr gesehen, wie alles begeistert für die gute Sache von Einem Geiste, von Einer Meinung beseelt jeden Augenblick sich bereitwilligst zeigte, für das Recht und das Wohl aller – das Leben selbst hinzugeben! Habt ihr gesehen dieses herrlichste Schauspiel, wie Studenten, Bürger, Arbeiter und alles Volk nur Eine Seele zu sein schien, wie alles Beifall jauchzte, wie alles lärmte: Vivat! hoch die braven Studenten, die wackern Bürger! hoch, wir mit Euch alle, alle, mit Euch ziehen, mit Euch kämpfen, mit Euch sterben! Wer da kalt geblieben wäre – der hätte kein Herz in seinem Busen. Die verfluchte Partei wendete alles an, um die Bürger und die Studenten zu entzweien, man sprach auch schon von einer gewissen Mißstimmung. O herrlicher Tag des herrlichsten Triumphes! Wie es Zeit war, vereint für das Wohl und das Recht zu wirken – da – da verschwanden alle Trugbilder, die die teuflischen Gegner unter uns schleuderten; da kam alles zusammen, ja alles war da, Student, Bürger, Nationalgardist, Bürger der alten Regimenter, Arbeiter, Alte, Junge, Männer, Frauen; alles, hört ihr niederträchtige Schurken dort oben! Alles war da und liebte und umarmte sich, und ging fort zu siegen oder zu sterben. Tausendfaches Vivat von uns Studenten an Euch, edle Wiener, von Euch an uns, von uns allen an alle; dieser Tag wird glänzen, ich versichere Euch, in der ganzen Geschichte, denn diesen Tag haben wir uns gegenseitig kennengelernt von der wahren Seite. – Alles zog nun im Sturmschritt gegen die Burg, besetzte dieselbe und die wichtigsten Plätze der Stadt; beim Eindringen der Nationalgarde schob man die in den Burgtoren aufgepflanzten Kanonen bescheiden hinweg, Jubel und Vivatrufen ohne Ende – so wartete man die Entscheidung ab – die wohl nicht anders als günstig erwartet werden konnte; denn es wäre den Herrn dort oben nicht zu raten gewesen, auch nur Einen Gewaltschritt zu versuchen. Es fehlte nicht an falschen Gerüchten, ich selbst habe aber erst gegen 12 Uhr des Nachts die offizielle Kundmachung der vollständigen Gewährung folgender Punkte gehört, die ich vielleicht nicht ganz wortgetreu, aber der Hauptsache nach wahr berichte:

1. Zum Ersten Reichstag Eine Kammer durch's Volk gewählt ohne einen Zensus; also es wird keine privilegierte Klasse besonders gewählt, und keine priv. Klasse wird besonders wählen, sondern es soll wählen alles Volk und nur die, auf die das Volk Vertrauen hat.
2. Das polit. Zentral-Komitee der gesamten Nationalgarde bestehet wie vor und beratet wie vor.
3. Das Militär darf nur auf ausdrücklichen Wunsch der Nationalgarde einschreiten.
4. Die vereinte Nationalgarde wird mit dem Militär die Stadtwachen teilen.
5. Der erste Reichstag wird uns die Konstitution und ein bestimmtes Wahlgesetz geben; bis dahin wird das gegebene geändert.

Gestern erschien auf eine sehr mangelhafte Bekanntmachung des Ministeriums gegen abend die offizielle Urkunde von Sr. Majestät und allen Ministern unterzeichnet, welche uns diese Zugeständnisse bestätigt.

Zugleich erklärten gestern abend alle Minister für bestimmt, daß sie abdanken und nur so lange noch regieren bis neue gewählt wären. Friede mit ihnen. –

Erzherzog Franz Karl visitierte gegen 9 Uhr die Reihen der Nationalgarde in der Burg, überall wurde ihm Eine Kammer zugerufen.

Die Arbeiter erhielten von den Fenstern Fahnen und stellten sich mit Hacken und Schaufeln am Graben auf.

Viele Offiziere der Nationalgarde und der Bürgerregimenter haben sich zurückgezogen und ganze Kolonnen der Wackern erschienen ohne Führer; der gute Geist hat Euch geführt, Ihr Braven und fürwahr den besten Weg. Gestern ist beschlossen worden, diese Offiziere, die nicht nur nicht mit ihren Korps hielten, sondern im Gegenteil selbe dem abscheulichen Verdachte der Teilnahmlosigkeit oder gar des Entgegenwirkens aussetzen wollten, abzusetzen und auszuweisen.

Doch ich möchte heute alles vergessen und verzeihen, und lieber Vivat hoch! unzähligemale rufen dem herrlichen 15. Mai, unserer Freiheit und allen Braven.

Was macht der Senat etc.
Was macht der Adelsstand etc.
Was macht das Schwarz und Gelb etc.
Was macht noch Hoyos bei uns etc.

Wien, am 17. Mai 1848.

Ein Mediziner und Garde.

[81] Was wir wollen.

Da wir erkannt haben, daß die reaktionäre Partei den Sieg des souveränen Volkes zu schmälern beabsichtige, so wollen wir:

1. Daß das gesamte Militär Wien verlassen und die russische und italienische Grenze besetze.
2. Daß alle Errungenschaften des 15. Mai ungeschmälert aufrechterhalten und die konstituierende Versammlung nach Wien schleunigst einberufen werde.
3. Daß von amtlicher Seite Abgeordnete in die Provinzen abgeschickt werden, welche unsern Brüdern daselbst bekanntgeben, daß alles, was wir getan, nur im gemeinsamen Interesse der ganzen Monarchie geschehen sei.
4. Aufhebung der Klöster.
5. Einführung einer Einkommen- und Armensteuer.
6. Beeidigung des Militärs auf die Verfassung.
7. Gleichstellung aller Nationalitäten.
8. Innigsten Anschluß an Deutschland.
9. Baldigste Rückkehr des Kaisers unter Aufrechthaltung der Errungenschaften des 15. Mai.
10. Daß alle jene, welche den Kaiser zur Abreise durch falsche Vorspiegelungen bewogen, vor ein Volksgericht gestellt werden.

Im Namen des Volkes.

[82] Aufruf an das Landvolk!

Die großen Ereignisse Wiens seit den Märztagen sind Euch wohl durch Zeitungen, Flugschriften und Erzählungen bekannt geworden, jedoch ist deren unverfälschte Wahrheit teils aus Unkenntnis, teils aus böser, eigennütziger Absicht so sehr entstellt und verdreht worden, daß wir nahe daran waren, die Zustimmung und Teilnahme unserer Brüder in den Provinzen zu verlieren.

Vernehmet nun aus unserem Munde offen, treu und ehrlich, was wir gewollt, was wir getan, was wir zu erwarten haben!

Wir wollten unser schönes Vaterland frei machen von der alten drükkenden Herrschaft. Wir wollten unseren gütigen Kaiser befreien von den schlechten Räten, die seine Ohren verschlossen, damit er die klagende Stimme seiner treuen Untertanen nicht höre, die seine Augen verhüllten, damit er das Elend seines Volkes nicht sehe.

Wir wollten es nicht dulden, daß der Adel – mit ehrenwerten Ausnahmen – in lächerlicher Selbstüberschätzung den Bürger und Bauer mit Verachtung behandle, daß er die besten Ämter und Würden besetze, ohne sie verdient, daß er die Früchte des Fleißes der Bürger und Bauern in Schwelgen vergeude, ohne gearbeitet zu haben.

Wir wollten es nicht dulden, daß unsere heiligsten Rechte durch schrankenlose Willkür und schnöden Eigennutz solcher Beamten unterdrückt werden, welche die ihnen obliegenden Pflichten nicht mit der Gewissenhaftigkeit und Ehrlichkeit vollzogen, wie es biederen Männern geziemt.

Wir wollten es nicht dulden, daß uns das schönste menschliche Vorrecht: zu sprechen, wie wir denken, durch erkaufte Polizeispione beschränkt werde.

Mit einem Worte: Wir wollten nicht länger Knechte und unmündige Kinder, wir wollten freie Männer sein.

Was wir gewollt, mußte geschehen. Wir erhoben uns also, die braven Studenten voran, und stürzten am 13., 14. und 15. März die alte knechtende Herrschaft und besiegelten mit Bürgerblut die junge Freiheit. Unser guter Kaiser gab uns die lange vorenthaltenen Menschenrechte zurück, er gab uns das freie Wort (Preßfreiheit) und Volksbewaffnung (Nationalgarde), er versprach uns eine gute Staatsverfassung (Konstitution).

Es war nun die Pflicht der kaiserlichen Räte, dieses Versprechen so, wie es das Volkswohl erheischt, zu verwirklichen. – Doch wir täuschten uns, der 1. April brachte uns ein schlechtes Preßgesetz und der 25. eine wenig volkstümliche Verfassung.

In gerechter Unzufriedenheit darüber erhoben Wiens gesamte Bewohner zu wiederholten Malen Bitten um entsprechende Abänderungen. – Vergebens. Lange getäuscht waren sie solcher Art gezwungen, in mannhaftem Auftreten am 15. Mai die Erfüllung des kaiserlichen Wortes von den Ministern zu verlangen. Die Minister gewährten unsere Forderungen, und der Kaiser bestätigte sie am 16. Mai, wo in Wien die tiefste Ruhe war, freiwillig, und nicht gezwungen, wie die Feinde der wahren Volksfreiheit lügenhaft behaupten. Unverschämte Leute verbreiteten die Sage, daß unsere wackeren Studenten in die Zimmer des Kaisers eingedrungen seien und den guten Kaiser zur Bestätigung gezwungen hatten. Glaubt unserem durch die Erklärung des Ministers Pillersdorff bekräftigten Ehrenwort, daß an jenem Gerüchte jeder Laut eine niederträchtige Lüge sei.

Da aber durch das Zugeständnis einer allgemeinen Volksvertretung, ohne Unterschied des Standes, die Vorrechte des Adels abgeschafft und seine angemaßte Herrschaft gebrochen war, so führte, hierüber erboßt, die den Volksrechten entgegenarbeitende Partei einen schon lange vorbereiteten Streich aus, indem sie unseren guten Kaiser durch verleumderische Einflüsterungen täuschte und seine Entfernung aus der Residenz auf eine uns ganz unbekannte Weise veranlaßte.

Dadurch hoffte sie, das tausendjährige Band der Treue und Anhänglichkeit zwischen Fürst und Volk lockerer zu machen, den Thron zu gefährden, das Vaterland zu zerrütten und in der allgemeinen Verwirrung die alte Knechtschaft herzustellen.

Sie hat sich betrogen. – Der 18. Mai bewies deutlich, daß die Liebe und Ergebenheit der Wiener für Kaiser und Thron unerschütterlich, der Sinn für Ordnung und Sicherheit allgemein sei, und daß es keiner noch so hinterlistigen Partei je gelingen könne, die Bevölkerung Wiens auch nur auf einen Augenblick von der rechten Bahn abzulenken.

Dieselbe Partei, die nicht bloß in Wien, sondern auch um Wien ihre Anhänger und Verbindungen hatte, strebte durch eine förmliche Verschwörung, nachdem ihr erster Versuch mißlungen war, mit einem rohen Gewaltstreich dem Volke seine mit Blut erkauften Güter zu entreißen. Die Auflösung des Studenten-Korps, das wegen seines begeisterten und beharrlichen Strebens nach bürgerlicher Freiheit und Recht ihr schon lange tief verhaßt war, sollte den Anfang zur Entziehung aller errungenen Volksrechte machen.

Am 26. Mai morgens rückte, ohne daß jemand die geringste Ahnung hatte, Militär gegen die Universität, welche man als einen Herd des Aufruhrs verdächtigte, um sie mit Gewalt zu schließen, die Studierenden zu entwaffnen und im Widersetzungsfalle wohl gar niederzuhauen. Die Tore wurden geschlossen, die Stadt war mit Soldaten erfüllt. – Da stand, wie mit einem Zauberschlage das ganze Volk auf; Studenten, Bürger, Nationalgarden, Arbeiter, selbst Frauen vereinigten sich, errichteten in allen Teilen der Stadt Verschanzungen (Barrikaden) und standen 2 Tage kampfbereit da, um entweder mit der Freiheit zu siegen oder zu sterben.

Nicht länger mehr konnte sich jene fluchwürdige Partei es verhehlen; ihre Stunde habe geschlagen, und gegenüber dem einigen, entschlossenen Volkswillen wären alle Bemühungen fruchtlos. – Sie ergriff feige die Flucht.

Dank der Vorsehung, dieser Sieg ward ohne Bürgerblut erstritten.

Mitbürger! Brüder! Was wir gewollt, was wir getan, haben wir Euch offen und wahr erzählt. Seit den Märztagen war fast jeder Tag ein Tag des Kampfes gegen die volksfeindliche, auf die Herstellung der alten Herrschaft hinzielende Partei. Wir mußten immer wach bleiben, um uns gegen jeden Angriff zu verteidigen. Wir brachten schwere Opfer, Verkehr und Handel sind gehemmt, die Gewerbe liegen darnieder.

Aber freudig brachten und bringen wir noch jetzt diese Opfer, wenn es die Erhaltung und Befestigung der Freiheit gilt.

Werden unsere Brüder unser Streben, unsern heiligen Feuereifer tadeln, welche allein den Zweck haben, allen Völkern der Monarchie die Freiheit unter unserem angestammten Kaiserthrone zu bewahren, sie zu einem gemeinsamen Bruderbunde zu vereinigen, dem Bürger und Bauer die drückenden Lasten von den Schultern zu nehmen, Gleichheit vor dem Gesetz, Aufklärung und wahre Bildung unter allen Ständen zu verbreiten und unser schönes Vaterland groß und herrlich zu machen?

Nie ist den Wienern beigefallen, für sich selbst eigennützig und abgesondert von ihren Brüdern in den Provinzen zu handeln und nur auf das allgemeine Heil und Wohl des ganzen Vaterlandes war und wird ihr begeistertes Streben gerichtet sein.

Mitbürger! Brüder! Euer biederer Freiheitssinn, Euer gutes Herz, Eure Vaterlandsliebe wird mit Verachtung und Abscheu auf jene, dem allgemeinen Völkerglücke feindliche Partei blicken, welche ihren verwerflichen Zweck seit jeher dadurch zu erreichen suchte, daß sie Zwietracht säte zwischen verschiedenen Nationen des Kaiserreiches und eine der anderen verdächtigte.

Ihr werdet gewiß mit uns vereint alle Kräfte anstrengen, um unserem Herrscherthrone treu zu bleiben und die von unserem gütigen Kaiser uns verliehene Konstitution in ihrer weitesten Ausdehnung aufrecht zu erhalten. Laßt Euch in diesem großen Streben durch verdächtigende Grüchte nicht irre machen und entzweien; denn nur in der Einheit liegt die Kraft, und nur der Eintracht und den vereinigten Kräften aller kann der herrliche, völkerbeglückende Sieg der Freiheit gelingen.

Wien am 4. Juni 1848.

Der Ausschuß der Bürger, Nationalgarde und Studenten zur Aufrechthaltung der Ordnung und Sicherheit und für Wahrung der Volksrechte.

Aus der K. K. Hof- und Staatsdruckerei.

[83] Offener Brief des »Radikalen« an den Ausschuß der Bürger, Nationalgarde und akademischen Legion für Ordnung, Sicherheit und Wahrung der Rechte des Volkes.

Der Ministerial-Erlaß vom 1. d. M. bezüglich der Wahlen zum bevorstehenden konstituierenden Reichstag enthält neben vielen Punkten minderen Belanges, die vor einer scharfen Kritik sich gewiß nicht stichhaltig bewiesen, namentlich drei Bestimmungen, welche die Rechte des Volkes in nicht zu verantwortender Weise kränken.

1. Nach § 16 sind alle Arbeiter, die in Taglohn, ja sogar, die in Wochenlohn stehen, von den Wahlen ausgeschlossen. Eine ganze zahlreiche, höchst notwendige wie höchst achtbare Klasse von Staatsbürgern, deren Interessen richtig und würdig vertreten zu sehen nicht bloß für sie selbst, sondern für das Gemeinwohl wichtiger ist als so manches, dessen Aufrechthaltung die im Finstern schleichende Rückschrittspartei samt ihren gegängelten konservativen Bundesgenossen als unverletzliche Gewissenssache predigt, – dieser ganze vierte Stand darf also keinen Einfluß auf die Institutionen ausüben, deren heiliger Zweck es doch ist, den Gesamtwillen der Nation zu offenbaren, – dieses ganze, oft vorzugsweise so genannte Volk darf nicht teilnehmen an der Wahl derjenigen Männer, die den schönsten Ehrennamen Volksvertreter führen!

2. Der § 32 verfügt, daß niemand zum Abgeordneten gewählt werden könne, der nicht Wähler in einem jener Teile der Monarchie ist, für welche die Verfassungsurkunde erlassen wurde, und um Wähler zu sein, muß man zufolge § 16 seit sechs Monaten in irgendeinem Wahlbezirk seinen ordentlichen Wohnsitz gehabt haben. Wer also kurz vor

den Wahlen aus einem Distrikt in einen andern übersiedelte, wer Gesundheits oder Geschäfte halber in Italien oder Ungarn oder Deutschland lebt, ja, wer vor unserer ruhmwürdigen Revolution im Dienste der Freiheit, die wir zum Teil ihm jetzt verdanken, die Grenzen des geknechteten seufzenden Kaiserstaates mied, wie Schuselka, Wiesner und viele andere, – der ist ... unwahlfähig! Und so kann es sich ereignen, und es liegt mehrfach sogar vor, daß Männer, die zu den Würdigsten gehören, die das Vertrauen der Nation mit am höchsten verdienen und genießen, dem Volke als Abgeordnete entzogen sind!

3. Nur direkte und kollektive Wahlen vermögen von dem wahren Volkswillen ein echtes Zeugnis abzulegen, nur durch sie kann eine Kammer entstehen, deren Zusammensetzung in verkleinertem Maßstab die Meinungsmischung der Bevölkerung im Großen abspiegelt. Um jedoch die Eröffnung des konstituierenden Reichstages nicht noch weiter hinausschieben zu müssen, um nicht mitschuldig zu werden an dessen ohnehin so unbegreiflich wie unverzeihlich verspäteter Einberufung, wollen wir auf diese, wenn auch so begründete Forderung verzichten. Möge es für dies Mal bei dem Schoßkind der Halbliberalen, bei den indirekten Wahlen verbleiben; für die Zukunft wird der Reichstag hoffentlich diesen wie so manchen Ballast aus der modernen Rumpelkammer unserer Staatseinrichtungen über Bord werfen, um frei und leicht durch die Wogen des konstitutionellen Lebens mit vollen Segeln schiffen zu können. – Soweit indessen, als es ohne Zeitverlust möglich ist, muß schon jetzt das Naturwidrige und Verschrobene des angeordneten Wahlmodus eingerenkt, muß die den ganzen Geist einer Volkswahl verleugnende Zersplitterung der Wahlen aufgehoben werden; und das ist am einfachsten und wirksamsten zu bewerkstelligen, wenn man möglichst große Zusammenkünfte der Wahlmänner behufs Kollektiv-Wahlen veranstaltet. Dann tritt wenigstens diesem Körper gegenüber der unentbehrliche Einfluß der Kandidaten auf ihre Wähler ins Leben, und es entsteht somit wenigstens ein Miniaturbild der persönlichen Wechselwirkung zwischen dem Volk und seinen Vertretern. Hierdurch aber ganz allein sind, namentlich auf dem Land, die tausendfachen offenen und geheimen Wahlumtriebe, welche nur sogenannte Volkswahlen schmählicherweise zu Protektionswahlen einer Kotterie oder gar eines einzelnen Bestechers oder Bestochenen herabwürdigen, bei ihrer faulen Wurzel auszureißen.

Wie schlecht stimmt diese Zwangsjacke, die man der Wahlberechtigung eines ganzen freien Volkes anlegen will, welches stark genug war, um die Fesseln von Jahrhunderten in drei Tagen zu zersprengen, edel genug, um keine blutige Rache an seinen geistigen Henkern und Henkersknechten zu nehmen, klug genug, um alle Ränke der Herz- und Ehrlosen, die aus schnödem Eigennutz die alte Zwingburg wieder aufbauen möchten, zuschanden zu machen, und besonnen genug, um trotz aller durch die Mißgriffe einer kleinmütigen Regierung und die Perfidie eines übermütigen Hofadels erzeugten Gefahren sich selbst vor Anarchie und Pöbelherrschaft zu schützen, – wie schlecht stimmt dies zu dem allgemeinen Vertrauen, das die Nation seit dem 15. März zu der persönlichen Gerechtigkeitsliebe des Monarchen trotz so mancher bedenklichen Prüfung stets gehegt und bewiesen, wie schlecht stimmt es zu der am 25. April (im Verleihungs-Patent der Verfassung) ausgedrückten schönen kaiserlichen Überzeugung: »daß die Staatsinstitutionen den Fortschritten folgen müssen, welche in der Kultur und Geistesentwicklung der Völker eingetreten sind«, und zu der freisinnigen Bestimmung des sonst nicht allzu freisinnigen Verfassungsentwurfs, die bei solcher Wahlverkrüppelung freilich zu einer hohlen Phrase wird, nämlich, daß »die Wahl der Mitglieder der Abgeordneten-Kammer – (wieviel mehr also des konstituierenden Reichstages!) – auf der Volkszahl und der Vertretung aller staatsbürgerlichen Interessen beruhen«.

Sind das die Früchte des 13., 14. und 15. März, des 15. und 26. Mai daß sogar eine Charte wie die des 25. April zur – Unwahrheit wird? Oder will man sich oder uns gar weismachen, ein nach dieser Wahlverordnung zusammengestoppelter Reichstag könne anders als spottweise eine Volksvertretung heißen?

Auf denn, Ihr Männer des Ausschusses für Ordnung, Sicherheit und Wahrung der Rechte des Volkes, – wahrt diese Rechte des Volkes vor der angedrohten Lähmung und Verstümmelung, protestiert gegen solche Beschneidung und Verkrüppelung unseres jungen konstitutionellen Freiheitsbaumes, und zeigt Euch dadurch auch hier würdig Eures Namens, würdig des Vertrauens, das Euch alle Klassen der Bevölkerung so bereitwillig entgegentragen und dem Ihr bisher so schön entspracht!

Wien am 5. Juni 1848.

Der verantwortliche Redakteur:
Dr. A. J. Becher.

Gedruckt und zu haben bei U. Klopf sen. und A. Eurich in Wien im Juni 1848

[84] Programm des Zentral-Wahl-Komitees für den bevorstehenden konstituierenden Reichstag.

Mit Sehnsucht und Hoffnung blickt jeder Freund des Vaterlandes der Eröffnung des Reichstages entgegen.

Wien hat der Idee der Freiheit Anerkennung verschafft, der Reichstag muß ihr Geltung verschaffen, sie verwirklichen. Er muß sie verwirklichen durch ein neues Staatsgrundgesetz, durch eine Konstitution; verwirklichen in allen Einrichtungen – von der Verantwortlichkeit der Minister bis zum unbedingten Selbstbestimmungsrecht der kleinsten Dorfgemeinde. Der alte Schutt muß weggeräumt und alles neu gestaltet werden. Der Geist der Freiheit muß alle Organe des Staatskörpers mit den belebenden Grundsätzen einer auf der breitesten Basis ruhenden volksrechtlichen Monarchie durchdringen.

Zur Lösung dieser Aufgabe fordert das Vaterland seine besten Kräfte.

Der Ausschuß der Bürger, Nationalgarde und Studenten zur Aufrechthaltung der Ordnung und Sicherheit und zur Wahrung der Volksrechte hält es für seine heiligste Pflicht, durch alle ihm zu Gebote stehenden erlaubten Mittel dahin zu wirken, daß am Reichstag Männer erscheinen, welche den Willen, die Kraft und die Fähigkeit besitzen, dem Staate eine auf der breitesten Basis der volksrechtlichen Monarchie ruhende Konstitution zu geben.

Zu diesem Behufe hat der Ausschuß ein Zentral-Wahl-Komitee gebildet, und er fordert hiermit alle jene Männer auf, welche als Kandidaten zur konstituierenden Reichsversammlung aufzutreten gedenken, sich bei dem erwähnten Wahl-Komitee zu melden. Das Komitee wird die Liste sämtlicher Wahl-Kandidaten veröffentlichen, der Ausschuß aber wird nur diejenigen empfehlen und in ihrer Bewerbung durch seinen moralischen Einfluß kräftigst unterstützen, deren Gesinnungstüchtigkeit und politische Befähigung ihm genügend bekannt sind.

Als unerläßliche Bedingung seiner Unterstützung fordert der Ausschuß von den Kandidaten:

1. Einen unbefleckten, ehrenhaften, festen Charakter.

2. Durch Wort und Tat bewährte, entschieden freisinnige Grundsätze.

3. Hinlängliche, auf wissenschaftlichem Wege oder im praktischen Leben erworbene politische Bildung, um die Forderungen der Gegenwart und die notwendigen Bedingungen einer volksrechtlichen Verfassung richtig zu ermessen. Als eine wahrhaft volksrechtliche Verfassung vermag der Ausschuß aber nur diejenige anzuerkennen, kraft welcher dem ganzen Volke, das heißt, allen Staatsangehörigen ohne Unterschied, allein das Recht zusteht, sich alle seine Gesetze, unter Sanktion des die Volkssouveränität repräsentierenden Monarchen, durch direkt und ohne Zensus gewählte Vertreter zu geben.

4. Unverbrüchliches Festhalten an dem Grundsatz, daß die Existenz des österreichischen Kaiserstaates unbedingt abhängig sei von dem innigen Anschlusse an das große deutsche Mutterland, zu gegenseitiger Gewährleistung der volksrechtlichen Verfassungen aller deutschen Einzelstaaten und zu einheitlicher Vertretung ihrer Gesamtinteressen gegenüber dem Auslande; endlich

5. Anerkennung der vollkommenen staatlichen Gleichberechtigung aller Nationalitäten des österreichischen Kaiserstaates.

Wien im Juni 1848.

Vom Ausschusse der Bürger, Nationalgarde und Studenten für Ordnung und Sicherheit und Wahrung der Rechte des Volkes.

[85] An die Arbeiter!

Das Ministerium des Innern hat mittelst Erlasses vom 10. Juni l. J. an den gefertigten Ausschuß erklärt: daß selbständige Arbeiter, wenn sie das 24. Jahr zurückgelegt haben, und sich in der freien Ausübung der staatsbürgerlichen Rechte befinden, in jenen Wahlbezirken, in welchen sie ihren bleibenden Wohnsitz haben, als Wähler auftreten dürfen.

Aus der hierüber von dem Ausschusse augenblicklich eingeholten Aufklärung des hohen Ministeriums geht hervor, daß durch die obige Verfügung allen nicht in einem ordentlichen Dienstverbande stehenden Arbeitern, mithin allen Gesellen, allen Handarbeitern und Werkleuten, welche in Fabriken, Manufakturen, bei öffentlichen oder Privat-Bauten, öffentliche oder Privat-Arbeiten beschäftigt sind, ihr Stimmrecht und (nach § 32 des Wahlgesetzes) ihre Wählbarkeit für den konstituierenden Reichstag gesichert ist.

Der Ausschuß beeilt sich, den braven Arbeitern diese erfreuliche Nachricht schleunigst zur Kenntnis zu bringen.

Wien am 11. Juni 1848.

Vom Ausschusse der Bürger, Nationalgarde und Studenten zur Aufrechterhaltung der Ordnung und Sicherheit und für Wahrung der Volksrechte.

VI.
Appelle zur Verteidigung der Revolution gegen die ersten militärischen Angriffe der Konterrevolution in den Monaten September, Oktober und November 1848

Die bourgeoise Konterrevolution, die das Ministerium Camphausen/Hansemann in Preußen einleitete und vom Ministerium Hansemann/Auerswald in schärferer Form fortgesetzt wurde, ebnete der feudaljunkerlichen Konterrevolution den Weg. Das Verhalten der Liberalen, ihr Paktieren mit dem König und dem Adel, hatte die preußischen Junkeroffiziere ermutigt, wieder brutal gegen das Volk und selbst gegen die Bürgerwehr vorzugehen. In Schweidnitz ließ der Militärkommandant ohne Warnung in die Menge schießen. Die allgemeine Erregung erfaßte auch die Mehrheit der Abgeordneten der preußischen konstituierenden Versammlung, die von der Regierung Maßnahmen gegen reaktionäre Offiziere forderte. Als die Mehrheit der Versammlung am 7. September nochmals erklärte, daß sie auf der Durchführung der geforderten Maßnahmen gegen reaktionäre Umtriebe in der Armee bestehe, trat die Regierung Hansemann/Auerswald zurück. Den Forderungen nach einer Regierung, die dem Willen des Volkes Rechnung trägt, trat der König, dem Rat seiner Generalskamarilla folgend, mit einem Ministerium des Generals v. Pfuel entgegen, das den Staatsstreich vom November 1848 vorbereitete.

Aber nicht nur in Berlin, sondern in ganz Deutschland machte sich eine ernste Krise bemerkbar, die in der Revolutionsgeschichte den Namen Septemberkrise erhalten hat. Das Zurückweichen der liberalen Regierungen vor den zunehmenden Anmaßungen der feudaljunkerlichen Konterrevolution, die offene Weigerung der preußischen Regierung, demokratischen Forderungen Rechnung zu tragen, hatte entschiedene Demokraten und Arbeiter davon überzeugt, daß es notwendig sei, entschlossen und einig zu handeln, um in einer zweiten Revolution die demokratische Umwälzung herbeizuführen. Die Arbeiter zeigten sich in zunehmendem Maße als die entscheidende vorwärtstreibende Kraft der revolutionären demokratischen Bewegung. Als bekannt wurde, daß Preußen am 26. August in Malmö mit Dänemark ein Waffenstillstandsabkommen zum Nachteil Schleswigs und auch Deutschlands vereinbart hatte und die Liberalen in Frankfurt a. M. nicht den Mut aufbrachten, Preußen entgegenzutreten, aus Angst vor einer zweiten, der demokratischen Revolution, entbrannten die Kämpfe und Auseinandersetzungen.

Die September-Aktionen in Köln, Frankfurt a. M. u. a. O. standen im Zeichen des Kampfes für die entschiedene, die soziale Demokratie.

Die Ereignisse in Frankfurt a. M. am 17., 18. und 19. September, ausgelöst durch die Annahme des Malmöer Waffenstillstandsabkommens von der Mehrheit der Abgeordneten, bildeten den Höhepunkt der Septemberkrise. Preußische und österreichische Truppen marschierten in der Nacht vom 17. zum 18. September in Frankfurt a. M. ein, um die Nationalversammlung vor dem Volk zu »schützen«. Die Arbeiter, auch von den wankelmütigen demokratischen Abgeordneten im Stich gelassen, griffen zu den Waffen und nahmen allein den Kampf gegen die Konterrevolution auf. Sie unterlagen nach heldenmütigem Kampf, weil sich die Bourgeoisie auf die Seite der Konterrevolution stellte und das Militär unterstützte. Nachdem der Aufstand in Frankfurt a. M. niedergeschlagen war, wurde auch über Köln der Belagerungszustand verhängt und die ›Neue Rheinische Zeitung‹ verboten. Aus den Flugschriften der Septembertage geht hervor, wie sehr sich Arbeiter und Demokraten bewußt waren, daß die Sicherung der revolutionären Errungenschaften allein von ihrem entschiedenen Auftreten abhängt.

In den Auseinandersetzungen des Septembers konnten sich die feudalkonterrevolutionären Kräfte, begünstigt durch das Verhalten der liberalen Bourgeoisie, die ersten größeren Erfolge sichern, so daß sich das Kräfteverhältnis zwischen Revolution und Konterrevolution zugunsten der letzteren veränderte.

Den nächsten Schritt tat die überall lauernde Konterrevolution im Oktober im Habsburgerstaat. Die Revolution in Ungarn niederzuschlagen, galt als wichtigste Voraussetzung, um in ganz Österreich wieder die alten Zustände herbeizuführen. Die Wiener Arbeiter und Demokraten verhinderten den Abmarsch Wiener Regimenter nach Ungarn. So sah sich die Konterrevolution genötigt, zunächst den Widerstand der Arbeiter und Demokraten in Wien zu brechen, was auch hier durch den Verrat der Bourgeoisie, aber auch durch das Zögern auf seiten der kleinbürgerlichen Führung erleichtert wurde. Doch die zahlreichen Erklärungen und Aufrufe zeugen von dem ehrlichen Wollen und der Kampfbereitschaft der Arbeiter und Demokraten. Die

Bevölkerung Wiens wurde täglich durch Flugblätter über alle Anstrengungen und Ansichten der verantwortlichen Männer und Organisationen informiert. Diese Flugblätter mit ihren freimütigen Äußerungen über die Lage, mit ihren Aufforderungen, den Kampf aufzunehmen und nicht zurückzuweichen, sprechen eine deutliche Sprache. Schon eine kleine Auswahl aus der großen Zahl dieser Flugblätter bietet einen Überblick über den Gang der Ereignisse, kennzeichnet die Vorgänge in Wien und dokumentiert die Tapferkeit und den Opfermut der revolutionären Kämpfer.

Nach der Niederlage der Demokratie in Wien tat auch die preußische Monarchie sofort einen weiteren Schritt auf dem Wege der Konterrevolution. Das Ministerium des Generals v. Pfuel räumte Generalleutnant Graf v. Brandenburg, dem Mann der konterrevolutionären Kamarilla, seinen Platz. Die konstituierende Versammlung in Berlin protestierte beim König, der daraufhin am 8. November ihre Vertagung bis zum 27. November und gleichzeitig ihre Verlegung in die Provinzstadt Brandenburg verfügte. Dieser konterrevolutionäre Schritt verursachte selbst im liberalen Lager eine ungeheure Unruhe und Unsicherheit. Die Abgeordneten des liberalen Zentrums und der demokratischen Linken der konstituierenden Versammlung beschlossen passiven Widerstand zu leisten und unter Leitung des Präsidenten v. Unruh weiter zu tagen. Dieser Beschluß fand überall große Zustimmung. Die gewaltige Volksbewegung, die sich gegen den Staatsstreich richtete, ging weit über Preußen hinaus. Selbst zahlreiche konstitutionelle Vereine und die Bürgerwehr nahmen gegen die Regierung Brandenburg Stellung und riefen zum Widerstand auf. Die Flugblätter mit den Aufrufen und Protesterklärungen gewähren den besten Einblick, welchen Umfang diese Bewegung angenommen hatte, wie stark überall, selbst im liberalen Bürgertum der Wille war, nicht die Märzerrungenschaften preiszugeben. Den Höhepunkt dieser Bewegung bildete der Steuerverweigerungsbeschluß, den die konstituierende Versammlung in Berlin auf Antrag der Vertreter der äußersten Linken, D'Ester, Jacoby und Waldeck, am 15. November faßte, kurz bevor sie vom Militär aus dem Versammlungsraum verjagt wurde.[1] Namentlich im Rheinland nahmen Arbeiter und Demokraten diesen Beschluß ernst und forderten mit der ›Neuen Rheinischen Zeitung‹ »Keine Steuern mehr!!!«[2]

[1] Vgl. K. Obermann, *Karl D'Ester, Arzt und Revolutionär; seine Tätigkeit in den Jahren 1842–1849*, in: *Aus der Frühgeschichte der Deutschen Arbeiterbewegung*, Berlin 1964, S. 181 f.

[2] K. Marx/F. Engels, *Keine Steuern mehr!!!*, in: Marx-Engels, *Werke*, Bd. 6, Berlin 1959, S. 30.

In dieser Situation machten die führenden bürgerlichen Konterrevolutionäre wie Camphausen, Bassermann u. a. gemeinsame Sache mit der feudaljunkerlichen Konterrevolution, um den auflodernden Widerstand zu brechen. Führende Vertreter der Bourgeoisie leisteten der preußischen Monarchie wirksame Hilfe bei der Unterdrückung der Bewegung. Sie bemühten sich vor allen Dingen darum, das schwankende Bürger- und Kleinbürgertum von energischen Schritten abzuhalten und für die Regierung des Grafen Brandenburg zu gewinnen. Sie billigten aber auch rigorose militärische Maßnahmen der Regierung Brandenburg, denn es ging ihnen darum, die sogenannte revolutionäre Gefahr endgültig zu beseitigen, zu verhindern, daß es erneut zu einem 18. März kommen würde. Camphausen, seit Juli preußischer Bevollmächtigter, hatte seinen Mitarbeiter v. Kamptz zur Erkundung der Lage und zu Verhandlungen im Außenministerium nach Berlin entsandt. Aus seinen Berichten nach Frankfurt spricht der Geist der mit der feudaljunkerlichen Konterrevolution paktierenden bourgeoisen Konterrevolution. Kamptz befürwortete ein scharfes Durchgreifen, da, wie er am 13. November schrieb, »nur eine sehr schwere und blutige Lektion im Stande sein würde«, das zahlreiche Proletariat und die kleinen Bürger Berlins »der Gesetzlichkeit wieder zuzuführen«.[3]

Bei dem Ausmaß, das die Bewegung im November 1848 angenommen hatte, war der Verrat und die Hilfe der Bourgeoisie für die feudaljunkerliche Konterrevolution von entscheidender Bedeutung. Um sich die Unterstützung der Großbourgeoisie gegen die Volksbewegung vorerst zu sichern, wurde ein Vertreter dieser Bourgeoisie, der Elberfelder Industrielle und Bankier von der Heydt, Ende November in die Regierung Brandenburg aufgenommen. In der oktroyierten Verfassung vom 5. Dezember 1848 sah die Bourgeoisie das von ihr gewünschte konstitutionelle Mitbestimmungsrecht verankert. Diese Verfassung genügte ihr vollkommen. Camphausen und andere Vertreter der Bourgeoisie konzentrierten sich jetzt darauf, mit Hilfe der Regierung Brandenburg einen deutschen Bundesstaat unter preußischer Führung zu begründen und die Nationalversammlung in Frankfurt a. M. dem Willen Preußens gefügig zu machen.

[3] Historisches Archiv der Stadt Köln, Abt. 1023/L 1793.

[86] An die Nation![1]

Das Ministerium hat in der gestrigen Sitzung der National-Versammlung die schriftliche, von jedem seiner Mitglieder unterzeichnete Erklärung abgegeben:
daß es den Beschluß der Versammlung vom 9. August c.

»der Kriegsminister möge in einem Erlasse an die
»Armee sich dahin aussprechen, daß die Offiziere
»allen reaktionären Bestrebungen fern bleiben,
»nicht nur Konflikte jeder Art mit dem Zivil
»vermeiden, sondern auch durch Annäherung an die
»Bürger und Vereinigung mit denselben zeigen,
»daß sie mit Aufrichtigkeit und Hingebung an der
»Verwirklichung eines konstitutionellen Rechtszu-
»standes mitarbeiten wollen, und der Herr Kriegs-
»minister möge es denjenigen Offizieren, mit deren
»politischer Überzeugung dies nicht vereinbar
»ist zur Ehrenpflicht machen, aus der Armee
»auszutreten.«

gar nicht ausführen werde. –

Sind das die Früchte der Revolution? Sind das die Errungenschaften der Nacht vom 18. zum 19. März? – Glaubt etwa das Ministerium, jetzt, – nachdem es Militär genug nach Berlin und seiner Umgebung gezogen, – die Freiheiten des Volkes spielend mit sicherer Hand, zertrümmern zu können?

Es möchte das Ministerium sich wohl täuschen, denn das Sprichwort sagt:

Allzuviel ist ungesund, und wo das Maaß voll ist, da läuft es über.

Darum geht noch einmal die warnende Stimme an die unverantwortlichen Männer der Nation: fordert nicht leichtsinnig das Volk zum Kampfe heraus. –

Volk von Berlin! Jetzt naht der Augenblick, wo Du zeigen sollst, daß Du dem Vaterlande die Freiheit gebracht, daß unsere Revolution kein bloßer gewaltsamer Zusammenstoß, kein eitles Puppenspiel war. Und wer dies vielleicht dennoch glauben sollte, – und wären es selbst unsre Minister, der meint es nicht ehrlich mit dem Volke. – Wir wissen sehr wohl, was unser König uns versprochen, wir wissen sehr wohl, daß er uns als Ehrenmann das gegebene Versprechen zu halten gesonnen ist, daß er es uns halten wird, und darum eben bezeichnen wir die gestrige Handlungsweise des Ministeriums als eine unverantwortliche, als eine mit der Gesinnung des Königs im strikten Widerspruch stehende; sie trägt gewissermaßen den Verrat am Könige und am Volke auf der Stirn.

Pocht das Ministerium etwa auf die ihm zu Gebote stehende Gewalt?

[1] Abdruck aus der im unterzeichneten Verlage erscheinenden neuen Zeitschrift: der Volks-Tribun Nr. 1.

Es täusche sich nicht. Das Volk möchte sonst leicht das Ministerium und seine Schergen auf den 19. März zurückführen.

Schmachvoll wäre es, wollte das Volk sich eine solche Behandlung seiner Vertreter gefallen lassen, und zwar von einem Ministerio, das zeither nur durch unser Vertrauen Bestand hatte. Auch hier zeigt sich wiederum die Wahrheit des Ausspruchs: wem man den Finger bietet, der nimmt gewöhnlich die ganze Hand. Man fordert das Volk förmlich zum Kampfe heraus. Will das Ministerium einen Kampf? Gut, so haben sich die Herren selbst die Folgen desselben beizumessen. Wo es sich um die Freiheiten eines kaum erst frei gewordenen, bisher geknechtet gewesenen Volkes handelt, da Ihr Herrn Minister entscheiden keine Bajonette, da entscheidet allein die moralische Macht.

Darum, Volk, erwache aus deinem ruhigen Schlafe; werde wach! Sieh, wie dieses Ministerium der Tat ein Attentat auf deine junge Freiheit auszuüben im Begriffe steht! – Übermorgen ist der Tag der Entscheidung, an welchem sich die National-Versammlung darüber erklären soll, ob sie zugunsten des Ministeriums den Beschluß vom 9. August zurücknehmen wird, oder nicht. Es wäre eine Schmach für die Versammlung, für das Volk, wenn dieser Beschluß zurückgenommen würde. Darum rufen wir den gesamten Vertretern die prophetischen Worte der heiligen Schrift zu:

»Und Jesus ging zum Tempel Gottes hinein,
»und trieb heraus alle Verkäufer und Käufer im
»Tempel, und stieß um der Wechsler Tische und
»die Stühle der tauben Krämer. Und sprach zu
»ihnen: es steht geschrieben, mein Haus soll ein
»Bethaus heißen; Ihr aber habt eine Mörder-
»grube daraus gemacht;«

Darum rufen wir dem Volke zu: Übermorgen ist der Tag der Entscheidung, an welchem entweder das Ministerium fällt, oder unsre junge Freiheit zu Grabe getragen wird. –

Berlin, den 5. September 1848

Ein Mann aus dem Volke.

Verlag von S. Löwenherz in Berlin, Mohrenstr. 39 und Charlottenstr. 27.
Druck von Brandes & Schulze, Roßstraße Nr. 8.

[87] Mitbürger!
Männer von Berlin!

Eine drohende Wolke zieht heran, welche vielleicht die Existenz der National-Versammlung, Vertreter des gesamten Volkes, Euch selbst, die Sache der Freiheit, die Sache des Volkes gefährden, in Frage stellen wird!

Mitbürger! Im Angesicht dieser Gefahren ist es die heilige Pflicht eines jeden, der es mit der Sache des Volkes, mit der Sache der Freiheit redlich meint, der Willkür keinen, auch nicht den leisesten Vorwand zur Anwendung ihrer Macht zu geben. Das Volk von Berlin wird in ruhiger, schweigender Aufmerksamkeit, in strengster Beobachtung der gesetzlichen Ordnung erwarten, wie die Dinge sich gestalten, um alsdann zu handeln, wie es seiner würdig ist! –

Die Nationalversammlung aber wird, wir sprechen es aus, in unerschütterlicher Zuversicht ihre Aufgabe erkennen und unter allen Umständen, ihr Recht, ihre Würde, ihre Freiheit, die Freiheit des Volkes gegen jedweden Übergriff, wann und woher er komme, zu wahren wissen! –

Berlin, am 21. September 1848.

Gedruckt bei C. Lindow, Neue Schönhauser Str. 12.

[88] An den General von Wrangel!

Sie waren so gütig, Ihre Privatmeinung über die Parteiverhältnisse in der Mark in einer nicht gerade geeigneten Weise auszusprechen und daran eine Drohung zu knüpfen, bei der Sie sich mit dem Zaren von Petersburg verwechselt zu haben scheinen.

Ein solcher Irrtum ist nun an sich sehr verzeihlich – zumal da er durch die bei der gestrigen Parade vernehmbare Melodie: »Gott erhalte den Zaren« augenscheinlich begünstigt wurde. Indessen halten wir es im Interesse des gesunden Sinnes für zweckmäßig, Sie auf diese Verwechslung aufmerksam zu machen und Ihnen mitzuteilen, daß

> falls Sie in einer nicht auf ordentlichen Gesetzen fußenden Weise versuchen sollten, Ihrer politischen Meinung die Alleinherrschaft zu usurpieren – daß wir, die wir uns eines »neuen Beweises« der königlichen »Gnade« nicht zu rühmen haben, diese offene Proklamation des Faustrechts als eine Aufforderung ansehen würden, unsre Stellung und unsre persönliche Freiheit in jeder Weise zu behaupten.

Berlin, den 21. September 1848.

Der Demokraten-Verein der Königstadt.

[89] Extra-Beilage zu Nr. 109 der deutschen Reichstags-Zeitung.
Frankfurt. Sonntag, den 24. September 1848.

Ansprache der in den Klubs des deutschen und holländischen Hofes (Donnersberg) vereinigten Linken an das deutsche Volk.

Deutsches Volk!

Der Beschluß der deutschen Nationalversammlung v. 5. d. M., betreffend die Einstellung der zur Ausführung des Waffenstillstandes von Malmö vom 26. August ergriffenen militärischen und sonstigen Maßregeln, wurde als der verheißende Vorbote einer glücklichen Wendung der Dinge freudig begrüßt. Aber wie ein Blitzschlag aus heiterer Luft traf uns die endgültige Entscheidung vom 16. d. M., durch welche der auf Nichtgenehmigung gerichtete Antrag der Mehrheit des Ausschusses mit 258 gegen 237 Stimmen verworfen, dagegen ein Verbesserungsantrag der Abgeordneten Francke, Droysen, Michelsen und Neergardt angenommen wurde, nach welchem die Vollziehung des Waffenstillstandes nicht länger gehindert werden soll. Zwar ist zur Linderung der deutschen Niederlage hinzugefügt: »soweit solcher nach der gegenwärtigen Sachlage noch ausführbar ist«, auch die Zentralgewalt aufgefordert, »auf Grund einer angeblich dänischerseits erklärten Bereitwilligkeit zu Veränderungen, eine Verständigung herbeizuführen«. Es liegt aber am Tage, daß weder die erste sich von selbst verstehende und völlig grundsatzlose Hinzufügung, noch auch die zweite einen an sich verwerflichen Beschluß irgend zu beschönigen vermag, da in Ermanglung jeder Übernahme bestimmter Verpflichtungen, alles von dem bloßen Belieben der dänischen Regierung abhängig ist. Dieser somit wesentlich als angenommen zu betrachtende Waffenstillstand enthält, abgesehen von der Ungunst desselben für die Wiederaufnahme des Kampfes und für die Heilung der dem deutschen Handel geschlagenen schmerzlichen Wunden, schon jetzt die Einleitungen zu einer politischen Gestaltung der Herzogtümer, wodurch die Früchte der ruhmvollen Erhebung dieses deutschen Volksstammes geradezu aufgeopfert werden.

Durch eine Trennung der schleswigschen und holstein'schen Truppen ist das Bruderband deutscher Soldaten, welches die Liebe zum Vaterlande geknüpft hatte, zerrissen, die innige Verbindung deutscher Lande wieder in Frage gestellt; – durch die Einsetzung einer im Namen des Königs von Dänemark, in seiner Eigenschaft als Herzog von Schleswig und Holstein handelnden Regierung, mit einem Mann an der Spitze, der in Itzehoe kaum angelangt, sich vor der Volkserbitterung sofort wieder zurückziehen mußte, ist die schließliche Beibehaltung eines Verhältnisses angebahnt, durch welches ein edler deutscher Volksstamm zur Sache, zum Gegenstande der Herrscherbenutzung eines ausländischen Fürsten herabgewürdigt wird; – durch die Aufhebung sämtlicher Gesetze, Verordnungen und Verwaltungsmaßregeln, welche seit dem 17. März erlassen wurden, sind unsere Brüder in die alten Zustände schonungslos zurückgestoßen!

Vergebens beriefen wir uns auf das Recht der Selbstbestimmung der einzelnen wie der Völker, vermöge dessen die Dänen den Dänen, die Deutschen den Deutschen sich zuwenden möchten; vergebens mahnten wir an die von vielen im Munde, von wenigen im Herzen getragene Volkssouveränität, auf deren Boden allein die Trümmer jedes aus innerer Unnatur und Haltlosigkeit zusammengestürzten Völkerbaues zu einem dauernden Tempel der Zufriedenheit und des Glückes errichtet werden können; die Mehrheit der Versammlung vermochte sich nicht zu dem Entschlusse zu ermannen, die Freiheit eines deutschen Volksstammes den Ansprüchen eines auswärtigen Fürsten, welcher zuerst alle Bande durch rechtswidrige Gewalt gelöst hatte, das Ansehen Deutschlands den ebenso ungegründeten als gefahrlosen Entgegnungen des Auslandes, die einheitliche Ehre des gesamten Vaterlandes der Ehre eines seitdem bereits gestürzten preußischen Ministeriums voranzustellen. Nicht die Schwäche oder Niederlage Deutschlands, sondern hauptsächlich eine unheilvolle Nachgiebigkeit gegen die Sondergelüste der preußischen Regierung hat uns diesen Waffenstillstand aufgedrungen. Diese preußische Regierung hat denselben abgeschlossen gegen Befugnis und Recht, gegen die Bundes- und Wiener-Schlußakte, gegen das Gesetz vom 28. Juni d. J. und gegen die erteilte Vollmacht, sie hat ihn abgeschlossen im eigenen Namen und im Namen des zertrümmerten deutschen Bundes, während sie nur als Bevollmächtigte der Zentralgewalt in deren Namen abschließen konnte und durfte.

So hat die preußische Regierung der Zentralgewalt getrotzt und sie vor dem In- und Auslande moralisch vernichtet; der Beschluß der Nationalversammlung aber hat dies rebellische Verfahren anerkannt und zur Fortsetzung desselben ermuntert.

Der Beschluß der deutschen Nationalversammlung vom 16. September 1848 hat der Freiheit, dem Ansehen und der Einheit des geliebten Vaterlandes eine Wunde geschlagen, deren Heilung nicht ohne die gesteigerte Wirksamkeit der tiefsten, innerlichsten Lebenskraft des gesamten deutschen Volkes bewirkt werden kann. –

Wenn schon frühere Mißtrauensadressen es bezweifeln ließen, ob die Zusammensetzung der deutschen Nationalversammlung noch dem rasch fortgeschrittenen Bewußtsein der Nation entspreche, so geben die zahlreichen Proteste gegen die Genehmigung dieses Waffenstillstandes, in Verbindung mit mehreren Mißtrauensadressen an Mitglieder der Mehrheit, welche gegen die Sistierung desselben gestimmt hatten, zu der begründeten Vermutung Anlaß, daß insbesondere bei der vorliegenden Frage die Mehrheit der deutschen Volksvertreter, worunter sich auch die Stimmen der zu Ministerialstellen berufenen Abgeordneten befanden, und welcher zum entgegengesetzten Erfolge nur 11 Stimmen zu mangeln brauchten, den Willen der Mehrheit der deutschen Nation nicht ausgesprochen habe. In der Überzeugung, daß der Eintritt eines solchen Mißverhältnisses, wodurch jede Volksvertretung den sittlichen Inhalt der Wahrheit verliert, den nächsten Anlaß zum Abweichen vom friedlichen Wege des Geistes zu Taten der Gewalt zu geben vermögen, stellten Mitglieder der Minderheit gleich in der folgenden Sitzung vom Montag dem 18. einen Antrag auf Anordnung neuer Wahlen, welche spätestens bis zum 18. Oktober vollendet sein und während welcher die Sitzungen ihren ruhigen Verlauf haben sollten. Die Mehrheit jedoch erachtete diesen Antrag nicht für dringlich. Unterdessen hatte der Beschluß der Nationalversammlung im Volke eine große Aufregung hervorgerufen.

War es ein Wunder, wenn das Volk sich dasselbe Recht beilegte, welches sich die Einzelregierungen durch wiederholte Mißachtung der Beschlüsse der Nationalversammlung angemaßt hatten? Blutige Szenen haben sich unter unsern Augen entwickelt, die wir eben so tief bedauern, als wir fest überzeugt sind, daß sie hätten vermieden werden können, wenn man zur rechten Zeit die geeigneten Maßregeln ergriffen hätte, welche wir nach Kräften anrieten.

Niemand kann und wird diesen Aufstand ohne Plan, Vorbedacht, Leitung, Vorkehrungen, Verbindungen und verständige Schätzung der Angriffs- und Widerstandskräfte rechtfertigen wollen, er war ziellos, aus dem Drange des Augenblicks hervorgegangen und von der Verzweiflung durchgeführt. Aber niemand darf sich auch von der Parteileidenschaft so weit verblenden lassen, zu verkennen, daß das Gefühl für Deutschlands gefährdete Ehre, Freiheit und Einheit denselben hervorgerufen und Männer in den Tod getrieben hat, die gewiß freudiger den Tod gegen den auswärtigen Feind als im Bruderkampfe gefunden hätten.

Frankfurt steht jetzt unter der ehernen Zuchtrute des Belagerungszustandes und Kriegsgesetzes, d. h. der Rechtslosigkeit; die Reaktion erhebt mächtig und übermütig ihr Haupt und macht Miene, die freiheitsgetreue Minderheit gänzlich zu unterdrücken. Wir aber werden trotzdem die Grundsätze der Freiheit und Einheit Deutschlands unerschütterlich vertreten wie bisher, was auch geschehe!

An Dich aber, deutsches Volk! ergeht der Aufruf, Dich offen über die Wirksamkeit deiner Vertreter auszusprechen. Denn das Einverständnis zwischen Wählern und Gewählten ist die sicherste Bürgschaft der friedlichen Freiheit. –

Frankfurt, den 22. September 1848.

Die Klubs der vereinigten Linken
im deutschen und holländischen Hof.

Verlag von Gustav Oehler, Zeil No. 38. Druck von C. Adelmann.

Oktober 1848

[90] Die mörderische Schlacht zwischen den Donaubrücken am 6. Oktober.

Ausführlich beschrieben von einem dabei verwundeten Studenten.

Auf den Ruf: »Die Soldaten wollen nicht abmarschieren; sie haben geschworen, lieber in Wien zu sterben, als gegen die Ungarn zu ziehen«, eilten wir zur Taborbrücke hinaus, wo sich das rührendste Schauspiel darbot. Am entgegengesetzten Ende der Taborbrücke standen die braven Grenadiere, fraternisierend mit Volk und den Nationalgarden, die rings aufgestellt waren. Es war halb 10 Uhr vormittags an der Taborbrücke, deren Vorderteil vom Volke zerstört worden war, fuhren 4 Kanonen auf und eine Abteilung vom Regimente Nassau nahm daselbst dem Volke gegenüber eine feindliche Stellung an. General Bredä machte alle Anstalten, die uns auf das schlimmste gefaßt hielten. Die Eisenbahnbrücken standen verbarrikadiert und der Telegraph war zerstört worden. Mittlerweile war ein Soldat gefangen genommen worden, der eine Depesche bei sich trug, die man ihm abnahm und ebenso hielt man 3 Mann Pioniers auf, die abseits in einem Kahne über die Donau zu setzen, sich beeilten. Um 10 Uhr erschien der Abgeordnete Kudlich vor der Taborbrücke und indem er sich auf eine Bank stellte, teilte er dem Volke mit, daß bereits die Linke des Reichstages beschlossen habe, vom Kriegsministerium zu erwirken, daß er die deutsche Garnison in Wien belasse, da diese nicht feindlich gegen das Volk gesinnt ist. Währenddem reitet ein General heran und kommandiert den Soldaten zum Vorwärtsmarschieren – er wird aber vom Volke ausgepfiffen, die Verbrüderung der Grenadiere, Nationalgarden und Studenten wird noch inniger, da auch die Bauern der nächsten Ortschaft mit Sensen, Hacken und Schaufeln herangezogen kommen. Ein endloser Jubel erfolgte, der bloß dadurch gestört wurde, daß ein Teil der Pioniere unter Anführung eines Offiziers über die Taborbrücke marschierte, welche die Absicht hatten, auch das andere Ende der Brücke zu zerstören, um dem Volke, Bauern, Garden und Soldaten, welche sich anschickten, im Zuge in die Stadt zurückzumarschieren, den Übergang abzuschneiden. Das Volk aber hinderte sie daran. Schon begann sich der Zug im Umwege nach dem Eisenbahn-Damme zu bewegen, um über die Eisenbahnbrücke ungehindert in die Stadt zu gelangen. Da richtete aber auf des Generals Geheiß die Artillerie ihre Kanonen nach der Eisenbahnbrücke, um sie zu zerstören und den Übergang abzuschneiden. Im nämlichen Augenblicke aber fiel Volk, Garden und Studenten über die Kanonen her, entriß 2 derselben und einen Pulverkarren den Kanonieren, die ganz verblüfft über den Mut des Volkes dastanden und sich auch noch eine dritte Kanone nehmen ließen, welche man insgesamt mit einer Riesenstärke auf den Bahndamm hinaufzieht. Während man auch ein viertes Geschütz zu erobern sucht, gibt die Infanterie Feuer. Die ersten Opfer waren Arbeiter. Nun begann es von allen Seiten zu krachen. Die müßigen Zuschauer ergreifen über Zäune und Planken die wildeste Flucht. – Pioniere feuern auf die akademische Legion, diese erwidert todesverachtend den Gruß und weicht nicht von der Stelle.

Der Major der Infanterie stürzt tödlich getroffen vom Pferde – das Volk feuert aus einer eroberten Kanone auf das Militär. Die Kavallerie sprengt heran, und sucht mit Einhauen eine Kanone zurückzunehmen, das Volk aber schleudert die Kanone ins Wasser und dringt mit Planken, Spießen und Stangen neuerdings vor. Heftige Steinwürfe verjagen die Reiter.

Ein Kartätschenschuß. Viele fallen. Die Studenten und Nationalgarden stürmen vom Damme herab auf die Infanterie, die sich bis zum Anfang der Taborbrücke zurückzieht; da rücken aber die braven Grenadiere von der anderen Seite der Brücke an und feuern auf die Infanterie los, daß es eine Lust ist. – Im nämlichen Augenblicke stürzt auch General Bredä tödlich getroffen vom Pferde. Heillose Verwirrung unter den Soldaten. Die Infanterie beginnt gegen die Grenadiere auf der andern Seite ein heftiges Feuer. Umsonst. Das Volk bleibt Sieger, und die Infanterie vom Nassauer Regiment ist beinahe ganz aufgerieben. Von Seiten der Nationalgarden und Studenten sah ich 12 Tote und 24 Verwundete. Von den Arbeitern 10 Tote. Die gefallenen Soldaten konnte ich nicht zählen. Verwundete Soldaten gewahrte ich gegen 70. –

Unter lautem Jubel zog man nach 11 Uhr mit den eroberten Kanonen, dem Generalshut und anderen Siegestrophäen in die Stadt, wo die Revolution ihre blutige Fortsetzung machte.

Wien, im Oktober 1848.

A. Schmidt,
Student der Wiener Universität.

[91] Völker Österreichs!

Die Folgen verhängnisvoller Ereignisse drohen den kaum begonnenen Grundbau unseres neuen Staatsgebäudes zu erschüttern.

Der aus der freien Wahl der Völker Österreichs hervorgegangene konstituierende Reichstag erkannte in den ernsten Stunden des 6. Oktober die heilige Pflicht, die er den Völkern gegenüber zu erfüllen, und die schwere Verantwortlichkeit, die er vor der Mit- und Nachwelt zu tragen hat. Als das Band der gesetzlichen Ordnung zu zerreißen drohte, bemühte sich der Reichstag, kraft seiner Völkervollmacht und durch Verständigung mit dem Volke von Wien, der Reaktion wie der Anarchie entgegenzuwirken. Er erklärte sich selber für permanent und wählte zugleich aus seinen Mitgliedern einen permanenten Ausschuß zur Erhaltung der öffentlichen Sicherheit und Ordnung.

Aber der konstituierende Reichstag hielt auch die Stellung fest, die er dem konstitutionellen Throne gegenüber einnimmt und jederzeit unerschütterlich einnehmen wird. Er entsendete eine Deputation an Seine Majestät den konstitutionellen Kaiser, um im innigsten Verbande mit dem allerhöchsten Träger der Souveränität die Wünsche des souveränen Volkes zu erfüllen und dessen heilige Interessen zu wahren. In stets bewährter Herzensgüte waren Seine Majestät sogleich geneigt, die Männer, welche das Vertrauen des Volkes verloren hatten, aus dem Ministerium zu entlassen, die Bildung eines neuen volkstümlichen Ministeriums zu verfügen und die aufrichtigste, den Interessen aller Völker Österreichs wie den Zeitbedürfnissen entsprechende Beratung der Angelegenheiten des großen Gesamtvaterlandes zuzusichern.

Leider wurden Seine Majestät am 7. Oktober zu dem tiefbeklagenswerten Entschluß bewogen, sich aus der Nähe der Hauptstadt zu entfernen.

Dadurch ist das Vaterland, ist das Wohl und die so herrlich errungene Freiheit unseres hoch berufenen Vaterlandes abermals in Gefahr, Rettung und Erhaltung der höchsten Güter des Bürgers und des Menschen ist nur dadurch möglich, daß das Volk von Wien, daß alle österreichischen Völker, die ein Herz für ihr Vaterland haben, wieder jene tatkräftige politische Besonnenheit und jenen hochherzigen Edelmut beweisen, wie in den Tagen des Mai.

Völker Österreichs! Volk von Wien! Die Vorsehung hat uns einen eben so hohen als schwierigen Beruf angewiesen, wir sollen ein Werk vollbringen, welches, wenn es gelingt, alles übertreffen wird, was die Weltgeschichte Großes und Herrliches aufzuweisen hat; wir sollen einen politischen Staatsbau aufführen, der verschiedene Völker zu einem brüderlichen Völkerstaat vereinigt, dessen unerschütterliche Grundlage das gleiche Recht, dessen Lebensprinzip die gleiche Freiheit aller sein soll.

Völker Österreichs! der Reichstag ist fest entschlossen, für diesen hohen Beruf das Seinige zu tun; tut auch Ihr das Eurige. Euer Vertrauen hat uns berufen, nur durch Euer Vertrauen sind wir stark. Alles, was wir sind, sind wir durch Euch, und wollen wir für Euch sein!

Dem Gebote der Notwendigkeit und dem Gesetze der konstitutionellen Monarchie folgend, hat der konstituierende Reichstag heute folgende Beschlüsse gefaßt:

a. Daß die Minister Doblhof, Hornbostl und Krauß die Geschäfte aller Ministerien führen, nicht nur für die Ordnung in dieser Geschäftsführung Sorge tragen, sondern auch durch Beiziehung neuer Kräfte den Erfolg derselben sichern, endlich Seiner Majestät den Vorschlag der neu zu ernennenden Minister schleunigst vorlegen, und sich mit dem Reichstage in ununterbrochener Verbindung erhalten.

b. Sei eine Denkschrift an Seine Majestät aus Anlaß höchst Ihres Manifestes zu erlassen. Darin soll der konstitutionelle Kaiser über den wahren Stand der Dinge aufgeklärt, und Ihm aus ehrlichem Herzen die Versicherung gegeben werden, daß die aufrichtige Liebe der Völker unerschütterlich für Ihn ist.

Völker Österreichs! Europa blickt mit Bewunderung auf uns, und die Geschichte hat unsere Erhebung zur Freiheit unter ihre glänzendsten Taten eingereiht. Bleiben wir uns selber getreu, halten wir unerschütterlich fest an der Achtung vor dem Gesetz, an der konstitutionellen Monarchie, an der Freiheit, Gott schütze Österreich.
Wien, am 7. Oktober 1848.

Vom konstituierenden Reichstage.
Franz Smolka,
erster Vize-Präsident.
Carl Wider,
Schriftführer.

[92] Kundmachung.

Nachstehende Eingabe wird mit dem Beifügen zur allgemeinen Kenntnis gebracht, daß deren Inhalt vom Reichstage zur wohlgefälligen Kenntnis genommen wurde.
Vom konstituierenden Reichstage
Smolka, erster Vize-Präsident
Carl Wiser, Schriftführer

Hohe Reichsversammlung!

Der erste allgemeine Wiener Arbeiter-Verein, der für die Aufrechterhaltung sowohl der Freiheit als auch der gesetzlichen Ordnung glüht, und einem anarchischen Zustande durchaus nicht das Wort reden wird, sieht sich verpflichtet, einer hohen Reichsversammlung den Dank im Namen der ganzen Arbeiter-Klasse Wiens dafür auszudrücken, daß eine hohe Reichsversammlung das Staatsruder in den jetzigen Tagen der Gefahr mit einer solchen Kraft in die Hände genommen und unsere verwirrten Angelegenheiten zu einem gewiß jeden Teil des Volkes befriedigenden Ende zuzuführen gedenkt, welches ihr auch jedenfalls gelingen muß, wenn sie vom Volke in ihren Beschlüssen unterstützt wird.

Der Arbeiter-Verein, welcher nur in dem kräftigsten Zusammenwirken die Freiheit des ganzen Volkes gewahrt sehen kann, und der auch in diesen Tagen bewiesen hat, daß es den Arbeitern nicht um Raub und Plünderung zu tun sei, stellt sich ganz zur Verfügung einer hohen Reichsversammlung mit dem Bedeuten, ihre Beschlüsse, welche gewiß nur zum Wohle des Gesamtvolkes dienen werden, mit dem Leben gegen alle Angriffe, von welcher Seite sie immer kommen wollen, zu verteidigen, um auch auf diese Art nach seinen Kräften zum Wohle des Staates beitragen zu können.

Der Vorstand des ersten Wiener Arbeiter-Vereins.
Anton Schmidt, Sebastian Tack,
Comité-Mitglieder

Aus der K. K. Hof- und Staatsdruckerei

[93] Höchst wichtig!
Mitbürger!

Die Augenblicke sind dringend. Unsere gegenwärtige ungewisse Lage ist für länger unerträglich. Die Würfel müssen fallen. Unser Schicksal muß sich entscheiden. Es kann sich aber nur zum Glücke entscheiden durch allgemeine Einigkeit, durch eine schleunige Erhebung des ganzen Volkes.

Darum rufen wir allen unseren Brüdern in der Stadt und auf dem Lande zu: Auf, zu den Waffen! zum Kampfe für Freiheit und Vaterland!

Es gilt unser aller Leben, es gilt alle Errungenschaften.

Aber unsere Stimme verhallt, denn sie ist die Stimme einzelner. Der Reichstag, die vom Volke frei und vertrauensvoll gewählten Vertreter müssen zu den Waffen rufen, wenn die Erhebung eine allgemeine, wenn sie eine solche sein soll, die zum Siege führt. Nur die Stimme des Reichstages wird mächtig Anklang finden, nur seine Stimme wird alle Bürger zu ihrer Pflicht rufen, zur Verteidigung des von einer reaktionären Bajonettenpartei bedrohten Vaterlandes. Der gefertigte Ausschuß von dieser Überzeugung durchdrungen, läßt daher an den hohen Reichstag eine dringende Bitte ergehen, er möge die Organisierung des Landsturmes mit kräftiger Hand leiten, er möge selbst alle Söhne unseres teuren Vaterlandes zur Verteidigung desselben auffordern.

Mitbürger, Brüder, unterstützt diese unsere Vorstellung an den hohen Reichstag aus allen Kräften, lasset selbst solche Bitten an den hohen Reichstag ergehen. Dies ist der einzige Weg zum Siege, der einzige, der unsere gegenwärtige peinliche Lage zum Heile endigt.

Wien am 14. Oktober 1848.

Der Ausschuß der Studenten.

[94] An die Bewohner von Wien.

Vierzehn Tage sind vergangen in fruchtlosen Verhandlungen, in Versuchen der Versöhnung, die zu keinem Ziele führten. Wir haben nichts verlangt als unser Recht, nichts als Gewährleistung für die Freiheit, die wir mit unserm edelsten Herzblute errungen haben. Unsere Feinde haben unseren gerechten Forderungen nur zweideutige jesuitische, ausweichende Antworten entgegengestellt, und während wir vertrauend uns an das Herz des betrogenen Kaisers wandten, haben sie im Stillen an unserem Verderben gearbeitet.

Bewohner von Wien! Die Maske ist gefallen, wir wissen nun woran wir sind. Nicht nur das Verderben unserer Stadt ist beschlossen, sondern die Zurückführung des alten Zustandes durch das Mittel des Militärdespotismus. Nachdem man die Stadt umzingelt, wagt es der Fürst Windischgrätz gegen Recht und Gesetz Belagerungszustand und Standrecht auszusprechen. Mit frecher Lüge schildert man die Zustände unserer Stadt als anarchisch, während Ruhe und Ordnung nie vollkommener herrschten wie eben jetzt. Die Verräter, welche den Kaiser zur Flucht verführten und ihn fortwährend belagern, verbergen ihm die Wahrheit und erschleichen seine Zustimmung zu ihren verruchten Plänen. Der Stadt, wo die gesetzliche Landesvertretung friedlich tagt, wo alle Behörden in ungestörter Tätigkeit sind, erklärt ein roher Soldat den Kriegs- und Belagerungszustand, ohne dazu auf irgendeine konstitutionell-gesetzliche Weise berechtigt und beauftragt zu sein. So tritt man Recht und Gesetz, so tritt man Freiheit und die oft verbürgten Errungenschaften, so tritt man das feierliche Kaiserwort frech unter die Füße, um einen Vorwand zu haben für seine verräterischen Pläne.

Bewohner von Wien! Der Reichstag hat dieses verbrecherische Treiben bereits für ungesetzlich erklärt; er hätte es für hochverräterisch erklären sollen! Stimmen wir ihm einmütig zu. Aber enthüllt sei auch die verruchte Lüge vor der ganzen Welt, auf daß, wenn der Vernichtungskampf beginnt, den man gewaltsam hervorruft, die Völker Europas wissen, wo das Recht und wo das Unrecht ist. Von diesem Augenblicke an gibt es keine Parteien, keinen Meinungszwiespalt mehr; wir kämpfen nicht mehr für politische Ansichten, wir kämpfen wie jenes schlichte Hirtenvolk in der Schweiz gegen den Übermut der kaiserlichen Vögte, für unsere Freiheit, für unsere Ehre, für unsern Herd, für unser Weib und unsere Kinder!

»Wer ist der Feigling, der an diesem heiligen Kampfe nicht Teil nimmt?«

Wien, den 23. Oktober 1848

Der Central-Ausschuß
der demokratischen Vereine Wiens.

Gedruckt bei Franz Edler von Schmid.

[95] Tapferes Volk von Wien!

Endlich naht er, der ersehnte Augenblick der Entscheidung, der dem drückenden peinlichen Zustande der letzten vierzehn Tage ein Ende machen, der unseren schweren Kampf zu einem herrlichen siegreichen Ausgange führen wird.

Der Feind tritt uns offen entgegen, unser Kaiser hat uns verlassen und ist in den Händen einer volksfeindlichen Partei. Zu derselben Zeit, wo ein kaiserlicher Erlaß uns die Unantastbarkeit unserer Errungenschaften garantiert, die Berechtigung des Reichstags anerkennt, und von Freiheit und Gleichberechtigung aller Nationalitäten spricht, wird Feldmarschall Windischgrätz durch einen andern kaiserlichen Erlaß mit den unbeschränktesten Vollmachten ausgerüstet und von demselben gegen die Stadt, wo der Reichstag tagt, wo die Gesandtschaften aller Völker Europas weilen, wo weder Anarchie noch Parteiwut, sondern ein Geist der Brüderlichkeit, Aufopferung und Freiheitsliebe herrscht, gesandt und von ihm der Belagerungszustand, das Standrecht, mit einem Worte, offene Militär-Despotie proklamiert.

Brüder! Ihr müßtet nicht die Männer des März, Mai und Oktobers sein, Ihr wäret nicht würdig des stolzen Titels »freier Bürger eines freien Staates«, wenn Ihr jetzt, wo man schamlos die Maske abwirft und Eure blutig erkauften Errungenschaften antastet, nicht wie bisher wie ein

Mann stündet für Eure Freiheit, für Euer Recht. Noch steht in Eurer Mitte der Reichstag, der lebendige Ausdruck der Volks-Souveränität, die Frucht der Revolution, ihn müssen wir schützen und wahren, in ihm ist Euer, ist aller österreichischen Nationen Recht angetastet, ihn zu schützen, die wahre Volksherrschaft zur Geltung zu bringen, das, Brüder, gilt's in diesem Augenblicke.

Eben hat derselbe Reichstag, sich seines Rechtes und seiner Macht bewußt, die Zumutung einer Militärherrschaft entschieden von sich gewiesen, und das Einschreiten des Feldmarschalls Windischgrätz und seiner Armee einstimmig für ungesetzlich erklärt.

Auf denn! Auf unserer Seite ist das Recht, wir kämpfen für das ganze Vaterland, und wir können nicht erliegen, so lange Mut, Selbstvertrauen und das Bewußtsein der Heiligkeit unserer Sache uns stärken. So wie in allen Zeiten Wien als ein mächtiger Damm dem heranbrechenden Strome der Barbarei entgegenstand, und Europa rettete, so wird auch jetzt Wien, als die erste Vormauer der Freiheit, unbesiegbar dastehen, und machtlos wird die Kraft der Despotie an seinen Wällen scheitern. Und jene selbst, die nun mit gewaffneter Hand gegen uns stehen, wer sind sie? – Söhne des Volkes. Sie werden im entscheidenden Augenblicke erkennen, daß sie gegen sich selbst, gegen ihre Freiheit kämpfen; sie werden nicht ihre Väter und Brüder morden wollen im Solde der Tyrannei und zu uns herübertreten, und siegen, herrlich siegen wird das Volk und sein heilig Recht! – Auf denn zum Kampfe und Siege für

Freiheit, Recht und Vaterland!

Wien, den 24. Oktob. 1848

Vom Ausschusse der Studenten

[96] Dringende Aufforderung an die Bewohner Wiens.

Der wichtigste, entscheidende Moment in unserem begeisterten Freiheitskampfe, der Barrikadenkampf, steht uns bevor. In diesem Kampfe liegt unsere größte Stärke, wir werden unüberwindlich sein, wenn wir den Aufbau der Barrikaden, wo solche in strategischer Hinsicht notwendig sind, mit rührigen Händen zu Ende führen. Das überall hin tätig wirkende Studenten-Comité hat sich der Leitung dieser Arbeiten unterzogen, und es wird folgendes bekanntgemacht:

1. Bei jedem Arbeitsplatze wird ein Ingenieur den Bau leiten, und ein Mitglied des Studenten-Comité wird dabei beständig gegenwärtig sein.
2. Die sich meldenden Arbeiter werden aufgeschrieben und erhalten folgenden Taglohn:
   Die Männer 40 kr. Conv. Münze
   Die Weiber 30 kr. Conv. Münze
   Die Kinder 10 kr. Conv. Münze

3. Der Ingenieur verfaßt die Zahlungsliste und übergibt selbe dem Studenten-Comité, welches die Auszahlung selbst bewirkt, wodurch jede Unzukömmlichkeit beseitigt wird.

Auf Mitbürger! zum Barrikadenbau, an diesen Bollwerken werden die Schädel unserer mordenden und sengenden Feinde zerschellen! Auf und laßt uns nicht zu anderen Maßregeln schreiten, wo wir an Euren welthistorisch gewordenen Patriotismus uns wenden.

Wien am 26. Oktober 1848

Vom Studenten-Comité.

Aus der K. K. Hof- und Staats-Druckerei

[97] Befehl an alle Kommandanten.

Fürst Windischgrätz hat der Deputation des Gemeinderates erklärt, er müsse bei seinen Bedingungen beharren, er verlange unbedingte Unterwerfung und am Abend werde er die Feindseligkeiten eröffnen. Es haben demnach die Kommandanten die Außenwerke und Barrikaden auf das stärkste zu besetzen, die Unterstützungen aufzustellen und ebenso alle Reserven unter Waffen treten zu lassen.

Jeder ohne Ausnahme hat von 6 Uhr abends auf seinem Posten zu sein und denselben ohne bestimmte und ausdrückliche Erlaubnis des Kommandanten auf keinen Fall zu verlassen. Mitbürger! der Feldmarschall geht von der Ansicht aus, in Wien herrsche eine kleine Fraktion. Er wird an unserem Widerstande erfahren müssen, daß die gesamte Bevölkerung es als Ehrensache ansieht, auf solche Bedingungen nicht einzugehen. Es möge denn das Verhängnis eines Bruderkampfes walten.

Was immer an aufrichtigen Friedensmitteln versucht werden konnte, ohne Ehre und Freiheit der Willkür einer Militär-Herrschaft zu überliefern, ist von allen Körperschaften ohne Ausnahme, dem hohen Reichstage, dem Gemeinderat und der Nationalgarde, zu wiederholten Malen versucht worden. Wir können den abgerissenen Faden der Unterhandlung nicht mehr aufnehmen, ohne das Gottes-Urteil eines gerechten und heiligen Kampfes versucht zu haben. Kommandanten und Wehrmänner! Wir sind weder Verschwörer noch Aufrührer gegen die geheiligte Person Sr. Majestät des Kaisers, noch gegen die verfassungsmäßigen Rechte seines konstitutionellen Thrones. Im Gegenteil, wir sind es, die den konstitutionellen Thron verteidigen. Wir sind es, die der Anarchie entgegentreten, wir sind es, die gesetzliche Ruhe und Ordnung durch verfassungsmäßige Mittel dauernd befestigt sehen wollen. Alle Körperschaften, in ihrer Mitte leidenschaftslose, besonnene und gewissenhafte Männer haben gegen das Verfahren des Feldmarschalls Protest eingelegt.

Die Wehrmänner Wiens werden zeigen, daß dieser Protest nicht auf Worten beruht. Das Geläute der großen Sturmglocke von St. Stephan wird das Zeichen sein, daß der Angriff des Feindes auf irgendeiner Seite ein ernstlicher sei. Bloß die Herren Verteidigungsleiter General-Leutnant Bem, Oberst Aigner, Wutschel, Wittenberger, Hauptmann Bauer und Hauptmann Moser, die Bezirks-Chefs Braun und Nessel haben mir Meldungen zuzuschicken. Von 9 Uhr abends bin ich auf der Rothenturmbastei zu treffen.

Die Herren Verteidigungsleiter haften mir mit ihrer Ehre für die Richtigkeit ihrer Angaben, weil es nur so möglich ist, zweckmäßige und richtige Hilfen zu geben. Das Plänkeln und Schießen ist in Anbetracht der wenigen Munition unter Todesstrafe zu verbieten.

Da es erwiesenermaßen vorliegt, daß von Garden in diesen Tagen abgefaßte Munition verheimlicht wird, so ist solche gleichfalls bei Vermeidung von standrechtlicher Verurteilung allsogleich dem Bezirks-Chef auszufolgen, welcher die Summe derselben ohne Säumen sogleich wieder den Verteidigungsleitern anzugeben hat.

Jeder Bezirk muß sich, so lange es sich nicht klar herausstellt, wohin der Hauptangriff gerichtet ist, durch die eben aufgestellten Mobilen und seine eigenen Kräfte verteidigen. Dieser Befehl ist an allen Barrikaden und an allen Orten öffentlich vorzulesen und wird nach erfolgter Drucklegung bei jeder Abteilung in mehreren Exemplaren verteilt werden. Brüder! die Würfel sind gefallen, das heilige Recht wird siegen!
Wien am 26. Oktober 1848.
5 Uhr abends.

Messenhauser,
prov. Ober-Kommandant.

Aus der K. K. Hof- und Staatsdruckerei

[98] Kundmachung.

Auf hohen Befehl bringt der Gemeinderat der Stadt Wien folgende von der Zentral-Kommission der k. k. Stadt-Kommandantur angeordneten Maßregel zur allgemeinen Kenntnis:

Unter den Bedingungen, welche der Herr Armee-Ober-Kommandant Se. Durchlaucht der Fürst zu Windischgrätz in seiner Proklamation vom 23. Oktober d. J. für die Übergabe der Hauptstadt Wien festgesetzt hat, erscheint im §. 3 die anbefohlene Auslieferung der durch nachträgliche Zuschriften bezeichneten Individuen, als des gewesenen königl. ungarischen Unterstaats-Sekretärs Pulsky, des polnischen Emissärs Bem, des Nationalgarde-Ober-Kommandanten Messenhauser, des bei diesem Kommando verwendeten Fenneberg, und endlich des als Aufwiegler bezeichneten Schütte. Wegen der besonderen Gefährlichkeit dieser fünf Individuen, und weil sie als die Hauptursachen der letzten Empörung, die auf den Umsturz der Monarchie hingearbeitet hat, angesehen werden, wird von Sr. Durchlaucht dem Herrn Feldmarschall Fürsten zu Windischgrätz mit unnachsichtiger Strenge auf ihre Habhaft-

werdung gedrungen, und hievon die Möglichkeit abhängig gemacht, den freien Verkehr zwischen der Stadt und ihren Vorstädten herzustellen, und überhaupt die möglichsten Erleichterungen in dem Belagerungszustande eintreten zu lassen. Zu diesem Ende werden jene Wohnparteien, bei denen sich etwa ein oder das andere dieser Individuen aufhalten sollte, dringendst aufgefordert, binnen 6 Stunden davon die Anzeige zu machen, weil sonst gegen den Dawiderhandelnden das standrechtliche Verfahren eintreten würde.
Wien am 4. November 1848.

Vom Gemeinderat der Stadt Wien.

Aus der k. k. Hof- und Staatsdruckerei.

November 1848
[99] An das Preußische Volk!

Das Ministerium Brandenburg, welches gegen die fast einstimmig ausgesprochene Erklärung der National-Versammlung die Leitung der Geschäfte des Landes übernommen, hat seine Tätigkeit damit begonnen, daß es einseitig die Vertagung der Sitzungen der National-Versammlung und die Verlegung derselben nach Brandenburg befohlen hat.

Die Versammlung der Preußischen Volksvertreter hat diesen Eingriff in ihre Rechte dadurch zurückgewiesen, daß sie mit großer Majorität den Beschluß gefaßt hat:

ihre Beratungen in Berlin fortzusetzen.

Sie hat zu gleicher Zeit erklärt, daß der Krone das Recht nicht zusteht, die Versammlung wider ihren Willen zu vertagen, zu verlegen oder aufzulösen, und daß sie diejenigen verantwortlichen Beamten, welche der Krone zur Erlassung jener Botschaft geraten haben, nicht für fähig erachtet, der Regierung des Landes vorzustehen, vielmehr dafür hält, daß dieselben schwerer Pflichtverletzung gegen die Krone, gegen das Land und gegen die Versammlung sich schuldig gemacht haben.

Das Ministerium Brandenburg hat in Folge dieser Ereignisse die Versammlung für eine ungesetzliche erklärt und die Anwendung militärischer Gewalt angedroht, um die Fortdauer ihrer Beratungen zu verhindern.

Mitbürger! in dem schweren Augenblick, wo die gesetzliche Vertretung des Volks durch die Bajonette der Militärmacht bedroht wird, rufen wir Euch zu: Haltet fest an der errungenen Freiheit, wie wir mit allen unseren Kräften, mit unserem Leben dafür einstehen! Aber verlaßt auch keinen Augenblick den Boden des Gesetzes. – Die ruhige und entschiedene Haltung eines für die Freiheit reifen Volkes wird mit Gottes Hilfe der Freiheit den Sieg sichern.
Berlin, den 10. November 1848.

Die National-Versammlung.

Gedruckt bei W. Moeser und Kühn, Stallschreiberstraße 34.

[100] Die Stadtverordneten-Versammlung hat folgende Adresse an Se. Majestät den König gesandt:

Majestät!
Der Konflikt, in welchen die durch das Vertrauen der Nation gewählte Versammlung mit den Ministern der Krone getreten ist, hat die Vertreter der Hauptstadt mit tiefer Besorgnis erfüllt und drängt dieselben zu der ehrerbietigsten Bitte:

es möge Euer Majestät gefallen, ein mit dem entschiedenen Willen der gesetzlich bestehenden Versammlung im Widerspruch befindliches Ministerium konstitutionellem Gebrauch gemäß zu entlassen und der Einsicht der Nation vertrauend ein neues Ministerium zu ernennen, welches durch seinen politischen Standpunkt die Majorität der National-Versammlung besitzt.

Auch die Ehre und das Wohl Eurer Majestät Residenzstadt, welche der neuen Zeit schon so große Opfer gebracht hat, werden gleichzeitig durch die von dem Ministerium des Grafen von Brandenburg beantragte Verlegung der National-Versammlung hart bedroht und legen uns die Pflicht auf, die Gewährung unsres Gesuchs und die Zurücknahme jener Maßregeln Eurer Majestät so dringend als ehrerbietigst ans Herz zu legen.
Berlin, den 10. November 1848.

Die Stadtverordneten-Versammlung zu Berlin.

Druck von F. Nietack in Berlin

[101] Nacht- und Morgen-Sitzung der National-Versammlung Freitag den 10. November 1848.
Das Vaterland ist in Gefahr!

Der Schluß der Abendsitzung war um 7 Uhr. Die Versammlung hatte beschlossen, daß einigeMitglieder des Sekretariats im Sitzungssaal während der Nacht verbleiben, um beim gewaltsamen Angriff auf die National-Versammlung die nötigen Schritte zu tun. Die Kommission war jedoch nicht allein; viele Mitglieder, sowohl der Rechten, Linken als auch des Zentrums schlossen sich ihr an, und in Erwägung, daß das Vaterland in Gefahr sei, harrten sie aus. Nachts drei Uhr ließ der Präsident durch Extraboten alle Mitglieder der National-Versammlung einberufen. Es waren 225 erschienen. Auf dem Gesichte eines jeden war deutlich zu lesen: Die Krone hat mit dem Volke gebrochen, die Vertreter sind frei von jeder Schuld!

Morgens 3 Uhr. Ein Schreiben des Minister-Präsidenten Grafen von Brandenburg, welches soeben einging, wird verlesen. Es ist an den Regierungsrat v. Unruh, nicht an den Präsidenten der National-Versammlung v. Unruh, gerichtet, der Inhalt lautet:

»Die Beschlüsse, welche die National-Versammlung am 9. gefaßt haben soll, nachdem durch die Königliche Botschaft befohlen war, daß die Versammlung ihre Beratungen sofort schließe, werden hierdurch als ungesetzlich und unkräftig erklärt; Die Mitglieder der Versammlung haben sich hierdurch der Anmaßung von Hoheitsrechten und eines Vergehens wider die Verfassung schuldig gemacht, sie haben ferner den Befehlen des Königs den schuldigen Gehorsam verweigert, und tragen Sie sowohl als die Mitglieder, welche diese Beschlüsse gefaßt haben, die volle Verantwortung.«

Das Ministerial-Schreiben wurde ohne alle Diskussion ad acta gelegt.

Es wird hierauf der Beschluß gefaßt: die abwesenden Vertreter des Volkes, welche ausgeblieben ohne weder Urlaub zu erhalten, noch krank zu sein, an ihre Pflichten, in die Versammlung zu kommen, zu mahnen, da das Vaterland in Gefahr sei.

Unter den Anwesenden befinden sich die früheren Minister Bornemann (Justiz) und Giercke (Landwirtschaft).

Vom Kommandeur der Bürgerwehr Rimpler geht das an ihn vom Polizei-Präsidenten v. Bardeleben gesandte Schreiben ein, welches ihm aufgibt, die National-Versammlung nötigenfalls mit Waffengewalt auseinanderzutreiben, falls jedoch die Bürgerwehr dies unterlasse, so wird das Polizei-Präsidium andere Maßregeln ergreifen.

Der Kommandeur, Herr Rimpler, hatte darauf geantwortet, daß das Polizeipräsidium nicht die Befugnis habe, an das Bürgerwehr-Kommando solche Anträge zu stellen und daß dies erkläre, es werde die National-Versammlung nicht nur nicht auseinandertreiben, sondern sogar mit aller Kraft schützen.

Um 5 Uhr faßte die Versammlung den Beschluß: In Erwägung, daß das Staats-Ministerium nicht nur die rechtswidrige Verlegung der National-Versammlung verlangt, sondern auch die bewaffnete Macht zum Einschreiten gegen die unverletzliche Versammlung der Volksvertreter aufgeboten und die Versammlung derselben durch gesetzwidrige Macht zu stören versucht, beschließt die National-Versammlung, daß die Minister, welche einen gewaltsamen Angriff auf die Versammlung verfügt haben, so wie alle Bürger, Zivil- und Militär-Beamten, welche einen solchen Angriff ausführen sollten, sich des Hochverrats schuldig machen und daher aller ihrer Ehren, Ämter und Würden verlustig werden.

Auf die Tagesordnung kommt um 9 Uhr der Antrag von Waldeck, D'Ester, Bucher, Jacoby u. a. m.

Der Minister Graf v. Brandenburg ist zur Verwendung von Staatsgeldern und Erhebung der Steuern nicht berechtigt.

Motiv: Der Beschluß der hohen Versammlung vom 9. Novbr. (nach welchem der Graf v. Brandenburg nicht das Vertrauen des Landes besitzt).

Gott schütze das Vaterland!

Extrablatt der Berliner Bürgerwehr-Zeitung. Zu haben: Roßstr. 8 und in der Expedition Neue Friedrichsstr. 78a

Druck von Brandes und Schultze.

[102] Die Breslauer an die Berliner.

Die Reaktion hat ihren lange vorbereiteten Streich geführt. Die heiligen Rechte der gesetzlichen Vertreter des Volks sind verletzt und gänzlich in Frage gestellt. Berlins Volk, das uns die Freiheit erkämpft hat, steht bereit, dieselbe zu schützen. Haltet fest an Eurem guten Recht. Breslau, Schlesien, die Provinzen stehen zu Euch. Dem gesetzlichen Organ des Volks, seinen Vertretern, Euch, den Vorkämpfern für die heilige Sache, weihen wir Blut und Leben. Das Recht wird siegen!

Breslau, den 11. November 1848.

Die Zentral-Kommission der sämtlichen Bürgerwehr-Klubs.
Der allgemeine Landwehr-Verein.
Der demokratische Haupt-Verein.
Der deutsche Volks-Verein.
Der demokratische Verein im goldenen Kreuz.
Der Arbeiter-Verein.
Der republikanische Verein.
Der demokratische Bruderverein Germania.
Der Hauptrustikal-Verein für Schlesien.
Der demokratische Studenten-Verein.
Der politische Bildungs-Verein.
Der demokratische Provinzial-Ausschuß für Schlesien.

Druck und Papier von Heinrich Richter

[103] Die Mecklenburger an die Berliner.*

In der heutigen Sitzung der Abgeordneten beider Mecklenburg ist beschlossen worden:

im Namen des Mecklenburgischen Volkes unter Zusicherung jedes möglichen Beistandes der konstituierenden National-Versammlung in Berlin zu erklären, daß Sie, wie Sie getan, recht gehandelt und Deutschlands Ehre gewahrt habe.

Der unterzeichnete Gesamt-Vorstand der Abgeordneten beider Mecklenburg ist beauftragt, diesen Beschluß zur Kenntnisnahme der hohen Nationalversammlung zu bringen und zögert nicht, diesem Auftrage zu entsprechen.

Schwerin, den 11. November 1848.

Der Gesamt-Vorstand der Mecklenburger National-Versammlung.

Der Präsident
Moritz Wiggers.

Der Schriftführer
Spangenberg.

An die hohe National-Versammlung zu Berlin.

Druckerei der National-Versammlung.

[104] Adresse des 17. Bezirks an die National-Versammlung.

Hohe National-Versammlung!
Die unterzeichneten Bürger des 17. Bezirks fühlen sich zu der Erklärung gedrungen:

1. daß sie die Beschlüsse der hohen National-Versammlung als den Ausdruck des Willens einer unermeßlichen Mehrheit des ganzen preußischen Volkes betrachten,
2. daß sie in dem Verfahren der Ratgeber der Krone ein Attentat auf die Volksvertretung und eine Mißachtung der bestehenden Gesetze erblicken,
3. daß sie die Auflösung der Bürgerwehr Berlins einem Verrate an den Volksrechten und Volksfreiheiten gleich achten.

Berlin, 12. November 1848.
Folgen 180 Unterschriften.
Schnellpressendruck von F. Reichardt u. Co., Neue Friedrichsstraße Nr. 24.

[105 Denkschrift.

Der Graf Brandenburg, von Sr. Majestät dem Könige mit Bildung eines Ministeriee beauftragt, hat sich trotz des fast einmütig ausgesprochenen Mißtrauens der National-Versammlung diesem Auftrage zu unterziehen gewagt. Am 9. November erschien derselbe in der National-Versammlung, begleitet von den Herren v. Ladenberg, v. Strotha, v. Manteuffel, den Mitgliedern dieses neuen Ministerii, dessen erster Schritt eine schwere Verfassungsverletzung war.

Eine von dem Grafen v. Brandenburg kontrasignierte Kabinettsorder vom 8. November sprach die Vertagung der National-Versammlung aus und verlegte deren Sitz nach Brandenburg.

Die National-Versammlung, deren Aufgabe es ist, in Gemeinschaft mit der Krone die Verfassung festzustellen, hat vom Volk ein Mandat erhalten, gegen welches keiner Gewalt ein Einschreiten gestattet ist, da es zugleich gelähmt, gehindert, zunichte gemacht würde, wenn es in der Befugnis der Regierung läge, dasselbe, sei es auch nur zeitweise, aufzuheben, oder gegen den Willen der Vertreter des Volkes letztere von dem Orte ihrer Versammlung entfernen zu wollen.

Nicht zufrieden mit dieser die Verfassung verletzenden Erklärung hat das Ministerium dieselbe in einer langen Reihe fernerer Gewaltstreiche fortgeführt.

1. Es erkühnte sich der Graf Brandenburg im Namen des Ministerii die Versammlung der Volksvertreter, als auf sein unberechtigtes Verlangen, die Sitzung zu schließen, von dem Präsidenten nicht eingegangen wurde, für eine ungesetzliche zu erklären, ja

2. in dem an den Regierungsrat v. Unruh adressierten Schreiben vom 9. November auszusprechen, daß er keine National-Versammlung und keinen Präsidenten der National-Versammlung mehr kenne.
3. Auch auf tatsächliche Weise wurden die Eingriffe fortgesetzt, indem die Büro-Beamten und die Geldmittel der Versammlung durch Verfügung des Ministers Manteuffel entzogen wurden.
4. Dann erging am 10. November ein Erlaß des Ministerii an den Kommandeur der Bürgerwehr, Rimpler, worin die Bürgerwehr aufgefordert wurde, den Mitgliedern der National-Versammlung den Eintritt in den Sitzungssaal denselben zu verwehren. Es wurde eine Frist bestimmt, nach deren Ablauf angenommen werden sollte, daß die Bürgerwehr dem Beschlusse nicht Folge leisten werde und die Heranziehung des Militärs auf den Grund eines Erlasses des Ministers Eichmann vom 1. November in Aussicht gestellt.
5. Eine Proklamation des Polizei-Präsidenten drohte das Einschreiten des Militärs an. Der General Wrangel sprach seine Absicht aus, auf dem Platze des Schauspielhauses mit den daselbst aufgestellten Truppen liegen zu bleiben und einen Zwang gegen die Vertreter der Nation auszuüben, indem denselben der Eintritt in ihr Lokal verwehrt werden sollte.
6. Bei diesem Drohen der ungesetzlichen Gewalt verließ die Versammlung den Ort ihrer Beratungen, um sich am andern Morgen zur gewöhnlichen Stunde der Sitzung wieder dorthin zu begeben. Daran wurde sie jedoch behindert, weil das Lokal verschlossen und, wie aus dem Innern desselben mitgeteilt wurde, militärisch besetzt war. Die National-Versammlung protestierte durch das Organ ihres Präsidenten laut gegen diese Gewalt und begab sich nach einem Privathause, woselbst sie ihre Sitzung abhielt und damit in einem andern Lokale fortfuhr. Das frühere Lokal der National-Versammlung und die Büros derselben sind fortwährend militärisch besetzt und die Archive der Versammlung dabei ohne alle Aufsicht gelassen.
7. Die von den ernannten Ministern kontrasignierte Königliche Verordnung vom 11ten November bezeichnet die von der National-Versammlung fast mit Einstimmigkeit gefaßten Beschlüsse als von einem Teile der National-Versammlung ausgegangen und als ungesetzlichen Widerstand; sie ruft das Land auf, sich gegen die Beschlüsse seiner Vertreter zu richten.
8. Als Fortsetzung der Gewaltmaßregeln erscheint die gleichzeitig verfügte Auflösung der Berliner Bürgerwehr lediglich auf den Grund gestützt, daß dieselbe ihrer Pflicht getreu die Nationalversammlung auseinanderzutreiben, sich geweigert hatte, deren Schutz ihr oblag. Denn nach § 1 des Bürgerwehrgesetzes hat die Bürgerwehr die Pflicht, die verfassungsmäßige Freiheit und die gesetzliche Ordnung zu schützen. Die Berufung auf den § 3 des Bürgerwehrgesetzes kann eine solche Maßregel unter den obwaltenden Umständen nicht rechtfertigen, vielmehr nur die Größe des Vergehens noch klarer ans Licht stellen.

9. Während die Bevölkerung von Berlin zwar mit tiefster Entrüstung, aber in entschlossener und ruhiger Haltung den vielfachen Gewaltstreichen zusah, ruhig blieb, als unerwartet die Truppen in großer Zahl wieder in die Stadt gerückt waren: da geschah eine entschiedene Verletzung der verfassungsmäßigen Rechte der Bürgerwehr dadurch, daß die Truppen sich gegen den erklärten Willen der Bürgerwehr mit Gewalt der Wachtposten bemächtigten, welche jene vorher besetzt gehalten hatten. Nach § 68 des Bürgerwehrgesetzes ist es ein Recht der Bürgerwehr, die Wachtposten einzunehmen, wenn sie solches für gut findet. Der Berliner Bürgerwehr war dies Recht schon vor Erlassung des Gesetzes zugesichert.
10. Die vollkommenste Ruhe und Ordnung blieb in der Stadt aufrecht erhalten und kein Exzeß, keine Spaltung mit dem Militär trat ein. Dennoch erklärte das Ministerium den Belagerungszustand der Hauptstadt, beauftragte den General Wrangel mit der Ausführung desselben. Dieser General hat demzufolge eine Proklamation verkündigen lassen, welche als Folgen des Belagerungszustandes die freie Presse und das Assoziationsrecht, diese Grundsäulen der Freiheit, diese durch die Verordnung vom 6. April d. J. als verfassungsmäßig gewährleisteten Rechte vernichtet. Nur auf gesetzlichem Wege und in Übereinstimmung mit den versammelten Volksvertretern hätte möglicherweise eine solche Ausnahmebestimmung getroffen werden können. Die National-Versammlung hat deshalb auch die ganze Maßregel des Belagerungszustandes für einen ungesetzlichen erklärt. Diese Maßregel ist die Krone der Attentate, welche gegen die Vertreter des Volkes, gegen die blutig errungene Freiheit, gegen Recht und Gesetz das Ministerium Brandenburg sich erlaubt hat.

Die Verfassung ist schwer verletzt, die Existenz der Volksvertreter gewaltsam bedroht, der Volksvertreter, deren ungestörte Wirksamkeit einen Bestandteil der jetzigen Verfassung des Landes bildet.

Die Reihenfolge dieser Attentate fällt daher schon nach den bestehenden Gesetzen unter den Begriff des Hochverrats, welchen der § 92 Th. II. Tit. 20 des Allg. Land-Rechts dahin festgestellt:

> ein Unternehmen, welches auf eine gewaltsame Umwälzung der Verfassung abzielt, ist Hochverrat.

Berlin, den 13. November 1848.

Die Kommission der National-Versammlung.

Vorstehende Denkschrift ist von der National-Versammlung in ihrer Sitzung vom 13. November morgens genehmigt worden.

Berlin, den 13. November 1848.

Die National-Versammlung.

Vorstehende Denkschrift ist auf ferneren Beschluß der Versammlung dem Staatsanwalt Sethe hierselbst mit folgendem Schreiben übersandt worden:

Dem Herrn Staatsanwalt hierselbst wird hierneben eine von der

National-Versammlung durch Beschluß angenommene Denkschrift, die hochverräterischen Attentate des Ministerii Brandenburg betreffend, mitgeteilt, auf daß er seine Pflicht tue.

So beschlossen in der heutigen Sitzung der National-Versammlung. Berlin, den 13. November 1848.

Die National-Versammlung.
Der Präsident
gez. v. Unruh.

An den
Herrn Staatsanwalt Sethe, hierselbst.
Druckerei für die National-Versammlung

[106] Das Volk steht Euch zur Seite.*

Der konstitutionelle Klub hat als Vorort der verbrüderten demokratisch-konstitutionellen Vereine Deutschlands an die preußische und an die deutsche Nationalversammlung folgende Adressen erlassen und fordert Gleichgesinnte, Vereine wie einzelne in Berlin und im ganzen Vaterlande hierdurch zu Beitritts-Erklärungen auf.

Hohe Nationalversammlung!

Der freie Wille freier Männer soll der Grundpfeiler des Staats werden! – Das ist ein Grundsatz, der in diesen Tagen auf das Ruhmvollste für alle Zeiten zu einer Wahrheit gemacht worden ist. Ihr, Vertreter des preußischen Volks, habt diese seine Wahrheit bewiesen. Die Ehre der Nation habt Ihr zu schirmen gewußt; Ihr habt dem Lande gezeigt, daß Ihr stark genug seid, der Willkür Widerstand zu leisten; Ihr habt der Krone bewiesen, daß Ihr die wahren Männer des Volkes seid.

Bleibt stark, wie Ihr es in diesen Tagen gewesen! Das Volk steht Euch zur Seite.

Hohe Nationalversammlung!

Das Ministerium Brandenburg hat durch einen Staatsstreich die Rechte der konstituierenden preußischen Nationalversammlung und somit das Recht und die Freiheit des preußischen Volkes angetastet. Es hat die Nationalversammlung wider ihren Willen zu vertagen und zur Verlegung ihres Sitzes von Berlin nach Brandenburg zu nötigen versucht, und es ist soweit gegangen, diese ungesetzlichen Maßregeln gegen die Vertreter des Volkes mit Waffengewalt durchzuführen.

Die preußische Nationalversammlung hat die Rechte des von ihr vertretenen Volkes mit ebensoviel Kraft als Würde, mit ebensoviel Entschlossenheit als Besonnenheit gegen jene Eingriffe einer ungesetzlichen Gewalt zu wahren gewußt und das preußische Volk steht mit Einmütigkeit bei seinen Vertretern, um in dem Rechte der Nationalversammlung sein eigenes zu sichern.

Die Vertreter des gesamten deutschen Volkes haben die heilige

Pflicht, die volle Kraft ihres Wortes und ihrer Tat in die Waagschale der Entscheidung zu werfen, die zwischen den Rechten der freigewordenen Völker und der rohen Gewalt der Schwerter getroffen werden muß. Sie haben die Pflicht, mit der Macht, die ihnen das deutsche Volk übertragen hat, für die Freiheit jedes einzelnen und jedes größeren Gliedes in dieser Gesamtheit einzutreten; und sie werden diese Pflicht erfüllen, indem sie nicht dulden, daß in Berlin und in Preußen die Herrschaft des Gesetzes von der Anarchie der Kanonen verdrängt werde.

Wir wenden uns mit dieser Aufforderung an eine Hohe Deutsche Nationalversammlung, nicht aus Besorgnis, daß das preußische Volk und seine Vertreter nicht stark genug seien, jenen gesetzwidrigen Maßregeln den gesetzmäßigen Widerstand entgegenzustellen, sondern wir meinen, daß eine wahrhaft deutsche Sache wie die unsrige nicht ohne Mitwirkung der deutschen Nationalversammlung bleiben darf, und weil wir kundgeben wollen, daß wir nicht zu denen gehören, welche glauben, die Vertreter des deutschen Volkes könnten nicht den Mut oder die Kraft haben, Freiheit, Recht und Gesetz gegen jeden ungesetzlichen Eingriff zu schützen.

Die Vertreter des gesamten deutschen Vaterlandes werden ihre Pflicht erfüllen, wie sie die Vertreter Preußens erfüllt haben. Wir sehen auf Euch im Vertrauen auf die deutsche Einheit, im Glauben an die Zukunft der deutschen Freiheit.

Druck von Marquardt & Steinthal, Mauerstraße Nr. 53.

[107] An das Volk Westfalens!

Die neuesten Nachrichten aus Berlin sagen, daß das hochverräterische Ministerium Brandenburg trotz der unzweideutigsten Proteste aus allen Provinzen fortfährt, sein Säbel-Regiment auszuüben, und die Rechte und Freiheiten unserer Vertreter wie des Volkes auf das schnödeste zu verletzen.

Berlin ist ohne den geringsten Grund, den man gesetzlich nennen könnte, in den Belagerungszustand erklärt und die National-Versammlung durch die Gewalt der Bajonette aus dem Sitzungs-Saale vertrieben.

In anderen Städten befolgen einzelne Behörden das Beispiel ihres Meisters: Brandenburg; indem sie das Versammlungsrecht aufheben und die Presse beschränken. Das Militär ist im ganzen Lande zur Niederhaltung des Volkswillens verbreitet.

Mitbürger! Es droht Gewaltstreich auf Gewaltstreich! Bereits sollen die Befehle zur Entwaffnung sämtlicher Bürgerwehren ergangen sein. Wundert Euch nicht, wenn zu derselben Zeit, wo Ihr diese Proklamation erhaltet, bereits bei Euch der Versuch gemacht wird, Euch Eure Waffen zu nehmen. Seid darum auf eurer Hut! leistet den entschiedensten Widerstand einem jeden, der Euch zumutet, die Waffen, Euren letzten Schutz gegen die gesetzlose Gewalt zu rauben.

Bürgerwehrmänner! Ihr seid, da offenbare Verletzungen der von dem Volke errungenen und durch Königliches Wort garantierten Rechte vorliegt, nach dem Bürgerwehrgesetze verpflichtet, unter die Waffen zu treten. Ein Verräter, der es nicht tut! Sorget vor allen Dingen aber für Munition, für Pulver und Blei! Habt Ihr keine Flinten und könnt Ihr keine bekommen, so schmiedet Euch Stangen und Pieken! Bildet starke Wachen, und wenn Ihr seht, daß irgendwo die Regierung auch bei uns die geheiligten Rechte des Volkes zu verletzen wagt, so gebraucht Eure Waffen. Eilet den Angegriffenen zu Hilfe! Lasset die Geschäfte ruhen! Widmet alle Eure Kräfte dem Vaterlande! Vermeidet aber auch alle Unordnungen! Überwachet Euch gegenseitig! Suchet eine Ehre darin, mit ebenso großer Ordnung als Entschiedenheit Eure Rechte zu verteidigen! Dann werden wir bald, sehr bald wieder zu unseren Geschäften zurückkehren und in Ruhe die Segnungen der Freiheit und des Gesetzes genießen können.

Und nun noch ein Wort für Euch, Ihr Soldaten, die das Ministerium Brandenburg jetzt zum Verderben des Volkes mißbrauchen will. Gedenket Eurer Brüder; gedenket Eurer Väter; gedenket Eurer Familien! Ihr fühlt es, daß es jetzt ein Unrecht wäre, gegen das Volk zu kämpfen, aus dem Ihr hervorgegangen seid, in das Ihr binnen kurzer Zeit zurückkehren werdet. –

Schon haben ehrenwerte Offiziere erklärt, daß sie, weil sie das Verfahren der jetzigen Regierung für ein gesetzloses halten, aus dem Heer austreten. – Offiziere und Unteroffiziere! folgt diesem Beispiele! Ihr Gemeinen erklärt Euren Vorgesetzten, daß Euer Gewissen, Eure Ehre, Euer Rechtsgefühl Euch verböten, für das ungesetzliche Ministerium gegen die für ihr gutes Recht streitenden Bürger zu kämpfen. Vereinigt euch vielmehr mit uns, mit dem Volke, Euren Vätern und Brüdern!

Mitbürger! Wir beschwören Euch! Säumet nicht! Es ist Gefahr im Verzuge! –

Münster, den 15. November 1848

Die von über 3000 Einwohnern besuchte Volks-Versammlung in der Knappschen Reitbahn.

Druck der Fr. Wundermannschen Officin in Münster.

[108] An das Volk.

Volk! Deine Errungenschaften der Vergangenheit, Deine Bestrebungen der Gegenwart, Deine Hoffnungen der Zukunft sind mit der Vernichtung bedroht: Erhebe dich, und gelobe, mit Gut und Blut Deine gefährdeten Rechte schützen zu wollen!

Unsere National-Versammlung zu Berlin hat den seitens des Brandenburgisch-Manteuflischen Ministeriums auf die Volksfreiheit gerichteten

Angriffe bisheran mutig und mit dem besten Erfolg zurückgeschlagen; sie hat die Minister und alle diejenigen, die ihnen hilfreiche Hand leisten, für Hochverräter erklärt und der gerichtlichen Verfolgung überwiesen. Sie hat noch mehr getan. Am 15. d. M. hat sie einstimmig die Steuerverweigerung dekretiert. Ehre sei dafür der National-Versammlung! Damit nun aber die Versammlung in dem für das Volk geführten Kampfe die Oberhand behalte, ist es nötig, ihr in allen Wegen beizustehen und namentlich ihre Beschlüsse unbedingt zur Geltung zu bringen. Dies ist die Aufgabe des in der jüngst daher stattgehabten allgemeinen Bürgerversammlung gewählten Ausschusses in seinem Wirkungskreis.

Wir, die unterzeichneten Mitglieder dieses Ausschusses, wenden uns nun vertrauensvoll an Euch, Mitbürger in Stadt und Land, und erwarten von Euch zusammen eine hilfreiche Hand. Zur Erzielung gemeinschaftlichen, wirksamen Handelns machen wir auf folgende Punkte aufmerksam:

Bürgerausschüsse, wo dergleichen noch keine sind, tun vor allen Dingen not. Die stete Verbindung dieser Ausschüsse untereinander und mit uns sei deren nächste Aufgabe. Daß auch auf die Erhebung von Geldmitteln für Drucksachen u. dgl. Bedacht genommen werden muß, versteht sich von selbst.

Die Möglichkeit bewaffneten Einschreitens ist vorzusehen. Nach § 1 des Gesetzes für die Bürgerwehr hat dieselbe »die Bestimmung, die verfassungsmäßige Freiheit und die gesetzliche Ordnung« zu schützen »und bei Verteidigung des Vaterlandes gegen äußere Feinde mitzuwirken«. Mitbürger, unsere National-Versammlung ist durch brutale Militärgewalt gesprengt worden, unsere Vertreter werden aus einem Lokal in das andere verjagt, selbst mit Verhaftung bedroht. Die Preßfreiheit und das Associationsrecht sind in Berlin aufgehoben, die Bürgerwehr ist aufgelöst: so respektiert man die verfassungsmäßige Freiheit und Zivilisation, der Kaiser von Rußland, Schwager des Königs, dirigiert seine Truppenmassen gegen die Grenze Deutschlands. Denkt an den Ausspruch Napoleons: in 50 Jahren ist Europa kosakisch oder republikanisch. Sollte der Donner der Kanonen das Hereinbrechen der Barbaren ankündigen und dann das Dröhnen der Sturmglocken den Notschrei der Zivilisation von Kirchturm zu Kirchturm bis zu uns herübertragen, sollten die Feuersäulen bombardierter Städte als Mordfackeln der Freiheit zum Himmel emporlodern und dann die bedrängte Freiheit mit ihren Notfeuern von Berg zu Berg nach Hilfe zu uns herüberlechzen: dann, Brüder, zu den Waffen, oder die letzte Stunde unserer Freiheit hat geschlagen. Seht Ihr Freischaaren kommen, so empfangt sie gastlich, bietet ihnen ein Lager und an Eurem Tisch den Ehrenplatz; gebt ihnen sicheres Geleit von Etappe zu Etappe, auf daß sie nicht vereinzelt unterwegs aufgerieben werden. Die Landwehr ist es, nach welcher das Land mit Zutrauen hinsieht, möge sie sich bewähren.

Auf eins müssen wir Euch hier noch aufmerksam machen. Wo Ihr mit Soldaten zusammenkommt, betrachtet sie nicht als Eure Feinde;

sie sind es nicht, so lange Ihr sie nicht unkluger Weise zwingt, es zu werden. Seht hin auf das eben so verständige wie mutige Volk von Berlin; es begrüßt den Soldaten als Landsmann und Bruder, und der Soldat legt die Hand an die Mütze und grüßt seinerseits und sagt: wir werden nicht auf Euch schießen, solange Ihr uns nicht angreift. Seht ferner auf jene gesinnungstüchtigen Bauern, die nach Berlin gehen und erklären: wir fordern unsere Kinder zurück, wir haben sie in das Heer treten lassen als Soldaten, nicht als Mörder. Geht hin, und tut desgleichen.

Was sodann die Steuerverweigerung betrifft, so kann sich dieselbe nach dem Beschluß der National-Versammlung nur auf Staatssteuern, keinesfalls auf Kommunalsteuern beziehen; letztere verweigern, hieße jenen Beschluß mißbrauchen und die National-Versammlung verleugnen. Das können und dürfen wir nicht. Staatssteuern dagegen müssen mit der größten Entschiedenheit verweigert werden; dergleichen jetzt nachzahlen, hieße ebenfalls die National-Versammlung verleugnen. Es ist kaum zu erwarten, daß Beamte es wagen sollten, zur Erhebung von Staatssteuern die Hand zu bieten; ein solcher Trotz gegen den Beschluß der National-Versammlung wäre Hochverrat; sich mit Gewalt dagegen widersetzen, wäre erlaubte Selbsthilfe.

Mitbürger! haltet Euch durchdrungen von der Wichtigkeit des gegenwärtigen Augenblickes. Es ist der Augenblick der Gefahr, vielleicht des Kampfes. Seid einig, seid stark! Steht alle für einen, und einer für alle.

Trier, den 19. November 1848.

Der Bürgerausschuß.

[109] Rundschreiben an alle deutschen Arbeiter.

Brüder! An alle Bezirks- und Lokalkomitees der Arbeiterverbrüderung erlassen wir hiermit die dringende Aufforderung, alle ihre Kräfte und Mittel zur Bewaffnung der Arbeiter aufzubieten. Die schon gebildeten Associationskassen sind hiermit angewiesen, zur Anschaffung von Waffen mit Vorschüssen gegen billige Zinsen zu unterstützen. Die bewaffneten Arbeiter haben miteinander in Verbindung zu treten und den verräterischen Feind aller Orten zu bekämpfen. An unsere Brüder in Preußen ergeht außerdem die Aufforderung, den Beschlüssen der Nationalversammlung nicht allein zu folgen, sondern ihr möglichst durch entschiedene Bewegung vorzuarbeiten. Es ist in Deutschland jetzt die Zeit, wo jede Stadt, jedes Dorf zur Feste werden muß gegen die Tyrannei. Laßt uns zeigen, daß wir der Freiheit würdig sind.

Leipzig, den 22. November 1848

Das Centralkomitee für die deutschen Arbeiter

Schwenniger Kiek Born

Alle Zeitungen werden um Abdruck ersucht, alle Bezirkskomitees haben für Veröffentlichung zu sorgen.

VII.
Willenserklärungen zur Sicherung der Märzerrungenschaften im Kampf gegen die Konterrevolution. Aufrufe zur Wahl in Preußen Anfang 1849. Bekenntnisse zur Reichsverfassung

Nach dem Staatsstreich in Preußen stand vor den Demokraten und Arbeitern die Aufgabe, alle Kräfte des Volkes zu mobilisieren, um die Konterrevolution aufzuhalten und die Märzerrungenschaften zu retten. Abgeordnete der Linken der Frankfurter Nationalversammlung gründeten noch im November 1848 den Centralmärzverein, der als Dachorganisation ein Zusammengehen der verschiedenen demokratischen und liberalen Vereine herbeiführen sollte. Die republikanische und demokratische Linke machte weitgehende Konzessionen an die gemäßigten Liberalen und beschränkte sich darauf, der Konterrevolution mit friedlichen Mitteln entgegenzutreten. Der Centralmärzverein konzentrierte sich auf eine breite Massenagitation für einen deutschen Nationalstaat auf der Grundlage einer liberalen Verfassung.[1]

In den Monaten Januar/Februar 1849 erlangte der Wahlkampf in Preußen eine große Bedeutung als ein Mittel, die Stabilisierung der Konterrevolution zu verhindern und die Volksmassen über die Lage aufzuklären. Die zentrale Frage der Wahlentscheidung, die Anerkennung oder Ablehnung der oktroyierten Verfassung in Preußen durch die neue preußische II. Kammer, führte dazu, daß dieser Wahlkampf zu einem scharfen Klassenkampf wurde. Die liberale Bourgeoisie erstrebte eine parlamentarische Mehrheit für die oktroyierte Verfassung.

Wie sehr die Bourgeoisie das Regime Brandenburg und den seit November 1848 bestehenden Belagerungszustand schätzte, jedoch die Stimme des Volkes in der Wahlkampagne und vor allem die Wahlentscheidung fürchtete, geht aus einem Brief von Otto Camphausen, des jüngeren Bruders des ehemaligen Ministerpräsidenten und jetzigen preußischen Bevollmächtigten Ludolf Camphausen, vom 10. Januar 1849 hervor. Der Finanzrat Otto C. schrieb nach seiner Ankunft in Berlin: »Von den

[1] Vgl. R. Weber, *Centralmärzverein (CMV) 1848–1849*, in: *Die bürgerlichen Parteien in Deutschland, Handbuch der Geschichte der bürgerlichen Parteien und anderer bürgerlicher Interessenorganisationen vom Vormärz bis zum Jahre 1945*, Bd. 1, Leipzig 1968, S. 227ff.

Märzerrungenschaften sind nur noch die Konstabler übrig geblieben. Sonst ist man wieder im alten Train und würde Gott einen guten Mann sein lassen, wenn nur die ewige Dauer des Belagerungszustandes gesichert wäre und wenn nur nicht die häßlichen Wahlen so nahe bevorständen, die nur gar zu leicht alle Freude wieder in Leid verwandeln können. Was ich in dieser Hinsicht vernommen habe, flößt mir kein Vertrauen ein...«[2]

Dank der Anstrengungen der Arbeiter, vor allem auch dank der tatkräftigen Unterstützung der ›Neuen Rheinischen Zeitung‹ und ihrer Redakteure Karl Marx und Friedrich Engels, führte der Wahlkampf zu einem mächtigen Aufschwung der revolutionären Volksbewegung. In Schlesien waren von den Demokraten einige Artikel von Wilhelm Wolff in der ›Neuen Rheinischen Zeitung‹ zur Agrarfrage als Wahlflugblätter auf dem Lande verbreitet worden. Das Flugblatt ›An die Landsleute über das neue Ablösungsgesetz der gutsherrlich-bäuerlichen Lasten‹ verbreitete den Artikel von Wilhelm Wolff in der ›Neuen Rheinischen Zeitung‹ Nr. 181 vom 29. Dezember 1848. Diese Wahlagitation wirkte erfolgreich der von der Reaktion betriebenen Bauernfängerei entgegen.[3] Vor allem aber die Arbeiterklasse war überall entschieden und selbständig aufgetreten und zeigte sich als die vorantreibende Kraft der demokratischen Bewegung. Die von dem Kommunisten D'Ester und den entschiedenen Demokraten Reichenbach und Hexamer in Halle herausgegebene Wahlzeitung ›Der demokratische Urwähler‹ sagte am 2. Februar 1849 zur Beurteilung des Wahlergebnisses, »daß die große Mehrheit des Volkes die Forderungen der demokratischen Partei erfüllt wissen will, daß sie feierlich Verwahrung einlegt gegen eine aufgedrungene Verfassung und eine aufgedrungene Gesinnung.«[4]

Mit der Eröffnung der II. preußischen Kammer am 26. Februar 1849 traten die Klassenauseinandersetzungen, der Kampf zwischen Revolution und Reaktion in eine entscheidende Phase. Die demokratische Linke errang einen beachtlichen Wahlsieg, aber ihre Abgeordneten traten nicht geschlossen auf und begnügten sich, unter dem Einfluß der Gemäßigten auf dem Wege der parlamentarischen Diskussion geringfügige Zugeständnisse

[2] Historisches Archiv der Stadt Köln, Abt. 1023a/B 28.

[3] Vgl. W. Schmidt, *Wilhelm Wolff als Redakteur der ›Neuen Rheinischen Zeitung‹ 1848/49*, in: Zeitschrift für Geschichtswissenschaft, Heft 4, 1964, S. 617f.

[4] Der demokratische Urwähler, Halle, Nr. 5, v. 2. Februar 1849.

zu erlangen. Zu den entschiedensten Vertretern der Linken gehörte D'Ester, der sich ernsthaft dafür einsetzte, den parlamentarischen Kampf mit dem außerparlamentarischen Kampf zu verbinden. Die von ihm verfaßten Flugblätter des Zentralausschusses der Demokraten Deutschlands mit entschieden demokratischen Forderungen wandten sich an alle Demokraten, den Abgeordneten in der bestimmtesten Weise ihren Willen kundzutun.[5] D'Esters Bemühungen war schließlich im April ein stärkerer Einfluß der Linken in der Kammer zu verdanken. Das entschiedenere Auftreten der Linken gegen die Regierungspolitik, vor allem auch in der deutschen Frage, führte am 27. April zur Auflösung der Kammer, der am 28. April die Auflösung der sächsischen Kammer folgte. Das bedeutete den offenen Konflikt zwischen der demokratischen Volksbewegung und der feudaljunkerlichen Konterrevolution.[6]

Nicht nur die Masse der liberalen Bürger, sondern auch die demokratischen Kleinbürger hatten in den ersten Monaten des Jahres 1849 alle Hoffnungen auf die Frankfurter Nationalversammlung und die von ihr vorgelegte Reichsverfassung gerichtet. Mit dieser Verfassung glaubten Bürger und Kleinbürger, doch noch den deutschen Bundesstaat begründen und konstitutionelle Prinzipien durchsetzen zu können. Selbst die Vertreter der angehenden Großbourgeoisie, wie z. B. Camphausen, rechneten damit, in der Verfassungsfrage zu einem Kompromiß mit der feudaljunkerlichen Konterrevolution zu kommen, Preußen für die Führung eines deutschen Bundesstaates mit einer gemäßigten liberalen Verfassung gewinnen zu können. Im Entwurf des Wahlgesetzes waren Beschränkungen des Wahlrechts für die sogenannten unselbständigen Arbeiter, für die Fabrikarbeiter und Handwerksgesellen vorgesehen, was einen Sturm des Protestes unter den Arbeitern hervorrief. Die gemäßigten Demokraten sahen ebenfalls im Verfassungsentwurf der Nationalversammlung eine Grundlage, um ihre Forderungen und Wünsche doch noch zur Geltung zu bringen. In der Märzvereinsbewegung sahen sie das Mittel, die Regierungen zur Annahme der Verfassung zu bewegen. Der Volkswille, die national-

[5] Vgl. DZA Merseburg, Rep. 77, Tit. 509, Nr. 1, vol. 5. Bei einer Haussuchung in Leipzig am 5. April 1849, die auf Veranlassung des Berliner Polizeipräsidenten von Hinckeldey erfolgte, wurden mehrere Pakete mit einigen Hundert Exemplaren dieser Flugblätter beschlagnahmt. Der Berliner Polizeipräsident berichtete am 12. April 1849 dem Innenminister v. Manteuffel über seine Ermittlungen in der Angelegenheit der propagandistischen Tätigkeit des Abgeordneten D'Ester, fol. 51f.

[6] Vgl. K. Obermann, *Karl D'Ester, Arzt und Revolutionär; seine Tätigkeit in den Jahren 1842–1849*, in: *Aus der Frühgeschichte der deutschen Arbeiterbewegung*, Deutsche Akademie der Wissenschaften zu Berlin, Schriften des Instituts für Geschichte I, Bd. 1, Berlin 1964, S. 190f.

staatliche Einigung Deutschlands auf der Grundlage dieser Verfassung durchzusetzen, diese Verfassung zu einem Kampfprogramm zu machen, kam in zahlreichen Erklärungen der verschiedenen Vereine zum Ausdruck. Die entschiedenen Demokraten wandten sich gegen Konzessionen an Preußen und lehnten den preußischen König als Oberhaupt ab. Die Zurückweisung der von der Nationalversammlung vorgelegten Verfassung durch die Regierungen der größeren deutschen Staaten, wie Preußen, Sachsen, Hannover, bedeutete die offene Kriegserklärung der Konterrevolution an die demokratische Volksbewegung.

[110] An das deutsche Volk.

Das Bedürfnis nach Einigung tut sich überall in dem Volke kund.

Durch die erschütternden Ereignisse der jüngsten Zeit, durch die Vorgänge in Wien und Berlin sehen wir die Errungenschaften der deutschen Revolution in Frage gestellt. Der Feind, den man besiegt glaubte, wagt es, aufs neue sein Haupt zu erheben. Die Freiheit und das Recht des Volkes sind in Gefahr, verkümmert, vernichtet zu werden.

Arbeit und Handel, öffentlicher und Privatkredit, trachten vergebens nach Gedeihen, so lange sie von den Wühlereien einer freiheitsfeindlichen und gewalttätigen Partei bedroht werden.

Noch ist es Zeit, diese Gefahren auf friedlichem Wege durch gesetzliche Mittel abzuwenden. Es bedarf aber zu diesem Zwecke einer großartigen Vereinigung aller Bürger des gemeinsamen Vaterlandes, welche die Freiheit und Einheit Deutschlands wirklich wollen.

Wir haben zu gemeinsamem Handeln nach den beigefügten Grundsätzen einen Verein gebildet. Wir verhehlen nicht, daß wir in einzelnen Punkten verschiedener Ansicht sind; die einen sind Anhänger der konstitutionellen Monarchie, die andern der Republik. Wir alle aber vereinigen uns zu dem gemeinsamen Zwecke, die demokratischen Grundlagen aller Verfassungen, die Freiheit und die unveräußerlichen Rechte des Volkes in gesetzlicher Weise zu erzielen und sicherzustellen. Wir fordern alle, welche gleichen Zweck mit uns haben, auf, sich uns anzuschließen und über dem gemeinsamen näherliegenden Ziele die entfernteren Punkte ihres Strebens hintanzusetzen.

Unsere Zersplitterung hat unseren Feinden die Waffe wieder in die Hand gegeben, welche ihnen entrungen war – vereinigt werden wir auf's neue siegreich sein!

Programm des März-Vereins.

Wir wollen die Einheit Deutschlands;

Wir wollen, daß die Freiheit als das natürliche Eigentum der Nation anerkannt werde, nicht als ein Geschenk oder eine Gabe, die ihm nach Belieben von irgendeiner Seite zugemessen wird;

Wir wollen, daß die Nation die Einschränkungen dieser Freiheit selbst bestimmt und sich nicht aufdrängen läßt, daß aber ein jeder sich diesen Einschränkungen zu unterwerfen hat;

Wir wollen die Berechtigung für das Gesamtvolk, wie für das Volk eines jeden einzelnen Landes, sich seine Regierungsform selbst festzusetzen und einzurichten, zu verbessern und umzugestalten, wie es ihm zweckdienlich erscheint, weil jede Regierung nur um des Volkeswillen und durch seinen Willen da ist;

Wir wollen, daß die Verfassungen, welche der Gesamtstaat und die einzelnen deutschen Staaten sich geben, Bestimmungen enthalten, nach denen sie auf friedlichem, gesetzlichem Wege geändert und verbessert werden können;

Wir wollen, daß die auf solcher Grundlage errichteten Verfassungen von dem Gesamtstaate garantiert werden;

damit auf diese Art die Revolution zu Ende gebracht und ein dauernder Zustand der Gesetzlichkeit, des Friedens und der Wohlfahrt der deutschen Nation und der einzelnen deutschen Volksstämme gesichert werde.

Organisation des Gesamt-Vereins.

1. Der aus Deputierten zur deutschen Nationalversammlung bestehende Verein bildet den Zentralverein.
2. Er hat die Verpflichtung, die übrigen Vereine von denjenigen Schritten, deren Vornahme er für zweckmäßig hält, in Kenntnis zu setzen.
3. Um dies zu ermöglichen, wählt jeder einzelne Zweigverein einen Ausschuß, welcher die Geschäfte des Zweigvereins verwaltet und ihn nach außen vertritt.
4. In den größeren Staaten Deutschlands – Österreich, Preußen und Bayern – vereinigen sich die Zweigvereine jeder Provinz, in den übrigen deutschen Einzelstaaten die des ganzen Landes unter einem Zentralausschuß, welcher regelmäßig die Vermittlung der Korrespondenz mit dem Zentralverein übernimmt.
5. Die Art und Weise der Errichtung des Zentralausschusses bleibt dem jedesmaligen Ermessen der einzelnen unter ihm zu vereinigenden Zweigvereine überlassen. Solange ein Zentralausschuß noch nicht konstituiert ist, übernimmt der Ausschuß des Zweigvereins der Hauptstadt des Landes, beziehentlich der Provinz, die Besorgung der Geschäfte desselben.
6. In den Ländern, in denen nebeneinander verschiedenartige Vereine bestehen, welche ihren Beitritt erklären wollen, bleibt es denselben unbenommen, nebeneinander fortzubestehen in dem Maße, daß jede Klasse von Vereinen sich unter einem eigenen Zentralausschuß vereinigt.
7. Jeder Zentralausschuß zeigt sobald als möglich dem Zentralverein an, wie groß die Zahl der unter ihm vereinigten Zweigvereine ist, und welche von den in seinem Kreise erscheinenden Zeitschriften sich zur Aufnahme der von dem Zentralverein ausgehenden Artikel eignen.
8. Der Zentralverein läßt von den lediglich für die Vereine bestimmten Mitteilungen jedem Zentralausschuß soviel lithographierte Exemplare als unter ihm Zweigvereine bestehen, zum Behufe der Mitteilung an letztere zugehen.
9. Es wird dafür von dem Zentralausschuß lediglich der auf ihn fallende Anteil der Kosten für die Lithographien selbst entrichtet, wogegen der Zentralverein alle Bürolasten übernimmt.
10. Artikel, deren Verbreitung in den Zeitschriften der Zentralverein beschließt, werden den einzelnen, von den Zentralausschüssen namhaft gemachten Zeitschriften ebenfalls in lithographierten

Exemplaren und gegen Erlegung der Kosten für die Lithographien gesendet.

Frankfurt im November 1848.

Der Vorstand:
v. Trützschler. Raveaux. Eisenmann.
Die Schriftführer:
Max Simon. Raus. Wesendonk

Druck von Carl Horstmann

[111] Die oktroyierte Verfassung.

In der Verordnung über einige Grundlagen der künftigen Preußischen Verfassung vom 6. April d. J. heißt es:

§ 6 Den künftigen Vertretern des Volkes soll jedenfalls die Zustimmung zu allen Gesetzen sowie zur Festsetzung des Staatshaushalts-Etats und das Steuerbewilligungsrecht zustehen;

In dem Wahlgesetz vom 8. April:

§ 13 Die auf Grund des gegenwärtigen Gesetzes zusammentretende Versammlung ist dazu berufen, die künftige Staatsverfassung durch Vereinbarung mit der Krone festzustellen und die seitherigen reichsständischen Befugnisse, namentlich in bezug auf die Bewilligung der Steuern und Staatsanleihen, für die Dauer ihrer Versammlung interimistisch auszuüben;

In den von dem Ministerium Camphausen dem vereinigten Landtage vorgelegten Motiven zu jenem Wahlgesetz:

Wir haben deshalb ein vorläufiges Wahlgesetz entwerfen lassen, welches die Vorschläge enthält, wonach diese Versammlung, welche, der Natur ihrer vorübergehenden Aufgabe nach, eine Teilung in Kammern nicht zuläßt, zu wählen und zu bilden sein wird.

Mitbürger! Alle diese Bestimmungen, welche dem Volke verbrieft und verschrieben sind, und welche es als feststehende, gesetzliche Errungenschaften betrachten mußte, sind durch das Ministerium Brandenburg gewaltsam umgestoßen. Es hat die Versammlung der Volksvertreter aufgelöst, gegen das Gesetz vom 8. April; es hat unter der Herrschaft der Waffen eine Verfassungsurkunde und ein neues Wahlgesetz aufgestellt, ohne die gesetzliche Zustimmung der Volksvertreter nachzusuchen; ja es hat darin Bestimmungen aufgenommen, welche mit den feierlich verkündeten Gesetzen in offenem Widerspruch stehen.

Mitbürger! Viele von Euch haben trotzdem ihre Zustimmung zu diesen Maßregeln ausgesprochen, weil sie geglaubt haben, daß das Wohl des Vaterlandes dieselben erheische und die Verfassungsurkunde freisinnig genug sei, die Rechte des Volkes zu sichern. Diese Ansicht ist um so gefährlicher, als dieselbe von Männern, welche ihren eigenen Vorteil auf Kosten des Wohles der Gesamtheit zu fördern suchen, auf die eifrigste Weise für ihre Zwecke ausgebeutet wird. Mitbürger! Erwäget die Gefahr und erkennet, wo der Rechtsboden ist und wohin sich jeder Freund des Rechts zu stellen hat; erkennt aber auch, daß das Wohl der Gesamtheit und aller einzelnen mit der Festhaltung dieses Rechtsbodens zusammenfällt.

Am 6. April ist dem Volke die volle Preßfreiheit und das Vereinsrecht gesetzlich gewährt, am 24. Sept. ist das Gesetz über die persönliche Freiheit (die Habeas-Corpus-Akte) veröffentlicht und darin bestimmt, daß für den Fall der Aufhebung einzelner Paragraphen dieses Gesetzes sofort die Volksvertreter zusammenberufen werden müssen. Der Art. 110 der neuen Verfassung vernichtet diese Bestimmungen mit einem Schlage, indem er die persönliche Freiheit, die Preßfreiheit, die Vereinsfreiheit aufhebt und Ausnahmsgerichte einsetzt, welches klaren Bestimmungen der Habeas-Corpus-Akte zuwiderläuft.

An die Stelle einer einzigen Versammlung, welche mit dem Könige die Verfassung durch Vereinbarung feststellen sollte, setzt die Verfassungs-Urkunde willkürlich zwei Kammern, welche nur noch das Recht haben sollen, eine Revision der oktroyierten, d. h. der durch Gnadenakt bewilligten Verfassung vorzunehmen. Dem Könige ist das absolute Veto, die Verweigerung der Revisions-Vorschläge ausdrücklich vorbehalten. Die erste dieser beiden Kammern ist außerdem auf eine Weise zusammengesetzt, welche das erste Recht der Staatsbürger, das der gleichen Berechtigung, aufhebt, und in die Hand einer verhältnismäßig geringen Zahl von Wohlhabenden, welche man noch dazu durch die Forderung eines Alters von 30 Jahren verkleinert, die Wahl derjenigen Kammer legt, welche durch ihre Beschlüsse alle Bestrebungen der Volkskammer zunichte machen kann. Ja sogar das Wahlgesetz für die zweite Kammer hat man willkürlich und unberechtigter Weise verändert, indem man das vieldeutige Wort »selbständig« eingeschoben hat, das in der Hand mancher Beamten die gefährlichste Waffe gegen das Volk werden kann. Aber nicht genug daran, daß man an die Stelle der einen versprochenen zwei oktroyierte Kammern, an die Stelle der einen konstituierenden Versammlung zwei revidierende gesetzt hat, daß man das Wahlgesetz umgestoßen, das Recht des Königs zur Verweigerung der von den Volksvertretern geforderten Gesetze ohne alle Einschränkungen hingestellt hat. – Nicht genug daran, man hat im Art. 49 dem Könige auch noch das Recht vorbehalten, bloß eine Kammer aufzulösen und die andere beizubehalten. Mitbürger! Wenn das Recht der Auflösung der Kammern einen Sinn haben soll, so kann es nur der sein, durch neue Wahlen zu erfahren, was der Wille des Volkes sei. Dann muß aber auch die ganze Volksvertretung neu gewählt werden, und nicht bloß der Teil, welcher der Krone gerade mißfällig ist.

Die Rechte der Volksvertreter selbst sind so wenig umfassend, daß es ihnen nicht möglich sein kann, den Gang der Politik in dem Sinne des Volkes zu gestalten. Dies zeigt sich namentlich in den Artikeln über die Steuern und Finanzen in Beziehung auf die innere Politik, und bei dem über Verträge mit auswärtigen Staaten in Beziehung auf die äußere Politik. Abgesehen davon, daß das Recht der Steuerverweigerung, welches der eigentliche Schild der Volksfreiheit ist, nicht ausdrücklich gewährleistet ist, so heißt es im Art. 98: daß alle Einnahmen und Ausgaben des Staats jährlich durch ein Gesetz festgestellt werden sollen; nach Art. 60 ist zu jedem Gesetz die Übereinstimmung des Königs und beider Kammern erforderlich; nach Art. 108 werden die bestehenden Steuern und Abgaben forterhoben, bis sie durch ein Gesetz abgeändert werden. Wenn also der König mit beiden Kammern nicht über die Finanz-Verhältnisse übereinstimmen sollte, so bleibt es beim alten und das Recht der Steuerbewilligung wird eine Täuschung. Wenn es sich also z. B. darum handeln sollte, ob der Krone eine jährlich zu bewilligende Zivilliste zustehen soll, wie es der Entwurf der National-Versammlung forderte, oder ob dem Kron-Fidei-Commiß die auf die Einkünfte der Domänen und Forsten angewiesene Rente verbleiben soll, wie es Art. 57 der Verfassungs-Urkunde verlangt, so ist es sehr wahrscheinlich, daß der Beschluß der Volksvertreter zurückgewiesen wird. Es ist endlich durch Art. 105 den Ministern gestattet, wenn die Kammern nicht versammelt sind, Verordnungen mit Gesetzeskraft unter ihrer Verantwortlichkeit zu erlassen; sie können demnach auch neue Steuergesetze oder Anleihen beschließen und erheben. Nun ist zwar in Art. 103 bestimmt, daß zu Etats-Überschreitungen die nachträgliche Genehmigung der Kammern erforderlich ist, allein der Art. 59, welcher von der Anklage der Minister handelt, enthält nicht die geringste Bestimmung darüber, in welcher Weise das Geld, welches die Minister durch Etats-Überschreitungen unnützerweise ausgegeben haben, wieder ersetzt oder die Minister dafür bestraft werden sollen. Es ist daher auch ganz gleichgültig, ob die Kammern nachträglich ihre Genehmigung erteilen oder nicht, und das ganze Recht der Steuerbewilligung ist damit vernichtet. Nur dadurch eben können die Kammern einen wirklichen Einfluß auf die Politik der Minister ausüben, ohne dies kann das unvolkstümlichste Ministerium ungestört fortregieren. Da nun außerdem durch Art. 46 dem Könige das Recht, Krieg zu erklären, Frieden zu schließen, Verträge mit fremden Regierungen zu errichten, vorbehalten ist, und es nur bei Handelsverträgen und anderen Verträgen, durch welche dem Staate Lasten oder einzelnen Staatsbürgern Verpflichtungen auferlegt werden, der Zustimmung der Kammern bedarf, so stehen einem gewissenlosen Ministerium, und gegen ein solches allein ist doch die Verfassungs-Urkunde da, die gröbsten Willkürlichkeiten frei.

Der Titel XI. von den Gemeinde-, Kreis-, Bezirks- und Provinzial-Verbänden widerspricht, namentlich in den Bestimmungen 2 und 3, so sehr den Anforderungen, welche das Volk an eine freie Gemeinde-Ordnung macht, daß dadurch auch in kleineren Kreisen eine freie Entwicklung aufs äußerste beeinträchtigt wird.

Mitbürger! Wir beschränken uns darauf, Euch diejenigen Punkte der Verfassung vor Augen zu halten, welche am meisten geeignet sind, die Freiheit des Volkes zu gefährden. Ihr habt das Mittel in der Hand, diesen Bestrebungen Einhalt zu tun; die bevorstehenden Wahlen geben Euch Gelegenheit, der Regierung zu zeigen, daß Ihr ihre Absichten durchschaut und ihre Pläne vereiteln wollt. Wählet, aber wählet die Männer des Volkes, die aufrichtigen und festen Verteidiger seiner Rechte! –

Berlin, am 16. Dezember 1848.

Der Bezirks-Zentral-Verein

Druck von W. Lohmann in Berlin.

[112] Arbeiter und Gesellen Breslaus!

Brüder! Die Stunde der Entscheidung ist da; die Wahlen sind vor der Tür; Euer Wohl und Wehe liegt noch einmal in Eurer Hand.

Ihr bildet die Majorität; man sucht sich Eurer Stimmen daher zu bemächtigen. Man wird Euch sagen: Die Gewerbe liegen still, man wird als Grund angeben: den Mangel einer Verfassung, die Eure demokratischen Vertreter nicht machen wollten, sei schuld und dergl. mehr. Allerdings liegen die Gewerbe darnieder, aber nicht der Mangel einer Verfassung, sondern der Mangel einer neuen Gewerbeordnung und das Bestehen der alten Kabinettspolitik sind die Ursachen hiervon.

Brüder! Schon hätten wir jetzt eine neue Gewerbeordnung und schon blühten die Gewerbe, wenn nicht die Regierung Eure Vertreter fortgejagt und dadurch die schon fertigen Arbeiten der Fachkommission vernichtet hätte. Statt einer neuen Gewerbeordnung erhielten wir eine Verfassung, in der unsere Interessen vergessen waren. Wir haben eine Verfassung und die Gewerbe stocken noch mehr wie vor der Verfassung, und die alte Kabinettspolitik wütet noch.

Die Mehrzahl der reichen Meister und reichen Herren kommen aber jetzt zu Euch und tun schön mit Euch. Wißt Ihr, wie diese Herren früher waren?

Diese Meister haben Eure Vertreter aus dem Frankfurter Kongreß ausgeschlossen!!

Diese Meister haben erst vor kurzem wieder Eure Vertreter im Handwerker-Komitee von sich gestoßen!!

Arbeiter! Man wird Euch sagen: Was ist aus der Speiseanstalt, dem Lesezimmer, der Bibliothek, den Vorlesungen zur Förderung Eures Wissens, den Beiträgen zur Lösung der Arbeiterfrage usw., wovon man soviel im Arbeiterverein gesprochen hat, geworden? Die Antwort ist leicht.

Allerdings ist die Speiseanstalt nicht ins Leben getreten, weil die Regierung dem Unternehmer (Baron Stücker) Hindernisse in den Weg gelegt hat.

Allerdings ist kein Lesezimmer, keine Bibliothek usw. eingerichtet worden, der Grund hiervon liegt jedoch nicht in den Leitern der Vereine, der Grund liegt in Euch reichen und vornehmen Meistern und reichen Bourgeois.

Ihr Schmeichler! Im Sommer da kümmertet Ihr Euch nicht um das materielle und geistige Wohl der Arbeiter, da lag Euch nichts an der Förderung unseres Wissens, da zogt Ihr großen und reichen Meister und Kapitalisten Euch zurück von den Arbeitern.

Hättet Ihr großen Meister und Kapitalisten, die Ihr zur Partei der Konstitutionellen gehört, Euch damals mit uns Arbeitern verbunden: wir hätten jetzt Speiseanstalt, Lesezimmer usw.

Diese Partei der Konstitutionellen unter dem Handwerkerstande, die nie von den Arbeitern etwas hat wissen wollen, diese kommt jetzt zu Euch, Arbeiter, um Eure Stimmen bei der Wahl zu erhalten.

Brüder! Nahen diese Meister und Kapitalisten sich Euch und wollen Euch bereden, so ruft ihnen zu:

Ihr seid dieselben, die schon zweimal unsere Vertreter von Euch gestoßen habt, Ihr werdet auch uns verstoßen, wenn Ihr uns zu Euren finstern Plänen gebraucht habt.

Brüder! Wir beschwören Euch, handelt einmütig und der Sieg ist unser für immer.

Unser Wahlspruch gegen jene Meister und Kapitalisten sei:

Ihr habt uns früher nicht gekannt, wir wollen Euch jetzt nicht kennen.

Der Arbeiterverein und der Handwerkerverein zum goldenen Schwert.

Druck von Eduard Klein, Schweidnitzerstraße 52

[113] An die Wähler.

II.

Wir wollen, daß die Männer der künftigen Volksvertretung, daß die Männer unserer Wahl die gewissenhaften Kämpfer für unsere Freiheit, die kräftigen Beschützer unserer Rechte seien. Wir wollen, daß sie »in Übereinstimmung mit den wahren Interessen des Volks« Gesetze beschließen und vor allem die am 5. Dezember einseitig verliehene Verfassung nach der Befugnis, die ihnen der 106ste und 112te Artikel derselben verleiht, in Einklang mit den Bedürfnissen eines mündigen und freien Volkes setzen.

Damit die Erfüllung dieser heiligen Pflicht ihnen aber möglich werde, müssen wir, die Urwähler, selbst uns zunächst die Frage beantworten, wie unsere Stellung gegenüber der am 5. Dezember oktroyierten Verfassung beschaffen ist. Prüfen wir diese Stellung genau und leidenschaftslos, damit den Männern, welche wir wählen werden, kein Zweifel an unserer Überzeugung bleibe, damit sie in dieser die Richtschnur ihres eigenen Handelns finden.

Am 22. Mai d. J. traten die Abgeordneten des Volkes zusammen, um eine Verfassung mit dem Könige gemeinschaftlich festzustellen.

»Mit freudigem Ernste«, so sprach der König zu ihnen, »begrüße

Ich eine Versammlung, welche, aus allgemeiner Volkswahl hervorgegangen, berufen ist, mit Mir die Verfassung zu vereinbaren, die einen neuen Abschnitt in der Geschichte Preußens und Deutschlands bezeichnen wird.«

Sie traten zusammen infolge des Patentes vom 18. März, des Aufrufs vom 21sten, infolge der Königlichen Verheißungen, die in den Antworten an Deputationen der Städte Köln, Liegnitz und Breslau enthalten waren, infolge endlich der Gesetze vom 6. und 8. April, welche der vereinigte Landtag beraten hatte. Jene Verheißungen sicherten eine »Verfassung auf breitester Grundlage«, eine »wirkliche Repräsentation des Volkes«, sie sicherten der auf den 22. Mai d. J. berufenen Versammlung unter anderen Gesetzentwürfe über

Aufhebung der Patrimonialgerichtsbarkeit und der Dominialpolizeigewalt,

Öffentliche und mündliche Rechtspflege mit Schwurgerichten und insbesondere für alle politischen und Preß-Vergehen,

Ein volkstümliches, auf Urwahlen gegründetes, alle Interessen des Volks vertretendes Wahlgesetz,

Verantwortlichkeit der Minister,

Vereidigung des Heeres auf die Verfassung als Grundlage der preußischen Verfassung zu.

Am 5. Dezember d. J. war die zur Vereinbarung der Verfassung berufene Versammlung vom Ministerium Brandenburg aufgelöst.

Das Ministerium Brandenburg hat also die schwere Verantwortung auf sich genommen, die Gesetze vom 6. und 8. April verletzt zu haben.

Gesetzentwürfe über die Aufhebung der Patrimonialgerichtsbarkeit und der Dominialpolizeigewalt, über öffentliche und mündliche Rechtspflege mit Schwurgerichten und insbesondere für alle politischen und Preß-Vergehen, über ein volkstümliches, auf Urwahlen gegründetes, alle Interessen des Volkes vertretendes Wahlgesetz, über Verantwortlichkeit der Minister und Vereidigung des Heeres auf die Verfassung sind jener Versammlung nicht vorgelegt.

Das Ministerium Brandenburg hat also die schwere Verantwortung auf sich genommen, daß die Erfüllung Königlicher Verheißungen durch seine Schuld unmöglich geworden ist.

Denn nicht mit der Zustimmung der am 22. Mai in Berlin versammelten Abgeordneten, sondern nur auf den einseitigen Beschluß der Regierung erfolgte die Auflösung, durch welche die Vereinbarung einer Verfassung und die Erfüllung der Königlichen Versprechen vereitelt ward.

Und sie erfolgte, weil die Minister dem Könige erklärten, daß eine Vereinbarung mit dieser Versammlung unmöglich sei; sie erfolgte, ohne daß ein Versuch geschah, die eingetretene Spannung zu lösen oder von der Versammlung die Zustimmung zu der beabsichtigten Maßregel zu erlangen; sie erfolgte, nicht damit das Werk der Vereinbarung mit einer anderen Versammlung fortgesetzt werde, die, den

Worten des Propositionsdekrets vom 2. April gemäß, gleich wie die frühere, »der Natur ihrer vorübergehenden Aufgabe nach eine Teilung in Kammern nicht zuläßt«, sondern damit das vernichtende Werk einer einseitig verliehenen durch zwei Kammern zu revidierenden Verfassung weiche.

Die persönliche Ansicht des Ministeriums Brandenburg stellte sich folglich höher als das Gesetz. Gründe der Nützlichkeit und der Zweckmäßigkeit haben also gegen den Glauben des Volkes, das auf die Worte seines Königs vertraute, gegen die Überzeugung aller Rechtlichgesinnten, daß jede persönliche Meinung vor dem Gesetz schweigen müsse, in einer Frage entschieden, die eine Lebensfrage für die Rechte und für die Freiheit des Volkes ist.

Mitbürger! Verbergen wir uns nicht die Wunde, an welcher das Vaterland daniederliegt. Nur an der freien Luft der Wahrheit kann es gesunden. Scheuen wir nicht in dieser ernsten Zeit vor uns und vor dem ganzen Lande das Geständnis, daß nur das Volk ein glückliches und ein freies ist, in welchem das Gesetz ein Heiligtum und das Vertrauen des Volkes zu seinem Oberhaupte eine feste Mauer bleibt. Wo das Gesetz sich vor der persönlichen Ansicht, sich vor der ministeriellen Willkür beugt, da gedeiht weder Ruhe noch Wohlstand, weder Glück noch Friede. Wo die Zweckmäßigkeit die höchste Richtschnur ist, da gebieten nur Meinungen und nicht Gesetze, da wird die Revolution zum Gesetz erhoben, ja zur heiligen Pflicht gemacht. Wir aber wollen, daß die Zeit der Revolutionen nicht wiederkehre. Wir wollen nicht, daß man das Vertrauen des Volkes zu seinem Oberhaupt mit Erfolg untergraben und ebenfalls nach Gründen des Nutzens eine neue Revolution der Revolution vom 5. Dezember entgegenstellen könne. Darum müssen wir, die wir Ruhe und Ordnung, die wir Gesetz und Freiheit wollen, vom übelberatenen König uns an den besserzuberatenden wenden, darum müssen wir an die Männer, die wir als unsere Vertreter nach Berlin entsenden, als erste und wichtigste Forderung stellen, daß

sie die einseitige Verleihung der Verfassung als einen ungesetzlichen Akt des Ministeriums Brandenburg erklären, daß sie sich gegen alle Folgen verwahren, die aus diesem Akte erwachsen können,

und daß sie ihre Aufgabe dahin erfassen und feststellen, das unterbrochene Werk der Vereinbarung mit dem König fortzusetzen.

Aber die Worte des Ministeriums, es wolle »die Regelung der verheißenen konstitutionellen Freiheit nicht von dem in ferner Aussicht stehenden Ergebnis der Vereinbarung mit einer anderweitigen Volksvertretung abhängig machen«, haben darum auf schwache Gemüter Eindruck gemacht, weil der verfassungslose Zustand des Landes als ein Zustand der Gesetzlosigkeit dargestellt wird. Der Schein dieser Behauptung verschwindet vor der redlichen Einsicht. Denn das Volk weiß und liest es in jener oktroyierten Verfassung selbst, daß die Gesetze, welche die Verfassung zur Wahrheit machen, nur in der Zukunft liegen, daß sie in ihr versprochen, aber noch nicht gegeben sind. Das Volk begreift, daß was die Minister heute tun, entweder schon früher recht und gesetzlich war oder noch heute unrecht und ungesetzlich ist. Es wälzt die Schuld des Widerspruchs, in welchem die alten Gesetze und das erwachte Gefühl seiner Mündigkeit stehen, also nur auf die Minister zurück, die, wenn es sich darum handelt, das schwere Gewicht eines Staatsstreichs weniger fühlbar zu machen, auch ohne die Anwesenheit der Volksvertreter Gesetze erlassen können, durch welche jener Widerspruch sich lösen oder vermindern soll.

Aber noch einmal. Jetzt gilt es nur die schwankende Meinung von dem, was nützlich, dem festen Bewußtsein von dem, was gesetzlich, unterzuordnen, es gilt die Revolution zu verhüten, die durch die Verletzung der Gesetze unfehlbar heraufbeschworen wird. Darum laßt uns zum Wohle des Vaterlandes, im Interesse der wahren Ruhe nur solche Männer wählen, die – wir wiederholen es –

die einseitige Verleihung der Verfassung als einen ungesetzlichen Akt des Ministeriums Brandenburg erklären,

die sich verwahren gegen alle Folgen, welche aus diesem Akte erwachsen können,

die ihre Aufgabe dahin erfassen und feststellen, das unterbrochene Werk der Vereinbarung mit dem Könige fortzusetzen.

Expedition des »Central-Comité für volkstümliche Wahlen im Preußischen Staate« zu Berlin

Gedruckt bei Julius Sittenfeld in Berlin

[114] An die Landsleute über das neue Ablösungsgesetz der gutsherrlich-bäuerlichen Lasten.

An dem Tage, an welchem die bekannte Verfassung oktroyiert, d. h. geschenkt wurde: verhießen die Brandenburg-Manteuffel den baldigsten Erlaß mehrererer dringlichen Gesetze, namentlich über die gutsherrlich-bäuerlichen Verhältnisse in Schlesien und Westfalen. Es war eine der konterrevolutionären Frechheit ganz angemessene Konsequenz, in die Eigentumsverhältnisse tief eingreifende Gesetze ohne Befragung wie ohne Zustimmung des Volkes, dies aus höchsteigener Machtfülle, zu erlassen. Das Volk hat wieder als gemütliche Herde den christlichen Schafstall bezogen und so versammelten sich dann schleunigst alle, die sonst zur Schur die Erlaubnis hatten, mit freudigem Hallo um die Hürden und schickten sich an, das profitable Geschäft da wieder aufzunehmen, wo es der März ganz oder zum Teil unterbrochen hatte.

Die erschienene »Verordnung wegen interimistischer Regulierung der gutsherrlich-bäuerlichen Verhältnisse in der Provinz Schlesien« ist eine Aufforderung an die Herren Fürsten, Standesherren, Grafen, Barone usw., sich zu sputen und »interimistisch« das Landvolk unter dem Anschein des Gesetzes noch so aufzusäckeln und auszuplündern, daß sie nach dem fetten Jahr die mageren desto leichter überdauern können.

Vor dem März war Schlesien das gelobte Land der gnädigen Gutsherren. Durch die Ablösungsgesetze seit dem Jahre 1821 hatte sich das Junkertum so warm gebettet als nur immer möglich. Seine Wut, als es sich im Jahre 1848 in seiner goldenen Ruhe gestört und seine teuersten Vorrechte, die Einkünfte seines Geldbeutels, bedroht sah, überstieg bald alle Grenzen. Infolge der Ablösungen, die stets und überall zum Vorteil der Dominien und zum Ruin des Landvolks betrieben und durchgeführt wurden, hatte das schlesische Junkertum nicht weniger als circa 80 Milliönchen an baren Gelde, an Ackerland und Renten aus den Händen des Landvolks erhalten. Und doch waren die Ablösungen noch lange nicht zu Ende.

Daher die Wut über die gottlose Revolution des Jahres 1848. Die Landleute weigerten sich, den gnädigen Herren fernerhin wie das liebe Vieh Hofdienste zu tun, und die bisherigen furchtbaren Lasten, Zinsen und Abgaben aller Art weiter zu entrichten.

In den Geldkästen der Gutsherren trat eine bedenkliche Schwindsucht ein. Der Zustand dauerte bereits mehrere Monate. Bald hatte ja auch die Nationalversammlung zu Berlin das Gesetz über die gutsherrlich-bäuerlichen Verhältnisse vollendet und dann blieb dem schlesischen Junkertum nur das Lied übrig:

»O jerum, jerum, jerum« usw.

Es war Gefahr im Verzuge. Das begriff die Kamarilla zu Potsdam, deren Säckel sich ebenfalls aus dem Schweiß und Blut des Landvolks zu füllen versteht.

Also fort mit der Nationalversammlung! Machen wir selbst die Gesetze, wie sie uns am einträglichsten erscheinen!

Und so geschah's. Die für Schlesien erschienene Verordnung ist nicht als ein Verhau mit Wolfsgruben und allem Zubehör, in welchem das Landvolk, begibt es sich einmal hinein, unwiederbringlich verloren ist. Heuchelei und liberaler Schein spielen hier, wie bei allen Kunstwerken, die Hauptrolle.

Mit der Aufhebung gewisser Lasten und Leistungen sucht das Ministerium dem Publikum Sand in die Augen zu streuen. So werden u. a. aufgehoben: der Fleisch- oder Blutzehnt, der Bienenzehnt, Walpurgisschoß, Bedegeld, Schäfersteuer, Bienenzins, Wachspacht, Schutzgeld u. lauter Sachen, die von höchst untergeordneter Bedeutung sind, nur hie und da vorkommen und an den meisten Orten nicht einmal den Schimmer eines sogenannten Rechtstitelchens für sich aufweisen können.

Alle übrigen Lasten und Dienste, wenn auch eben so wenig begründet, unterliegen der Ablösung. Und welcher Ablösung!

Sind dem schlesischen Landvolk über die Tendenzen der Regierung ja noch nicht die Augen aufgegangen: so werden sie ihm bei der praktischen Durchführung des neuen Ablösungsgesetzes sicherlich übergehen.

Schon die einzige Bestimmung, daß die Generalkommission zu Breslau abermals die Ablösung in die Hände bekommt, ist das Verdammungsurteil des ganzen Gesetzes. In ihr verkörpert sich für den Landsmann ein großer Teil alles Schlimmen, alles Unheils, das ihn bei der stattgefundenen Ablösung betroffen oder bei der künftigen betreffen wird.

Wohin das schlesische Landvolk auch blicken, welchen Paragraphen der Verordnung es auch betrachten mag: überall ist es gefangen, verraten, verkauft.

Die gnädigen Herren werden in der Verordnung bestens aufgefordert, das jetzige Gesetz recht bald zu benutzen. Damit sie's können, ist bestimmt worden, daß der Berechtigte wie der Verpflichtete auf interimistische Auseinandersetzung antragen kann. Will der Verpflichtete nicht, so wird sofort (in contumaciam), d. h. auch wenn er abwesend ist, gegen ihn verfahren.

Das Schiedsgericht entscheidet. Eine Appellation ist nicht gestattet.

Wie ist das Schiedsgericht zusammengesetzt?

Dieser Punkt ist eben, weil keine Appellation erlaubt ist, von höchster Wichtigkeit.

Nun wohl, § 4 und folgende der zitierten Verordnung geben uns darüber Aufschluß.

Das Schiedsgericht besteht in der Regel aus 3 Personen, kann aber auch 5 Personen enthalten.

Der gnädige Gutsherr wählt einen Schiedsrichter, der Bauer ebenfalls einen und den dritten ernennt – die Generalkommission zu Breslau.

Die Generalkommission ist ihrer ganzen bisherigen Wirksamkeit und ihrer Zusammensetzung nach nichts anderes als eine Behörde, in welcher nur die Interessen, Ansichten usw. der gnädigen Gutsbesitzer repräsentiert werden. Sie wählt natürlich nur Schiedsrichter, die ihres Sinnes sind.

Das Schiedsgericht faßt seine Beschlüsse nach Stimmenmehrheit. Zwei ist die absolute Majorität. Der vom Gutsherrn und der von der Generalkommission erwählte Schiedsrichter halten zusammen und dann mag der bäuerliche Schiedsrichter sagen, was er will, er ist überstimmt und damit Basta! Wird das Schiedsgericht aus 5 Personen zusammengesetzt, so tritt das nämliche Verhältnis ein. Der Gutsherr und der Landmann wählen je zwei Schiedsrichter, die Generalkommission den fünften. Da letzterer auf Seiten des Gutsherrn sein wird, so bleibt der Bauer nach wie vor der Geprellte. Die Kosten – und welche Kosten! davon weiß das schlesische Landvolk ein herzzerreißendes Lied zu singen – werden zur Hälfte vom gnädigen Herrn, zur andern Hälfte vom Landmann getragen. Um die gnädigen Herrn vor der Wut des Volkes sicherer zu stellen als bisher, müssen die vom Schiedsgericht festgesetzten Ablösungsrenten an die königliche Steuerkasse nicht mehr direkt an den Gutsherrn abgeführt werden. Wer diese neue Steuer weigert, wird vom Staat mit Exekution belegt.

Wir haben nur wenige Paragraphen der Brandenburg-Manteuffelschen Verordnung berührt. Wir bemerken dies, daß in den übrigen Paragraphen nicht weniger Teufeleien und Fallstricke enthalten sind.

Allein was hilft's? Die gnädigen Herrn brauchen Geld. Der Winter ist da mit seinen Bällen, Maskeraden, lockenden Spieltischen usw. Die Bauern, die bisher die Vergnügungsmittel geliefert, müssen sie auch ferner herbeischaffen. Das Junkertum will sich wenigstens noch einmal einen vergnügten Karneval bereiten und die November-Errungenschaften des Absolutismus ausbeuten, ehe die wirkliche Aufhebung der Lasten durch die nächste Kammer erfolgt.

N.Rh.Z.

Um Nachdruck wird gebeten.
Druck von Eduard Klein, Schweidnitzerstraße Nr. 32

[115] Adresse an die Volksabgeordneten Preußens die Einführung des Einkammersystems betreffend.

Vertreter des Volks!
Der Zweck der Volksvertretung besteht darin, den Willen des Volks zur Geltung zu bringen; sie ist berufen, auszusprechen, was die Mehrheit des Volks verlangt.

Das Volk kann in seiner Mehrheit bei jedem Gegenstande nur einen Willen haben, weil zwei verschiedene Meinungen ein und desselben Ganzen sich widersprechen würden. Ein unteilbarer Volkswille erfordert aber auch eine ungeteilte Volksvertretung, d. h. nur eine einzige Volkskammer. Zwei getrennte Kammern sind unnötig, wenn sie hervorgehen aus denselben Urwahlen, weil der Volkswille nicht doppelt ausgesprochen zu werden braucht; sie widersprechen dem unveräußerlichen Grundsatz der gleichen Berechtigung aller, wenn sie berufen sind, zwei durch Geburt, Vermögen, Stand und Alter getrennte Volksklassen oder neben dem ganzen Volke noch eine bevorzugte Klasse abgesondert zu vertreten.

Wir verlangen daher, daß die Verfassung des preußischen Staates eine ungeteilte Volksvertretung in einer einzigen Volkskammer festsetze.

Die Unterschriften werden, mit Angabe des Wohnorts der Unterzeichner und mit der Überschrift: »Adresse an die Volksabgeordneten Preußens die Einführung des Einkammersystems betreffend«, auf beizuheftenden Bogen und die Einsendung sobald als möglich nach Eröffnung der preußischen Kammern unter Adresse: Abg. D'Ester in Berlin, erbeten.

Der Zentralausschuß der Demokraten Deutschlands.

[116] Adresse an die Volksabgeordneten Preußens die Einführung des Volksvetos oder die Abstimmung in den Urversammlungen des Volkes über die Verfassung und die dazu gehörigen Gesetze betreffend.

Vertreter des Volks!
Soll die Verfassung und sollen die dazu gehörigen Gesetze in der Tat und Wahrheit Ausdruck des Willens der Mehrheit des ganzen Volkes werden, so muß das ganze Volk darüber gehört sein und abgestimmt haben. Die Verfassung und alle dazu gehörigen Gesetze, nachdem sie von den Abgeordneten beraten sind, müssen den Urversammlungen der Gemeinden übergeben werden. Die Urversammlungen stimmen darüber ab mit »Ja« oder »Nein«, d. h. sie nehmen das Gesetz an oder sie verwerfen es. Die Stimmen für und wider das Gesetz aus den einzelnen Gemeinden des ganzen Landes werden zusammengezählt und es ergibt sich, ob die Mehrheit des Volkes das Gesetz genehmigt oder verworfen hat; im ersteren Falle wird der Entwurf zum Gesetz, im letztern Falle wird er den Abgeordneten zur abermaligen Beratung zurückgegeben. Die Abgeordneten haben dann die Aufgabe, das Gesetz nach den Bedürfnissen und Forderungen des Volkes, wie sie sich in den Urversammlungen kundgegeben haben, abzuändern, worauf es den Urversammlungen zur wiederholten Entscheidung vorgelegt wird.

Die Abstimmung der Urversammlungen über die Verfassung und die dazu gehörigen Gesetze ist die erste und unerläßlichste Bedingung der Demokratie. Wenn eine Majorität von 176 Deputierten dem Volke die Gesetze gibt, so hat das Volk sich seine Gesetze nicht selbst gegeben. Die unumschränkte Gewalt der Gesetzgebung in der Hand eines einzigen ist Absolutismus, wir verwerfen die Aristokratie des Adels und des Geldes, aber wir verwahren uns auch gegen eine Aristokratie der Parlamente. Das Volksveto ist der sicherste Schild gegen solche Aristokratie und die größte Garantie der Volkssouveränität.

Wir verlangen daher, daß die Verfassung und alle dazugehörigen Gesetze, nachdem sie von der Versammlung der Abgeordneten beraten sind, den Urversammlungen der Gemeinden des ganzen Landes zur Abstimmung überwiesen werden, und daß sie erst dann Gesetzeskraft erlangen, wenn die Mehrheit aller Urwähler der Nation sich dafür erklärt hat.

Die Unterschriften werden, mit Angabe des Wohnorts der Unterzeichner und mit der Überschrift: »Adresse an die Volksabgeordneten Preußens das Volksveto oder die Abstimmung der Urversammlungen des Volkes über die Verfassung und die dazu gehörigen Gesetze betreffend«, auf beizuheftenden Bogen und die Einsendung sobald als möglich nach Eröffnung der preuß. Kammern unter Adresse: Abg. D'Ester in Berlin, erbeten.

Der Zentralausschuß der Demokraten Deutschlands.

[117] Adresse der demokratischen Partei in der Volkskammer.

Majestät!
Die Preußische National-Versammlung ist infolge von Ereignissen, welche dem Lande noch in frischem Gedächtnisse sind, von Euer Majestät am 5. Dezember v. J. wider ihren Willen aufgelöst worden. Ihr bald vollendetes Werk, eine der Bildungsstufe, den Anforderungen und Bedürfnissen des Volkes entsprechende Verfassung ist dadurch unterbrochen, der öffentliche Rechtszustand tief erschüttert und die Hoffnung auf baldige Erfüllung der von Euer Majestät im März vorigen Jahres erteilten Verheißungen hinausgeschoben worden.

Das Volk hat abermals durch Ausübung des allgemeinen Stimmrechts Vertreter gewählt, um das unterbrochene Werk der National-Versammlung zu vollenden, die von Euer Majestät am 5. Dezember v. J. veröffentlichte Verfassungs-Urkunde, welche ohne die Zustimmung der Volksvertreter keine Rechtsgültigkeit hat, zu beraten, den Anforderungen des Volkes Geltung zu verschaffen und so mit Euer Majestät die zukünftige Verfassung des Preußischen Staates festzustellen.

Die seit dem 5. Dezember v. J. erlassenen Verordnungen, welche uns vorgelegt werden sollen, werden wir einer ernsten Prüfung unterziehen, halten uns aber, durchdrungen von der Notwendigkeit des Grundsatzes, daß kein Gesetz ohne die Mitwirkung und Zustimmung der Volksvertretung gegeben werden könne, und berufen, die unveräußerlichen Rechte des Volkes aufrechtzuerhalten, für verpflichtet, gegen die vorläufige Gültigkeit jener so tief in das Staatsleben eingreifenden Verordnungen Verwahrung einzulegen.

Wir werden die Beratung und Beschlußnahme über alle zur Ausführung der Verfassung notwendigen Gesetze um so rascher vornehmen, als wir überzeugt sind, daß nur dadurch sowie durch die geeignete Umgestaltung der Verwaltung des Heerwesens und der Strafgesetzgebung das noch immer tief erschütterte Vertrauen zurückkehren und Handel und Gewerbe sich von der Lähmung erholen werden, welcher sie zu erliegen drohen.

Schmerzlich hat es das ganze Volk empfunden, daß über die Hauptstadt und viele Orte des Landes der Belagerungszustand verhängt worden ist, die gesetzlich gewährleisteten Grundrechte des Preuß. Volkes aufgehoben worden sind, an die Stelle der Herrschaft der Gesetze die der Gewalt und der Willkür getreten ist. Es ist unsere erste Pflicht, Ew. Majestät zu erklären, daß wir die Fortsetzung des Belagerungszustandes an den Orten, wo er noch besteht, für unverträglich mit der Rückkehr der Herrschaft der Gesetze und der Wohlfahrt des Landes halten, vorzüglich aber in der Hauptstadt, wo wir, die Volksvertreter, jetzt unsere für die Zukunft des Preußischen Volkes so wichtigen Beratungen beginnen sollen.

Das Rechtsgefühl des Volkes fordert eine baldige Amnestie für diejenigen, welche das Zerwürfnis zwischen den verschiedenen Staatsgewalten und die Aufhebung der Herrschaft der Gesetze dem Kreise ihrer Familien entzogen oder in Untersuchungen verwickelt haben.

Wir werden aus den uns vorzulegenden Staatshaushaltsetats ersehen, in wieweit, ungeachtet der im Vergleich gegen die Vorjahre zu erwartenden Verminderung des Steuer-Einkommens, der für verschiedene Ausgabezweige, namentlich für öffentliche Arbeiten erforderliche Mehrbedarf ohne Steuer-Erhöhung und ohne neue Benutzung des Staatskredits wird gedeckt werden können. Bei Beratung und Feststellung der Staatshaushaltsetats werden wir bedacht sein, alle mit der Wohlfahrt des Landes verträglichen Ersparnisse, insbesondere in der Verwaltung und dem Heerwesen, einzuführen, welche die Staatsregierung in den Stand setzen werden, mehr als bisher geschehen ist, für die Verbesserung der Lage der hart gedrückten ärmeren Volksklassen und das Volksschulwesen zu tun.

Zur Erreichung des großen Zieles der innigen Vereinigung aller deutschen Volksstämme zu einer Staatseinheit werden wir jederzeit bereitwilligst mitwirken. Wir glauben jedoch, daß die erste Bedingung der Einheit Deutschlands die Sicherung der Freiheit und die Befestigung der Rechte des Volkes ist.

Die friedlichen und freundschaftlichen Beziehungen Eurer Majestät Regierung zu den übrigen fremden Staaten berechtigen uns auch zu der Hoffnung, daß bei den neuerdings wieder drohenden Zerwürfnissen mit der Krone Dänemarks Preußen alle ihm zu Gebote stehende Kraft anwenden werde, um endlich einen mit der Ehre Deutschlands und den materiellen Interessen seiner Bewohner verträglichen Frieden herbeizuführen.

Sehnsüchtig erwartet die lang unterdrückte Nationalität der polnischen Staatsangehörigen die Verwirklichung der ihr wiederholt zugesicherten Rechte.

Wir teilen den Schmerz um den Verlust eines Prinzen Eurer Majestät Königlichen Hauses.

Das Vaterland wird uns zu jeder Zeit bereitfinden, nach unseren Kräften beizutragen, daß die Forderungen des Volkes erfüllt, seine Freiheit und seine Rechte geschützt werden. Wir hoffen, daß mit Eurer Majestät Beistand dieses Ziel erreicht, die Ehre und der Ruhm Preußens erhöht und unserem Vaterlande eine friedliche und segensreiche Zukunft bereitet werde.

Berlin, den 15. März 1849.

D'Ester, Wesendonck. J. Guittienne. Schneider II. (Köln). Gorzolka. Caspary. Baur (Adenau). Schmiedicke (Leobschütz, Neustadt). Dr. Grün. Krackrügge. Waldeck. Dr. Schramm. Jung. Plath (Stolp, Lauenburg etc.). Pape (Münsterberg, Frankenstein, Nimptsch). Berends. Löher. Schwarz (Insterburg, Gumbinnen). Reuter (Berlin). Richter, Kanonikus. Ziegler. v. Lipski. M. Großjohann. Maetze. Bartoßkiewicz. Gottfried (Kinkel). Neumann. Otto. Marke. Toebe. Th. Simon (aus Trier). Schily. Girse. Rambs.

Bauer (Stolp). Behnsch. Messerich, Görtz-Wrisberg. Dr. Jacoby. Heitemeyer. Schornbaum. Kyll. Skiba. Esser. Elsner. Zunderer. Eydam. Hawlitzki. Ebel. Körner. Liesiecki. Palacz. Borchardt. Bucher. Stein, Schmidt.

Druck von Trowitzsch und Sohn in Berlin, Oberwasserstraße 10

Stuttgart, den 14. März 1849.

[118] Eingabe des vaterländischen Vereins an die K. Staatsregierung.

Die gewaltige Bewegung des deutschen Volkes im März 1848, Freiheit und Einheit erstrebend, hat erst Beruhigung gefunden in der von ihr geschaffenen Nationalversammlung zu Frankfurt, der die Aufgabe ward, durch eine ganz Deutschland zu einer lebendigen, organischen Staatseinheit zusammenschließende Verfassung, der deutschen Freiheit im Innern, des Vaterlandes Macht, Ehre und Ansehen nach außen fest zu begründen. Seit zehn Monaten liegt die Nationalversammlung ihrer schweren Aufgabe ob, und in dieser langen Zeit haben die in der Natur der Dinge selbst liegenden großen Schwierigkeiten, Verschiedenheit der Ansichten und Bestrebungen sowie die wieder erstarkenden Sonderinteressen und menschliche Leidenschaften die Zuversicht der Versammlung zu sich selbst und die Hoffnungen der Nation auf eine befriedigende Vollendung des Werks mehr und mehr geschwächt. Aber gerade angesichts der von vielen Seiten her immer drohender aufsteigenden Gefahren hat die Nationalversammlung plötzlich wieder ihre ursprüngliche Kraft, das Vertrauen zu sich selbst wiedergefunden, und es wird jetzt, so hoffen wir, der von ihr ausgehende Impuls die ganze Nation durchzucken und mit neuer Begeisterung und Entschlossenheit beseelen. In Erwägung des bedrohten Zustands, der Gefahr des Vaterlandes hat der Abgeordnete Welcker den mit ungeheurer Sensation aufgenommenen dringlichen Antrag gestellt: die gesamte deutsche Reichsverfassung durch einen einzigen Gesamtbeschluß anzunehmen und dem Könige von Preußen sofort die Erbkaiserwürde zu übertragen. Während durch Annahme dieses Antrags das dringende Bedürfnis einer wahren Staatseinheit befriedigt, das gerechte Verlangen der Deutschen, ein starkes Vaterland zu haben, gestillt erscheint, werden sich dadurch nicht nur mancherlei Wünsche durchkreuzt, manche Interessen verletzt fühlen, sondern wir müssen auch, da Österreich sich nunmehr zu einer großen Gesamtmonarchie zusammengeschlossen hat und hierdurch (wie in dem Programm von Kremsier erklärt wurde) Deutschland ebenso aufgefordert wie berechtigt ist, das Gleiche zu tun, in dem neu begründeten deutschen Staat voraussichtlich mehrere edle deutsche Bruderstämme, vorerst wenigstens missen. Dennoch aber erscheint die nach der in Frankfurt herrschenden Stimmung nicht zweifelhafte

Annahme des Antrags als eine Notwendigkeit, als ein Segen für das Vaterland, das in längerer Ungewißheit sich verzehren; bei fortdauernder Spaltung eine Beute auswärtiger Feinde werden müßte. Unter diesen Umständen ist es die Pflicht jedes, sein Vaterland liebenden Deutschen, seine besonderen Ansichten, Neigungen und Interessen demjenigen unterzuordnen, was das Wohl des Ganzen erheischt, damit Deutschland in dem Nationalgefühl seiner Bürger die Kraft finde, den drohenden Stürmen zu begegnen. Die Hohe württembergische Staatsregierung hat nicht nur im März 1848 durch einen Abgeordneten nach Berlin, in Gemeinschaft mit andern deutschen Staaten sich selbst schon mit der Krone Preußen in ein Vernehmen gesetzt, welches das jetzt zu erwartende Ergebnis anzubahnen geeignet war; sie hat auch bei Eröffnung des württembergischen Landtags im September 1848 mit preiswürdiger Entschiedenheit ihre Bereitwilligkeit erklärt, die Beschlüsse der Nationalversammlung durchaus und unbedingt als gültig anzuerkennen und die Aufrichtigkeit ihrer Gesinnung namentlich auch durch unverzügliche Verkündigung der Grundrechte betätigt. Mit vollster wohlbegründeter Zuversicht hoffen wir daher, daß die hohe Staatsregierung den in nächster Aussicht stehenden Beschlüssen der Nationalversammlung Folge leisten werde; wir verbinden aber mit diesem Ausdruck unseres Vertrauens die ehrerbietigste Bitte: die hohe Staatsregierung möge auch durch das moralische Gewicht ihres offenen und freudigen Beitritts zu den für Deutschlands Größe und Ehre entscheidenden Beschlüssen demjenigen Teile des württembergischen Volkes, denjenigen deutschen Staaten und Stämmen ein ermunterndes Beispiel geben, die in Ab- und Zuneigungen, in mancherlei Vorurteilen, Gefühlen und Gewöhnungen befangen, gegen das Gebot der politischen Notwendigkeit sich etwa sträuben sollten; sie möge durch rasche, entgegenkommende Bereitwilligkeit den bleibenden Dank des Gesamtvaterlandes verdienen, eine unverwelkliche Blume zum Kranze der deutschen Einheit stiften.

[119] Hohe deutsche Nationalversammlung!

Die hohe deutsche Nationalversammlung hat am 28sten März d. J. dem deutschen Volke seine Verfassung gegeben. Sie hat dabei das feste Vertrauen ausgesprochen, daß die Fürsten und Volksstämme Deutschlands großherzig und patriotisch in Übereinstimmung mit der Nationalversammlung die Verwirklichung der von ihr gefaßten Beschlüsse mit aller Kraft fördern werden. Sie hat beschlossen, versammelt zu bleiben, bis die Verfassung vollzogen und der nächste Reichstag verfassungsmäßig berufen und zusammengetreten sein wird.

Die hohe Versammlung hat hiermit die Aufgabe gelöst, zu welcher sie berufen ward; bis zum letzten Augenblick ihrer verfassungsgebenden Tätigkeit ist sie des hohen Berufes sich bewußt geblieben, welchen ihr die Geschichte und das Vertrauen ihres Volkes übertrugen. Sie hat dieses Vertrauen erfüllt, und ihrerseits das Werk ihrer Tätigkeit dem Volke vertrauend übergeben. An diesem ist es jetzt, dem Vertrauen seines Parlaments zu entsprechen.

Hohe Nationalversammlung! Die Antwort, welche Ihre Deputation Ihnen von den Stufen des Throns zurückgebracht hat, welcher der deutsche Kaiserthron zu werden berufen ist; – die schmerzlichen Erfahrungen, welche Ihre Deputation bei einem Teile der Vertreter jenes Landes machen mußte, welches vom Schicksal an die Spitze des deutschen Volkes gerufen wird; – sie sind geeignet, die Hoffnungen zu trüben, mit welchen die hohe Versammlung am 28. v. M. an den großherzigen Patriotismus der Fürsten und Völker Deutschlands appellierte. Das gewählte Oberhaupt Deutschlands, von engherzigen und kleinmütigen Ratgebern umringt, hat es nicht wagen wollen, jenen großen Entschluß zu fassen, welchen der große Augenblick gebot. Die Antwort, welche die Deputation hoher Versammlung entgegennehmen mußte, die Note, welche die Regierung Preußens an die deutschen Regierungen erlassen hat, sie gehen – welches auch ihre Beteuerungen und vorgeblichen Absichten sein mögen – doch von Voraussetzungen aus, die der großen Errungenschaft unseres Volkes, der vollendeten Tatsache seiner ruhmwürdigen Revolution, der Grundlage seiner Hoffnungen und der Bedingung seiner Zukunft, feindlich gegenüberstehen.

Die beiden Häuser der preußischen Volksvertretung haben zwar den Ministern ihres Königs zu wiederholten Malen den Weg vorgezeichnet, welcher zur Wiedergeburt Deutschlands führen muß. Die große Mehrheit jener Volksvertreter hat laut und entschieden die verderbliche Politik verdammt, in welcher gleichwohl dieses Ministerium beharrt. Aber auch die preußischen Volksvertreter hat der große Augenblick nicht groß genug gefunden. Von Parteiwut zerrissen, durch untergeordnete Rücksichten gefesselt, haben sie sich in der entscheidenden Stunde nicht bis zu jener imponierenden Einheit des Entschlusses zu erheben vermocht, welchem auch die absolutistische Gewöhnung der preußischen Minister nicht hätte widerstehen können. Sie haben sich dann vertagt, und die Geschicke des deutschen Vaterlandes dem Ausgange der Verhandlungen überlassen, welche schon in der nächsten Woche Deutschland in einen unermeßlichen Abgrund des Verderbens stürzen können.

So ist es denn wiederum die konstituierende deutsche Nationalversammlung zu Frankfurt a. M., von welcher das deutsche Volk ausschließlich sein Heil und seine Rettung zu erwarten hat. Und wie im Frühling des vergangenen Jahres die hohe Versammlung von den Fürsten und Völkern berufen war, um für die Gesamtheit dasjenige zu tun, was die Selbstsucht der einzelnen nimmer zu tun weiß, – die Verfassung für das deutsche Reich zu schaffen, so ergeht jetzt und aus gleichen Ursachen gleicher Maßen an sie der Ruf der Geschichte: die Verfassung Deutschlands zu verteidigen und durchzuführen!

Dieser Aufgabe hat sich die hohe Versammlung bereits zu unterziehen begonnen. Die denkwürdigen Beschlüsse des 28. März, die Erklärung Ihrer Deputation an die Minister des Hofes von Berlin, haben den Weg der edeln Entschlossenheit bezeichnet, auf welchem das Volk seine Vertreter fort und fort zu erblicken hofft. Die Würde und Besonnenheit, womit die hohe Versammlung ihr Werk unter tausendfachen Schwierigkeiten fest und treu zu Ende führte, ist in der Geschichte ohne Beispiel, möchte auch die Tatkraft, womit die deutsche Nationalversammlung im Geiste des 28. März und 4. April beharren wird, in der Geschichte ohne Beispiel sein.

Der hohen Versammlung aber möge der Jubel und der Dank, den Ihr Werk im besten, im unverdorbenen Teile des Volkes gefunden hat, eine Bürgschaft dafür sein, daß dieses Werk auch in der Ausführung gelingen wird und gelingen muß. In der hohen Versammlung selbst wird die erneute Eintracht und die erneute Begeisterung, womit auch die verschiedenen Parteien des Hauses für die gemeinsame Ehre und die gemeinsame Pflicht zusammenstehen werden, dem ganzen Volke zum leuchtenden Beispiel dienen. Wer es wohl mit dem Vaterlande meint, und wem die moralische Kraft nicht in politischen Ausschweifungen ganz verzehrt ward, der wird, wie in jenen Frühlingstagen des verwichenen Jahres, aufs neue zu seinem Parlamente stehen. Haltet treu und mutig aus! So ruft Euch die Stimme der Besonnenen, der Gemäßigten, der Erhaltenden entgegen.

Es gilt dieses Mal keine leichtsinnige, keine ziellose und schwankende Bewegung. »Dies ist unser!« So laßt uns sprechen, und fest es behalten.

Haltet treu und mutig aus; dann wird das Volk, das ganze ungeteilte Volk sich um Euch scharen, wie ehedem. Haltet treu und mutig aus! Es wird und muß gelingen.

Kassel, den 8. April 1849.

Der Vorort des nationalen Vereines für Deutschland.
Namens desselben
der Vorsitzende, Dr. B. W. Pfeiffer.
Als Schriftführer Dr. Ad. Pfaff.

[120] Mitbürger in Stadt und Land!

Endlich ist das deutsche Verfassungswerk vollendet; die konstituierende Nationalversammlung hat die Reichsverfassung nebst dem Wahlgesetz endgültig beschlossen und verkündet, wie ihr das einzig und allein zustand. Endlich nach langer Schmach und Erniedrigung glaubt das deutsche Volk seine Einheit und seine Freiheit wieder errungen zu haben, die einzigen Grundlagen seiner Macht, seiner Größe und seiner Wohlfahrt; aber alsbald verbreitete sich die Trauerkunde, von seiten der Fürsten werde die Verfassung nicht anerkannt. Zwar haben 28 deutsche Regierungen ihre unbedingte Unterwerfung unter die Reichsverfassung erklärt, dem Könige von Württemberg hat der einstimmige und entschiedene Wille des württembergischen Volksstammes in diesen Tagen eine gleiche Erklärung abgerungen, aber gerade die mächtigeren Fürsten, die Könige von Bayern, Sachsen und Hannover sprechen es laut aus, daß sie, das Interesse ihrer Familie dem Wohle des Vaterlandes vorziehend, die Verfassung nicht anerkennen, und der König von Preußen, dem das Höchste geboten, zögert in bedenklicher Weise. Deutsche Brüder! so soll sich also das alte Spiel wiederholen, das Wohl des ganzen großen Volks soll hintangesetzt werden gegen den Privatvorteil einiger weniger Familien. Deutsche Männer! die Reichsverfassung ist rechtsgültig verkündet, sie ist Gesetz, und jeder einzelne, der seine Sondergelüste dem Gesamtwillen entgegenzusetzen wagt, vergeht sich gegen das Gesetz, wer dies mit Gewalt versucht, ist Rebell. Zunächst ist es nun an Euch, Ihr Brüder in den deutschen Ländern, deren Fürsten die Erklärung der unbedingten Unterwerfung unter die Reichsverfassung verweigern, durch die kräftige und entschiedene Kundgebung Eures übereinstimmenden Willens ihnen eine solche abzuringen. Die hochherzigen Württemberger, die den Dank des Vaterlandes verdienen, haben Euch ein nachahmungswertes Beispiel gegeben. Sollte aber in rebellischer Weise Gewalt gegen Euch gebraucht werden, dann werdet Ihr zu widerstehen wissen. Dann ist aber auch das ganze deutsche Volk in seinem Rechte, seiner Würde und Hoheit bedroht und verletzt; es kann und wird nicht dulden, daß seine Nationalversammlung, die Trägerin seiner Souveränität zu einer Vorschlagskommission herabgewürdigt werde; es kann und wird nicht dulden, daß Brüder deshalb angegriffen werden, weil sie sich dem widersetzen; das ganze deutsche Volk muß und wird sich wie ein Mann erheben, zu stützen die von ihm selbst erwählte Nationalversammlung, zu schützen seine Reichsverfassung. Hierzu muß es sich aber vorbereiten; es muß gerüstet sein für jeden Fall, denn das alte Sprichwort sagt: »Wenn du den Frieden willst, so rüste Dich zum Kriege.« Darum ist es notwendig, daß überall und in allen Gauen des Vaterlandes solche Vorbereitungen getroffen, solche Rüstungen vorgenommen werden. Und wir in Hanau, denen in den Tagen der Gefahr unsere Brüder von nah und fern bereitwillig ihre Hilfe zugesagt, wir halten uns zu Gleichem verpflichtet. Darum Mitbürger in Stadt und Land, laßt uns zum Zwecke der Unterstützung vollständiger Durchführung der Reichsverfassung mit dem Reichswahlgesetze, die Errichtung eines bewaffneten Korps soweit vorbereiten, daß es imstande sei, im eintretenden Falle, vereint mit den Scharen der übrigen deutschen Gaue augenblicklich für jene Zwecke tätig zu werden. Hierbei müssen alle Parteizwecke in den Hintergrund treten; wir alle scharen uns unter eine Fahne, unsere Reichsverfassung, unsere eine Losung ist, die Freiheit und die Einheit des Vaterlandes. Wirket daher alle mit, die Ihr bereit seid, die Waffen für diese hohen Zwecke zu ergreifen, die Ihr dies große Werk durch Geldbeiträge oder Verabreichung von Waffen zu unterstützen gedenkt. Das Vaterland ruft alle seine Kinder; eilt herbei, das gerettete Vaterland wird Euer schönster Lohn sein.

Hanau, den 30. April 1849.

Namens und im Auftrag der sämtlichen politischen Vereine zu Hanau, deren Vorstände.

Des Arbeitervereins:

W. Koch.
W. Kämmerer.
G. Una.
J. M. Maisch.
J. Füger.

Des demokratischen Vereins:

Dietz.
Sommerhoff
H. A. Rödiger.
C. Huber.
L. A. Pelissier.
C. Jünger.
Wörner.
A. Michael.

Des Märzvereins:

Röder.
Cöster.
F. Walther.
H. Scharschmidt.
L. Saum.
C. Herrmann.
J. Schenk.
C. Toussaint.
Braubach.
H. Friedge.

Des politischen Vereins:

L. Blachiere.
A. Nollenberger.
Ph. Brenner.
Kachendörfer.
Neumann.
Pressel.
Maibom.
P. Heydt jun.
E. Blachiere.
Denhardt.
Bischoffshausen.
C. Schulz.

Des Turnvereins:

J. F. Engel.
A. Maury
Chr. Lautenschläger.
F. Kreuter.
J. B. Pelissier.

VIII. Aufrufe aus den Tagen der Reichsverfassungskampagne Mai–Juli 1849

Wenn auch die Reichsverfassung einen durchaus gemäßigt liberalen Charakter hatte, so stellte sie doch gegenüber den vormärzlichen Zuständen einen Fortschritt dar. Diese Verfassung war schon in den Monaten März und April 1849, als der Widerstand der österreichischen, der preußischen, der sächsischen und anderer Regierungen gegen die Annahme derselben immer offener zutage trat, zum Symbol der Revolution im Kampf gegen die feudaljunkerliche Konterrevolution geworden. Die Verfassung verteidigen hieß gleichzeitig die Vorstöße der Konterrevolution zurückschlagen, die Märzerrungenschaften sichern und schließlich die Revolution weiterführen. Die durch die preußischen konterrevolutionären Vorstöße ausgelöste Volkserhebung erfaßte vor allem die Arbeiter, die Kleinbürger und Bauern, doch nur zögernd reihten sich Bürgerwehrkompagnien in den Kampf ein. Die Breite der Volksbewegung zwang die führenden Vertreter der kleinbürgerlichen Demokratie, den lauten Erklärungen in den Märzvereinen die Tat folgen zu lassen und die Führung der Kämpfe zu übernehmen. Die Erhebung begann am 3. Mai 1849 in Dresden. Trotz der Übermacht der eingesetzten preußischen Truppen leisteten die Barrikadenkämpfer energischen Widerstand, bevor sie sich am 9. Mai zurückzogen. Auch der Volkserhebung in der bergisch-märkischen Industriegegend war kein Erfolg beschieden, da sich die Bourgeoisie auf die Seite der preußischen Truppen stellte und die kleinbürgerlichen Demokraten in ihrer Unentschlossenheit den Widerstandswillen lähmten. Die Erhebung in Baden und in der Pfalz mit ihrem republikanischen Charakter bot zunächst größere Aussichten, die Insurrektion auszuweiten und eine revolutionäre Volksarmee zu organisieren, da hier ein ganzer Staat mit seinen Truppen ins revolutionäre Lager übergetreten war. Die Chancen eines Sieges gegen die Konterrevolution wurden jedoch durch das ängstliche Zögern und die Unentschlossenheit der Demokraten in Frankfurt a. M. und in Baden vertan. Die Führer der kleinbürgerlichen Demokratie scheuten sich, entschiedene revolutionäre Maßnahmen zu ergreifen, revolutionäre Truppen zum Schutz der nun von den Linken beherrschten Nationalversammlung nach Frankfurt a. M. zu beordern und die Erhebung auszudehnen.

Die liberale Bourgeoisie überließ kampflos das Feld der feudaljunkerlichen Konterrevolution. Der preußische Bevollmächtigte in Frankfurt a. M., Ludolf Camphausen, legte Ende April sein Amt nieder. Aus den Berichten von Freunden und Mitarbeitern Camphausens, die noch in Frankfurt a. M. weilten, geht hervor, daß die Bourgeoisie sich von den militärischen Erfolgen der Konterrevolution die gewünschte »Ruhe und Ordnung« erhoffte. Am 9. Mai 1849 schrieb Dr. Claessen, ein enger Mitarbeiter und Freund Camphausens, aus Frankfurt a. M. an seinen zurückgetretenen Chef: »Wenn das Ministerium Brandenburg rasch handelt und auf allen Punkten drein schlägt, so wird sich die Meinung ähnlich wie im November vorigen Jahres und in ähnlich bedingter Weise für dasselbe erklären. Je höher die Not allerwärts steigt, desto besser wird der Plan der Regierung (d. h. der Konterrevolution – K. O.) gelingen.« Weiter heißt es in diesem Brief: »In unserer Gegend schmachten die besitzenden Klassen nach einer Macht, die sie stützen kann; der herzstärkende Anblick preußischer Regimenter wird den Kern des Volkes überall erobern.«[1] Unter »Kern des Volkes« verstand Dr. Claessen jedoch nur die besitzende Klasse, die Bourgeoisie.

Der wirkliche »Kern des Volkes«, die Arbeiterklasse, kämpfte jedoch gemeinsam mit den besten Vertretern der kleinbürgerlichen Demokratie auf Leben und Tod gegen die Konterrevolution, für ein einiges demokratisches Deutschland. Dieser Kern des Volkes wuchs in diesen letzten Kämpfen der Revolution über sich hinaus, er zeigte, zu welchen Leistungen das Volk fähig war. Aus den Proklamationen und Berichten spricht die Größe der Bewegung, der Mut und die Opferbereitschaft der revolutionären Kämpfer, aber auch Abscheu gegenüber denjenigen, die erneut das Volk unterdrücken wollen. Es fehlte nicht an ernsthaften Bemühungen, die Ursachen für die Erfolge der Konterrevolution aufzudecken, das schändliche Verhalten der Fürsten, sowie die Rolle Preußens und Österreichs zu kennzeichnen, ebenso auf die Hilfe des Zarismus für die Reaktion hinzuweisen.

Die wenigen Zeilen eines Briefes, die der Dichter Heinrich Hoffmann von Fallersleben am 26. Juni 1849 aus Frankfurt a. M. an seinen Freund Karl Dresel in Geisenheim schrieb, zeigen deutlich, mit welchem Heroismus das badische Volksheer ge-

[1] Historisches Archiv der Stadt Köln, Abt. 1023/L 1606.

gen die preußische Übermacht kämpfte. Zunächst beschwerte sich Hoffmann von Fallersleben über die Frankfurter Bürger: »Dies zopfige Volk tritt in seiner alten Gloria wieder hervor, daß einem Erd' und Himmel verleidet wird.« Dann heißt es weiter: »Immer noch nichts Amtliches vom Kriegsschauplatz! So viel scheint richtig. Das Volksheer hat sich wütend geschlagen, der Verlust wird von einem Mitkämpfenden auf 800 Tote ihrerseits angegeben, wogegen das Doppelte von den Fürstlichen geblieben sein soll. Der Rückzug ist vollständig erfolgt: Rastatt und die Murg, die Fürstlichen haben solchen nicht verhindern können. In Darmstadt sind gestern 131 Verwundete und diesen Morgen vier Wagen voll angekommen. Das erzählte mir ein Darmstädter. Er fügte hinzu, von Heidelberg an bis Mainz wären nach und nach alle Spitäler mit Verwundeten angefüllt. Dietzsch und Trützschler sind gefangen, der junge Schlöffel ist tot, Raveaux lebt, Itzstein noch in Karlsruhe, letzteres soll bereits von den Preußen genommen sein.«[2]

[2] Stadt- und Landesbibliothek Dortmund, Autographensammlung Nr. 5256.

[121] Feuer! Feuer! Deutschland schläft! Deutschland werde rot!

Werde rot vor Scham, Deutschland! Die Welt steht auf, doch du verschläfst den Tag der Ehren und diebische Diplomatenfinger stehlen dir das kleine Lorbeerreis von 1848 aus deinen Haaren. Werde rot vor Scham, sonst nistet über Nacht der rote Hahn der Zerstörung auf deinen Städten und du wirst die Beute von Schurken und Räubern.

Die Ungarn stehen fast unter den Mauern von Wien, der Hof in Olmütz packt seine Reisewagen, die Dynastie Habsburg, dein Erzfeind, zittert mit ihren 38 Millionen »Untertanen« vor dem Heldenvolke der vier Millionen Magyaren und Deutschland, du schläfst!

Das schwarzgelbe Gesindel flieht zitternd aus Wien; Windischgrätz, der gefürstete Henker, wird fast wie ein Gefangener mitten aus seiner Armee von den Stabsoffizieren nach Ölmütz transportiert, der Geist Robert Blums hebt sich aus seiner Gruft vom Währinger Kirchhof und schaut nach seinen Rächern und Deutschland, du schläfst?

Die Slawen fluchen Jellachich, dem »lieben« Jellachich der Erzherzogin Sophie, der sie von neuem verriet an Habsburgs Szepter und strömen zu Kossuths Fahnen; binnen kurzem werden sie in Prag tagen und eine neue Weltherrschaft gründen und – Deutschland, du schläfst?

England und Frankreich hindern schon Piemont am Friedensabschluß mit Österreich, von neuem wird Österreichs Adler in seinem Fluge gehemmt, der Nacht breiten will über Italien, dem Garten Europas; Rom und Toskana sind Republiken und – Deutschland, du schläfst?!

Berufe dich nicht auf Frankreich, das unter dem Zwerg Napoleon schmachtet; es ist von drei Revolutionen müde, aber im Schlafe wächst es! Du aber verfaulst im Frieden, Deutschland; willst du warten, bis es heißt:
Platz da, die Russen kommen!
bis der Zar Einquartierungszettel nach Leipzig schickt und der Kosak sein Pferd in der Pleiße tränkt?

Blicke nach innen, deutsches Volk, und werde rot vor Scham!

Der König von Preußen weigert sich, die Reichsverfassung anzuerkennen, (die uns noch viel zu schlecht ist,) weil sie ihm noch zu freisinnig war; er will die Kaiserkrone nicht annehmen, ein Geschenk, das uns noch viel zu gut für ihn schien, weil es aus der Hand des Volkes kam; und das ihm zu schlecht ist, weil ihm das Volk es bietet – er, der Mann von Gottes Gnaden, der Leben und Thron nur dem Volke verdankt!

Die reaktionären preußischen Kammern selbst haben mit dem Ministerium gebrochen, weil es den Willen des deutschen Volkes nicht anerkennt. Und doch tritt dies nicht zurück, appelliert nicht einmal an das Volk durch Auflösung der Kammern, wie es konstitutionelle Regel ist, sondern es bleibt mit manteuffelscher Stirn, es bleibt, weil es ihm der König befiehlt, auf dessen Befehl es zusammentrat. Und der

Hof von Potsdam verweigert die Anerkennung der Reichsverfassung, trotzdem daß 29 deutsche Regierungen sie anerkannt haben; ja, er will an die Macht der Waffen appellieren und ruft das erste Aufgebot der Landwehr und die Reserve auf – Deutschland, werde rot!

Und doch zittert die Dynastie Hohenzollern, schon floh sie von Charlottenburg nach Potsdam, schon standen die Wagen gepackt, um die Königin nach Dresden zu bringen! Es zittert wie das Haus Habsburg; demütig hat dies seine Zustimmung zur preußischen Kaiserkrone gegeben, wenn ihm der König von Preußen nur seine Soldaten schicken will zur Hilfe gegen Ungarn! Deine Feinde zittern, Deutschland, und du schläfst?

In Mannheim in Baden hat das Volk den edlen Brentano, den Verteidiger des edlen Struve, zum Bürgermeister gewählt und die Regierung verweigert die Bestätigung. Des Volkes Wille ist Gesetz und die Regierung verachtet des Volkes Willen! Deutschland, werde rot!

In Bayern hält es der Hof mit Osterreich, das doch ausdrücklich aus dem deutschen Reichsverbande ausgeschieden ist und antwortet auf dessen Ansinnen, die bayrischen Deputierten aus Frankfurt (wohin sie das Volk geschickt hat) zurückzuberufen, nur mit den Worten: »es sei noch zu früh!« Und Deutschland schläft!

In Württemberg korrespondiert der Hof mit Rußland und Österreich, ohne den konstitutionellen Ministern etwas davon mitzuteilen; er verspricht reaktionäre Maßregeln gegen die Freiheit des Volkes und erhält dafür das Versprechen, mit den Ländern kleiner deutscher Fürsten belohnt zu werden, die von Rußland mediatisiert werden sollen. Und er fängt an, Wort zu halten; der König verweigert die Anerkennung der deutschen Reichsverfassung und läßt das Militär konsignieren; die Märzminister nehmen ihre Entlassung. Deutschland, wann nimmt deine Geduld ihre Entlassung?!

In Sachsen weigert sich das Ministerium, dem Volkswillen, wie ihn die Kammern aussprechen, Folge zu leisten und den Gesandten Könneritz aus Ölmütz zurückzurufen. Nun, wenn die Ungarn einrücken, wird er schon von selbst gehn! Da wird es nicht einen Held, aber viele Helden geben!

In Schleswig-Holstein fallen deutsche Truppen einem diplomatischen Lügenspiel zum Opfer, während sie glauben für die deutsche Sache zu fallen. Rußland entscheidet in Berlin über Schleswig-Holsteins Geschick, und um das Spiel zu bemänteln, läßt man die Deutschen von den Dänen totschlagen! Und Deutschland sollte nicht erröten?

Schon gehen den Soldaten in Schleswig-Holstein die Augen auf, und deutsches Volk, du schläfst?! Mache die Augen auf, damit sie dir nicht einmal übergehen!

Deutschland! werde rot vor Schmach, rot vor Zorn, stehe auf im Namen der Freiheit, der Gleichheit, der Brüderlichkeit!

Deutschland, werde rot!!!

Zu haben in allen Buchhandlungen, in Leipzig bei H. Brügmann. Druck von E. Polz in Leipzig.

[122] Mitbürger!

Der König und die Minister sind entflohen. Das Land ist ohne Regierung, sich selbst überlassen worden. Die Reichsverfassung ist verleugnet.

Mitbürger! Das Vaterland ist in Gefahr! Es ist notwendig geworden, eine provisorische Regierung zu bilden. Der Sicherheitsausschuß zu Dresden und die Abgeordneten des Volks haben nun unterzeichnete Mitbürger zur provisorischen Regierung ernannt.

Die Stadt Dresden ist dem Vaterlande mit dem rühmlichsten Beispiele vorangegangen und hat geschworen, mit der Reichsverfassung zu leben und zu sterben.

Wir stellen Sachsen unter den Schutz der Regierungen Deutschlands, welche die Reichsverfassung anerkannt haben.

Zuzug von allen Ortschaften des Vaterlandes ist angeordnet und wird hiermit angeordnet.

Wir fordern den strengsten Gehorsam für die Befehle der provisorischen Regierung und des Oberkommandanten Oberstleutnant Heinze!

Wir werden Parlamentäre an die Truppen senden und sie auffordern, den Befehlen der provisorischen Regierung gleichfalls Gehorsam zu leisten. Auch sie bindet keine andere Pflicht, als die, für die bestehende Regierung, für die Einheit und Freiheit des deutschen Vaterlandes!

Mitbürger, die große Stunde der Entscheidung ist gekommen! Jetzt oder nie. Freiheit oder Sklaverei! Wählt!

Wir stehen zu Euch, steht Ihr zu uns!

Dresden, den 4. Mai 1849

Die provisorische Regierung.
Tzschirner. Heubner. Todt.

[123] Aufruf
Deutsche Brüder in Preußen!

Die Anmaßung der zur Vernichtung der Volksfreiheit verschworenen Fürsten ist in den letzten Tagen zu den äußersten Mitteln der rohen Gewalt und der Unterdrückung geschritten. Das sächsische Volk hat, kraft des heiligen Rechtes der Revolution, sich allgemein gegen die Tyrannei erhoben und sein verräterischer König sich durch die Flucht der Notwendigkeit entzogen, dem Volkswillen zu gehorchen.

Deutsche Brüder in Preußen! an Euch ist es nun, den Kampf des sächsischen Volkes zu unterstützen und nicht zu dulden, daß Euer Heer, Eure Brüder und Söhne von der Fürstengewalt mißbraucht werden, unsere Freiheit mit brudermörderischer Hand vernichten zu helfen.

Auf! auf! Helfet! Unsere Freiheit ist die Eure, unsere Unterdrücker sind auch die Euren.

Auf mit dem begeisternden Rufe:

Es lebe ein freies demokratisches Deutschland!

Das Zentralkomitee
zum bewaffneten Schutze deutscher Volksfreiheit.

[124] Mitbürger!

Die absolute Fürstengewalt, williger Diener des russischen Zaren, hat die freiheitsmörderische Hand an den letzten Rest Eurer im vorigen Frühjahre blutig errungenen Freiheit gelegt, um Euch aufs neue zu knechten und zu Werkzeugen ihrer nur zum Vorteil der eigenen Familien führenden diplomatischen Kunststücke zu benutzen.

Die Nationalversammlung in Frankfurt hat Deutschland eine Verfassung gegeben, welcher entgegenzutreten von seiten der deutschen Fürsten Rebellion gegen den Volkswillen ist.

Kann auch diese Verfassung mit ihrem beabsichtigten preußischen Erbkaisertum den Bedürfnissen und Anforderungen des deutschen Volkes nicht genügen, den Fürsten steht keinenfalls ein Widerspruch gegen dieselben zu.

Darum auf, Bürger Thüringens
und Sachsens!

schützt mit bewaffneter Hand Eure Freiheit gegen die rohe Fürstengewalt; der Preis, eine des deutschen Volkes würdige Verfassung, wird Euch nicht entgehen.

Schon erhebt sich der Sturm, schon donnern die Kanonen in der Hauptstadt Sachsens. Eilet, eilet, erhebt Euch in Masse mit dem Rufe: Es lebe ein einiges, freies demokratisches Deutschland!

Das Zentralkomitee
zum bewaffneten Schutze deutscher Volksfreiheit.

[125] Mitbürger!

Dem gerechten Verlangen des Volkes soll Genüge geschehen! Leipzig wird Dresden nicht verlassen!

Der Stadtrat hat soeben den Kämpfern freie Fahrt auf der Eisenbahn nach Dresden bewilligt.

Um Geld für die noch fehlenden Waffen zu erlangen, liegen heute und morgen Subskriptionslisten aus:

1. Querstraße 20 parterre

2. Grimm-Straße 16 im Hofe links,
3. In der 1. Bürgerschule,
4. Im goldnen Hahn in der Hainstr.

Eilet, Eure Gaben auf den Altar des Vaterlandes zu legen! Eilet, wem das Wohl und die Ehre unserer Stadt am Herzen liegt!

Leipzig, d. 5. Mai 1849.

Im Namen der Urversammlung Leipziger Bürger.
A. Ruge C. H. Hoßfeld.

[126] Aufforderung.

Der gerechte Unwille des Volkes und der gutwilligen Bürgerwehr über die Teilnahmlosigkeit und Pflichtvergessenheit des größten Teiles der hiesigen Kommunalgarde wächst von Stunde zu Stunde. Alle Kommunalgardisten werden daher auf das ernstlichste aufgefordert, sich sofort auf ihre Sammelplätze zu verfügen. Ein jeder Kommunalgardist, welcher binnen einer Stunde nicht auf dem Sammelplatz seines Bataillons erscheint, wird durch die gesetzlichen Zwangsmaßregeln mit entschiedener Strenge dazu angehalten werden.

Das Wohl des Vaterlandes, die Ehre der Stadt stehen auf dem Spiele. Mitbürger! Erfüllt Eure Bürgerpflichten aus Liebe zum Vaterlande freiwillig. Bewahret Eure eigene Ehre, bewahret die Ehre der Stadt vor dem Schimpfe, daß Dresdens Bürger mit Zwang unter die Waffen getrieben werden mußten.

Dresden, den 5. Mai 1849

Die provisorische Regierung von Sachsen.
Tzschirner. Heubner. Todt.

[127] An unsere Mitbürger!

Der König von Sachsen hat preußisches Militär herbeikommen lassen, um seinen Eigenwillen dem Willen des Volks gegenüber durchzusetzen. Das sächsische Volk, welches seine besten Söhne auf die Barrikaden gesandt hat, um für die Einheit und Freiheit Deutschlands zu kämpfen und Sachsen insbesondere vor den unwürdigen Fesseln eines verräterischen Sonderbündnisses zu bewahren, wird diese Kunde mit einem Schrei der Entrüstung aufnehmen. Es ist heute mit seltenem Mute gekämpft worden. Gegen die von außen herbeigeführten Streitkräfte wird der Kampf mit verdoppeltem Mute fortgesetzt werden. Dank Euch, Ihr Helden der Freiheit! Der Tod für die Freiheit ist schön, und der Sieg ist Euer im Leben und Sterben.

Kämpft fort, wie Ihr gekämpft habt. Du aber, sächsisches Volk, stehe wie bisher fest zur Sache, die wir führen. Wir wollen die Reichsverfassung, und durch die Reichsverfassung die Einheit und Freiheit des deutschen Vaterlandes, das Heil Sachsens, und für das, was wir wollen, kämpfen wir bis zum Tode.

Dresden, den 5. Mai 1849, abends 8 Uhr.

Die provisorische Regierung.
Tzschirner. Todt. Heubner.

[128] An unsere Mitbürger!

Nach sechstägigen Barrikadenkämpfen gegen ein doppeltes, mit allen Mitteln wohl ausgerüstetes Kriegsheer stehen unsere tapfern Freiheitsscharen noch eben so unerschüttert, frisch und freudig auf ihren Positionen, wie am ersten Tage. Wir sind durch Zuzüge aus vielen Teilen des Landes stark geworden und der glücklichste Erfolg hat unser Werk gekrönt. Der Feind wird bald vernichtet sein und wäre es schon lange, wenn nicht viele herbeigekommene Hilfsscharen den lügenhaften Verleumdungen unserer Gegner Glauben gebend und allen persönlichen Mutes bar, anstatt mit uns in die Mitte des Kampfes zu eilen, schmachvoll zurückgegangen wären. Wir erwarten, daß dies von diesem Augenblicke an anders werde.

Es ergehet hiermit an alle Kommunalgarden des Landes kraft dieses öffentlichen Ausschreibens, das als förmliche Verordnung zu betrachten ist, der Befehl, sofort anderweit zum Kampfe für die Einheit und Freiheit des deutschen Vaterlandes herbeizueilen.

Diese heiligen Güter müssen jetzt errungen werden, sei es im städtischen Barrikadenkampfe, sei es in offener Feldschlacht, oder sie werden nie erobert werden.

In diesem Kampfe darf kein deutscher Mann, der noch irgend zum Dienste tauglich ist, fehlen.

Viele Behörden im Lande haben uns bereits anerkannt. Diejenigen, welche uns binnen 24 Stunden von Abdruck gegenwärtiger Bekanntmachung in der Leipziger Zeitung oder in dem am Orte gelesenen Lokalblatt an noch nicht anerkannt haben werden, muß das Volk dazu zwingen.

Mitbürger, handelt, wie es sich für Männer gebührt, und die gerechte Sache wird siegen.

Dresden, am 8. Mai 1849.

Die provisorische Regierung v. Sachsen
Tzschirner. Todt. Heubner.

[129] Deutsche Männer!

Die Gewaltherrschaft der Könige hat ihre Maske abgeworfen!

Sie hat es gewagt – Angesichts der Völker Europas – mit Vernichtung zu bedrohen alles, was zivilisierten Nationen hoch und heilig ist!

Sie hat die russische Barbarei auf Deutschlands Boden gerufen!

Wortbrüchig verleugnet sie den letzten Schimmer von unseres Volkes Selbständigkeit und Freiheit, die sie vor wenigen Monden bebend anerkannte! Fürstenwillkür vernichtet, was die Vertreter des souveränen Volkes beschlossen!

Deutsche! Jetzt gilt es abermals, zum letzten Male, Eure Freiheit gegen die Angriffe der Fürsten zu schützen! Blicket auf das Beispiel der tatentschlossenen Pfälzer! Säumet nicht, bewaffnet Euch, organisiert Euch, benutzet Eure Vereine, wählt leitende Wehrausschüsse, seid mannhaft gerüstet für den Augenblick, wo Ihr Euch den Gewaltschritten der Willkürherren entgegenzustellen habt!

Und Ihr, Männer der Pfalz, – die Ihr für Freiheit, Ehre und Recht bereits in die Schranken getreten seid gegen den Verrat der Könige, haltet mutig Stand! Pfälzer! Deutschlands Männer können und werden nicht tatlos und feige Eurer Erhebung zusehen; sie werden nicht geschehen lassen, daß der Despotismus über Eure Leichen hinweg auch zur Vernichtung ihrer und des ganzen Volkes Freiheit schreite!

Frankfurt a. M., am 5. Mai 1849

Die äußerste Linke der Nationalversammlung (Klub Donnersberg.) Brentano. Culmann, Damm. Dietsch. Erbe. Hönniger. Hoffbauer. Junghanns. Martiny. Mohr. Peter. Reichardt. Reinhardt. Richter. Rühl. Schlöffel. Schlutter. Schmidt. Schmitt. Schüler. Schütz. Titus. Trützschler. Werner. Wiesner. Würth.

[130] Aufruf an das deutsche Heer!

Deutsche Krieger!

Die Stunde ist gekommen, da es sich entscheiden wird, ob Deutschland frei und stark, oder geknechtet und verachtet sein soll. Die Vertreter der deutschen Nation, von allen Bürgern und von Euch gleichfalls gewählt, haben die Reichsverfassung für ganz Deutschland beschlossen und als unverbrüchliches Gesetz verkündigt. Die ganze Nation ist fest entschlossen, die Reichsverfassung durchzuführen. Aber dieselben Menschen, welche Deutschlands Freiheit und Einheit seit vielen Jahren auf unerhörte Weise darniederhielten, sie stemmen sich auch jetzt wieder entgegen. Die größeren Fürsten und ihre Kabinette verweigern der Reichsverfassung den Gehorsam. Sie sind Rebellen gegen den Willen und das Gesetz der Nation. Soldaten! in diese Rebellion will man auch Euch hineinstürzen. Man will Euch mißbrauchen, gegen Gesetz und Ordnung, gegen Vaterland und Familie, gegen Freiheit und Gleichheit zu kämpfen, man will Euch zu Polizeibütteln machen, welche die Menschenwürde mit Füßen treten, ja – hört es, wackere deutsche Krieger – man treibt den schwarzen Verrat so weit, Eure rühmlich getragenen und geführten Waffen im Dienste des russischen Despotismus zu beflecken.

Soldaten! Wir Vertreter von Millionen Deutschen aus allen Gauen des Vaterlandes, wir fragen Euch; werdet Ihr es dulden, daß Fürsten und Minister, welche das Gesetz der Nation mit Füßen treten, Euch gegen Eure Brüder und Väter hetzen?

Nein! Ihr werdet Eure Ehre, Eure Vaterlandsliebe höher stellen als die Laune und Willkürherrschaft der Fürsten und Peiniger des Volkes! Ihr werdet dem Willen der souveränen deutschen Nationalversammlung gehorchen, welche das gesamte Volk, und somit auch die Soldaten, aufgefordert hat, die Reichsverfassung zur Anerkennung und Geltung zu bringen.

Soldaten! Ihr habt geschworen dem Fürsten und dem Vaterlande. Wenn aber ein Fürst gegen das Vaterland rebelliert, so darf in der Brust des braven ehrliebenden Kriegers nur der wahre Eid, der höchste Eid für das Vaterland lebendig bleiben.

Erwäget es wohl deutsche Krieger.

Wenn Ihr gegen die Reichsverfassung kämpft, wenn Ihr Euch an den Verteidigern derselben vergreift, so vergreift Ihr Euch an Euch selbst, so wühlt Ihr in Euren eigenen Eingeweiden. Wollt Ihr nicht selbst freie Männer werden? Nun wohlan! Streitet für die deutschen Grundrechte, welche den deutschen Soldaten erst zum freien Menschen machen. Wer hat den Soldaten auf ewig vom Offizierstande ferngehalten? Der alte fürstliche Absolutismus, welcher jetzt mit unerhörter Frechheit sich wieder erhebt und dabei auf Eure Hilfe zählt. Wer hat auf Euch die Schmach geladen, daß Eure Invaliden hungernd vor den Türen betteln müssen? Das alte Regiment der Junker und Schreiber. Jetzt aber hat auch für Euch die Stunde der Befreiung geschlagen. Die Reichsverfassung befähigt Euch zu allen Ehrenstufen aufzusteigen, sie gibt Euren Invaliden Ehre und Brot, sie gewährt Euch alle Freiheitsrechte, welche Eure bürgerlichen Mitbrüder besitzen.

Darum, deutsche Soldaten, wendet Eure Waffen nicht gegen Eure Brüder, sondern kämpft für die heilige Sache der ganzen Nation. Nur im Felde gegen den äußeren Feind wachsen Eure Lorbeeren; aber Schimpf und Schande dem, welcher gegen die Verteidiger des Gesetzes die brutalen Befehle hochverräterischer Oberen vollzieht.

Gedenkt Eurer Kameraden in Württemberg und folgt ihrem ruhmvollen Beispiele! Sie haben sich nicht erniedrigen wollen durch Feindseligkeit gegen die Freiheit, sie haben sich wohlverdient gemacht um das Vaterland. Und das ganze deutsche Volk jubelt ihnen zu! So tuet denn desgleichen!

Ihr insbesondere noch, preußische Landwehrmänner, erklärt überall, was Eure edlen Kameraden zu Elberfeld und Krefeld erklärt haben; daß sie der National-Versammlung und der Reichsverfassung Gehorsam leisten werden.

Deutsche Krieger! Höret die Stimme des Vaterlandes. Es rufet Euch, es erwartet auch von Euch seine Rettung. Es wird denen fluchen, welche brudermörderisch ihre Waffen entehrten, es wird aber die segnen, welche zum Volke standen. Höret es, deutsche Krieger, und tut, was Ehre, Freiheit und Vaterland fordern!

Frankfurt am Main, den 6. Mai 1849.

Der Kongreß sämtlicher März-Vereine Deutschlands.
In dessen Auftrage:
J. Fröbel, Präsident. F. Raveaux, Vizepräsident.
H. Wöhler, L. Simon, Trier, Schriftführer.

Druck von C. Adelmann.

[131] Aufruf an alle Landwehrmänner des Großherzogtums Berg und der Grafschaft Mark.

Das volksverräterische Ministerium Brandenburg-Manteuffel benutzt jede ungesetzlichen Mittel, um die errungenen Freiheiten zu unterdrücken, darunter betrachten wir die Einberufung der Landwehr ersten Aufgebots als ein solches, da dadurch nicht allein Massen Familienväter ohne allen Grund ihren Angehörigen entrissen, sondern die beste Stütze des Volkes benutzt werden soll, gegen ihre Angehörigen, gegen die Freiheitsbestrebungen die Waffen zu kehren, um der Konterrevolution der preußischen Kamarilla zu dienen.

Wir vertrauen der Ehrenhaftigkeit aller unserer Kameraden, daß keiner der Aufforderung Folge leistet und jeder entschlossen ist, wie ein Mann zusammenzuhalten und gegen diese ungesetzliche Aufforderung nötigenfalls mit den Waffen in der Hand feierlich zu protestieren.

Die Zeit des passiven Widerstandes ist vorüber, wir können nur noch durch gemeinschaftliche energische Handlungen unsern Zweck erreichen.

Es gilt nur noch ein letzter entscheidender Kampf, da jede Vermittlung zwischen dem volksfeindlichen Ministerium und der Nation unmöglich geworden ist.

Wir fordern daher alle Landwehrleute auf, sich morgen den 8. Mai, so früh wie möglich, mit ihren Waffen hierselbst zu versammeln.

Die Ankommenden melden sich bei dem unterzeichneten Komitee, was sich bei Böttger auf der Wilhelmshöhe permanent erklärt hat.

Einigkeit macht stark und wir werden siegen, wenn wir einig sind!

Elberfeld, den 7. Mai 1849, Das Komitee:

Hillmann, Pothmann. Kirberg. Leuffer.

Es ist an die Bürgerschaft von Elberfeld eine Aufforderung erlassen, freie Quartiere für die zuziehenden Landwehrleute zu geben.

Gedruckt bei Julius Schellhoff.

[132] Mitbürger! Bewohner Westfalens!

In ernster Zeit sprechen wir ein ernstes Wort zu Euch!

Das Volk hat sich erhoben, um mit den Waffen in der Hand das Joch abzuwerfen, das ein volksfeindliches, hochverräterisches Ministerium aufs neue auf seinen Nacken zu werfen sucht. Die Absichten des Ministeriums Brandenburg liegen klar am Tage, es will über Blut und Leichen der Bürger den in jener verhängnisvollen Märznacht, wie wir glaubten, auf ewig gestürzten Absolutismus wieder aufrichten. Das ganze Land hat längst mit aller Entschiedenheit auf dem Wege des Gesetzes durch Adressen und durch seine Vertreter gegen dieses Ministerium laut protestiert. Doch dieses Kabinett verachtet die Adressen und jagt die Vertreter des Volkes auseinander, um seinen Willen gegen den Willen einer ganzen Nation, koste, was es wolle, durchzusetzen.

Mitbürger! Das Land hat geantwortet; das Volk hat sich in Masse erhoben, um den Willen, den es nicht mehr gesetzlich aussprechen konnte, auf andere Weise zur Geltung zu bringen. Auch Iserlohn, die bedeutendste Stadt der Grafschaft Mark, hat ein energisches Veto zugerufen jenem Ministerium, welches die Meinung des Volkes verachtet und das Gesetz mit Füßen tritt. Die Einkleidung der Landwehr, diese letzte Verhöhnung des Volkswillens, hat die Bewegung zum Ausbruch gebracht; das Zeughaus ist erstürmt, die Waffen sind in den Händen des Volkes. Dieses Volk, die Bürger von Iserlohn, pflanzen auf die Barrikaden das Banner der deutschen Einheit; sie stellen der Krone ihr Ultimatum: Die Entlassung des Ministeriums Brandenburg und Ersetzung desselben durch ein volkstümliches Kabinett, dessen erste Handlung die unbedingte Anerkennung der deutschen Reichsverfassung mit Einschluß des Wahlgesetzes ist.

Mitbürger! Brüder in Mark und Westfalen, dies sind unsere Forderungen, hierfür haben wir die Waffen ergriffen und werden kämpfen bis zum letzten Atemzuge, bis dieselben entweder erfüllt oder bis über uns und die Freiheit der alte Despotismus zum Siege schreitet. Brüder, glaubt nicht den ausgesprengten Gerüchten, als hätten wir die Waffen abgelegt und uns auf Gnade oder Ungnade ergeben! Nein, noch stehen unsere Barrikaden, noch ist unsere ganze waffenfähige Mannschaft auf ihrem Platze, täglich treffen neue bewaffnete Zuzüge aus der ganzen Umgegend ein, noch ist unser Mut ungebrochen. Steht fest bei uns, stellt dieselben Forderungen, entfaltet das gleiche Panier, und der Sieg wird unser sein.

Iserlohn, den 13. Mai 1849.

Der Sicherheitsausschuß der Stadt Iserlohn:

Fr. Welke, Sülberg, Carl Bleche. Heinrich Welte. Johannes Welke. Junkel. Schomburg aus Iserlohn. Carl Post aus Eilpe. Caspar Butz. Caspar Riepe aus Hagen.

gedruckt bei J. P. Wichelhoven

[133] Die Bürgerwehr in Karlsruhe an die Bürgerwehren von Württemberg und Hessen.

Kameraden!

Durchdrungen von dem einmütigen Gefühl, für das Vaterland und für die Anerkennung der Reichsverfassung, für welche jetzt der gesunde Teil der Nation sich wie Ein Mann erhebt, hat die Karlsruher Bürgerwehr beschlossen, ihre Regierung aufzufordern, die Vereidigung auf die Reichsverfassung in nächster Zeit gleich der auf die Landesverfassung vorzunehmen: sie hat sich bereit erklärt, die Reichsverfassung gegen jeden Angriff zu verteidigen; sie hat insbesondere in Anbetracht der bedrohten Lage unseres Nachbarlandes Rheinbayern, das uns durch seine mutige Erhebung für die Reichsverfassung ein hervorragendes Beispiel deutscher Gesinnung gab, beschlossen, ihre Regierung zu schützenden Maßregeln für Rheinbayern aufzufordern und durch dieselbe sich an die Zentralgewalt zu wenden, damit die Zentralgewalt keinerlei Durchmärsche von Truppen solcher Staaten, die die Reichsverfassung nicht anerkannt haben, nach Rheinbayern gestatte.

Kameraden! Wir teilen Euch diese Beschlüsse mit, damit Ihr seht, wie auch wir auf unserem Posten das unsrige für die deutsche Sache tun; zugleich aber auch, damit sie Euch eine Veranlassung seien, für unser bedrohtes Nachbarland Rheinbayern ebenfalls Schritte zu tun.

An der Aufrechterhaltung solcher Beschlüsse wird bei uns Militär und Bürgerwehr, die glücklicherweise in deutscher Gesinnung einig sind, vereint mitwirken, und es wird nur unserer Anregung bedürfen, um bei Euch dasselbe einzuleiten.

Kameraden! Ihr seid uns zum Teil schon vorangegangen mit feierlicher Anerkennung der Reichsverfassung; in Stuttgart wie in Darmstadt ist derselben gehuldigt worden, und Euch, Wehrmänner von Württemberg, war es schon vergönnt, in den Tagen der Gefahr dafür einzustehen.

Die große deutsche Sache, die uns alle beseelt, ist noch nicht allenthalben in unserm Vaterland durchgeführt; aber sie wird siegen durch das einmütige Zusammenhalten der deutschen Bürger.

Kameraden! So laßt uns denn alle unter der schwarz-rot-goldnen Fahne gegen jeden bösen Feind einstehen! Laßt uns einstehen für die Aufrechterhaltung der Reichsverfassung, für deutsche Einheit und

Freiheit, und laßt uns insbesondere unsere Brüder in Rheinbayern nicht vergessen, die unter demselben Panier kämpfen, wie wir!
Mit Gruß und Handschlag.
Karlsruhe, am 7. Mai 1849.

Die Bürgerwehr von Karlsruhe.

[134] Feierliche öffentliche Erklärung der Heidelberger Bürgerwehr am 8. Mai 1849.

Wir, die hier versammelten sämtlichen Bürgerwehrmänner der Stadt Heidelberg, erklären aus eigenem Antrieb und freiem Willen, öffentlich und feierlichernst, daß wir die von der deutschen verfassungsgebenden National-Versammlung in Frankfurt a. M. geschaffene und bekanntgemachte deutsche Reichsverfassung samt den Grundrechten und dem Wahlgesetz nicht nur für ganz Deutschland verbindlich anerkennen, sondern denselben auch allgemeine Geltung zu verschaffen jeder Zeit bereit sind und sie mit allen Kräften gegen alle hochverräterischen Pläne und Umtriebe, sie verfassungswidrig irgendwie abzuändern oder gar zu verdrängen, mag ein solches Beginnen kommen von wem oder von welcher Seite und unter welchem Vorwande es wolle, mit Leib und Leben, Gut und Blut zu schützen und zu verteidigen. Obgleich wir diese Verfassung nur als das geringste Maß gerechter Forderungen ansehen, so begrüßen wir sie doch als das Band, womit vor der Hand das ganze deutsche Volk zu einem in Freiheit erblühenden Frei-Staaten-Bund geeinigt werden kann.

Treue diesem unserem deutschen Vaterland! Mut und Waffe gegen seine Feinde! Diesem geeinigten, freien, deutschen, großen Gesamt-Vaterland ein dreifaches, donnerndes Hoch!!!

[135] An das deutsche Volk!

Die Tyrannen Deutschlands haben die Maske abgeworfen. Der König von Preußen hat nicht bloß den Freiheitsbewegungen Deutschlands überhaupt, sondern namentlich auch der deutschen Nationalversammlung zu Frankfurt offen den Krieg erklärt. Am Sitz der Zentralgewalt hat ein Ministerium die Zügel der Regierung in die Hände genommen, dessen Ernennung die Nationalversammlung selbst für einen Hohn gegen das deutsche Volk erklärt hat. Es unterliegt keinem Zweifel mehr, daß die Nationalversammlung mit Waffengewalt gesprengt werden soll. Bei dieser drangvollen Lage des deutschen Volkes fanden sich heute drei Abgeordnete der Nationalversammlung:

Raveaux aus Preußen,
Trützschler aus Sachsen,
Erbe aus Altenburg,
in unserer Mitte ein und verlangten den Schutz des badischen Volkes gegen die zum Umsturz der Reichsverfassung verbündeten Mächte.

Deutsche Brüder! Der Augenblick der Entscheidung ist gekommen. Wir dürfen nicht länger zögern, soll nicht auch den bisher unverwüstet gebliebenen Teilen Deutschlands das Los von Wien und Dresden zuteil werden.

Wir dürfen die letzten Vorkämpfer der Freiheit im Schoße der Nationalversammlung dem Grimm unserer gemeinsamen Feinde nicht preisgeben. Wir müssen ihnen Hilfe senden, soweit unsere Kräfte reichen. Das Volk Badens hat sich erhoben, die Soldaten sind aufgestanden. In wenigen Tagen schon kann der Kampf beginnen. Unser gemeinsamer Schlachtruf wird sein:

Tod den verbündeten Tyrannen! Es lebe ein großes, ein einiges, ein freies Deutschland!

Karlsruhe, den 19. Mai 1849.

Der Landesausschuß von Baden:
Bannwarth, Cordel, Damm, Degen, Fickler, Happel, Henneka, Hoff, Junghanns, Kiefer, Rehmann, Richter, Ritter, Rotteck, Stay, Steinmetz, Struve, Thiebauth, Torrent, Werner, Wernwag, Ziegler.
Die Vollzugs-Behörde;
Brentano, Peter, Goegg, Eichfeld.
Die Mitglieder der deutschen Reichsversammlung:
Raveaux, Trützschler, Erbe.

[136] An das deutsche Volk!

Die Erhebung des badischen und pfälzischen Volkes für die deutsche Reichsverfassung, gegenüber dem offenen und versteckten Verrat der Kabinette, kann ihrem Charakter nach nicht auf die engen Grenzen dieser Staaten beschränkt bleiben. Eben weil sie eine deutsche ist, weil ihr alle deutschen Herzen im Norden und Süden des großen Gesamt-Vaterlandes entgegenschlagen, muß sie den Drang und die Verpflichtung fühlen, sich über dasselbe auszubreiten. Die blutige Unterdrükkung der Volkserhebungen in Sachsen und Rheinpreußen, welche lediglich derselben großen Sache galten, die Rüstungen der Konterrevolution an unsern Grenzen, die besonders feindselige Haltung der großherzoglich hessischen Regierung, geben diesem Drange eine bestimmte Richtung, und statt feigen Abwartens ziemt es den Streitern der deutschen Einheit und Freiheit, ihren Feinden mutig entgegenzutreten. Wir werden auf diese Weise den Kriegern, die unwilligen Herzens uns entgegenziehen würden, die Gelegenheit bieten, in treuer

Verbrüderung zu beweisen, daß sie für dieselbe Sache glühen, gegen die man ihre tapferen Arme mißbrauchen möchte, daß sie sich eben so gut zu der Höhe ihres Berufes als wahre Vaterlandsverteidiger zu erheben wissen, wie ihre Kameraden in Baden und der Pfalz, wenn es gilt in der Stunde der Gefahr.

Die einzelnen Beschwerdepunkte gegen die großherzogl. hessische Regierung bestehen in folgendem:

1. Hessen bricht die Verbindung sowohl durch die Eisenbahn als die Post ab, wodurch dem Gewerbstande unberechenbarer Schaden erwächst;
2. Die hessische Regierung hat auf die gegen Baden und die Pfalz gerichtete Eröffnung des früheren Reichskriegsministers Peucker eingehend, zu den behufigen Rüstungen von den Kammern unter allerlei Vorwänden einen Kredit von 2,000,000 Gulden gefordert, welcher ihr indessen verweigert ist;
3. Die hessische Regierung greift in das so wesentlich durch die Reichsverfassung dem deutschen Volke verbürgte Versammlungsrecht ein, und sind deshalb hessische Bürger des Odenwaldes in Lautenbach erschossen worden;
4. Sie gestattet den Truppen solcher Regierungen, welche die Reichsverfassung nicht anerkannt haben, den Einzug;
5. Auf die am 28. d. M. durch den Reichstag-Abgeordneten Löwe der hessischen Regierung gemachte Aufforderung, alle dem badischen Lande feindlichen Durchzüge zu verweigern, geht die hessische Regierung nicht ein;
6. General Schäfer erklärte durch einen Parlamentär, daß er auf jeden badischen Soldaten, der das hessische Gebiet betrete, Jagd machen lassen würde;
7. Auch badische Bürger werden auf der hessischen Grenze zurückgewiesen;
8. General Schäfer hat wiederholt gedroht, sobald die Preußen angelangt seien, in Baden und in der Pfalz einzurücken, und hat in diesem Augenblicke sogar die eigne friedliche Stadt Worms, wegen ihrer der Reichsverfassung entschieden zugetanen Gesinnung, bombardiert.

Im Angesichte dieser drohenden Gefahr gebietet die Pflicht sowohl als das Recht der Selbsterhaltung, daß die badische Armee diejenigen Punkte besetzt, welche der Feind als Angriffspunkte gegen Baden benützen dürfte.

Wir beabsichtigen nicht, Krieg gegen die Hessen zu führen, das liegt eben so sehr auf der Hand, als wir es hiermit feierlich erklären.

Wir suchen durch unsern Einmarsch in Hessen lediglich zu bewirken, daß die hessische Regierung den feindlichen Truppen den Durchmarsch nicht gestatte und ihre eigenen Truppen auf die Verfassung vereidigen lasse. –

Dabei ergreifen wir die Gelegenheit, vielfach ausgestreuten Verdächtigungen der reaktionären Partei gegen das badische und pfälzische

Volk sowie gegen die aus freiem Vertrauen der Bürger an dessen Spitze getretenen Behörden entgegenzutreten. Es ist die zum Ekel wiederholte Beschuldigung, daß die ganze Schilderhebung nicht die Anerkennung der deutschen Reichsverfassung, sondern die Einführung der roten Republik zum Zwecke habe. Wie auch hierüber die Ansichten einzelner beschaffen sein mögen, soviel kann mit vollster Gewißheit versichert werden, wie es denn auch offen vor den Augen aller Welt liegt:

a. daß eben nur die Feststellung und Sicherung der von der deutschen Nationalversammlung endgültig beschlossenen Reichsverfassung und der darin gesetzlich festgelegten Rechte und Freiheiten des Volkes gegenüber den unverhohlen auftretenden, auf die russische Allianz gestützten, despotischen Gelüsten der Fürsten, der Zweck der Bewegung ist;

b. daß nur teils die Untreue, ja der offene Verrat seitens der meisten Regierungen der deutschen Einzelstaaten, teils die allermindestens schwankende zweideutige Haltung derselben, die Männer, welche an der Spitze der Bewegung stehen, jenen großen ungewöhnlichen Verhältnissen gegenüber zu entschiedenen ungewöhnlichen Maßregeln gedrängt haben, wie sie allein geeignet waren, das Vaterland und die Freiheit zu retten, wozu sie sich um so mehr durch ihre Vaterlandsliebe und Pflichtgefühl gedrängt fühlen mußten, als es zugleich galt, das badische Land, welches durch verräterische Einflüsterungen des Ministeriums Bekk in solchen Tagen jeder oberen Leitung durch die Flucht der Behörden und des Fürsten beraubt war, vor Anarchie zu schützen;

c. daß niemand mehr als sie selbst den Augenblick mit Sehnsucht erwarten kann, wo sie ihr ebenso schwieriges als gefährliches Amt nach befriedigender Lösung ihrer großen Aufgabe, soweit dieselbe in ihren Kräften liegt, in die Hände des Volks zurückgeben können, aus denen sie dasselbe empfangen, worauf es Sache eben dieses Volkes sein wird, dem sie hierbei in keiner Weise vorgreifen dürfen und wollen, über die definitive Ordnung der öffentlichen Verhältnisse im Lande zu entscheiden.

Allerdings ist die Frage der deutschen Nationaleinigung, welche den Kern der ganzen Bewegung bildet, neuerdings dadurch in eine schwierigere Lage getreten, daß:

1. nicht nur das vom deutschen Reichsverweser kürzlich berufene Ministerium Grävell gleich bei seinem Amtsantritt von der Nationalversammlung mit einem wohlverdienten Mißtrauensvotum begrüßt worden ist, sondern auch
2. die Zentralgewalt selbst in ihrer jetzigen Gestalt bei der offenen pflichtwidrigen Weigerung des Reichsverwesers, die Verfassung auf jede Weise durchzuführen und überhaupt die Beschlüsse der konstituierenden Versammlung ins Werk zu setzen, von dieser letzteren, deren Geschöpf sie war, aufgehoben und ihre anderweitige Gründung beschlossen worden ist.

Demungeachtet aber bleibt uns als unverrückbarer Halt- und Mittelpunkt unserer Bestrebungen, welcher uns vor jedem Abirren nach irgend welcher Seite hin schützt,

die deutsche Nationalversammlung selbst und das von ihr vollendete Verfassungswerk.

Gereinigt von den Feigen und Verrätern, die jeden Aufschwung zu großen energischen Beschlüssen hemmten, bleibt uns in ihr ein kleiner Haufe fester getreuer Männer, auf welche das Vaterland mit Stolz und Vertrauen blickt, deren Reihen sich von Tag zu Tag durch gleich mutige Gesinnungsgenossen von nah und fern verstärken. Und ginge die Versammlung selbst zugrunde, was Gott und das deutsche Volk verhüten werden, so bleibt uns als ein unvergängliches Vermächtnis ihr Werk, die Reichsverfassung, um das sich alle deutschen Herzen in Nähe und Ferne scharen, und die als ein siegreiches Schild vor ihren Kämpfern einherschreitet, das ihnen überall, selbst in den Reihen gezwungener Gegner, Bundesgenossen schafft, welche nur der Gelegenheit harren, sich mit ihnen zu vereinigen, und die Waffen gegen dieselben Schergen des Despotismus zu kehren, welche sie ihnen gegen ihre Brüder aufgedrungen haben.

Darum mutig und treu! Der Worte und Schwüre sind genug. Die Zeiten der Taten ist gekommen. Das Nächste gilt es in's Auge zu fassen, um nicht über die Bedenken künftiger Gestaltung die Gegenwart zu verlieren, den letzten Augenblick zu versäumen, in welchem die Errungenschaften der Märzrevolution vor der offenen Konterrevolution der Kabinette noch zu retten sind. Es gilt alles einzusetzen, weil alles zu verlieren ist. Nicht Republik oder Konstitutionalismus, sondern Freiheit oder Knechtschaft, Russisch oder Deutsch, das ist jetzt die Frage. Dem Bunde der Fürsten muß sich der Bund der Völker entgegenstellen. Die Streiter des Volks werden nicht ausbleiben, nehmt sie auf wie Eure Brüder! –

Mannheim, 28. Mai 1849.

Der Oberbefehlshaber der badischen Truppen
F. Sigel, Major.
Der demselben beigegebene Zivilkommissar
Fr. Raveaux, Reichstagsabgeordneter.

[137] An unsere Brüder in Sachsen und Thüringen.

Mitbürger!

Endlich fühlen wir hier, unter dem Schutze der Freiheit und des sie beschirmenden Gesetzes seit langen Monaten, die wir unter dem eisernen Druck der Gesetz und Recht höhnenden Willkür zugebracht haben, wieder in uns, daß uns der allgütige Schöpfer nicht zu Sklaven einzelner stolzen Tyrannen, sondern zu freien, nur durch Vernunft und daraus hervorgehendes Gesetz beherrschten Männern geschaffen hat. Leider müssen wir hören und lesen, wie bei Euch die Werkzeuge des blinden Despotismus sich keines Mittels schämen, Euch in die Netze ihrer gleisnerischen Versprechungen immer tiefer und tiefer zu verwickeln. Eure Zeitungen wimmeln von Artikeln, welche das jetzige Leben in Süddeutschland als ein Gemisch von Raub, Mord und Brand schildern. Die ehrenwerten, in mancher Feuerprobe bewährt gefundenen Männer, welche das Vertrauen des Volkes, diese Stimme Gottes auf Erden, an die Spitze der Bewegung gestellt hat, werden mit dem Geifer der Lüge und Verleumdung besudelt und Euer »Preußenpatriotismus«, diese Reliquien metternich-hohenzollern-jesuitischer Politik durch tausend verbrauchte Reizmittel wieder in die Höhe zu schrauben gesucht. Deutsche Mitbürger, lasset Euch nicht durch die Lügen, Verleumdungen und Versprechungen dieser so lange im Finstern schleichenden Partei, deren Häupter so oft ihr heilig gegebenes Wort brachen und dann mit dem Blut Eurer unschuldig hingeschlachteten Brüder sich von ihrem Schimpfe rein zu waschen suchten, ferner betören. Prüft alles, was sie Euch sagen, ruhig selbst! Bedenkt, daß die freie Presse bei Euch bereits zum Schattenbilde geworden ist; daß alle Eure Vorkämpfer entweder im Dunkel der Kerker verschmachten oder fern vom heimatlichen Herde verweilen müssen. Denkt zurück an die Vergangenheit und erwägt selber, wem ihr mehr Vertrauen schenken könnt: Den Herren »von Gottes Gnaden«, die noch nie ihr Wort gehalten, oder den Männern des Volkes, die einst, und hoffentlich auch jetzt, Euer Vertrauen besessen und nie mißbraucht haben. Glaubt uns, nicht hier ist die Anarchie zu Hause; hier, wo das Gesetz allein auf dem Throne sitzt, sondern bei Euch, wo sich die krasseste Willkür das Gesetz nennt. Ihr Brüder aber im Heere, seht Euch das Beispiel des hiesigen, wahrhaft deutschen Heeres an, welches, nach einer beinahe unblutigen Umwälzung der früher bestehenden monarchischen Unordnung, sich freudig wieder der Herrschaft der Disziplin und des durch Vernunft geleiteten Gehorsams, den selbst gewählten Führern gegenüber unterwirft, und Hand in Hand mit dem Bürger und Bauer bereit ist, das Palladium der Freiheit bis aufs Blut zu verteidigen. Das sehet an, dann geht hin und tuet dergleichen.

Heidelberg, im freien deutschen Staate Baden, den 28. Mai 1849.

Alexander Graef aus Crimitschau.
Hugo Heß aus Lunzenau.
C. Kindermann aus Buchholz.
Carl Neuhaus aus Laucha am Unstrut.
Ludwig Nitzschke aus Lunzenau.
C. M. Seidler aus Dresden.
Carl Spahn aus Eisenberg.
C. Daeumner aus Weißenfels.
G. Weißflog aus Leipzig.

[138] Berichte vom Kriegsschauplatz.

No. 1.

Inhaltsverzeichnis. Einleitung. – Der Kampf der Hanauer Turnerwehr bei Hirschhorn. Kampf der Legion der politischen Flüchtlinge bei Hirschhorn. – Kampf bei Schriesheim und Ladenburg. – Die Behandlung unserer Gefangenen von Seite der sogenannten Reichstruppen.

Einleitung.

Der große Kampf zwischen der Demokratie und dem Absolutismus ist nun endlich in Deutschland entbrannt. Die Stunden der Entscheidung sind gekommen. Bald muß es sich zeigen, ob wir russisch oder republikanisch sind. Die Blicke und die Hoffnungen Deutschlands, Europas, hängen an dem Freiheitsheer in Baden. Bis jetzt haben sich unsere Kämpfer ihrer heiligen Sache würdig gezeigt, das Beispiel der Magyaren braucht uns nicht mehr zu beschämen.

Die Reaktion ist natürlich bemüht, unsern Standpunkt zu verrücken, und unsern Kampf in den Kot zu ziehen. Täglich werden die infamsten Gerüchte verbreitet. Um der Lüge und Verleumdung entgegenzutreten, werden wir von nun an wahrheitsgetreue, authentische Berichte herausgeben, die das Publikum über die Lage der Dinge aufklären sollen. Womöglich werden täglich solche Berichte erscheinen. Die Redaktionen der demokratischen Blätter sind ersucht, das ihrige zur Verbreitung der Wahrheit zu tun.

Der Kampf der Hanauer Turnerwehr bei Hirschhorn.

Den 13. Juni, morgens 4 Uhr, rückte die Schützenkompagnie der »Hanauer Turnerwehr« in dem hessischen Städtchen Hirschhorn ein und besetzte unter Leitung des Kommandeurs Woynicki das dortige Schloß. Es wurden sogleich alle möglichen Verteidigungsmaßregeln, für den Fall eines Angriffs, getroffen: die äußeren Tore verbarrikadiert, Schießscharten ausgebessert und neue angelegt, und alsdann den 140 Büchsenschützen ihre Plätze angewiesen. – Drei Tage und zwei Nächte erwarteten wir mit ausdauernder Wachsamkeit den Feind. Da endlich, den 15. abends 6 Uhr, kündigten die äußersten Vorposten dessen Heranrücken an. Kommandeur Woynicki, nachdem er sich von der Wahrheit dieser Anzeige persönlich überzeugt, ließ das Zeichen geben, um die äußern Posten einzuziehen, untersuchte alle innern Posten und so erwarteten wir gefaßt die Gegner. Bald zeigten sich die kurhessischen Tirailleure, die, sobald sie unserer Feldwache ansichtig wurden, auf sie feuerten. Die Feldwache erwiderte das Feuer und zog sich fechtend zum Schloß hinauf. Unmittelbar nach der Avantgarde folgten zwei Geschütze, welche die Stellung einnahmen, die soeben unsere Feldwache verlassen. Die Avantgarde rückte an gegen die Mauern des

Schlosses. Ein lebhaftes, wohlgezieltes Feuer unserer Schützen schmetterte viele zu Boden. Die zwei Geschütze gaben eine Charge, die hoch über den Turm des Schlosses hinausging. Unter kräftigem Hurra unserer Schützen stürzten 3 Pferde an einer Kanone und einige Artilleristen. Weitere Kompagnien Kurhessen rückten heran und ein Bataillon Bayern. Kaum biegen sie um die Ecke, so stürzt der bayrische Major wohlgetroffen vom Pferde. Die Bayern eröffneten ein lebhaftes Peletonfeuer; noch zwei Geschütze wurden aufgefahren. Die Kugeln sausten zu Hunderten über die Köpfe unserer Schützen. Aber mit kräftigem Hurra hielten sie alle Chargen aus und entsendeten ihre Kugeln so sicher, daß in zwei und einer halben Stunde der Feind cirka 50 Tote und wohl doppelt soviel Verwundete zählte. Die Kurhessen wollten nicht mehr angreifen; die Bayern liefen schon davon, als von dem Gebirge dem Schloß gegenüber unter Trommelschlag eine kleine Abteilung Volkswehr zu unserer Hilfe anrückte. Da wurde die Flucht allgemein, so daß 1600 Mann mit 4 Geschützen davonliefen wie die Hasen. Auch die dritte Nacht hielt unsere kleine Mannschaft auf ihrem Posten mutig aus. Als aber den vierten Morgen die Mannschaft, ohne Aussicht auf Entsatz, ohne die gehörige Munition, ohne den nötigen Proviant, ermüdet an ihren Plätzen niedersank, da ließ sich endlich unser tapferer Kommandeur bewegen, einen Ausfall zu wagen, um wenigstens seine Mannschaft zu retten. Mit blutendem Herzen verließ er diese Position, die er so tapfer verteidigt. In wohlgeordneten Reihen marschierten wir zum Tor hinaus und gelangten unangefochten nach Eberbach.

Kampf der Legion der politischen Flüchtlinge bei Hirschhorn.

Die unter J. Ph. Becker stehende Legion der deutschen Arbeiter und Flüchtlinge, welche vor kurzem den Karlsruher Spießbürgern so panischen Schrecken eingeflößt, hat bis jetzt schon mehrfach Gelegenheit erhalten, ihre militärische Tüchtigkeit zu beweisen.

In den unwegsamsten und ungastlichsten Gegenden des Odenwaldes, bei größtenteils ungünstiger Witterung, unter Mangel und Entbehrungen jeder Art verloren diese eisenfesten Männer niemals den Mut und die Heiterkeit.

Von verschiedenen kleinen Vorpostengefechten, in deren einem der Prinz von Mecklenburg getötet wurde, will ich hier nicht reden. Nur einige Worte über die glänzende Waffentat, welche unsere Legion vor einigen Tagen ausführte:

Das Hauptquartier Beckers sollte den 15. Juni von Heddesbach nach Hirschhorn in das Hessische verlegt werden, wo schon 142 Hanauer Schützen auf dem Schlosse postiert standen. Keines Feindes gewärtig, rückten die Unseren vor. Unterwegs kam die Nachricht, daß eine Abteilung von 2000 Kurhessen, Bayern und Mecklenburger bereits in Hirschhorn eingerückt sei.

Obschon wir nicht mehr als 500 Mann zählten (es war nur ein

Detachement, alle übrigen Truppen, welche unter Beckers Kommando standen, waren zur Besetzung der Pässe von Weinheim bis Heddesbach verwendet), ließ Becker, der seiner Krieger vollkommen würdig ist, vorwärts gehen. Schon auf dem Marsche hörten wir Kleingewehrfeuer. Unsere wackeren Hanauer Brüder waren im Kampfe mit der Überzahl. Obgleich wir weder Geschütz noch Reiterei hatten, ging es im Sturmschritt vorwärts. Vor dem Städtchen war der Feind zu unserem Empfang aufgestellt. Mit kampfmutigem Hurra stürmte unsere kleine Schar voran, die Führer Becker und Böning an der Spitze. Die Nacht war so dunkel, daß man nur beim Blitzen des Peletonfeuers die feindlichen Reihen erblicken konnte. Dreimal wiederholten die Unsern den Angriff, ohne Verwirrung hielten sie dem Kartätschen- und Gewehrfeuer auf 10 Schritte stand, und beim dritten Mal gelang es, den Feind mit bedeutendem Verlust aus seiner günstigen Stellung zu vertreiben.

So gut es bei der Nacht möglich war, unterstützten uns die Hanauer Schützen. Anfangs hatten unsere Führer im Sinn, den Feind zu verfolgen, aber bei dem gänzlichen Mangel an Artillerie und unserer geringen Anzahl mußte dies Vorhaben aufgegeben werden. An Toten haben wir leider 5 zu beklagen, verwundet wurde ungefähr die dreifache Anzahl.

Der Verlust der Feinde war wohl mehr als zehnfach so groß und hätte das Dunkel der Nacht den Feind nicht geschützt, so wäre wohl kein Mann davongekommen.

Die wichtigste Folge dieses Sieges bestand darin, daß das ganze feindliche Truppenkorps durch denselben vollständig demoralisiert wurde. Schon im Gefecht weigerten sich übrigens die Kurhessen entschieden, gegen ihre deutschen Brüder zu kämpfen, trotz allen Schimpfreden der Offiziere. Einer der Schwerverwundeten gab sich zu erkennen als Freund der Freiheit und rief sterbend: »ich wollte zu Euch übergehen, jetzt ist es aber zu spät. Ein Bruder von mir steht bei Euch.«

Bei dieser Gelegenheit, wie bei den glorreichen Siegen der letzten Tage, hat es sich zur Genüge gezeigt, wie freiheitsbegeisterte Männer auch einen an Zahl und sogenannter militärischer Bildung überlegenen Feind schlagen müssen, wenn die Oberleitung, wie bei uns, eine der Kämpfer würdige ist. Mit solchen Truppen und solchen Führern werden und müssen wir siegen.

Kampf bei Schriesheim und Ladenburg.

Unter den zahlreichen Gefechten, welche am gestrigen Tage, dem 16. Juni, stattfanden, verdient dasjenige, welches bei Schriesheim und Ladenburg geschlagen wurde, besonders hervorgehoben zu werden.

Oberst Thome führte daselbst den Befehl. Er führte das Zentrum und den linken Flügel, während Hauptmann Mögling den rechten Flügel leitete.

Die Schlachtlinie dehnte sich von dem Berge bei Schriesheim bis an die Eisenbahn aus. Im Zentrum standen die Geschütze mit hinreichender Bedeckung von Fußvolk und Reiterei.

Nach einem lebhaften Gefecht wurde der Feind zuerst von dem rechten Flügel der Unsrigen zurückgetrieben, worauf Oberst Thome den Hauptmann Mögling mit einer Schwadron Reiterei, zwei Stück Geschützen, zwei Kompagnien des Leib-Regiments und dem Karlsruher Bataillon nach Ladenburg entsendete.

Hier entspann sich ein dreistündiger Kampf, bei welchem sich namentlich die Artillerie hervortat, während die übrigen Truppen sich gleichfalls tapfer hielten.

Um 4 Uhr rückten die Mannheimer Volkswehr und die Turner von Neckarhausen mit 4 Geschützen heran, eröffneten ein wohlgenährtes Gewehr- und Kartätschenfeuer gegen den Feind und stürmten um 7³/₄ Uhr unter lautem Hurraruf über die Ladenburger Brücke. Das Leib-Infanterieregiment folgte den wackeren Mannheimern nach. Dem vereinigten Andrängen der von Schriesheim und Neckarhausen herbeigekommenen Truppen des Freiheitsheeres vermochte der Feind nicht standzuhalten. Derselbe war bei Ladenburg beiläufig 2500 Mann stark, darunter 950 Mecklenburger und 1500 Hessen mit 3 Geschützen. Der Verlust der Feinde war nicht unbedeutend. Die Mannheimer allein töteten ihnen 20 bis 30 Mann, unter diesen den Obersten Roggenbach, einen Hauptmann und einen Leutnant, nahmen 40 Mann gefangen und erbeuteten 8 Pferde. Am Morgen desselben Tages war bereits ein feindlicher Hauptmann gefangen worden. Von den 950 Mecklenburgern, welche nach Ladenburg eingerückt waren, kamen nur 240 Mann zurück, die übrigen wurden gänzlich zersprengt.

Die Truppen des Freiheitsheeres zeichneten sich nicht bloß durch ihre Tapferkeit, sondern auch durch die Milde aus, welche sie nach erkämpftem Siege gegen die Feinde an den Tag legten. Das letztere kann leider nicht von den Truppen des verbündeten Fürsten-Heeres gerühmt werden. Sie erlaubten sich Mißhandlungen, Plünderungen und selbst die Tötung von Verwundeten, welche in ihre Hände fielen.

Die Entrüstung über diese Schandtaten ist groß bei Bürgern und Wehrmännern und die Folgen dieses grausamen Verfahrens werden nicht ausbleiben.

Die Behandlung unserer Gefangenen von Seite der sogenannten Reichstruppen.

Beim Angriff auf Käfertal, den 15. Juni, gerieten der Frueni Cavalli, ein Dragoner, ein Artillerist und ein Soldat vom 4. Regiment in die Hände der hessischen Cheveaulegers. Sie wurden sofort an eine Kanone gespannt und mit Säbelhieben gezwungen, dieselbe fortzuziehen. Besonders tätig war dabei ein jetzt gefangener Rittmeister. Unsere Gefangenen wurden später wieder befreit, aber die erlittenen Mißhandlungen waren so groß, daß der Dragoner und Infanterist nach kurzer

Zeit ihren Geist aufgaben. Einige Soldaten und 2 Mann von der Musik, welche gleichfalls gefangen waren, liegen jetzt noch infolge der brutalen Behandlung schwerkrank darnieder. Einige andere wurden mit Schlingen um den Hals im scharfen Trabe von den Reitern mit fortgerissen.

Vergleichen wir hiermit die menschliche Behandlung der feindlichen Gefangenen von unserer Seite, so sehen wir zur Genüge, daß es nicht bloß Phrase ist, wenn wir unsern Kampf als den der Humanität gegen die Barbarei bezeichnen. Wir wollten die Schuld der oben bezeichneten Handlungen nicht auf die Soldaten schieben. Unser Fluch und der Fluch der Geschichte trifft die Niederträchtigen, welche unsere heldenmütigen Krieger als Meuterer und unsere freiheitsbegeisterten Volkskämpfer als verächtliches Gesindel hinstellen. Sie haben den Blick der uns leider gegenüberstehenden Truppen getrübt, und wir bedauern es nur, daß unsere deutschen Brüder sich so unselig haben verblenden lassen.

Um das Mißverständnis zu heben, haben unsere Truppen folgende Proklamation erlassen:

An die hessischen Soldaten.

Mit tiefster Entrüstung haben wir gesehen, daß mehrere von unseren Kameraden von Euch aufs furchtbarste mißhandelt, ausgeplündert und selbst nach ihrer Gefangennahme getötet worden sind. Wir unsererseits haben die Hessen, welche in unsere Hände fielen, als Brüder aufgenommen, haben für ihre Bedürfnisse Sorge getragen und uns bemüht, ihr Los zu mildern. Allein länger können wir die an unsern Brüdern verübten Grausamkeiten nicht dulden. Wir wissen, daß es die landesflüchtigen und treubrüchigen badischen Offiziere sind, welche Euch, hessische Soldaten, zur Wut und zum Hasse gegen uns entflammen. Laßt Euch nicht verführen. Grausamkeit schändet den Krieger, am meisten wenn sie verübt wird im Kampfe mit den Söhnen eines und desselben Landes. Darum rufen wir Euch zu: Höret auf, den Krieg gegen uns mit Schandtaten zu besudeln! Es würde uns schmerzlich sein, von Euch gezwungen zu werden, Gleiches mit Gleichem zu vergelten. Das Vaterland aber wird richten zwischen uns, den Verteidigern der Freiheit, und Euch, den Kämpfern für Fürstenanmaßung.
Heidelberg, 18. Juni 1849.

Die Soldaten des Freiheitsheeres.

Druck von G. Mohr in Heidelberg.

[139] Wehrmänner!

Der Oberst Johann Philipp Becker, Oberbefehlshaber der Volkswehr, hat mich zum Kommandanten des ersten Aufgebotes der Gernsbacher Volkswehr ernannt.

Deshalb laßt mich ein Wort zu Euch reden.

Das ganze Volk steht unter den Waffen. Weshalb, wißt Ihr!

Es gilt, das Heiligste, Teuerste zu verteidigen, was der Mensch auf Erden hat. Es gilt, Eure Freiheit, Eure Unabhängigkeit, Eure Familie, Euer Eigentum, Euer Leben gegen die andrängenden Preußenhorden zu verteidigen. Nicht mehr mit den Hessen, den betörten blinden Hessen haben wir es zu tun. Die sind geschlagen und von unseren siegreichen Truppen über die Grenze hinausgeworfen. Aber die Werkzeuge des blutdürstigen Preußenkönigs sind bereits drüben im Lande unserer Brüder jenseits des Rheines.

In Zeiten einer solchen Gefahr gibt es nur ein Rettungsmittel:

»Freiheit, festes Zusammenhalten, Ordnung.«

Sollen aber die Drei im Heere bestehen, so ist zuvörderst gegenseitiges Vertrauen zwischen Führer und Mannschaft notwendig. Ich komme mit Vertrauen zu Euch. Alle meine Kräfte gehören Euch. Was ich für Euch tun kann, das will ich und werde es tun. Darum hoffe ich auch, auf Euer Vertrauen zu mir zählen zu dürfen.

Zweitens ist es unbedingt notwendig, daß nur Einer befiehlt, und daß seine Befehle unbedingt befolgt werden.

Wollte jeder von Euch nach seinem Kopfe handeln, der eine rechts, der andere links laufen, so würdet Ihr eben auseinanderlaufen und die Preußen, die durch eine eiserne Disziplin zusammengehalten sind, würden bald in Euren Dörfern und Städten sein. Das seht Ihr ein! Des bin ich gewiß. Also Gehorsam!

Ebenso wie ich mich Euch ganz widmen werde, wie ich Eure billigen Wünsche gern erfüllen werde, wenn es mir möglich ist, ebenso streng werde ich andererseits gegen Widerspenstige, Meuterer und Unruhstifter verfahren.

In Eurem eignen Interesse, im Interesse unseres heiligen Kampfes bin ich dazu verpflichtet. Aber ich hoffe, selten oder nie hierzu schreiten zu müssen.

Jetzt, Wehrmänner, frisch und mutig an unsere Arbeit.

Das Gernsbacher Banner muß sich auszeichnen, in den vordersten Reihen der Kämpfer stehen, und zum Schrecken der Feinde werden.
Hauptquartier Gernsbach, am 18. Juni 1849.

Der Kommandant.
Max Dortu, Major

IX.
Die Revolution erhebt ihre Stimme, trotz alledem!

Nach dem Sieg der Konterrevolution gaben Arbeiter und aufrichtige Demokraten den Kampf nicht auf. In den Kämpfen der Revolution war sich die Arbeiterklasse in weit größerem Maße als zuvor ihrer Kraft und ihrer Fähigkeiten bewußt geworden.

Die siebzehn ›Forderungen der Kommunistischen Partei in Deutschland‹ bildeten weiter das Kampfprogramm der fortgeschrittensten Arbeiter unter der Führung des »Bundes der Kommunisten«. »Es gibt *Ein* Mittel, allem Unwesen und allem Elend ein Ende zu machen: *die einige und unteilbare Republik*!« Mit diesen Worten schließt das Flugblatt ›Deutsche Männer und preußische Untertanen!‹, das im Herbst 1850 in Massen illegal verbreitet wurde, als Preußen und Österreich ihre Truppen gegen das Volk in Kurhessen mobilisierten. In dem passiven Widerstand des Volkes gegen den Kurfürsten, der die Verfassung außer Kraft gesetzt und den Vormärzminister Hassenpflug zurückberufen hatte, sahen die reaktionären Regierungen ein Wiederaufleben der Revolution.[1]

Das Flugblatt ›Die Demokratie und die Kleinstaaterei‹, das Ende Mai und Anfang Juni 1851 in Mainz auftauchte, ist unzweifelhaft dem rührigen Frankfurter Kreis des »Bundes der Kommunisten« zu verdanken. Aus dem Flugblatt, das ebenfalls an die Ereignisse in Hessen-Kassel anknüpft, spricht nicht nur revolutionäre Aktionsbereitschaft, sondern auch die Einsicht, daß die Konterrevolution nicht durch einen passiven Widerstand in einem deutschen Klein- oder Mittelstaat, dem noch dazu die einheitliche konsequente Führung fehlt, besiegt werden kann, sondern nur durch den entschlossenen gemeinsamen Kampf für »die Eine unteilbare deutsche Republik«. Der Kommandant der Festung Mainz, Generalmajor v. Schack, der am 3. Juni 1851 ein Exemplar der in Mainz verbreiteten Flugblätter an den preußischen Kriegsminister, Generalleutnant v. Stockhausen, sandte, meinte, daß es »wohl kaum gelingen dürfte, den Verbreitern

[1] DZA Merseburg, Rep. 77, Tit. 381, Nr. 7, betr. die Verbreitung einer aufrührerischen Druckschrift mit der Anrede: »Deutsche Männer und preußische Untertanen!«, fol. 1 f. Am 23. November 1850 sandte der Kölner Regierungspräsident ein Exemplar des Flugblattes an den Innenminister. Weitere Mitteilungen über die Verbreitung des Flugblattes im Laufe der Monate November/Dezember 1850 liegen vor aus Düsseldorf, Arnsberg, Münster, Aachen, Magdeburg und Breslau.

dergleichen Plakate auf die Spur zu kommen«, da zu viele Polizeibeamte mit den Demokraten sympathisierten.[2]

So ist auch nicht verwunderlich, daß um diese Zeit ein Neudruck des Flugblattes mit den siebzehn Forderungen unter dem Titel ›Forderungen der kommunistischen Partei in Deutschland. 1851‹ im Rheinland u. a. auch in Mainz auftauchte.[3]

Für die unermüdliche Verbreitung dieses Flugblattes mit den siebzehn Forderungen spricht die Tatsache, daß die Polizeidirektion Koblenz im Juni 1852 ein Exemplar beschlagnahmen konnte, welches der nach Koblenz verzogene Berliner Buchhändler Hermann Müller weitergegeben hatte.[4]

Trotz Polizeiterror und Verfolgung konnte in der deutschen Arbeiterbewegung das Andenken an die Kämpfe der Revolution von 1848/49 niemals ausgelöscht werden. Zu den besten Traditionen der Arbeiterbewegung gehören die Märzfeiern, die das Andenken der Barrikadenkämpfer des 18. März 1848 ehrten. Diese Märzfeiern der Arbeiter, die von der Polizei wohl zeitweilig, namentlich in den ersten Jahren nach der Revolution, unterdrückt werden konnten, erlangten in den Jahren, als sich die deutsche Sozialdemokratie zu einer starken Partei der Arbeiterklasse entwickelte, große Bedeutung als machtvolle Kampfdemonstrationen, die stets erneut dem revolutionären Willen der Arbeiter Ausdruck gaben.

[2] DZA Merseburg, A. A. I., Rep. 4, Nr. 2070, fol. 266f.

[3] Ein Exemplar dieses Flugblattes befindet sich in der Stadtbibliothek Mainz, Nr. 6–356a.

[4] Vgl. Staatsarchiv Potsdam, Rep. 30 C, Tit. 94, Lit. W, Nr. 14030, fol. 34, vgl. ferner: K. Obermann, *Zur Geschichte der deutschen Arbeiterbewegung nach der Revolution von 1848/49 zu Beginn der fünfziger Jahre*, in: *Beiträge zur Geschichte der deutschen Arbeiterbewegung*, Berlin, Heft 4, 1961, S. 859.

[140] Deutsche Männer und preußische Untertanen!

Man ruft euch zum Kriege – blickt um euch und bedenkt was geschieht! Man entreißt die Jugend, die Blüte des Landes dem heimischen Herde, der friedlichen Arbeit – man entzieht dem Boden und den Gewerben Tausende von fleißigen Händen; – der Verkehr gerät ins Schwanken, das Geschäft in Stockung; – eines halben Volkes Blut und Leben wird aufs Spiel gesetzt. Und wozu das? Betrachtet eure Lage, gedenkt eurer Erlebnisse, erinnert euch der Geschichte der letzten Jahre und fragt euch, was diese plötzlichen Rüstungen sollen.

Glaubt ihr, man wolle die Hessen in ihrem passiven Widerstand gegen einen meineidigen Fürsten unterstützen? – Preußen – welches seinen Beruf darin erkannte, jede Regung der Freiheit in deutschen Landen schonungslos, brutal zu Boden zu schlagen, – Preußen sollte es in den Sinn kommen, ungehorsame Untertanen gegen »die von Gott eingesetzte« Obrigkeit schützen zu wollen?

Glaubt ihr, man wolle jenen Bastard des einigen Deutschlands, die »Union«, gegen den restaurierten Bundestag aufrecht erhalten? – Preußen hat ihr entsagt, sein König, dessen Wille gilt, hat nicht Lust, wegen einer so gleichgültigen Sache, wie die Union ist, seitdem sie ihren eigentlichen Zweck – Gebietsvergrößerung – verfehlt hat, das zweifelhafte Glück der Schlachten anzurufen.

Oder glaubt ihr, Preußen wolle dem Absolutismus, weil er im schwarz-gelben Gewande auftritt, einen Damm entgegensetzen und sich zum Hort deutscher Freiheit und Unabhängigkeit gegen die Barbarei des Ostens aufwerfen? Auch das werdet ihr nicht glauben. Die Einmütigkeit, mit der preußische und österreichische Staatsmänner wiederholt nach Warschau eilen, um von dem russischen Zaren Befehle zu empfangen; die gleiche Vergangenheit beider Regierungen, der gleiche Haß gegen die Revolution, die sie mit Belagerungszuständen, Standrechtsmorden und Verfolgungen aller Art überwältigt haben, die gleiche Blutlast und die gleiche Verwünschung, die auf ihnen lastet, belehren euch, daß der Despotismus wohl verschiedene Farben, aber nicht verschiedene Zwecke haben kann.

Was ist denn aber der Zweck dieser Rüstungen? – Man sagt euch; die preußische Ehre läßt es nicht zu, noch weiteren Schimpf von Österreich zu dulden! Preußen hat einen mächtigen König und ein herrliches Kriegsheer und darf nicht zugeben, daß Österreich allein in deutschen Landen schalte; darum muß man Österreich zeigen, welche Macht Preußen aufstellen kann, und es zwingen, in »freien Konferenzen« (!) festzusetzen, wie man gemeinschaftlich am besten Ruhe und Ordnung in Deutschland wieder herzustellen habe. Ruhe und Ordnung! Die »Ruhe« der Schafsherde, um »ordnungsmäßig« geschoren zu werden! Ja, das ist der Sinn und Endzweck dieser Komödie, und deshalb sucht man unter dem Namen des »Patriotismus« die blinde Eifersucht der Stämme wachzurufen. Deshalb beruft man die Kammern, um ihnen unter dem Drucke dieses blödsinnigen Patriotismus von neuem Geld abzupressen, und wehe ihnen, wenn sie sich weigern! – dann werden sie im Namen der beleidigten Ehre nach Hause geschickt und das konstitutionelle Spiel ist gänzlich zu Ende.

Aber, so sagt doch, welchen Vorteil habt ihr davon, daß der Vorsitz beim Bundestag zwischen Preußen und Österreich wechselt? welchen Nutzen bringt es euch, ob jene schändlichen Beschlüsse, welche aus dem düstern Palast der Eschenheimergasse hervorgehen, nach dieser oder jener Regel gefaßt werden? welcher Unterschied liegt darin, ob ihr auf diesem oder jenem Wege zum Schafott geführt werdet? denn das Schafott ist es, darauf verlaßt euch, daß ihr euch selber aufschlagen sollt, das Blutgerüst eurer Freiheit und Nationalität.

Bürger! Als im Anfang dieses Jahrhunderts das Volk zum Kampf gegen Frankreich gerufen wurde, da war eine mächtige Triebfeder vorhanden; die Befreiung von fremdem Joch rief alle Begeisterung wach! Aber dennoch schien der Hebel einer unterdrückten Nationalität noch nicht kräftig genug, man verstärkte ihn mit Verheißungen innerer und äußerer Freiheit. Heute ruft man ein ganzes Volk in die Waffen, ohne es nur der Mühe wertzuhalten, Rechenschaft über einen Beschluß zu geben, der dem Lande die höchsten Opfer auferlegt. Die Wohlfahrt von Tausenden kommt nicht in Frage, und doch gilt es nur der verletzten Eitelkeit, der gedemütigten Prahlerei, dem enthüllten Komödiantentum die Blöße zu bedecken. Daß man nicht durch erneute Versprechungen das Volk zu ködern versucht, beweist wenigstens, daß man nicht mehr den Mut hat, Fürstenworte als eine Ware von Wert feil zu bieten.

Preußen und Österreich rüsten, weil es der Zar so will, und weil die Rüstung das einzige Mittel ist, Geld in die leeren Kasten zu schaffen und den Ruin der betrogenen, ausgesogenen Völker zu vollenden. Ihr habt Patriotismus? So sollt ihr ihn bezahlen! Ihr verlangt den Bruderkrieg um fürstliche Ambitionen? so sollt ihr ihn teuer erkaufen und doch zuletzt um eure Eitelkeit betrogen werden! Ist das Geld bewilligt, dann gehen die Truppen nach Hause; dann wird man euch sagen, es bedürfe nicht des Blutvergießens und der Greuel des Bruderkrieges, um Deutschland zur Ruhe zu bringen: Österreich und Preußen werden dann in brüderlicher Eintracht die Sorge dafür übernehmen.

Das ist der Zweck der Rüstung. Und das Geld, fragt ihr, wozu das Geld? Hört es, wir wollen euch sagen, wie das Gaukelspiel enden soll. Die Kabinette fühlen, daß der Ruhe des Augenblicks nicht zu trauen ist. Sie wissen, daß sie auf dem Boden eines Vulkans stehen, dessen Ausbruch sie plötzlich und unversehens verschlingen wird. Darum zwängt man die Kraft des Landes in die Soldatenjacke, um sie in dem Marterstock der Disziplin zu brechen, um sie dem gewaltig um sich greifenden Einfluß des revolutionären Glaubens zu entziehen, um sie in Dummheit oder Gleichgültigkeit zurückzuschleudern und dann, vielleicht nach kurzer Rast, wenn die Zeit für reif erachtet wird, unter der Aegide des russischen Despoten auf den letzten Herd europäischer Freiheit – auf Frankreich loszulassen.

Männer der Landwehr! Ihr werdet euren Familien, euren Frauen und Kindern entrissen – aber ihr werdet zum Trost königliche Uniformen und Schimpfworte empfangen.

Ihr werdet euren bürgerlichen Beschäftigungen entfremdet – aber ihr dürft dafür mit Gewehr und Säbel spielen.

Eure Geschäfte werden daniederliegen, eure Frauen und Kinder darben – aber ihr werdet Kommisbrot und eine Gedenkmünze erhalten.

Ihr werdet einstweilen volle Löhnung haben und hinterher mit eurem Vermögen die Kosten bezahlen.

Ihr werdet für Ehre und Vaterland ins Feld geführt und ohne Ehre nach Hause geschickt, um bei der nächsten Gelegenheit in den wirklichen Kampf – gegen Frankreich geschleppt zu werden.

So erwäget denn, ob ihr die Hand bieten wollt, zum Ruin eurer Familien, zur Verarmung eures Volkes, zur Vermehrung eures Drucks, zur Vernichtung aller Freiheit, – und wollt ihr das nicht, wie wir hoffen, dann bedenkt, daß man euch Waffen in die Faust gedrückt hat, und daß es Ein Mittel gibt, allem Unwesen und allem Elend ein Ende zu machen: die einige und unteilbare Republik!
(Um Nachdruck wird gebeten)

[141] Die Demokratie und die Kleinstaaterei.

Die revolutionären Schwingungen der vergangenen Jahre sind verklungen; wir sind wieder angelangt, wo wir 1848 ausgegangen waren, beim restaurierten Bundestag und den restaurierten Schein-Konstitutiönchen der kleinen Staaten.

Die Restauration des Bundestags, das ist das erbärmlichste Resultat so gewaltiger Anstrengungen, das ist zugleich der lebendige Beweis von der gänzlichen Ohnmacht der konterrevolutionären Mächte, etwas Neues, Großes, dem Volke Ersprießliches zu schaffen. Es geht ihnen mit dem Bundestag wie den parlamentarischen Parteien Frankreichs mit der Konstitution. Sie gefällt keiner, ein jeder möchte sie beseitigt wissen – in ihrem Interesse versteht sich, und eine jede sieht sich immer wieder genötigt, sich auf sie zu berufen, sie als Schild zu benutzen gegen die Anmaßungen der übrigen. – Zu furchtsam, mit den Waffen in der Hand die Schranken zu durchbrechen, welche die kleinliche Eifersucht des einen den Bestrebungen des anderen entgegensetzte, weil sie dadurch die Schrecken einer neuen Revolution über sich herauf zu beschwören wähnten, mußten die Mächte einzig wieder zu den Kunstgriffen der Diplomatie ihre Zuflucht nehmen, um sich gegenseitig Konzession und Konzessiönchen abzunötigen. Lug und Betrug stehen wieder höher in Ehren denn je. – In einem Punkte aber sind die Mächte einig untereinander trotz aller Zwistigkeiten und Differenzen; sobald es Forderungen des Volkes, auch nur den leisesten und bescheidensten entgegenzutreten gilt, stehen sie da wie ein Mann und leisten sich gegenseitig Unterstützung und Hilfe. Die kostspieligen theatralischen Aufführungen mit großen Heeresmassen, welche sie gegeneinander ins Feld schicken, dienen nur dazu, das Volk bis zum letzten Augenblick über ihre wahren Absichten zu täuschen.

Hessen-Kassel hat es erfahren, was es heißt, sich auf einen Rechtsboden gestützt der überflutenden Konterrevolution entgegenstemmen zu wollen; was es heißt, mit Reden und Kammerbeschlüssen den Willen und die Launen eines Fürsten bekämpfen zu wollen, der hinter sich die Bajonette des polizeilich einigen und rußifizierten Deutschlands hat. In Hessen-Kassel hat der passive Widerstand seinen einzigen Triumph gefeiert, man sollte glauben, das Volk habe auch anderwärts für immer die Sehnsucht nach einem zweiten verloren. Die Ohnmacht der konstitutionellen Opposition konnte nicht glänzender dokumentiert werden.

Und doch sind es gerade die sogenannten »Führer der Demokratie«, welche das Volk von neuem in diese Opposition hineinzutreiben suchen. Unter dem Vorwande, seine Interessen zu vertreten und dafür den Kampfplatz bis zum letzten Atemzuge zu behaupten, lenken sie das Volk von dem einzigen Wege ab, auf dem es seine Rechte, seine Forderungen wirklich zur Geltung bringen kann und führen es zum politischen Indifferentismus, indem sie seinen Eifer in fruchtlosen und unnützen Bemühungen erkalten lassen. – Ja, die Interessen des Volkes sind nur Vorwand, das eigene Interesse ist es allein, welches das Benehmen jener sogenannten »Führer« bestimmt, denn mehr als Blödsinn gehört in der Tat dazu, zu glauben, daß auf der Tribüne noch etwas für das Volk durchgesetzt werden könne.

Was wären aber die großen Männer der kleinen Staaten, wenn sie nicht mehr die Tribüne ihres speziellen Vaterländchens zu ihrer Verfügung hätten? Sie ist der alleinige Schauplatz ihrer Taten. Wo böte sich den Lehnes, Müller-Melchiors, Schoders, Mohls und ihren Genossen denn sonst noch eine Gelegenheit, sich dem Volke zu seinen künftigen Ministern zu empfehlen?

Die Regierungen sind des ewigen Vereinbarens längst satt geworden, sie haben sich der unbequemen Kammermajoritäten kurzweg entledigt, und ihren souveränen Willen wieder als das höchste und einzige Gesetz proklamiert. Die Volksvertretungen, welche sie noch bestehen ließen, sind nur auf den Volksbetrug berechnet; denn sie haben nur ihr »Ja« zu nicken zu den Dekreten der Herren Minister, ihr »Nein« wird nicht beachtet. – Die Regierungen haben sich wieder auf den Boden der Revolution gestellt; soll die Demokratie ihnen dahin nicht folgen, statt durch feige Beteiligung an den volksverräterischen Akten derselben diese zu sanktionieren?

Den Darmstädter »Radikalen« war aber das noch nicht einmal genug; sie stießen auch noch ihren eigenen Beschluß der Steuerverweigerung wieder um, weil er ihnen den Weg zur Tribüne versperrte; und um das Maß der Lächerlichkeit vollends vollzumachen, erklärt die auf den Bänken der Opposition wieder »glücklich situierte Minorität« die neue

Kammer für »illegal« – um sich dann trotzdem an allen Akten in gewohnter Weise zu beteiligen. Dafür hat Herr Müller-Melchiors freilich die Genugtuung gehabt, den jämmerlichen Großherzog mit dem Beispiel Karls I. schrecken zu können, und sich von seinen Verehrern gebührend bewundern zu lassen wegen seines Heldenmutes, – wie einst Herr Welker bewundert wurde, wenn er in der badischen Kammer täglich mit Revolutionen donnerte, als handhabte er sie wie Kinder-Kanönchen; – von den Geldforderungen der Regierung ist aber kein Heller gestrichen, von ihren »inkonstitutionellen« Gewaltmaßregeln keine einzige zurückgenommen oder auch nur beschränkt worden.

Wie im Darmstädtischen war es auch im Württembergischen nur eine kleine Minorität, welche gegen die Beteiligung an den Wahlen protestierte. Wie lange wird sich das Volk noch von seinen parlamentarischen Wortführern an der Nase herumführen lassen? – Es ist die höchste Zeit, daß es sich von ihnen lossagt, denn bis auf wenige, die sich vielleicht nur aus Schwäche der Majorität der übrigen gefügt haben, sind sie unverbesserlich.

Es ist Zeit, daß es einsehen lernt, daß man mit den Regierungen nur mit den Waffen in der Hand unterhandeln kann, daß es nur dann erst die Waffen aus der Hand legen darf, wenn es jene für immer beseitigt hat.

Es ist Zeit, daß es einsehen lernt, daß es in seiner Zersplitterung stets ohnmächtig bleiben wird gegenüber den unter russischem Banner vereinigten Kräften der Konterrevolution, daß es nur eine Staatsform gibt, in der seine Interessen gewahrt und gesichert werden können, für Deutschland:
die Eine unteilbare deutsche Republik!

Erst wenn Deutschland Ein Staat und Eine Republik, kann es in der Reihe der Völker den Platz einnehmen, der ihm gebührt; erst dann ist es mächtig nach außen und innen. Armut und Elend sind die notwendigen Begleiter der Monarchien und der Kleinstaaterei; erst in der einigen und unteilbaren demokratischen Republik kann ernstlich an ihre Beseitigung gedacht werden. Wer es aufrichtig meint mit den Interessen des Volkes, der muß sich zu dieser Fahne bekennen; wer sich dagegen erklärt ist ein Verräter! Das Volk möge jeden als seinen Feind behandeln, der es von der unablässigen Verfolgung dieses Zieles abwendig zu machen sucht.

Es ist Zeit, daß die kleinliche Kammer-Propaganda endlich der wirklich revolutionären Propaganda weiche.

Die Eine und unteilbare deutsche Republik sei die Parole
der nächsten Volkserhebung!

Quellenverzeichnis der Flugblätter und Flugschriften

* Die mit einem * versehenen Flugblattüberschriften weisen im Original keine Anrede bzw. Überschrift aus und sind deshalb von K. Obermann mit einer solchen nachträglich versehen worden.